U0493229

诗性风月

汪文学◎著

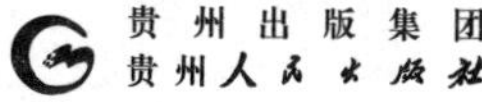

目 录

绪论

谈风月，说男女，话情爱，是一个历久弥新的论题，亦是一个雅俗共赏的议题。在人类社会的文化生活中，亦许找不到第二个话题，像谈论风月话题一样，具有超越时空的特点，能够引起不同阶层、身份、种族和不同文化层次、文化背景的人的共同兴趣。的确，无论是在街头巷尾，还是在廊庙高堂，都能听到人们谈论这个话题。无论是高人雅士，还是贩夫走卒，都乐此不疲，津津乐道。

因其雅俗共赏的特点，因其超时空、跨种族的特性，因其能引起社会各阶层人的普遍兴趣，所以，关于情爱生活方面的读物，读者或以猎奇的态度赏玩之，作者或以媚俗的态度戏说之，因而亦就成了一个浅薄无谓、低俗鄙陋的话题，严肃的学者往往避而远之，唯恐玷污其圣洁的学术殿堂和清高的学术身份。其实，谈风月，说情爱，既是一个雅俗共赏的大众话题，亦是一个关于人类本质属性的重大的、严肃的学术课题。

本书意在通过传统中国人的情爱生活视角，研究华夏族人的文化精神和民族心理，讨论华夏族人独特的诗性精神。换言之，研究华夏族人的文化心理和诗性精神在其情爱生活中的具体呈现，是本书的主要目的。

一、传统中国社会两性关系的研究现状

1

近现代以来，随着西方的坚船利炮而传入中国的欧美文化思想和学术方法，对古代中国固有的学术传统，构成了致命的解构和强力的冲击，前此不曾注意的学术课题，如关于传统中国社会的妇女生活现状、婚姻制度、情爱状态等两性关系问题，受到了前所未有的关注和重视，并引起学者浓厚的研究兴趣，一系列中国婚姻史、妇女生活史、女性文学史等方面的著作，先后出版；国外有关两性、婚姻、爱情等方面的著作，亦逐渐被引进、翻译和出版。随着"五四"新文化运动的开展，妇女解放运动成为新文化运动的重要组成部分，传统中国社会的两性关系和婚姻状况，特别是妇女的社会地位问题，成为此间思想文化界讨论的重要问题之一。对传统中国婚姻制度的批判，对传统中国社会妇女卑贱地位的同情和对夫权的批判，成为此间思想解放运动的重要组成部分。

大体而言，"五四"以来关于传统中国社会两性关系的研究，主要侧重于对婚姻制度、婚姻史和妇女生活状况的研究，并且是在下述两种特定的思想文化背景上展开的。

其一，西方的学术思想背景。即用西方的婚姻观念诠释中国古代的婚姻制度，用西方的浪漫主义爱情诠释古代中国人的情爱生活，以西方社会的两性关系特点为准则，评价古代中国社会的男女关系。

其二，"五四"思想解放运动的背景。"五四"思想解放运动，是以批判封建文化为起点的。作为传统中国封建文化之重要组成部分的婚姻制度和男尊女卑观念，便成为思想家批判的中心问题。

在西方社会两性关系特点的比照下，在"五四"以来的激进思想

家看来，古代中国的婚姻制度是反动的，两性关系是落后的，情爱关系是保守的，妇女的社会地位是低贱的。因此，为了解放思想，为了提高妇女的社会地位，为了建立新型的两性关系，“五四”以来的婚姻史研究和妇女生活史研究，一开始便带着矫枉和反正的目的，乃至于把学术研究视作思想斗争和政治宣传的理论武器。因此，其学理往往是粗疏的，其结论往往是预设的。

如果说“五四”以来的中国古代妇女文学研究，是为了“树立妇女文学的独立地位”和“提高妇女自信心”，那么，“五四”以来的中国婚姻史和妇女生活状况的研究，则主要是“为妇女鸣不平”，控诉封建制度对妇女的压抑和迫害。二者作为“五四”新文化运动中思想解放斗争的重要组成部分，都不可避免地“用评价性的批评代替真正的文学（或学术）研究”，或者“满足于宣布政治和道德的判决”。[1]因此，它虽然满足了现实思想解放斗争的需要，但与学术研究所欲揭示的历史之真实面貌，则是相距甚远。

总之，近现代以来的中国古代婚姻史研究，或以西方的婚姻理论和两性关系为依据，诠释古代中国的婚姻关系，故有削足适履之嫌；或以“评价性的批评代替真正的文学（学术）研究”，把学术研究作为反封建反礼教的斗争武器，故有顾此失彼之弊。所以，近代以来直到二十一世纪初的近百年间，出版的若干中国婚姻史作品，真正厌悦人心的纯学术著作，并不多见。倒是像潘光旦的《性心理学》译注、杨树达的《汉代婚丧礼俗考》、陈鹏的《中国婚姻史稿》之类，以考证史料和材料整理见长的著作，至今仍有相当重要的参考价值。

[1] 康正果：《风骚与艳情》之《导言》第2页，上海文艺出版社2001年版。

2

传统中国两性关系研究的另一项重要课题，是性学研究，即传统所谓房中术的研究。认真地说，对中国古代房中术进行严格意义上的科学研究，其起始不是中国人，而是荷兰职业外交官高罗佩。国内虽有潘光旦《性心理学》译注关于中国传统性学资料的旁征博引和札记形式的精彩论述，但毕竟不是专门的理论研究。高罗佩以《秘戏图考》和《中国古代房内考》二书驰名世界汉学界，并奠定其作为世界著名汉学家的学术地位。其中译本的出版，可以说是直接推动了国内关于中国古代房中术的研究进程。二十世纪八十年代中后期以来，国内始有研究房中术的专著问世，如江晓原《性在古代中国》（陕西科学技术出版社 1988 年版）、《中国人的性神秘》（科学出版社 1989 年版）、《性张力下的中国人》（上海人民出版社 1995 年版）、刘达临《中国古代性文化》（宁夏人民出版社 1993 年版）等几种。

研究古代中国的房中术，为认识传统社会的两性关系凿开了一道天窗，使我们更清楚地看到尘封在历史箱柜中的两性关系的真实面目，为古代中国社会婚姻史、情爱史的研究，提供了重要的理论资源和文献参考。但此项研究起步较晚，且有格局近似、浅显媚俗等问题。

其一，房中术的研究起步较晚，是因为长期以来有关房中术的书籍和春宫画遭到严格的禁锢和限制，不要说一般的读者难以公开赏玩春宫画，获得阅读全本《金瓶梅》等情色小说的机会，就是专业的研究者，亦很难获得这方面的研究资料。所以，大多数当代中国人了解古代中国的房中书和春宫画，当是从高罗佩《中国古代房内考》出版后开始的。而关于古代房中术的科学研究，亦是在此书的中译本出版后才开始的。

其二，当代出版的国内学者撰写的古代中国性学方面的研究著作，大多皆是陈述性质的，往往按时代顺序简单罗列各朝代的房中术情况，读起来有大同小异之感，缺乏有新意的、自成体系的、有核心概念贯穿其中的专门研究著作。如江晓原从“性张力”角度研究传统性学的《性张力下的中国人》之类的著作，就很少见。大致说来，国内目前尚未有超越高罗佩《中国古代房内考》的性学著作。此正如江晓原所说：大陆学者撰写的中国性学史著作，“或失之于简，或失之于浅，或失之于泛，而比高氏‘两考’更上层楼之作，尚须俟诸来日也”。[1]

其三，目前国内关于古代性学的研究，存在着严重的媚俗现象，如什么性爱揭秘、情爱潜规则、后宫生活秘史等，或者是什么图文本的中外性学比较，某某名人的风流小史之类的。这当然不是学术，更不是严肃认真的科学研究。只是因为此类话题特别能够满足普通大众的猎奇心态和好色心理，故而能够大行其道，畅销不衰。

综上所述，近现代以来关于传统中国社会两性关系的研究，主要侧重于婚姻制度、婚姻史和房中术等方面。作者认为，婚姻和性爱当然是两性关系研究中特别重要的两个子课题，但其中仍有一项非常重要的子课题，长期以来被严重忽略，那就是传统中国社会两性间的情爱关系。

3

情爱，或者说爱情，它隶属于婚姻，但又不能被婚姻完全包容。说它隶属于婚姻，是因为从理论上讲，婚姻当以爱情为基础，爱情是婚姻联结之纽带。所以，婚姻史著作中自当有情爱史的内容，或者说，情爱史当是婚姻史的重要组成部分。但是，翻检近现代以来出版的任何一部中国婚姻史，基本上都不曾讨论过两性情爱问题。这种做法当

[1] 江晓原：《性张力下的中国人》第 307 页，上海人民出版社 1995 年版。

然是有学理依据的，因为古代中国的婚姻是“社会婚姻”，不是“情人婚姻”；婚姻是男女双方各自在尽一己之社会义务，而不是两性情爱之结晶。传统中国男人的爱情体验，不在婚姻生活中，而是在青楼楚馆里，在虚构的“美人幻像”似的白日梦里。所以，在中国古代的婚姻史里，一般不讨论两性之间的情爱关系。

另一方面，爱情隶属于性爱，而又不完全等同于性爱。一般而言，人类总是由爱而性，由性而爱，情爱是性爱的前提和条件，性爱在一定程度上可以推动情爱，情爱又在一定程度上反过来提升性爱。因此，在古代房中书里，往往强调男女双方的情投意合，强调交合前男女双方的互相爱抚，要求男子在交合过程中顾及女性的心理感受和情绪变化。但是，性爱又不能完全包容情爱，交合前男女双方的互相爱抚，与情爱有本质的不同。如像李塨那样以夫妻交合为“敦伦”的看法，就基本不具备情爱的因素，况且人类群体中有相当数量的男女交合，如狎妓、嫖娼等，只能称之为“苟合”，与情爱根本无关。大体而言，情爱是社会性的，性爱是自然性的。因此，在中国古代房中术研究著作中，一般亦不讨论男女之间的情爱关系。

事实上，情爱是两性婚姻关系和性爱关系之间的一个不可或缺的中间环节，无情爱的婚姻是畸形的，无情爱的性爱是兽性的。情爱是婚姻的基础，情爱使性爱合理。婚姻是社会性的，性爱是自然性的，而情爱则介于二者之间，使社会性的婚姻中注入自然性的内涵，使自然性的性爱中渗入社会性的内容。因此，研究传统中国社会的两性关系，探讨传统中国人的婚姻生活和性爱观念，情爱生活之观念、理想和现状的研究，则是不可或缺的研究课题。

西方学者关于两性情爱关系的研究，对探讨传统中国社会的情爱关系有诸多启发，并能提供一些借鉴。如保加利亚学者瓦西列夫的《情爱论》，法国文学家司汤达的《爱情论》，久成名著，已为我国学者所熟知，我们可以借鉴或参照其中的情爱理论研究传统中国社会的两性情爱关系。而德国著名的艺术研究者爱德华·傅克斯的《西方情爱史》，则尤能给人启示。作者意欲研究传统中国社会的情爱生活，讨论传统中国人的情爱观念、情爱理想和情爱现状，就是得自于上述几部西方情爱研究著作的启发。

二、从传统中国人的情爱生活状态测试华夏族人文化心理和民族精神的可能性

1

本书题名为“诗性风月”，通过系列专题的研究，以实现如下目的：综论传统中国社会两性情爱关系的现状；研究传统中国人情爱生活的理想追求与现实现状的反差；讨论传统中国人诗意化、审美化的人生态度，探讨华夏族人文化心理中的诗性精神。

首先，我们需要讨论的是，从传统中国人的情爱生活状态测试华夏族人文化心理和民族精神的可能性。

如何才能认识一个人的真实心理状态？如何才能呈现一个民族的真实面目？或者说，一个人或一个民族的真实面目在何种状态下才能获得最真实、最生动的展现？作者认为：处于生活常态下的人，为着适应种种社会礼仪、规范、习俗和情理之需要，常常是有意无意地掩饰着自己的真实面目，以社会普遍认可的姿态呈现在世人面前。因此，其真实的心理状态往往是隐藏着的，亦是难于捕捉的。对个人来说是这样，对整体的民族而言亦是如此。

根据人的心理变化特点，在下列两种状态下，其真实面目和真实

心理最易呈现：一是闲情状态，二是激情状态。

先说闲情状态。在闲情状态下，人往往是自然的、本真的。他在娱乐中消遣，在消遣中获得娱乐。他无视种种社会规范和礼仪习俗，以适情适意为宗旨，以心灵悦愉为目的。在这种状态下，其真实心理状态和情趣好尚，最能获得充分的展现。

所以，研究一个人的真实心理状态，讨论一个民族的文化心理，最佳视角之一就是研究其娱乐方式和休闲态度。比如，研究传统中国人的民族精神和文化心理，与其注目于传统学者的学术经典，官方编撰的高文典册，文人学士的宏文博论，不如去看看他们的日常生活，看看他们是如何娱乐的，如何消遣的，看看他们闲居中的生活方式，看看他们在一起的清谈与闲聊，看看他们的品茶与吃酒，看看他们的山水之游与青楼雅兴，看看他们的庭院建造和书房陈设，看看他们对花草、器物、古董的赏玩，等等。总之，是细节，在娱乐消遣中的细节，最易流露出他们的情趣好尚；是日常生活，在“业务的压迫解除，金钱、名誉、欲望的刺激消散”之后的日常生活，最能显现出他们的真实面目。

在传统中国社会，如果说婚姻是一种社会行为的话，那么恋爱则是一种娱乐休闲方式。对于一位传统中国文人来说，结婚是尽个人对国家、社会和家庭的义务和责任；而恋爱，比如涉足青楼，与红颜知己的交往，则是个人行为，是个人的娱乐消遣，是在解除了外在功利目的之后的一种休闲生活，是闲情。所以，研究传统中国人的真实面目和生命状态，与其注目于他们在振臂高呼中的政治宣言和力挽狂澜的豪情壮志，不如研究其日常生活，讨论他们在婚姻之外的两性关系中呈现出来的闲情逸致。也许，这才是其更真实的一面。

再说激情状态。一个人处于闲情状态，是有意回避或暂时远离了社会规范和礼仪习俗的压迫，故能呈现出人生的真实面目。而一个人处于激情状态，则是无意中冲破了社会规范和礼仪习俗，将其本真性情自然释放，故而亦能呈现出人生的真实面目。

一般而言，处于激情状态的人，其精神高度紧张，其情感极度亢奋，故而其行为是冲动的、不理智的。然而正是在这种不理智的冲动言行中，最易流露出其内心的真实情感。比如，我们常说“酒后吐真言”，因为酒精的麻醉作用导致人的情感处于激情亢奋状态，故而无视一切社会规范和礼仪习俗，吐露其内心的真实情感和隐秘心理。大体而言，爱情是一种激情，它“像一道看不见的强劲电弧一样在男女之间产生的那种精神和肉体的强烈倾慕之情”。[1] 只有“激情之爱”才是真正的爱。[2] 它对于人的影响，“正如大革命之于国家形态一般。它能摇动身体和精神的基础，它有绝大的力量去毁灭人生‘原有的一切’”。[3] 因此，处于恋爱状态中的人，“甚至那些最稳重的女人，在满怀期望时，也会眼呈异彩，激情澎湃，喜形于色，以致在举动中把自己内心的情感宣泄无遗”。[4] 所以，观察一个人在恋爱状态中的言行举止，是研究他的个性和情感的最佳途径之一。

总之，处于闲情状态或激情状态中的人，或是有意回避了社会规范，或是无意冲破了礼仪习俗，而显现出个人的本真性情来。对于传统中国人来说，恋爱状态，既是一种闲情状态，亦是一种激情状态。或者说，爱情既是闲情，亦是激情。因此，处于恋爱状态中的人，往往是真实的，自然的。一个人的真实面目在恋爱状态下往往能够得到

[1] ［保］瓦西列夫：《情爱论》之《引言》，赵永穆、范国恩、陈行慧译，生活·读书·新知三联书店 1997 年版。

[2] ［法］司汤达：《爱情论》第 3 页，崔士篪译，辽宁教育出版社 1997 年版。

[3] ［德］克奥娜：《女青年心理》，转引自朱一强《爱情心理学》第 2 页，黑龙江朝鲜民族出版社 1986 年版。

[4] ［法］司汤达：《爱情论》第 5 页，崔士篪译，辽宁教育出版社 1997 年版。

生动的显现，一个民族亦是如此。所以，研究一个人或一个民族的真实面目或文化心理，一个重要的途径，就是观察他或他们如何谈情说爱。或者说，从传统中国人的情爱生活状态测试华夏族人的民族精神和文化心理，不仅是可能的途径，而且是非常重要的视角。

2

的确，作为人类最基本的精神需求，情爱是“自从有人类以来就存在的”，并且贯穿人类社会发展之始终。人类的择偶标准因人而异，情爱观念和表达方式亦可能因种族而歧异，因时代发展而变化。但是，人类对情爱的向往，犹如对食物的需求一样，则是始终不变的。因此，宗教、礼仪、制度、习俗等等，它们虽然对人类的情爱观念产生着种种影响，“使国家对性爱的管理即婚姻立法高度神圣化”，但它们往往是有地域性和民族性的，亦是有时代性的。当它们完全消失或者被新的东西取代后，情爱却一直是人类精神需求的中心。[1]所以，与宗教、礼仪、制度、习俗等文化的地域性、民族性和时代性相比，情爱则有超越地域、民族和时代的特点，是最能反映人类文化心理和精神需求的载体。

两性情爱状态最能展示人类文化心理的真实面目，古代中国人对此亦有相当明确的认识，如何景明《明月篇序》说：

> 夫诗，本性情之发者也，其切而易见者，莫如夫妇之间，是以《三百篇》首乎《雎鸠》，六艺首乎风，而汉魏作者，义关君臣朋友，辞必托诸夫妇，以宣郁而达情焉，其旨远矣。[2]

---

[1] 恩格斯《路德维希·费尔巴哈和德国古典哲学的终结》，《马克思恩格斯选集》第四卷上第 229 ~ 230 页，人民出版社 1997 年版。

[2] 何景明：《何大复先生集》卷十四，清咸丰壬子世守堂刊本。

即男女关系是显示性情之“切而易见者”。袁枚亦有与此近似的说法，其云：“诗者，由情生者也。有必不可解之情，而后有必不可朽之诗。诗所最先，莫如男女”[1]。另外，何海鸣《求幸福斋随笔》亦说：

> 世间男子喜怒哀乐之事，其极点恒在女子之身，缕列之以见一斑。夫最可喜者美人之眼波也，且尤不止眼波，世有作美人百态诗者，是美人自顶至踵均可喜也。最可悲者思美人不见，求美人复不得，或与美人有情而事不谐，凡小说以苦情、哀情名者，其间固不能脱出男女之窠臼也。他如最可厌者为丑妇多作怪，最可怕者河东狮子吼及悍妇诟谇之声，最可听者为小女子之歌喉，最可乐者为意中人之来归，均皆其最著者也。世无女子，男子必无喜怒哀乐七情之可言，而世间之喜怒哀乐悉发轫于男女之间。[2]

“世间男子喜怒哀乐之事，其极点恒在女子之身”，故研究男子的心理，莫若研究其对女性的态度；同样，研究女子的情感，莫若研究其对男性的态度。进言之，“世间之喜怒哀乐悉发轫于男女之间”，故研究一个民族的文化心理或一个社会的情感特征，莫若研究此民族或该社会中男女之间的交接方式和恋爱特点。辜鸿铭在《中国人的精神》一书之《序言》中，有一段评估民族精神和文明类型之标准的议论，颇有参考价值，其云：

> 在我看来，要估价一个文明，我们最终必须问的问题，不在于它是否修建了和能够修建巨大的城市、宏伟壮丽的建筑和宽广平坦的马路；也不在于它是否制造了和能够造出漂亮舒适的傢具、精致实用的工具、

[1] 袁枚：《小仓山房文集》卷三十《答蕺园论诗书》，清乾隆刻本。
[2] 何海鸣：《求幸福斋随笔》第48页，上海书店1997年版。

器具和仪器，甚至不在于学院的建立、艺术的创造和科学的发明。要估价一个文明，我们必须问的问题是，它能够生产什么样子的人（what type of humanity），什么样的男人和女人。事实上，一种文明所生产的男人和女人——人的类型，正好显示出该文明的本质和个性，也即显示出该文明的灵魂。[1]

简言之，就是一个民族的男人和女人的类型及其所构成的男女关系，最能显示该民族的个性、本质和灵魂。

民族精神和文化心理常常体现在该民族的男女交接方式和情爱特点中。民族精神和文化心理往往随着时代的发展而变化，恋爱方式和情爱特点亦随之发生相应的变迁。所以，恋爱方式和情爱特征常常就是时代精神和文化心理发展变化的标识牌或指示剂，此正如勃兰兑斯所说：

在文学表现的所有情感中，爱情最引人注意；而且，一般来说，给读者留下的印象最深。了解人们对爱情的看法及表现方法对理解一个时代的精神是个重要因素。从一个时代对爱情的观念中我们可以得出一把尺子，可以用它来极其精确地量出该时代整个感情生活的强度、性质和温度。[2]

爱德华·傅克斯亦认为：

每个时代的风化行为、风化观念、规范并制约性生活的种种规定，

[1] 辜鸿铭：《中国人的精神》第 3 页，黄兴涛、宋小庆译，海南出版社 1996 年版。

[2] ［丹］勃兰兑斯：《十九世纪文学主流》第三册《法国的反动》第十节，人民文学出版社 1997 年版。

最典型最鲜明地表现了各个时代的精神。每个历史时期、每个民族和每个阶级的本质都在其中得到最真切的反映。性生活以其成千上万的辐射，揭示了生活的重要规律、基本规律。[1]

因此，我们能够从一个时代人们的恋爱方式和爱情观念中去感受这个时代感情生活的强度、性质和温度，去体认这个时代的时代精神。同样，我们亦能够从一个人对待异性的态度、对爱情的理解和在恋爱中的表现，去认识他的气质、个性和修养。性心理学家霭理士说：

性是一个通体的现象，我们说一个人浑身是性，也不为过；一个人的性的气质是融贯他全部体气的一部分，分不开的。有句老话说得很有几分道理：一个人的性是什么，这个人就是什么。

恋爱是和生命牵扯在一起的，分不开的，假若恋爱是一个幻觉，那生命本身就是一个幻觉。我们若不能否定生命，也便不能否定恋爱。我们当然不能否定恋爱。我们若再进一步的加以思考，可知它不但和个人的祸福攸关，并且与民族的休戚也是因缘固结，它的功能不但是自然的、物质的，并且也是社会的以及我们所谓精神的。[2]

因为“恋爱是和生命牵扯在一起的”，所以，在恋爱中，最能呈现一个人的生命本质特征，最能彰显一个人的气质、个性和修养。

综上所述，从理论上看，爱情作为一种闲情和激情，因其有意或无意地回避或冲破了社会规范和礼仪习俗，是个体生命意识的自然流露，故而最能显现一个人的个性、本质和灵魂，亦能显示一个民族的

[1] ［德］爱德华·傅克斯：《欧洲风化史》，转引自江晓原《性感——一种文化解释》第 52 页，海南出版社 2003 年版。

[2] ［英］霭理士：《性心理学》第 2、299 页，潘光旦译注，上海三联书店 2006 年版。

文化心理，还能体现一个时代的时代精神。因此，从情爱生活状态测试个人的气质个性、民族的文化心理和时代的精神面貌，不仅是可能的，而且还是一个比较重要的途径。

3

更进一步说，两性关系不仅能够显现个人的真实面目和民族的文化心理，而且亦是决定个人修养和能力的重要尺度，是决定社会治理水平和社会组织模式的重要标准。

就个人而言，在传统中国社会，判断一个人修养和能力的重要依据，就是看他治家的水平，考察他处理两性关系的能力；衡量一个男子是否具备治国平天下的才能，考察他的“正内”能力便可预知。瓦西列夫说：“爱情是衡量文化修养的尺度。”[1] 因此，考察一个人的文化修养，看看他如何谈情说爱便可预测。据《史记·五帝本纪》记载：尧为了考察舜是否具备治国平天下的才能，便先将二女（娥皇、女英）许配于他，以考察他是否具有“正内”的能力。能“正内”者，即能正确处理两性关系，就能“齐家”；能“齐家”者，方能“治国平天下”。正因为舜能使二女“甚有妇德”，显示其有“正内”“齐家”的本领，故尧才将天下禅让于他。因此，在传统中国社会，两性关系至关重要，甚至被认为是一切人际伦理之基础和前提。如《礼记·中庸》说：

> 君子之道，造端乎夫妇。及其至也，察乎天地。

《白虎通德论·嫁娶》说：

---

[1] ［保］瓦西列夫：《情爱论》第 181 页，赵永穆、范国恩、陈行慧译，生活·读书·新知三联书店 1997 年版。

妇事夫有四礼焉：鸡初鸣，咸盥漱，栉纵笄緫而朝，君臣之道也。恻隐之恩，父子之道也。会计有无，兄弟之道也。闺阃之内，衽席之上，朋友之道也。

即夫妇关系虽属五伦之一，却有牢笼五伦的容量，具有“察乎天地”的功用。所以，能恰当地处理好夫妇关系，亦就能有效地协调好君臣、父子、兄弟、朋友关系；一个连夫妇关系都处理不好的人，亦就没有能力协调好君臣、父子、兄弟、朋友关系。此儒家所谓“君子之道造端乎夫妇”之本义所在。

能否正确处理两性关系，是衡量个人能力和修养的重要尺度；推而言之，能否使天下男女和睦相处、及时婚姻，则是衡量社会治理水平的重要标准。因此，怨旷问题，一直是古代中国的政治家和道德家特别关注的重要问题，“内无怨女，外无旷夫”，通常是社会清平、政治稳定的主要评价标准。孟子向齐宣王陈述仁政理想时，就是以此作为仁政实施后的标志性成果之一。[1] 所以，在传统中国，道德家呼吁统治者创造条件，让天下男女获得及时婚姻，政府常常颁布“恤怨旷”的措施，文人在创作中“悯怨旷”。在传统中国的道德家和政治家看来，两性关系问题是一个社会最基本的问题，协调两性关系是解决其他社会问题的基础和前提。因此，两性关系的协调情况，往往就成为判断社会治理水平和政治管理能力的重要标准。

两性关系的结构特征，还是决定社会组织模式的基础和前提，如美国学者理安·艾斯勒在《圣杯与剑：我们的历史，我们的未来》一书中，以两性关系的结构特征为依据，将人类社会组织划分为两种基本模式——伙伴关系模式和统治关系模式。所谓伙伴关系模式，是指

[1] 《孟子·梁惠王下》。

在这种组织模式里，男女平等相处，构成伙伴关系。所谓统治关系模式，是指在这种组织模式里，男性压迫女性，构成男性对女性的统治关系。前者以女神手中的圣杯为象征，它带来的是和平、和谐、经济发达、文化繁荣；后者以武士手中的剑为象征，它带来的是暴力、战争、压制和破坏。以两性关系的结构特征为依据区分社会组织模式，可见两性关系在社会组织结构中的核心地位。所以，理安·艾斯勒指出：

> 不论在所谓私有制环境下还是公有制环境下，两性关系的构成方式对于我们的未来至关紧要的那些情况起关键作用：一个社会是更爱好和平还是更喜欢战争，是更富有创造性还是更具有破坏性，是更平等的还是更压制的。[1]

受理安·艾斯勒学说之直接影响而建立起来的“中国伙伴关系研究小组”，通过对中国传统两性关系的研究，指出人类当前面临的世界性难题，都与现实的两性关系中的“统治关系模式”密切相关，其云：

> 所谓世界性难题，如军备竞赛，战争威胁，人口爆炸，资源短缺，环境污染等都同这种不合理的社会模式有深刻的内在联系；因为这种模式崇尚剑的力量，依靠暴力和战争机器来维持，把女人当作生育机器，并对大自然进行贪婪的掠夺和不加节制的破坏。所以这些全球问题的解决有待于男性统治关系社会模式的消亡。[2]

---

[1] ［美］理安·艾斯勒：《〈阳刚与阴柔的变奏——两性关系和社会模式〉前言》，见中国伙伴关系研究小组著，闵家胤主编《阳刚与阴柔的变奏——两性关系和社会模式》书首，中国社会科学出版社 1995 年版。

[2] 中国伙伴关系研究小组著，闵家胤主编《阳刚与阴柔的变奏——两性关系和社会模式》第 13 页，中国社会科学出版社 1995 年版。

亦就是说，要解决当前人类面临的种种世界性难题，就必须首先解决一个更基本的问题——男女两性关系的结构问题。

综上所述，男女两性关系的构成机制，对社会的稳定、协调和发展至关重要。那么，古代中国的男女两性关系的构成机制又是怎样的呢？它对古代中国社会的协调、发展又产生过什么重要的影响呢？于此，荷兰外交官高罗佩的观点很值得我们深思。他通过对“中国古代性与社会”的专题研究，得出这样的结论：

> 每当人们从中国的历史背景来研究中国问题时，都会对两个突出特点感到震惊：中华民族惊人的恢复力和中国文化的强大内聚力。在两千多年的历史中，人们一再看到，异族局部或全部占领下的中国或四分五裂的中国仿佛一夜之间就恢复了过来，在极短的时间内就又变成具有同一文化的、统一的独立国家。……历史学家必须分析这种现象，研究这种现象背后的政治、经济、社会和道德因素。可是在这样做的时候，我们却必须明白，我们并不能洞悉文明成长与衰亡的终极原因，正如我们永远不知道个人生死的终极原因一样。
>
> 然而，就中国而论，对中国性关系即其生命的主要动机进行历史考察，却使我们相信，男女之间的精心调节（这点早在纪元初就在中国受到研究）是中国种族和文化长期绵延的原因。因为看来正是这种造成勃勃生机的平衡使中华民族从远古一直延续至今，并不断更新。[1]

与“五四”以来的国内学者对传统中国两性关系的尖锐批评和全盘否定的做法不同，高罗佩认为传统中国人的性生活是健康的，两性关系是和谐的，是经过“精心调节”的。这种观点是惊世骇俗的，但

[1] ［荷］高罗佩：《中国古代房内考》第 441 ~ 443 页，李零、郭晓惠等译，上海人民出版社 1990 年版。

亦颇切实情，因而得到国内一些严肃的性学专家的高度评价。[1] 与国内学者常常从政治、经济、军事和文化思想等宏观角度，讨论传统中国种族和文化长期绵延的原因不同，高罗佩从两性关系角度的探讨，是别出心裁的，亦是启人心智的。

事实上，根据作者以上的讨论，从两性关系的角度探讨民族精神和文化心理，不仅行之有效，而且还是最佳的途径和视角之一。高罗佩正是从这个独特的视角窥探到华夏族人的基本性格和文化心理，因而得出的结论惬当人心，极有见地，颇有理据。作者正是受到高罗佩的启发，沿着他开辟的学术方向，力图从传统中国人的情爱生活观念、理想和现状的角度，探讨华夏族人的文化心理和诗性精神，展现其民族心性，为华夏种族和文化长期绵延的原因，作进一步的阐释和发明。

我的基本观点是：诗性精神是传统中国社会情爱生活的基本特征。古典艺术作品是传统中国人诗性精神的直接体现，传统情爱生活是古代中国人诗性精神的间接展现。研究传统中国人的诗性精神，艺术作品是文本依据，情爱生活是鲜活证据。

[1] 如江晓原在《高罗佩〈秘戏图考〉与〈房内考〉之得失及有关问题》一文中，对高罗佩提出的“房中术为中国多妻家庭所必须”“古代中国人性行为非常健康”“士大夫狎妓动机”等观点给予高度评价，认为《房内考》一书中“高明的见解和论断”，比起国内一些学者的武断的否定和尖锐的批评，“要更深刻而合理得多”。（《性张力下的中国人》之《附录》，上海人民出版社 1995 年版）

第一章 爱情是什么

“爱情是什么”和“什么是爱情”，是两个不同层面上的问题。前者是陈述，后者是定义。陈述的范围可大可小，不求全责备；定义则务必准确和完整。基于对爱情下一个准确和完整的定义，就目前学术界对爱情的认知程度看，就作者的识鉴水平来说，是十分困难的。故本章避重就轻，以“爱情是什么”为题，就爱情的一般特点，作概述式的分析和说明。

一、爱是什么

1

考察“爱情”是什么，要先搞清楚“爱”是什么。古代中国人关于爱与敬、亲与尊之区别的讨论，对我们理解“爱”的含义，有比较重要的参考价值。

根据古代中国人的看法，所谓“爱”，乃是一种出于天性的诚挚自然之情。所谓“敬”，则是一种在外力作用下的人为之道。考察“敬”字之字形词义，即可明白这一点。“敬”字之初形是“苟”，变化而成“敬”字。“苟”字之本义是恭敬谨慎，其后演变为“敬”字，增加了“攵”符，表示有外力迫使其恭敬谨慎。[1]这个外力就是礼。敬、爱之别，古人区分得很清楚。如《庄子·天运》说：“以敬孝易，以爱孝难。”“以敬孝”是人为之道，故易；“以爱孝”是自然之情，故难。扬雄《法言·问道》说：

> 或问：太古德怀不礼怀，婴儿慕，驹犊从，焉以礼？曰：婴犊乎？婴犊母怀不父怀，母怀爱也，父怀敬也。

“婴犊母怀不父怀”，是出于天性，“母怀”之爱是天性之情；“父怀”之敬是人为之道。“婴犊母怀不父怀”，正表明人之本性是重天性之情而轻人为之道。刘劭《人物志·八观》亦说：

> 盖人道之极，莫过爱、敬，是故《孝经》以爱为至德，以敬为要道。……《礼》以敬为本，《乐》以爱为主。然则人情之质，有爱、敬之诚，则与道德同体，动获人心，而道无不通也。然爱不可少于敬，少于敬，则廉节者归之，而众人不与。爱多于敬，则虽廉节者不悦，而爱接者死之，何则？敬之为道也，严而相离，其势难久。爱之为道也，情亲意厚，深而感物。

刘劭这段话，对爱、敬的解释和区分相当准确。相对而言，爱是敬的基础，建立在爱之上的敬，才是发自内心的敬。通常情况下，敬有“严而相离，其势难久”的特点，故而需要礼法来维持它、保证它，但亦往往容易流于貌敬心非。而爱则是发自内心的自然之情，有“情亲意厚，

[1] 参见刘翔《中国传统价值观诠释学》第 124 ～ 125 页，上海三联书店 1996 年版。

深而感物”的特点，是一种更适合人之自然本性的情感。所以，它在不需要礼法维持的情况下，亦能自然长久。

由爱而亲，由敬而尊。古代中国人关于母爱、父尊问题的讨论，有助于我们对爱与敬之区别做进一步的理解。如《礼记·表记》说：

> 使民有父之尊，有母之亲，如此而后可以为民父母矣，非至德其孰能如此乎？今父之亲子也，亲贤而下无能；母之亲子也，贤则亲之，无能则怜之。母亲而不尊，父尊而不亲。

这段文字有两点值得注意：其一，父母对孩子的态度不同。父亲对孩子是“亲贤而下无能”，即喜欢贤能之才而讨厌无能之子，父亲对孩子的态度有点近乎唯才是亲。这是由于父亲通常把孩子视为实现自身不朽价值的载体，从而对孩子产生过高的角色期待所决定的。母亲则不同，她对孩子“贤则亲之，无能则怜之”，即贤能之才固然值得喜欢，但无能之子亦需爱怜。母亲对孩子的这种态度，亦与她本身的角色地位有关。其二，因父母对孩子的不同态度，从而决定了孩子对父母的情感取向，即“母亲而不尊，父尊而不亲”。引起我们注意的是，在这段文字中，“亲”“尊”二字出现了两次，并且都是以尊隶父、以亲属母。尊者，敬也，严也；亲者，爱也，慈也。故《孝经·圣治》说：“圣人因严以教敬，因亲以教爱。”以尊隶父，即就是说，孩子于父亲只有敬，父亲于孩子便是严，缺少爱慈的成分，故云“父尊而不亲”。以亲属母，即就是说，孩子于母亲是爱，母亲于孩子是慈，故云“母亲而不尊”。父子关系与母子关系的区别，亦即敬与爱、尊与亲的区别，在这段文字中讲得非常清楚。

“母亲而不尊，父尊而不亲”，这种观点亦体现在《孝经·士章》

中，其云：

> 资于事父以事母，而爱同。资于事父以事君，而敬同。故母取其爱，而君取其敬。兼之者，父也。

这里所谓的爱、敬，分别等同于上引《礼记·表记》中的亲、尊。事母以爱，事君以敬，事父则兼爱、敬。君、父同体，以事父之道事君，故事君主敬。事母主爱，故“母亲而不尊”。事父兼爱、敬，之所以提及爱，这正如《孝经·圣治章》所说：“父子之道，天性也，君臣之义也”。父子天性，亦有爱的成分，但父子间爱的成分不仅比母子间少，而且还隐藏得很深，因此往往被人们忽略，如扬雄所说：“婴犊母怀不父怀，母怀爱也，父怀敬也”。[1] 又如儒家学者讲父子关系，往往重孝轻慈，就是一个明证。因为“父子间天然关系固然存在，但不十分坚强”[2]，即天性的成分少，而出于天性之爱亦较母子为弱，故曰“父尊而不亲”。

总之，在传统中国人看来，爱是出于天性的、发自内心的自然之情，具有“情亲意厚，深而感物”的特点。

2

德国学者埃里希·弗洛姆著《爱的艺术》一书，在继承精神分析方法之基础上，借鉴马克思关于存在决定意识的理论和爱的观点，对爱的艺术、理论、类型和实践，以及当代西方社会中爱的特点等问题，进行了科学的探讨，建构起系统周密的爱的理论。他认为：爱是人类

[1] 《法言·问道》。

[2] ［法］莫罗阿：《人生五大问题》，见《恋爱与牺牲》第 48 页，傅雷译，安徽文艺出版社 1998 年版。

生存的必然需要，爱是“对人类生存问题的回答”。在人的成长过程中，逐渐呈现出一种分离状态，或者说，人类的成长过程就是一个逐渐分离的过程——与母亲的分离，与自然界的分离，因分离而产生孤独和焦虑情绪。据弗洛姆说：

> 人具有天赋的理性。他是了解自身的生命体，他了解他自己、他的同伴、他的过去和未来的趋向。这种对他自己作为一个孤独的实体的认识，对他自己短暂的生命历程的认识，对不由他的愿望而出生又违背他的意愿而死去这一事实的认识，对他将在他热爱的那些人之前或那些人在他之前死去的认识，对他的寂寞和孤独的认识，对他在自然和社会面前无能为力的认识，所有这些，都使他孤独和被分裂的生活圈子变成为一个不堪忍受的监狱。如果他不能从这个监狱中解放自己，从而达到以某种形式与人们和外部世界的沟通，他就将变成一个疯子。
>
> 孤独的经历引起人们焦虑。的确，它是焦虑的来源。孤独意味着被割断与社会的联系，没有任何能力去行使我们的人权。因此，孤独意味着无助，意味着无力主动地把握这个世界—事物和人，意味着这个世界无需发挥我的能力并可以侵犯我。所以，孤独是强烈焦虑的来源。[1]

孤独犹如一座监狱，孤独的人就是关押在监狱中的疯子。因此，人最迫切的需要就是克服分离，从而使自己从孤独中解脱出来。克服分离、解脱孤独的重要途径是倾诉，找一个知己进行倾诉。

因此，任何一个正常状态下的人，在精神上皆有一种不可抑制的倾诉本能。据《孟子·梁惠王下》载孟子语云：

> 老而无妻曰鳏，老而无夫曰寡，老而无子曰独，幼而无父曰孤。此

[1] ［德］弗洛姆：《爱的艺术》第 6 ~ 7 页，刘福堂译，安徽文艺出版社 1986 年版。

四者，天下之穷民而无告者。文王发政施仁，必先斯四者。

“告”者，告诉也，倾诉也。鳏寡孤独之人，之所以被称为“穷民”，并被列为“发政施仁”的优先对象，是因为他们失去了亲人，失去了倾诉交流的对象。他们压抑着精神上的倾诉本能，是人群中的最不幸者，因而亦是人群中最值得同情者。倾诉是人的精神本能，人的烦恼和痛苦，需要通过倾诉的方式来释放；人的喜悦和幸福，亦需要通过倾诉的方式来升华。成语“一吐为快”就形象地表达了人的此种心理需求，无论是喜悦或是烦恼，都有“一吐为快”的特点。性格内向之人，往往不擅长交流，因而不能有效地将心中的烦恼或喜悦倾诉出来。烦恼或喜悦，如果长期郁结在心中，不能有效地释放，必然会对人的心理和生理产生伤害，轻则导致性格的忧郁和怪癖，重则导致精神病症。又如，在对离婚夫妇的调查中发现，导致离婚的一个重要因素，是夫妻之间的无话可说。夫妻之间若无话可说，则说明夫妻双方已经没有彼此倾诉的欲望，这就必然导致婚姻的解体。若夫妻之间还有激烈的争吵，根据“一吐为快”的心理特点，这样的夫妻往往还有可能重归于好。再说，在现实生活中，我们发现，往往是儿童和老人的话最多，返老还童，老人的心理与儿童相似，他们的话多，总是喋喋不休地说三道四，这正是人的倾诉本能的自然流露。又如，女人的话总比男人多，特别是中老年女性，喜欢说三道四，多有婆婆妈妈的特点，这正是她们的倾诉欲望的有效释放，这亦许是女性的平均寿命高于男性的原因之一。而个性乐观、性格开放、喜欢交接朋友的人，寿命往往较长；性格忧郁、沉闷内向、喜欢闭门沉思者，则寿命常常较短。这大概亦与倾诉的本能欲望能否有效释放有一定的关系。因此，在国外，由心理学家罗杰斯创建的一个心理学流派，认为心理咨询工作者的主要任务是听当事人说话，诚恳地聆听当事人倾诉他心中的苦与乐。由于效果颇佳，而成为心理治疗中的重要流派。

进一步说，倾诉是克服分离、摆脱孤独的临时方式，就像借助酒精与药物以摆脱孤独感一样，其取得的效果是暂时性的。据弗洛姆说，克服分离、解除孤独的最佳途径是群居，在群居中“建立与群体及其风俗、习惯和信念一致基础上的结合”。[1] 他说：

> 假如我同每个人一样，假如没有使我区别于其他人的情感和思想，假如我在习俗、衣着、观念上与群体的模式一致，那末我便得救了，从可怕的孤独感中解脱出来了。……对摆脱孤独的结合的探讨必须有个回答，假如没有更好的方式，那末这种民众一致的结合便成为主要的方式。[2]

人类在群居中达成的“一致”有种种类型。但唯有人与人之间融为一体的“一致”，才是真正的“一致”，真正的协调。而这种“一致”和协调就叫爱。爱“是人类最强有力的奋斗的动力。它是最基本的激情，它是一种保存人类种族、家庭、社会的力量”，“没有爱，人类便不能存在”。[3] 传统观点认为，爱就是如何惹人爱，即把爱作为别人恩赐的情感。而弗洛姆则认为：

> 成熟的爱是保持自己的尊严和个性条件下的结合。爱是人的一种主动的能力，是一种突破使人与人分离的那些屏障的能力，一种把他和他人联合起来的能力。爱使人克服孤独和分离感，但爱承认人自身的价值，保持自身的尊严。在爱之中，产生了两个人成为一体而仍然保留着个人

[1] ［德］弗洛姆：《爱的艺术》第 10 页，刘福堂译，安徽文艺出版社 1986 年版。

[2] ［德］弗洛姆：《爱的艺术》第 11 页，刘福堂译，安徽文艺出版社 1986 年版。

[3] ［德］弗洛姆：《爱的艺术》第 15 页，刘福堂译，安徽文艺出版社 1986 年版。

的尊严和个性的矛盾。[1]

依据弗洛姆的观点，爱的主动性常常包含这样一些共同的基本要素：关心、责任、尊重和了解。

总之，爱是人的一种本能，无论是爱人还是被爱，它皆是人的一种本能需要。就爱人一面说，爱是出自天性的、发自内心的自然之情。就被爱一面讲，爱是克服分离、摆脱孤独的最佳良药。从天性上看，人类既有被爱的需要，亦有爱人的潜能。

二、爱情·情色·色情：关于爱情的定义

1

一般而言，爱包括情人之爱、亲人之爱和朋友之爱三种类型，或者说爱情、亲情和友情三种类别。但是，在此三种类型的爱或情中，情人之爱当是最隐秘复杂的一种爱，爱情当是最深微多变的一种情感，因而亦是最难理喻的一种情感。它因种族的差异而不同，随时代的发展而变化，甚至同一个人在不同年龄阶段或不同场境中，对爱情的理解和感悟亦很不一致。因此，要对爱情下一个准确、完整的定义，是很困难的。

“你们，知道的人，请告诉我，爱情究竟是什么？”在莫扎特的《费加罗的婚礼》中，切若比娜如此迷茫地追问。虽然我们每一个人都确信爱情是必然存在的，但却无法给出确切的答案。这正如美国学者莫尔顿·亨特所说：

[1] ［德］弗洛姆：《爱的艺术》第 17 页，刘福堂译，安徽文艺出版社 1986 年版。

“爱”这个字就像一颗落在地上的水银。你明知道它在那儿，但用手一碰就不见了。[1]

或者，如一位西方佚名作者在1694年出版的《女士指南》一书中所说：

爱是什么？答：象灯光，你我都知道它的存在，却谁也说不出它究竟是什么？爱情不是金钱、幸运和遗产，也不是痴人说梦、恶意中伤、愁眉不展；爱不是情意缠绵、你追我逐、信誓旦旦；更不是暴怒、贪欲、欺骗、厮杀、赌博，虽然人们过去、现在、将来都这样误解它。……爱情最象是一声叹息，即使我们可以找到一位画家将它画下来，也无法辨明它的真身。[2]

或者，如约翰·萨克林在《爱与被爱》中所说：

爱情是人人心中的屁。憋着它，会伤自己的心。放了它，又让别人生气。[3]

不过，在古今中外关于爱情的定义、界说、议论和颂辞中，作者比较认同，并认为最能全面概括爱情之本质特征的，是保加利亚学者瓦西列夫的界定。他通过对古今有关爱情的各种观点的批评总

[1] ［美］莫尔顿·亨特：《情爱自然史》之《序言》，赵跃、李建光译，作家出版社1988年版。

[2] 转引自［美］莫尔顿·亨特《情爱自然史》第7页，赵跃、李建光译，作家出版社1988年版。

[3] 转引自［美］吉姆·道森《尴尬的气味——人类排气的文化史》第7页，沈跃明译，上海人民出版社2004年版。

结，指出：

> 爱情是一种复杂的、多方面的、内容丰富的现象。爱情的根源在本能，在性欲，这种本能的欲望不仅把男女的肉体，而且把男女的心理推向一种特殊的、亲昵的、深刻的相互结合。但是爱情又不仅仅是一种本能，不仅仅是柏拉图式的神奇剧、淫欲、直观和精神的涅槃。爱情把人的自然本质和社会本质联结在一起，它是生物关系和社会关系、生理因素和心理因素的综合体，是物质和意识多面的、深刻的、有生命力的辩证体。[1]

简言之，爱情既是人的一种自然需要，亦是一种社会需要。或者说，爱情是建立在肉体和生理需求基础上的，以精神和心理需求为最终目的的一种人际情感，是“肉体和精神的结合”。

就自然需要一面言之。好色是人之天性，是人的本能。薄伽丘《十日谈》中有这样一个故事：有一位男青年，自小就离开人群，过着与世隔绝的生活，连“女人”这个词都不知道，后来回到人群中，父亲告诉他那些美丽的“女人”都是“绿鹅”，可这位青年却固执地要求带一只“绿鹅”回家。与此近似的，是在中国广为流传的“小和尚下山”的故事，后来被编成歌曲《女人是老虎》，其歌词说：

> 小和尚下山去化斋，
> 老和尚有交代：
> 山下的女人是老虎，
> 遇见了千万要躲开。
> 走过了一村又一寨，

[1] ［保］瓦西列夫：《情爱论》第 51 页，赵永穆、范国恩、陈行慧译，生活·读书·新知三联书店 1997 年版。

小和尚暗自揣：
为什么老虎不吃人，
模样还挺可爱。
老和尚悄悄告徒弟：
这样的老虎最呀最厉害。
小和尚吓得赶紧跑，
师傅呀，坏！坏！坏！
老虎已撞进我的心里来，心里来！

“绿鹅”和“老虎”的诱惑，是男人无法抗拒的。尽管有父亲的劝告和老和尚的交代，亦无济于事，她仍然会“撞进我的心里来”，“我”依然固执地想把她带回家。这两个类似的禁欲例子说明：好色和情爱是人的自然需要和心理本能，任何形式的禁欲，不仅是无效的，还反而会助长虚伪之风的盛行。

所以，爱情作为人的自然需要，实际上部分是为了满足人的好色之心。或者说，爱情的基础和前提是色欲，未经色欲冲动而建立起来的男女关系，是友情，而不是爱情。古希腊的柏拉图式的爱情，中世纪的骑士贵妇之爱，古代中国的“美人幻像”，虽然都不是以实现色欲为直接目的，但它的发生皆是以色欲为基础和前提。

就社会需要一面言之。爱情及其赖以发生的基础和前提的色欲，既是自然性的，亦是社会性的，而且主要是社会性的。虽然告子说：“食色，性也”（《孟子·告子上》），但食欲主要是自然性的，色欲则主要是社会性的。关于食冲动与色冲动的区别，蔼理士解释说：

性冲动所受的宗教、道德与习惯的牵掣，要远在食的冲动之上，远得几乎无法相比；性冲动所走的路子，不是这条被宗教堵上，便是那条被道德塞住。……要知道性冲动有一个特点，和食冲动大不相同，就是，它的正常的满足一定要有另一个人帮忙，讲到另一个人，我们就进到社会的领域，进到道德的领域了。[1]

与食冲动的纯粹自然属性相比，性冲动因为“进到社会的领域”，“进到道德的领域”，所以其属性是社会性的。但是，与恋爱相比，性冲动在本质上还是自然性的，而恋爱则是经过社会道德和人类情感过滤过的性冲动。所以，恋爱是色欲的一个综合体，恋爱是经由大脑中枢表现出来的性本能。或者如康德所说：性冲动是有周期性的一种东西，所谓恋爱，就是我们借了想象的力量，把它从周期性里解放出来，而成为一种有绵续性的东西。[2]

爱情是社会性的，是人类的一种不可或缺的社会需要。依据弗洛姆的观点，人的成长过程就是一个不断分离（与母亲分离、与自然分离）的过程，因分离而产生孤独和焦虑，克服分离和摆脱孤独的最佳途径是群居以求一致，以求协调，或者说是在群居中被爱和爱人。所以，爱是“对人类生存问题的回答”，“没有爱，人类便不存在”。而在爱的所有类型中，男女之间的情爱又占有特别重要的位置。可以说，没有情爱，亦就不存在着人类。情爱是人类克服分离、摆脱孤独的重要手段，是人类从心灵深处生发出来的一种本能需要，是与人的生命联系在一起的。此正如蔼理士所说：

恋爱是和生命牵扯在一起的，分不开的，假若恋爱是一个幻觉，那生命本身就是一个幻觉，我们若不能否定生命，也便不能否定恋爱。我

[1] ［英］蔼理士：《性心理学》第 3 页，潘光旦译注，上海三联书店 2006 年版。

[2] 转引自（英）蔼理士《性心理学》第 295 页，潘光旦译注，上海三联书店 2006 年版。

们当然不否定恋爱。我们若再进一步的加以思考，可知它不但和个人的祸福攸关，并且与民族的休戚也是因缘固结，它的功能不但是自然的、物质的，并且也是社会的以及我们所谓精神的。[1]

据现代科学的研究，低等动物，甚至植物之间亦有情爱，有相互之间的性吸引。但是，只有人类的情爱，才是情爱的高级状态，这是由情爱的社会属性所决定的。

2

为了呈显爱情的社会属性，需要进一步探讨爱情与情色、色情三者之间的关系。此三者之间，既有区别，又有联系。

讨论“色情”与“情色”，需要首先考察“色”字的含义。“色”之本义，已难确考。《说文》说：“色，颜气也。”段注云：“心达于气，气达于眉间，是之谓色。”即“色”之初义是“脸色”。近代以来，有人从“色”字的篆文和甲骨文的字形上判断，认为它表示把人放在膝上，其本义是“女色”；有人认为其甲骨文字形是人在人上，表示男女性器官交合，其本义是“男女交媾”；有人认为其字形表示“人体下部之欲”，其本义是“性欲”，男性欲望的对象是女人，故“色”有“女”意，女子因貌美而成为欲望的对象，故“色”又有“颜”意。日本学者笠原仲二综合以上解说，指出：“色”的本义是“男女交媾”，引申为“性欲”，它不是如后世所理解的只意味着女性或属于女性的特色；它不仅意味着年轻貌美，还意味着女性特有的各种各样的性的魅力，如丰艳的肉体、纤丽的四肢、迷人的容姿、温柔娴雅的举止、动听的声音、夺目的衣裳、芳香的脂粉等。总之，它包括所谓“美人”

[1] ［英］蔼理士：《性心理学》第299页，潘光旦译注，上海三联书店2006年版。

应当具备的一切主要方面。[1]

“色”之为词，有美色、女色一义。证诸文献，笠原仲二的说法是有依据的，如《尚书·五子之歌》说：“内作色荒，外作禽荒。”《传》云：“迷乱曰荒。色，女色。”《疏》云：“经传通谓女人为色。”如《论语·子罕》说：“吾未见好德如好色者也。”《孟子·告子上》说：“食色，性也。”其所谓“色”，皆指女色、美色。此后便成为文献中的习惯用法，如《史记·吕不韦传》载：“不韦因其姊说夫人曰：以色事人者，色衰而爱弛。”司马相如《上林赋》说：“色授魂与，心愉于侧。”[2]“色”之词义，由女色、美色进一步引申，至近现代，则指“从生物基础里生长出来的一种男女之间感情上的吸引力”。[3]

“色情”一词，则是近代以来引进的一个外来词，它源自希腊语“pornographos”，在古希腊文中，“porno”指的是最低级便宜的妓女，“graphos”则是描述、绘画的意思。从希腊文的字面上看，“色情”是指“描绘妓女的作品”，有淫秽、猥亵的意思，它直接刺激人的性冲动，是可与“淫秽”互换使用的词汇。

与“色情”相对的是“情色”，这是一个在二十世纪才开始流行的新词汇。从表面上看，“色情”与“情色”只是词根顺序颠倒而已，且都与色相关。实质上，它们之间有着本质的区别。如果说色情是丑的、恶的，那么情色则是美的、艺术的。色情是对性的轻侮和践踏，情色则是对性的理解和尊重。色情追求的是性的刺激和暴力，是扭曲的性冲动；情色则是崇尚性的和谐与温情，是健康的性生活。它们虽然都

[1] ［日］笠原仲二：《古代中国人的美意识》第 7 ~ 8 页，魏常海译，北京大学出版社 1987 年版。

[2] 《史记·司马相如列传》。

[3] 费孝通：《重刊潘光旦译注蔼理士〈性心理学〉书后》，见蔼理士著、潘光旦译注《性心理学》之《附录》，上海三联书店 2006 年版。

能激发人的性欲冲动，但情色是艺术性的激发，色情则是粗鄙的刺激。情色能提升人的精神品格，涵孕人的情爱感觉；色情则是降低人的精神品格，腐化人的心灵世界。情色重情，色情重色，这是它们最根本的区别。[1]

一般地说，爱情作为人类的自然需要，是以色欲为基础和前提的。色欲是爱情、色情、情色的底色，或者说，是三者共同的基础。三者的不同，在于其自然属性和社会属性所占比重之大小的不同。大体而言，就自然属性来说，色情大于情色，情色大于爱情；就社会属性而言，爱情大于情色，情色大于色情。爱情是在色欲冲动之刺激下所发生的最高层次的情感类型，因而亦是男女之间健康、和谐、美感、成熟的情感类型。

三、爱情就像发高烧

1

从情感的力度和温度划分，感情可分为柔情、闲情和激情三种类型。爱情是一种激情，正像司汤达所说：“爱情就像发高烧，它的产生和消失绝不以人自己的意志为转移。”[2] 瓦西列夫亦认为：爱情“就是像一道看不见的强劲电弧一样在男女之间产生的那种精神和肉体的

[1] 康正果说：“在今日中国的后现代语境中，我发现很多性论述都不再使用‘色情’这样洗溯不清的旧字眼了，大家不约而同地采取了偷换的措辞策略：只是把那两字打了个颠倒，一下子就另造了含义更为开放的‘情色’一词。它甩脱了原来的道德嫌疑，以其比较模糊的语义拓宽了指涉的空间，不但为有关情欲和身体等问题的讨论提供了方便的关键词，同时也为 erotic 这个英文词确立了一个更准确的中译。”（《身体与情欲》第 2 页，上海文艺出版社 2001 年版）

[2] ［法］司汤达：《爱情论》第 14 页，崔士篪译，辽宁教育出版社 1997 年版。

强烈倾慕之情”，[1]“爱情产生的第一个表现就是迷醉”，“一个人如果没有体验到由于迷醉而产生的战栗，他就不会坠入情网”。[2]亦如袁昌英所说：

> 恋爱的感情过于激烈，对于你身心的撼摇过于巨大。你在恋爱的时候，你的神志是不十分清明的，西人说“恋爱是盲目的”，大概就是这个意思。……恋爱会使你的理智与意志感受一种无可奈何的挣扎，所以不是理性特长，意志特坚的人，在恋爱中常是不能自拔的……恋爱有时是一种苦痛，是一种扰乱心情的苦痛。[3]

爱情区别于一般人际情感的一个显著特征，是它的不可预知的震撼人心的强烈性，它就像“一道看不见的强劲电弧一样”，震荡着男女的内心世界。它有偶然性，不可预知，不以人的意志为转移，它使你神志不清，时而欣喜若狂，时而悲痛欲绝。它使你的理性黯然失色，使你的意志软弱无力。就像着了魔，或者像触电一般，有一种力量贯注你全身，左右着你的思想与行为，使你的一举一动都变得不由自主。所以，我认为，处于恋爱中的你，如果还没有体会到触电或者着魔的感觉，没有进入魂不守舍的状态，那么就说明你的恋爱找错了对象，或者说你的恋爱还没有真正开始。

法国文学家司汤达对这种激情之爱做过精密的研究。他认为有四种不同的爱情：一是激情之爱，二是情趣之爱，三是肉体之爱，四是

[1] ［保］瓦西列夫：《情爱论》之《引言》，赵永穆、范国恩、陈行慧译，生活·读书·新知三联书店 1997 年版。

[2] ［保］瓦西列夫：《情爱论》第 183 页，赵永穆、范国恩、陈行慧译，生活·读书·新知三联书店 1997 年版。

[3] 袁昌英：《漫谈友谊》，见叶作盛编《说朋道友》第 29 页，江苏文艺出版社 1996 年版。

虚荣之爱。在这四种类型的爱情中，只有“激情之爱”才是真正的爱情。或者说，真正的爱情，应当是一种激情。在司汤达看来，在“情趣之爱”中，“一个出生高贵的人预先就熟知他在这种爱情的各个阶段中应该举止如何；由于这种爱情既毫无激情可言，又都在预料之中，故而虽常常显得更有韵味，但那并非真正的爱情，因为他从未堕入情网，而总是清醒如常”。因此，迎合对方的需要是它的主要特点，虚荣心是它的心理基础。从这个意义上看，“情趣之爱”近似于“虚荣之爱”，是一种“庸俗乏味”的关系，而不是真正的爱情。而“肉体之爱”只是一种本能，虽然它是真正爱情的基础，但它“只居于次要地位”。司汤达认为：“无论什么样的爱都会使人感到欢愉，只有在心灵上触发了激情，它们才是强烈的、有生命的，而且使你不断地追忆它们。”“激情之爱能使我们舍弃个人的一切，而情趣之爱却只知去迎合需要”，“激情之爱达到狂热时，几乎使人忘却了肉体的欢愉”。[1]

爱情是一种激情，最能体现这种情感状态的，是男女之间的一见钟情。我认为，真正的爱情应该是一见钟情，必定是一见钟情。那种通过“父母之命，媒妁之言”，经过认识、接触、了解，不断取得共识，相互摸清对方的优点和缺点，以及家庭背景和文化背景，在此基础上建立起来的感情，与其说是爱情，不如说是友情。除了它那种掂斤播两地权衡对方的家庭背景、社会地位的功利目的，与真正的爱情相冲突外，更主要在于它不是“激情之爱”，而是近似于司汤达所说的“虚荣之爱”。事实上，古今中外的经典爱情皆是按照一见钟情的模式展开的，如司马相如与卓文君、李靖与红拂妓，就是典型的例子。再如，传统中国才子佳人的爱情往往皆是一见钟情，如《霍小玉传》

[1] ［法］司汤达：《爱情论》第 1 ～ 3 页，崔士篪译，辽宁教育出版社 1997 年版。

中的李益与霍小玉，《莺莺传》中的张生与崔莺莺，《柳氏传》中的韩翊与柳氏，《李娃传》中的郑生与李娃，等等。才子佳人一见钟情，是古代爱情故事中最动人的情节，亦是古代文人爱情理想中最富诗意的部分。因为青年男女在一见之际，在心灵相互碰撞的瞬间，能产生一种类似高峰体验的迷醉情绪，这是恋爱活动中最富诗意的一种情绪。所以，小说家乐于构筑这个情节来加强作品的诗意性和戏剧性，才子亦幻想能遇到一见钟情的佳人，以便充分体验爱情的神秘与迷醉。一见钟情的恋爱模式，与传统主流社会依靠“父母之命，媒妁之言”的联姻模式不同，它具有自主性和选择性。才子幻想与佳人一见钟情，潜意识中流露出来的，就是对“父母之命，媒妁之言”这种主流婚姻模式的背叛与反抗。

“激情之爱”异于一般人际情感的另一个显著特征，是它的以理想化为基础的美感特点。爱情产生于期望、幻觉和理想化。司汤达在描述爱情产生的七个阶段时，就以“期望”为爱情产生前的一个重要阶段，以“期望”为爱情产生的前提，[1]认为“些微的期望就足以导致爱情产生”。[2]所谓“期望”，据司汤达说：

> 精心地把自己装修得尽善尽美；一个女人正是在有了期望时才这样做，以便最大限度地获得生理上的欢愉。甚至那些最稳重的女人，在满怀期望时，也会眼呈异彩，激情澎湃，喜形于色，以致在举动中把自己内心的情感宣泄无遗。[3]

在“期望”中实现对对方的理想化描绘，在“期望”中产生幻觉，从

[1] ［法］司汤达：《爱情论》第12页，崔士篪译，辽宁教育出版社1997年版。
[2] ［法］司汤达：《爱情论》第9页，崔士篪译，辽宁教育出版社1997年版。
[3] ［法］司汤达：《爱情论》第5页，崔士篪译，辽宁教育出版社1997年版。

而使爱情如梦如幻，具有很浓厚的美感特征。所以，心理学家都一致认为：爱情，特别是爱情即将发生的早期阶段，是一种具有美感特征的、以审美为目的的人际情感。

2

爱情就像发高烧。真正的爱情，应当是一种激情。但是，传统中国社会的爱情却是以柔情、温情或闲情的面目呈现，所谓“柔情似水，佳期如梦”是也。虽然古代中国亦有如杜丽娘和柳梦梅那种为情而死、为爱而生的“激情之爱”，但是这种“激情之爱”并不占主流。传统中国的古典爱情，特别是文人士大夫理想中的爱情，往往是缠绵婉转、温柔敦厚的。

一个特别值得注意的现象是，古代中国文人创作的以爱情为题材的文学作品，极少吟咏那一份在恋爱中的欢乐情绪和热恋中的狂热激情，而是热衷于抒写对消逝的往日之恋的一往情深，或编织意想中的“美人幻像”以寄托情爱理想，或者将所爱之人置于一个非常遥远的地方，以思念代替激情。总之，传统中国的情爱文学，总是回避激情，偏爱柔情；或者说，是以缠绵婉转的相思之情取代欲生欲死的火热激情。情爱文学中的此种特点，实际上是传统中国人情爱心理的间接反映。关于传统中国人的情爱心理特点，及其与西方社会“激情之爱”的区别，潘光旦有一个很贴切的解说，其云：

> 就中国文字的源流说话，最接近西洋所称Romantic love的字，不是“恋”，不是“爱”，而是“思”或后世惯用的“相思”。

他具体考察了以《诗经》为代表的先秦文献中“恋”“爱”等词的词

义和用法，认为都不完全具备今天所谓的恋爱的意义，而《国风》中用得最多的两个字，即“思”“怀”二字，“倒很有几分恋爱的意味”。[1]谭正璧亦有类似的意见，其云：

> 现在青年口中差不多时常在谈起的“恋爱”，在中国的一切文学中都叫作“相思”。旧文学中所谓“各道相思”，就是现在所谓“各道爱恋”。[2]

这确是对古代中国情爱生活的深刻洞见。因此，古代中国才子佳人的爱情小说中，男女主人公患相思病，是一个比较普遍的现象。

爱情本是一种激情，传统中国人回避了这种激情，不抒写热恋中的兴高采烈或悲痛欲绝，而是着力于铺写两情别离时的离愁别恨和苦闷相思；不写热恋中的狂热激情，而写别离后的似水柔情。如“柔情似水，佳期如梦”“无可奈何花落去，似曾相识燕归来”“此情可待成追忆，只是当时已惘然”“伤心桥下春波绿，曾是惊鸿照影来”等等。这些诗句中呈现出来的爱情，有淡淡的忧伤，有缠绵的愁绪，剪不断，理还乱，它不至于使你悲痛欲绝、痛不欲生，但你又始终排遣不了它，无法摆脱它的缠绕，它如春水那般无动于衷，但却始终是流动的，它如落花般飘飘扬扬，它就像李清照所描绘的那种“寻寻觅觅，冷冷清清，凄凄惨惨切切”的感觉，你总是在内心里寻觅一种东西，可有时连你自己都不知道要寻觅什么。这就是传统中国人的恋爱情绪。

传统中国文人创作的文学作品，回避激情，偏爱柔情，这在一定程度上体现了传统中国人的情爱心理和爱情观念。需要追问的是，这种与西方崇尚“激情之爱”迥然有别的情爱心理，是如何形成的？或

---

[1] ［英］蔼理士：《性心理学》第318～320页，潘光旦译注，上海三联书店2006年版。

[2] 谭正璧：《中国女性文学史话》第342页，百花文艺出版社1984年版。

者说产生这种情爱观念的文化背景是什么？作者认为，这主要有以下两方面的原因：

首先，是由“发乎情止乎礼义”的“温柔敦厚”的传统观念影响所致。“温柔敦厚”的传统观念铸就了传统中国人内敛深藏的性格特征，故不喜张扬，力求内敛；不喜紧张激昂，追求和平闲适，将大喜大悲内化为绵延悠长的细腻情思。因此，体现在诗歌风格上，崇尚温柔敦厚；体现在美学趣味上，追求中和平淡；体现在爱情理想上，追求柔情相思。

其次，与传统中国人的情爱生活特征有关。传统中国人的恋爱生活不在婚前，亦不在婚姻中，而是在婚姻之外。此种有婚外情特点的情爱，不宜直接暴露，过分张扬。只宜隐藏在心灵深处独自品味和慢慢咀嚼。

传统中国的情爱文学回避激情，专尚柔情，体现了传统中国人独特的文化性格和情爱心理。事实上，他们亦向往激情，对“一见钟情”的追慕就体现了这种激情向往。只不过在种种文化因素和现实环境的制约下，他们将这种激情内化为柔情，转化为相思，以一种更加隐微曲折的方式表现出来。回避激情，并非否认激情。从根本意义上讲，真正的爱情，应该是一种激情，必须是一种激情。

总之，爱情是所有人际情感中最隐微复杂、最难以客观描述的一种情感，它既是肉体的渴求，但更主要是精神上的需要。与其他人际情感相比，它最突出的特征，是强烈性和美感性。可以说，爱情是所有人际情感中最强烈的、最富艺术趣味的情感。传统中国社会以相思柔情为特征的爱情，应当是人类情爱生活中的一个特例。

四、恋爱是一种可以提高生命价值的华贵之物

1

爱情是神奇的，它拥有巨大的力量，如但丁在《神曲》一书的末尾说：爱情是“能使太阳和一切行星运转”的巨大动力。或如英国小说家瓦尔特·司各特所说：“爱统治着法庭、监狱，乃至坟墓，下至平民百姓，上至圣人名流。爱就是上帝，上帝就是爱。”

的确，在诸多人际情感中，爱情是具有生命意识的情感，爱情的神奇力量直接作用于人的生命底层，其对人的精神、生命之刺激最深刻，对人的生活、行为之影响最深远。恋爱意识就是生命意识。生命意识强烈的人，其对恋爱的渴求亦超出常人。对此，蔼理士说：

> 恋爱是和生命牵扯在一起的，分不开的，假若恋爱是一个幻觉，那生命本身就是一个幻觉，我们若不能否定生命，也便不能否定恋爱。我们当然不否定恋爱。我们若再进一步的加以思考，可知它不但和个人的祸福攸关，并且与民族的休戚也是因缘固结，它的功能不但是自然的、物质的，并且也是社会的以及我们所谓精神的。[1]

正因为“恋爱是和生命牵扯在一起的”，所以，它的影响直接作用于人的生命底层，它能够直接促使人的整个生命系统兴奋起来，使人体的各种器官发挥出最大的潜能，使意识观念加快更新的过程，使整个生命机体进入更高级、更和谐的状态。它能使心如止水的人变得激情澎湃，使萎靡颓顿的人变得敏感细腻、思如泉涌，使愤世嫉俗的人变得安闲祥和。总之，这是一种枯木逢春的状态。少男少女因为爱

---

[1] ［英］蔼理士：《性心理学》第 299 页，潘光旦译注，上海三联书店 2006 年版。

情而充满活力和希望，逐渐变得成熟起来，并富于牺牲精神和斗争勇气；成年男女因为迟来的爱情而朝气蓬勃，容光焕发，变得像年轻人那样天真、活泼和乐观。爱情不仅能够改变一个人的人生态度和生活方式，而且能够唤醒人的某些沉睡的机能，使人的心理和生理都变得健康起来，从而朝气蓬勃，充满生机，感受到人生的奇妙和乐趣，进而更加热爱生活和自然。比如，屈原《九歌·少司命》说："悲莫悲兮生别离，乐莫乐兮新相知。"王逸注云："言天下之乐莫大于男女始相知之时也。"又如，十九世纪英国著名诗人白朗宁夫人，就是因为甜美的爱情而导致她心理和生理上的巨大变化，使萎缩残废的躯体逐渐复活，爱情在她的身上产生了起死回生的效果。古代中国的戏曲、小说中，亦往往有这种为情而死、因爱而生的神奇浪漫故事，如汤显祖《牡丹亭》中的杜丽娘，就是一个典型例子。

恋爱意识就是一种生命意识，恋爱通过对人的生命机体的刺激，从而激发人的审美能力和创造能力。一般而言，处于恋爱中的人，对美的东西特别敏感，对艺术的感觉更加细腻。他不仅能从寻常的事物中发现美，而且是以美的眼光看待一切事物。据美学家乔治·桑塔耶纳说：

> 由于性欲的放射，美才取得它的热力。正如一个竖琴，手指一弹就振动，向四面八方传出音乐，男人的天性也是如此，只有对女性多情，他才能变得同时对其他影响也敏感，而且对每一对象都能够有温情。恋爱的能力给予我们的观照一种光辉，没有这光辉，观照往往不能显示美；我们审美敏感的全部感情方面——没有这方面便是知觉的和数理的敏感而不是审美的敏感了——就是来源于我们的性机能的轻度兴奋。[1]

[1] ［美］乔治·桑塔耶纳：《美感》第 39 ~ 40 页，缪灵珠译，中国社会科学出版社 1982 年版。

亦就是说，爱情使人敏感，爱情使人温情，爱情能激发人的审美能力，爱情是艺术家创作灵感的一个永不枯竭的源泉。甚至可以说，没有爱情就没有审美，因为我们的审美敏感，一定程度上就是“来源于我们的性机能的轻度兴奋”。进一步说，爱情不仅能够激发人的审美能力，甚至还能改变人的审美观念。据蔼理士说：

> 美的标准往往因性的情绪而有变迁；一个普通的人所认为不美的许多东西，一个在恋爱状态中的人却以为是美的；他的恋爱的情绪越是热烈，他的通常的审美的标准越容易起变化。[1]

这与中国人所谓的“情人眼里出西施”，讲的是一个道理。审美的敏感来自于爱情，没有经过爱情洗礼的人，其敏感只是“知觉的和数理的敏感”，而不是艺术的、审美的敏感。审美观念的变化亦来自于爱情，根植于人的内心深处的审美观念，只有在直指人心的爱情的强烈刺激下，才可能发生根本性的变化。

2

爱情能激发人的审美能力，能改变人的审美观念，亦能铸就人的创造能力。恋爱意识就是创造意识。创造能力强的人，其对爱情的渴求或对异性的倾慕，往往超过一般人。处于恋爱中的人或为爱情所陶醉的人，其创造能力亦超出常人。瓦西列夫说：

> 在意志力坚强、精神潜力强大的伟大人物身上，性本能通常也是高度发展的。一个人的创造性活动同他爱的能力，同他深切地体验肉体和

[1] ［英］蔼理士：《性心理学》第 31 页，潘光旦译注，上海三联书店 2006 年版。

精神的这种渴求的能力往往是联系在一起的。

在中外文化史上，伟大的创造性活动，往往都是以轰轰烈烈的爱情为背景展开的，如歌德、拜伦、普希金、巴尔扎克、雨果、裴多菲等人的生活和创作就是明证。一个人一旦丧失了爱的能力，亦在一定程度上失去了创造的能力，如屠格涅夫在总结自己的创作活动时说：

每当我酝酿写东西的时候，爱情之火都烧得我坐卧不安。如今这些都已成为过去，我老了，我既然不能爱，也就不能写作了。[1]

恋爱与写作这种创造性活动的关系，屠格涅夫的经验之谈，当可取信。另外，傅雷在给傅敏的信中，亦谈到恋爱对人生之影响，他说：

在恋爱中不知不觉表现出自己的光明面，不知不觉隐藏自己的缺点。……这是人的本能，而且也证明爱情能促使我们进步，往善与美的方向发展，正是爱情的伟大之处，也是古往今来的诗人歌颂爱情的主要原因。小说家常常提到，我们在生活中也一再经历：恋爱中的男女往往比平时聪明；读起书来也理解得快；心地也往往格外善良，为了自己幸福而也想使别人幸福，或者减少别人的苦难；同情心扩大就是爱情可贵的具体表现。[2]

“恋爱中的男女往往比平时聪明”，这是千真万确的。欣赏秀色，有如目睹佳山秀水，使人神清气爽、心旷神怡，能开发人的智力，激活人体某些潜在的机能，进而激发人的诗性精神和创造能力。所以，在

[1] ［保］瓦西列夫：《情爱论》第 23 ~ 24 页，赵永穆、范国恩、陈行慧译，生活·读书·新知三联书店 1997 年版。

[2] 傅雷：《傅雷家书》（增补本）第 309 页，生活·读书·新知三联书店 1984 年版。

传统中国，“红袖添香夜读书”，常常成为读书人的理想生活。如《红楼梦》第二回载甄宝玉对冷子兴说：“必得两个女儿伴着我读书，我方能认得字，心里也明白。不然，我自己心里糊涂。”贾宝玉亦说：“女儿是水做的骨肉，男人是泥做的骨肉。我见了女儿，便清爽；见了男子，便觉浊气逼人。”所以，“红袖添香夜读书”并非仅是封建文人士大夫不正经的好色之想。我认为，这种读书方式，有一定的科学依据。另外，人们甚至认为狎妓可以启发奇思妙想，激发文思。如晚明新安某少年热衷狎妓，害怕兄长责备其荒疏学业，便请袁中道捉刀代写家书，即所谓的《代少年谢狎妓书》，其云：

> 文有仗景生情，托物寄兴，丽人燃烛，远山磨墨，千古一道。弟每枯坐，文思不属。微闻香泽，倚马万言；出神入鬼，惊天动地。两仪发耀于行中，列星迸落于纸上。

袁氏此篇游戏之作，或有可能出于杜撰，虽然夸张诙谐，但他以“丽人”与“远山”并提（“远山”亦可能是指“丽人”，《西京杂记》说卓文君“眉如远山”），将山水与美人并论，事实上反映了古代中国文人独特的审美观念。山水可以激发人的文思，故文人创作往往得“江山之助”。而丽人相伴，可以激发人的创造活力，引发人的创造冲动。其所谓“微闻香泽，倚马万言”，就说明了恋爱活动对人的创造能力的激发作用。

爱情是所有人际情感中最具冲击力和影响力的一种情感。与其他人际情感相比，它是一种激情，能使人产生近乎幻觉的迷醉感，是人际情感中的“高峰体验”。“爱的主要优点，在于能把个人宇宙化。”[1]爱情作用于人的，不仅是肉体，而且更主要是心灵。因此，它对人的影响最为深刻，甚至是性命攸关的，或因爱情而新生，或因爱情而自绝。爱情改变人生，能使人进步。处于绝境中的人，若能及时获得爱情的滋润，便能焕发出活力，摆脱绝望的困境。爱情的失败，对人的打击通常是致命的，并且是终身的，甚至有人因爱情的失败而消极厌世，萎靡不振，自绝于世。

爱情是人生中必需的一种人际情感，它激发人的生命意识，提高人的审美能力和创造能力，“是一种可以提高生命的价值的很华贵的东西”。所以，有人说，没有受过爱情洗礼的人生，是残缺的人生。这绝非夸大之辞。

五、婚姻与爱情的两难困境

1

道德家常常乐观地指出：爱情的圆满结局是婚姻，婚姻是爱情的结晶，是爱情的升华。诗人却悲观地认为：婚姻是爱情的坟墓。作者不想在此作非此即彼的是非褒贬之论，只是力求客观地指出：婚姻与爱情的确有很大的区别，并非简单的因果关系，没有爱情的婚姻和不以婚姻为目的的爱情，远较由爱情而婚姻的情况，要普遍得多。亦就是说，大多数婚姻家庭并不都是以爱情为基础，大多数爱情亦并没有必然发展成婚姻。实际上，在婚姻与爱情之间，存在着一个两难的困境。

从某种程度上讲，爱情与婚姻，虽不至于水火不容，但的确存在

[1] ［法］莫罗阿：《人生五大问题》，见《恋爱与牺牲》第 16 页，傅雷译，安徽文艺出版社 1998 年版。

着一定的差距。一般地说，恋爱关系具有超越性，爱情产生快乐，是诗意化的人际情感；婚姻产生人生，婚姻关系具有世俗性，是现实性的人际关系。爱情的维持以适当的距离为前提，而婚姻则是没有距离的。婚后的男女双方，由有距离的接触关系，变成零距离的亲密关系。夫妻间朝夕相处，其神秘感和吸引力亦就逐渐丧失。或者说，在恋爱阶段，男女关系是梦幻型的，双方分别面对的是梦幻型的个体；在婚姻阶段，男女关系是实用型的，双方分别面对的是实用型的个体。爱情与婚姻的区别，正如巴尔扎克《两个少妇的回忆录》中，那个代表理智的勒南所说："婚姻产生人生，爱情只产生快乐。快乐消失了，婚姻依旧存在，且更诞生了比男女结合更可宝贵的价值。"[1]

夫妇之情和情人之爱有明显的区别。大体而言，爱情以色欲和情爱为联系纽带，婚姻则以信义和意志为缔结动力。夫妇之爱是在长期同甘共苦、相濡以沫的家庭生活中培植起来的深情和依恋，是夫妇双方为追求同心的愿望和永不分离而做出的努力，是为了某种现实的目的，如赡养老人、哺育孩子或维护家族名声，而做出的委曲求全的结合。所以，它是信义和意志的结合，而非单纯的男女情爱。[2] 古希腊演说

[1] 转引自（法）莫罗阿《人生五大问题》，见《恋爱与牺牲》第 21 页，傅雷译，安徽文艺出版社 1998 年版。

[2] 在中国历史上，确有将夫妇之情与情人之爱统一起来的时代。据康正果说，这就是《诗经》时代。他认为：《诗经》时代是风情与风教统一（即男女之爱与夫妇之情合一）的时代；汉代以后，随着礼教的兴起，便进入了风情与风教分离（即夫妇之情与情人之爱分离）的时代。在汉乐府中，风教多了，风情少了，是风教胜于风情。在南朝乐府中，风情多了，风教少了，是风情胜于风教。（《风骚与艳情》第一至四章，上海文艺出版社 2001 年版）亦不乏夫妇之间恩爱美满的个例，如《浮生六记》的作者沈复与其妻子的恩爱之情。亦有夫妇之间的戏谑调情，如南朝诗人刘孝威《都县遇见人织率尔寄妇》，用亲昵的口吻描写对妻子的渴望心情，"愈忆凝脂暖，弥想横陈吹"，夫妇情爱中注入情欲成分，以调情的语气告诉妻子："新妆莫点黛，余还自画眉。"这在中国文学史上是别开生面的。杜甫《月夜》诗中亦有恋妻之诗句："香雾云鬟湿，清辉玉臂寒。"不过，以上所举，仅是个案，并非常例。

家德姆斯丹在审判妓女尼瑞拉（尼瑞拉在法庭上谎称自己是已婚妇女）的法庭上，对陪审团的陈述中，有一段话把夫妇之情和情人之爱的区别讲得很清楚，他说："情妇供男人寻欢作乐，侍妾候男人于左右，而妻子则为男人生养合法继承人，充当男人的管家婆。"现代作家冯和仪在回顾他父母亲的关系时，对于他父亲冷落母亲，在外嫖娼养情人，不无愠怒地指出：

> 父亲便把太太同爱人的界线分开：太太是管家的，养孩子的，对付父母族人并亲戚的；爱人则是游乐的，安慰自己的，仅在朋友中间露露面的。他可以双方兼爱，对爱人是普通的异性爱，对太太则近乎兄妹之爱，朋友之爱，非常自然，却又不带性的热烈。[1]

冯氏父亲对待太太和情人的不同态度，在传统社会，是一个有典型性的案例。

爱情与婚姻既有如此之区别，那么，男女关系由恋爱阶段发展到婚姻阶段，往往就会遇到爱情与婚姻无法圆满兼容的问题。拜伦与安娜贝拉的失败婚姻，就是一个典型例子。拜伦在青年时期狂热地爱上了性格内向、作风严肃的安娜贝拉，并写了许多情诗献给她。安娜贝拉亦很喜欢拜伦。或出于少女的羞涩，或是一种故意的考验，她总是故意疏远他。距离使安娜贝拉更加完美，亦使拜伦的爱恋更加激烈。可是，当他们结婚以后，拜伦对妻子越来越无法容忍，他要求妻子既能充当梦幻型的女人（即情人），亦能充当实用型的女人（即妻子）。性格内向、作风严肃的安娜贝拉分身无术，婚后的

[1] 冯和仪：《论外遇》，见《中外名人论性爱、婚姻与家庭》第124页，经济日报出版社1999年版。

她只能充当实用型女人，婚后的琐碎生活和零距离的接触，使她不可能重新成为梦幻型女人。拜伦与安娜贝拉婚姻的失败，关键在于拜伦以恋爱的激情要求琐碎的婚姻生活。正如他在评价彼特拉克与劳拉的关系时所说的："假如劳拉做了彼特拉克的妻子，想一想吧！他会终生写十四行诗吗？"这个观点亦完全适合他自己和安娜贝拉。换句话说，假如安娜贝拉不嫁给拜伦，只做他的情人，他就会一直为她奉献情诗。拜伦和安娜贝拉的婚姻悲剧，说明爱情与婚姻之间，的确存在难以兼容的问题。

爱情与婚姻的矛盾，就是诗性精神与实用理性的对立，就是超越向往与世俗追求的矛盾。刘成纪说：

> 对于男人而言，女人可分为实用型和梦幻型两种。实用型的女人大多是男人法定的性对象，她们和男人共同分担生活的欢乐和艰辛，在柴米油盐、锅碗瓢盆之间创造现实形态的温馨。……但是，由于人与人之间存在着"熟能生厌"的心理法则，一个男人和一个女人接触久了难免会丧失神秘感，甚至会因各种生活摩擦导致情感危机。面对着这种诗性精神被实用关系败坏的状况，贪得无厌的男人必然把目光投向梦幻型女人。梦幻型女人也即和男人建立诗性关系的女人，这种关系的建立得益于她和男人保持了一定的时空距离。[1]

他强调指出："在对女性美的判断中，男人必须从琐碎的现实生活中跳出来，才能恢复对女性的神秘感觉，进而产生审美渴望，并用丰富

[1] 刘成纪：《欲望的倾向——叙事中的女性及其文化》第 3 ~ 4 页，河南人民出版社 1999 年版。

的想象力为女人穿上美丽的衣裳，将她打扮得完美无缺。”[1]这亦说明了爱情与婚姻难以兼容的两难困境。所以，古希腊诗人柏拉达斯很冷酷地指出：“婚姻只带给男人两天快乐：一是他把新娘抱上锦床的那天，再是他把妻子送进坟墓的那天。”[2]因此，说婚姻是爱情的坟墓，不是全无道理。企图以婚姻来保障爱情，无异于缘木求鱼。这正如现代作家冯和仪所说：

> 结婚之目的乃在于保障儿女，不在于保障爱情。爱情是不能够靠结婚来保障的，它的本身是性的本能与美的幻想的混合物，要使它持久而又专一最不容易。反之，结婚往往促成爱情的崩溃。因为结婚之后，油盐柴米等家务件件都足破坏美的幻想，而性本能也因容易满足而失却吸引力了。因此有人说结婚便是爱情的坟墓。[3]

所以，婚后的男人，不管你承认与否，总会有自己的梦中情人，胆大者出轨外遇（或称身体出轨），胆小者爱慕相思（或称精神出轨）。女人亦当如此。

婚姻是组建家庭的前提和基础。出于生存本能和种族繁衍的需要，婚姻家庭是人类生活中必不可少的依托。但是，婚姻家庭自身的种种缺陷，又是妨碍人类情性得以全面发展和自由表达的重要因素。莫罗阿说：“只要一个人，不论男女，心灵和感觉稍稍细腻一些，便不能接受无论何种的婚姻。”莫罗阿本来极重婚姻家庭在社会国

[1] 刘成纪：《欲望的倾向——叙事中的女性及其文化》第4页，河南人民出版社1999年版。

[2] 转引自［美］莫尔顿·亨特《情爱自然史》第32页，赵跃、李建光译，作家出版社1988年版。

[3] 冯和仪：《论外遇》，见《中外名人论性爱、婚姻与家庭》第126页，经济日报出版社1999年版。

家管理机制和人类自身发展中的重要作用，但他亦敏感地意识到婚姻家庭并非人人所意愿。因为他深刻地认识到婚姻家庭虽为人类生存所必需，但同时亦存在着致命的缺陷。他赞同法国诗人梵莱梨的说法，“每个家庭蕴藏着一种内在的特殊的烦恼，使稍有热情的每个家庭分子都想逃避。”婚姻家庭生活可能导致人的“精神生活水准的降低和堕落”，使“我们无法超临自己”。因为“家庭有一种使什么都平等化的平凡性,因了肉体的热情,否定了精神上的崇高”。“家庭不能助人作完满的发展，它的优容反阻挠人的努力。”[1]总之，婚姻家庭的主要缺陷，就是它否定人对崇高精神的追求，降低了人的精神生活水准。或者说，它肯定的是人的物质性和世俗性，阻碍了人对超越性和诗意化的追求。因此，以艺术审美为主要特征的爱情，不仅很难在“使什么都平等化的平凡性”的婚姻家庭中找到继续生长的土壤，而且更会因为水土不合而逐渐消亡。所以，那些重视心灵生活的人，感情细腻而敏感的人，往往都会对婚姻家庭产生或轻或重的厌倦情绪。

这种情况，在传统中国的婚姻家庭中，表现得特别明显。或者说，在传统中国的宗法制家庭中，基本上没有爱情滋生和成长的土壤。首先，在传统中国社会，男女结合是基于“父母之命，媒妁之言”，是为了完成家族义务和社会责任，而不是爱情发展的结果。其次，即使婚姻家庭中的男女双方有了爱情，封建家长制亦常常将之视为敌对之物，加以控制，甚至扼杀。因为，“在宗法制的家庭中，夫妇的情深义厚本身就对专制的家长意志起着离心作用。当一对夫妇不顾迫协和利诱，甘愿忍受痛苦，甚至牺牲性命，以维护他们两个人的情爱时，

[1] ［法］莫罗阿：《人生五大问题》，见《恋爱与牺牲》第 54、36、42、44、55 页，傅雷译，安徽文艺出版社 1998 年版。

他们的行动实际上就是对抗礼教。因为礼教维护家族利益，压制个人情感”。[1]

爱情与婚姻的不兼容，还可以从中外小说的叙事模式中找到旁证。据王力说：

> 近来有人说结婚是爱情的坟墓，这话应该是对的，不信试看中国旧小说里，才子和佳人经过了许多悲欢离合，著书的人无不津津乐道，一到了金榜题名，洞房花烛，那小说也就戛然而止，岂不是著者觉得再讲下去也就味同嚼蜡了吗？[2]

米兰·昆德拉亦说：

> 十九世纪的小说家往往写到结婚便戛然而止，这是因为他们不愿让好端端的爱情故事陷入乏味无趣的婚后生活。[3]

何海鸣《求幸福斋随笔》亦注意到这个问题，其云：

> 文人作风流小史，其述艳情也，盛述才子佳人之如何恋爱，如何盟心，如何而得成神仙眷属，使人艳羡不已，然面眷属之后则无可记述矣；其述哀情也，亦历言青衫之如何薄福，红粉之如何薄命，甚至哀不顾身同为情死，然而死之后则又无可记述矣。[4]

---

[1] 康正果：《风骚与艳情》第123页，上海文艺出版社2001年版。
[2] 王力：《夫妇之间》，见《龙虫并雕斋琐语》第77页，商务印书馆2003年版。
[3] ［捷］米兰·昆德拉：《不朽》第195页，宁敏译，作家出版社1993年版。
[4] 何海鸣：《求幸福斋随笔》第4页，上海书店1997年版。

中西方以爱情为主题的小说，相当程度上确如王力、米兰·昆德拉和何海鸣所说，重恋爱曲折经历的叙述，轻婚后平凡生活的描绘。婚后生活的平凡与琐碎，与恋爱中的迷醉与激情相比，确有天壤之别。充满诗情画意的爱情故事后面续上一段乏味无趣的婚后生活，确有画蛇添足之嫌。[1] 中西方爱情小说的此种相似的叙事模式，说明婚姻与爱情不仅在现实生活中不能妥帖兼容，即使在艺术作品中亦很难相映成趣。

2

爱情与婚姻难以妥帖兼容，已如上述。然而，在人类历史上，在现实生活中，婚姻家庭是维持社会稳定的有力的调节器，是保证人类社会不至于堕入疯狂与混乱状态的基本组织。一般的社会改革家往往想建造一种新的社会运行机制，用别的形式如国家主义、革命情操或者其他友谊来取代婚姻家庭，虽然在短时期内变成了现实，但最终必然导致人类精神上的恐慌。婚姻家庭在短时期内被改革家推翻，但它最终还是回来了。正如诗人尽可以诅咒家庭，批判婚姻，可是他们不能销毁它，反而时时还要依附它。所以，莫罗阿说：

> 凡是想统治人类的人，无能是谁，必得把简单本能这大概念时时放在心上，它是社会底有力的调节器。最新的世界，必须建筑于饥饿、愿欲、母爱等等上面，方能期以稳固。[2]

---

[1] 何海鸣以为“风流小史”的此种叙事模式，源于才子佳人、青衫红粉的爱情有了最终的归宿，作者和读者之心可安也，故无须赘述婚后或死后之事（《求幸福斋随笔》第 4 页，上海书店 1997 年版）。其说或有道理，转录于此，以备参考。

[2] ［法］莫罗阿：《人生五大问题》，见《恋爱与牺牲》第 12 页，傅雷译，安徽文艺出版社 1998 年版。

爱情与婚姻既难兼容，而婚姻家庭又是人类生存和社会稳固不可须臾或缺的“有力的调节器”。折中往往是解决矛盾的有效途径，因为你既不可能要求人类完全放弃对超越爱情的执着追求，更不可能建议人类拒绝对婚姻家庭的世俗依存。最恰当而又行之有效的办法，是在爱情与婚姻的对立中采取折中的态度。巴尔扎克在《两个少妇的回忆录》中，借勒南之口说：“欲获得美满的婚姻，只需具有那种对于人类的缺点加以宽恕的友谊便够。”[1]现代法国哲学家阿仑亦说：“如果要婚姻成为夫妇的安乐窝，必得要使友谊慢慢取代爱情。”莫罗阿讨论夫妇关系，特别引述了上面两段话，并进一步指出：

> 在真正幸福的婚姻中，友谊必得与爱情融和一起。友谊的坦白在此会发生一种宽恕和温柔的区别。两个人得承认他们在精神上，灵智上是不相似的，但他们愉快地接受这一点，而且两人都觉得这倒是使心灵上互相得益的良机。[2]

值得注意的是，他们都提到友谊，或主张以友谊代替爱情，或建议以友谊融和爱情，认为这是解决婚姻与爱情之两难困境的重要途径。作者认为，这是切合实际的建议。爱情过于激烈，使人迷醉，是一种强烈的情感冲动；友谊则是平淡若水，使人平静，是一种恬静的情感交流。过于激烈的情感，它来得猛，去得亦快。平淡若秋水、温煦如冬阳的友谊，则是历久弥新。所以，要使男女情爱关系保持长久，要使婚姻家庭幸福美满，最有效的办法就是使激烈迷醉的爱情向平淡若水的友

[1] ［法］莫罗阿：《人生五大问题》，见《恋爱与牺牲》第 21 页，傅雷译，安徽文艺出版社 1998 年版。

[2] ［法］莫罗阿：《人生五大问题》，见《恋爱与牺牲》第 34 页，傅雷译，安徽文艺出版社 1998 年版。

谊过渡，或者使爱情与友谊合二为一。

中国民间社会有句妇孺皆知的谚语，即“少是夫妻老是伴”。这句极平常的谚语却蕴含着非常深刻的人生智慧。一般而言，青年男女靠着爱情的冲动保持着情人关系，年轻夫妇靠着爱情的余温、性爱的缠绵和抚育子女的责任维持着夫妻关系，而老年夫妇既无恋爱的冲动与迷醉，亦无抚育子女的责任与义务，更无性爱的缠绵与诱惑。那么，他们靠什么来维持和谐关系呢？靠友谊，靠在风雨漂泊、同舟共济的几十年的夫妻生活中，建立在信任和宽容基础上的友谊，老年夫妇实际上就是相依为命的朋友或伙伴，是一种知己朋友的关系。“少是夫妻老是伴”这句极平常的谚语所显示的生活真理，与阿仑、莫罗阿等人提出的以友谊代替爱情或以友谊融和爱情的观点，完全吻合，亦切合实际。

以友谊代替爱情或以友谊融和爱情，是维持和巩固婚姻家庭的重要手段。一个婚姻家庭中的夫妇双方，如果不能及时以友谊融和爱情或以友谊代替爱情，则极有可能导致婚姻的解体和家庭的离散。据统计，夫妇双方离婚可能性最大的是在三十至四十岁这个年龄段。在这个年龄段之前，夫妇双方靠着爱情的余温、抚育子女的责任和性爱的缠绵，维持着温馨的家庭；在这个年龄段之后，夫妇双方经过几十年的磨合，逐渐培养起以宽容和信任为基础的友谊，以相依为命的伙伴关系维持着平静的家庭。友谊是历久弥新的，培养友谊需要一个长期的过程。夫妇双方在三四十岁这个年龄段，爱情已经明显降温，友谊又还未能完全培养起来。在这个爱情与友谊的转换时期，双方对彼此产生一种厌烦和冷淡情绪，因而极有可能移情别恋，婚姻破裂的可能性亦就极大。

从理论上讲，以友谊代替爱情或者以友谊融和爱情，皆具有可行性。虽然爱情和友情，有激烈、迷醉与平淡、恬静之别，但两者在本质上又有相通之处，即它们皆具有超越性和诗意性，皆是平等、自由的人际情感。因此，从爱情过渡到友情，不会因为反差太大而导致心理上的不适应。

第二章　男女相处之道与理想妻子形象

一、父母之命，媒妁之言：传统中国社会的联姻方式

1

传统中国社会的婚姻，是“社会婚姻”和“仪式婚姻”，婚姻的目的是为了完成伦常义务。它基本不涉及男女双方的情爱，甚至在某种程度上还吞没了情爱。这种排斥爱情的婚姻观念，决定其联姻方式，亦存在着非爱情的特点。

古代男女的订婚联姻，皆遵循“父母之命，媒妁之言”。或者说，“父母之命”和“媒妁之言”是古人订婚联姻的两项基本前提。媒妁传言于前，父母决定于后，一桩婚姻亦就由此决定。

所谓“父母之命”，即由父母决定子女的婚姻，若父母双亡，则由族中长者或兄长决定。在一般情况下，作为男女当事人无权决定自己的婚姻。此种婚姻联结方式，在《诗经》时代就已经产生，如《郑风·将仲子》诗首二章云：

将仲子兮，无逾我里，无折我树杞。岂敢爱之，畏我父母。仲可怀也，父母之言，亦可畏也。

将仲子兮，无逾我墙，无折我树桑。岂敢爱之，畏我诸兄。仲可怀也，诸兄之言，亦可畏也。

在《诗经》时代，男女交往已受到诸多限制，男女联姻订婚之决定权，亦部分掌握在父母、兄长手中。因此，《将仲子》诗中的女子虽然觉得“仲可怀也”，然而，没有父母、诸兄之命，“岂敢爱之”，这说明父母、诸兄已掌握着女子的联姻订婚大权。此种父母、诸兄掌握订婚大权的习俗，源于先秦，盛行于整个封建时代，甚至在自由恋爱已渐成风气的当代中国农村，仍有一定的影响力。联姻订婚之大权决定于“父母之命”，父母持以联姻之标准，则在家族利益。据说，晋武帝为太子纳妃，欲娶卫瓘女，谓卫瓘女有五可：种贤、多子、端正、长、白。后世娶妇论女，大致皆以此为标准。其中前三者皆关乎家族利益，至于长、白等容貌，虽亦甚看重，但却是居于次要的地位。而女方父母、诸兄之选择男方者，往往首先考虑的亦是男方家庭的社会地位和经济基础，其次才是男子的才行品貌。

联姻订婚，除了“父母之命”，还有待“媒妁之言”。所谓“媒妁”，据陈顾远《中国婚姻史》解释说：

媒之为言，谋也，谋合异类使和成者，于是谋合二姓以成婚媾，亦曰媒。妁之为言，亦谋也，又酌也，斟酌二姓也。[1]

即古人所谓红娘、月老，今人所说的媒婆、介绍人。实际上就是男女

[1] 陈顾远：《中国婚姻史》第147页，上海书店1992年版。

订婚联姻之居间人或联络员。古代重婚，故亦甚重媒氏，还有官媒、私媒之分，如《周礼》地官之属有媒氏，其职责是“掌万民之判。凡男女自成名以上，皆书年、月、日焉。令男三十而娶，女二十而嫁”。《管子·入国篇》说：

凡国都皆有掌媒，丈夫无妻曰鳏，妇人无夫曰寡，取鳏寡而合和之，予田宅而家室之，三年然后事之，此谓之合独。

此种官媒的设置，体现了古代政府对于婚姻的重视。而影响最大、数量最多的，则是私媒。在当代中国农村地区，男女结婚本为自由恋爱，但是，为郑重起见，在婚礼上亦需聘请一位未行“合二姓之好”之实的长者，代媒人行礼。传统社会甚重媒氏，婚前婚后，逢年过节，男女当事人需上门送礼以谢之，婚礼上对媒人行大礼，婚后第二天还举行浓重的谢媒仪式。

以“父母之命，媒妁之言”缔结男女婚姻，不顾当事人的意愿，固然有扼杀男女爱情的不合理的地方，因而遭到追求自由恋爱之青年的反对，亦受到思想解放者的批评。但是，值得追问的是，这种看起来不合理的制度，为何能在传统中国社会延续两千多年之久？为何在男女交往颇为自由的《诗经》时代，亦能得到推行？为何在自由恋爱已成风尚的当代中国农村，举行婚礼时仍需聘请一位未行“合二姓之好”之实的长者，代媒人行礼？

作者认为：这可能另有原因，即以“父母之命，媒妁之言”缔结婚姻，还有敬妻重婚的重要目的，如《诗经·齐风·南山》说：“取妻如之何，匪媒不得”[1]。在《卫风·氓》中，女子安慰生气的

[1] 《诗经·豳风·伐柯》亦有同样的诗句。

男子说："匪我愆期，子无良媒。"男女双方自由恋爱，情同意合，但无"良媒"，仍不能结合为合法夫妻。《礼记·曲礼上》说："男女非有行媒，不相知名。"《坊记》说："男女无媒不交。"《唐律·户婚》说："为婚之法，必有行媒。"是知男女以"行媒"而"知名"，通过"行媒"了解对方的情况，无媒则不交，即使两相恩爱，亦需"良媒"出面，方可订婚联姻。男方无媒不得娶妻，女方无媒不得嫁人。否则，将为世人所轻贱。如《管子·形势》说：

> 妇人之求夫家，必用良媒而后家事成；求夫家而不用媒，则丑耻而不信也。故曰：自媒之女，丑而不信。

《孟子·滕文公下》说：

> 不待父母之命，媒妁之言，钻穴隙相窥，逾墙相从，则父母国人皆贱之。

"自媒之女，丑而不信"或"舍媒而自衒，弊而不售"，是传统中国人订婚联姻之基本信条，视"无媒而嫁"为玷污家声之行为，这种观念，至今仍有相当广泛的影响。总之，以"父母之命"联姻，是为家族利益；以"媒妁之言"联姻，则有郑重其事、敬妻重婚的目的。

2

既由"父母之命"，再经"媒妁之言"，一桩婚姻大事就如此决定。而即将朝夕相处、同床共枕几十年的男女当事人之意愿，则完全被忽略。在这里，所谓爱情，不仅被忽略，反而还被视为淫乱之事而遭到禁止。如《礼记·坊记》说：

夫礼坊民所淫，章民之别。使民无嫌，以为民纪者也。故男妇无媒不交，无币不相见，恐男女之无别也。……以此坊民，民犹有自献其身。

《白虎通德论·嫁娶》说：

男不自专娶，女不自专嫁，必由父母须媒妁何？远耻防淫佚也。

由“父母之命，媒妁之言”结成的婚姻，堪称“社会婚姻”或“义务婚姻”。婚姻的道德、义务特点，导致了婚姻的决定权属于“父母之命，媒妁之言”。在此种婚姻中，男女当事人置身于婚姻契约之外，无由直接表达自己的选择权和否决权。这种强制性的婚姻，亦就失去了婚姻生活中最核心的要素——爱情的吸引力。

唐人李复言所著小说《定婚店》说：掌管人间婚姻大权的是月下老人，他手中有一个大布袋，装着红线绳。他合婚男女的方式，是将一条红绳子系在男女的脚上，由此让他们牵合在一起成为夫妇，“虽仇敌之家，贵贱悬隔，天涯从宦，吴楚异乡，此绳一系，终不可逭”。[1]《定婚店》为神怪故事，未必可信。而五代王仁裕《开元天宝遗事》所载唐朝宰相张嘉贞纳郭元振为婿的故事，或有所本，其云：

郭元振少时美风姿，有才艺，宰相张嘉贞欲纳为婿，元振曰：“知公门下有五女，未知孰陋，事不可仓促，更待试之。”张曰：“吾女各有姿色，惟不知孰是匹偶。以子风骨奇秀，非常人也。吾欲令五女各持

[1] 李时人：《全唐五代小说》第二册第1146页，陕西人民出版社1998年版。

一丝幔前，使子取便牵之，得者为婿。”元振欣然从命，遂牵一红丝线，得第三女，大有姿色，后果随夫贵达也。

此种红线联姻之婚俗，不仅存在于中原文化中，在周边少数民族婚俗里亦有这样的例子。如据傣族编年史《泐史》记载：早在十三世纪的宋元时期，西双版纳的傣族就有拴线联姻的婚俗，不同的是拴在手上。另外，白族青年男女结婚时，亦举行拴线仪式。据徐珂《清稗类钞》载，青海的蒙古族亦有这种礼俗。[1] 这种红线联姻的婚俗很有象征意义，它至少说明婚姻的联结不是以爱情为基础，而带有很大的偶然性和强制性。这与古希腊神话中反映的爱情婚姻有很大的差别。在古希腊神话中，爱神埃罗斯是将爱情之箭射向爱人的心灵，使中箭者为之狂欢或苦闷。如果说前者拴住的是不能思虑的手脚，后者则是直接诉诸人的心灵，搅乱了人的感情，拴住的是人心。或者说，前者结成的是如辜鸿铭所说的“社会婚姻”，后者则是“情人婚姻”。

二、别与敬：传统中国社会的夫妇相处之道

1

夫妇是人伦之本，夫妇关系是一切人际伦理之基础和前提，是“君子之道”的本源。古人敬妻重婚，以“父母之命，媒妁之言”联结婚姻。同时，亦甚重男女、夫妇相处之道。考察古代儒家学者对夫妇相处之道的界定，唯别与敬二者而已。近现代以来的反封建反传统思想家，对传统社会夫妇之间“相敬如宾”之相处方式还有一定的尊重和理解，而对“夫妇有别”或“男女有别”，则视为封建流毒，持完全否定的

[1] 参见庄华峰《中国婚姻漫话》第 166 页，黄山书社 1996 年版。

态度。其实，无论是“夫妇有别”，还是“相敬如宾”，作为在传统中国社会传承了两千余年的人伦观念，皆有其不可磨灭的正面价值。

先说“别”。夫妇有别，男女有界，此为人道之大伦，治国之大体，亦是风俗淳美的标志。如《孟子·滕文公上》说：

> 圣人有忧之，使契为司徒，教以人伦：父子有亲，君臣有义，夫妇有别，长幼有序，朋友有信。

《礼记·丧服小记》说：

> 亲亲，尊尊，长长，男女之有别，人道之大者也。

《左传·庄公二十四年》说：

> 男女之别，国之大节也。

《礼记·哀公问》说：

> 公曰：敢问为政如之何？孔子对曰：夫妇别，父子亲，君臣严。三者正，则庶物从之矣。

另外，即使行走于道路，亦讲男女之别，如《礼记·王制》说：“道路：男子由右，妇人由左，车从中央。”郑注：“道有三途，远别也。”把男女异途视作风俗纯正的标志，如《荀子·正论》说：“风俗之美，男女自不聚于途。”《吕氏春秋·乐成》说：“孔子始用于鲁……用三年，男子行于途右，女子行于途左。”以“男女有别”为“人道之大者”或“国之大节”，为风俗纯美之标志，其重视之程度，于此可见一斑。

男女有别是风俗淳美之标志，故古人诠释作为“王道之始”的《诗经》首篇《关雎》，皆着重阐发其“男女有别”之义。如《毛传》说：

> 关关，和声也。雎鸠，王鸠也。鸟挚而有别。水中可居者曰洲。后妃悦君子之德，无不和谐，又不淫其色，慎固幽深，若关雎之有别焉，然后可以风行天下。夫妇有别则父子亲，父子亲则君臣敬，君臣敬则朝廷正，朝廷正则王化成。

郑《笺》说：

> 挚之言至也，谓王雎之鸟，雌雄情意至，然而有别。

《淮南子·泰族训》说：

> 《关雎》兴于鸟，而君子美之，为其雌雄之不乖居也。

《孔子家语·好生》说：

> 《关雎》兴于鸟，而君子美之，取其雌雄之有别。

《抱朴子·疾谬》说：

诗美雎鸠，贵其有别。

《文心雕龙·比兴》说：

关雎有别，故后妃方德。

《诗经》以《关雎》为首篇，并非编者率意而为，实有标示“王道之始”的意义。而“王道之始”源于风俗之淳正。在古代学者看来，社会风俗之淳正，其首要在于“男女有别”，故皆以此作为《关雎》之要义。

男女婚姻之缔结，皆需“媒妁之言”，皆当举行浓重的亲迎仪式，亦是为了彰显“男女之别”，如《礼记·曲礼上》说：

男女非有行媒，不相知名；非受币，不交不亲。故日月以告君，斋戒以告鬼神，为酒食以召乡党僚友，以厚其别也。

《礼记·郊特牲》说：

男子亲迎……执挚以相见，敬章别也。男女有别，然后父子亲。父子亲，然后义生。义生，然后礼作。礼作，然后万物安。无别无义，禽兽之道也。

《礼记·经解》说：

昏姻之礼，所以明男女之别也。……故昏姻之礼废，则夫妇之道苦，而淫辟之罪多矣。

《礼记·坊记》说：

子云：夫礼，坊民所淫，章民之别，使民无嫌，以为民纪者也。故男女无媒不交，无币不相见，恐男女之无别也。……以此坊民，民犹有自献其身。子云：取妻不娶同姓，以厚别也。故买妾不知其姓，则卜之。

《礼记·昏义》说：

礼之大体，而所以成男女之别，而立夫妇之义也。男女有别，而后夫妇有义。夫妇有义，而后父子有亲。父子有亲，而后君臣有正。故曰：昏礼者，礼之本也。

以“媒妁之言”缔结婚姻，是为彰显“男女有别”；举行浓重的婚礼仪式，亦是为了彰显“男女有别”。因为古人坚信“男女有别”是“王道之始”，在“男女有别”之基础上，才能实现“夫妇有义”“父子有亲”和“君臣有正”。因此，以“别”为夫妇相处之道的观点，在后世儒家文献和家范家训类著作中，触目皆是，不胜枚举。

“夫妇有别”作为一项伦理规则，往往是衡量一个人的道德水准的标尺。最能说明这个问题的，莫过于西汉张敞为妻画眉而被有司弹劾一事，据《汉书·张敞传》载：

（张敞）为妇画眉，长安中传张京兆眉怃，有司以奏敞，上问之，对曰：臣闻闺房之内，夫妇之私，有过于画眉者。上爱其能，弗备责也，然终不得大位。

这个故事典型地反映了当时社会舆论对于夫妇关系的态度，即夫妇之间亦必须严守“男女有别”的相处之道。张敞虽然因才能和巧对而免于罪责，但“终不得大位”的结局，说明皇帝对他为妻画眉这件事，还是颇不以为然。另外，据《世说新语·惑溺》载：

> 王安丰（戎）妇，常卿安丰，安丰曰：妇人卿婿，于礼为不敬，后毋复尔！妇曰：亲卿爱卿，是以卿卿；我不卿卿，谁当卿卿？遂恒听之。

“卿”相当于“你”，常用于平辈之间，表示亲昵和不拘礼节。王戎妻以“卿（你）”称呼王戎，是为表示亲昵。或以为“卿”有亲吻之义，即王戎妻常亲吻丈夫。无论如何解释，妻子“卿夫”和丈夫为妻子“画眉”一样，皆不被社会主流意识所认可。“男女有别”观念深入人心之影响程度，于此可见一斑。

总之，在古代中国，男女有别是多层次、多方位的，包括家庭内部的夫妇之别、叔嫂之别、兄妹姐弟之别，和家庭外一般的男女之别。似乎除了祖孙、母子间的亲近关系被认可外，其他一切男女之间的亲近关系，都是被禁止的。而尤其令人费解的是，事实上已经亲密无间的夫妇关系，亦被要求在公共场所表现出“有别”的姿态。即夫妇之间的亲密关系和肉体接触只能是在婚床上，一旦离开了婚床，就应该避免一切肉体接触，尽量淡化亲密关系，即使传递东西亦不要碰到对方的手。这种近乎苛刻的要求，虽然未必能够完全实现于现实生活中，但这种观念却是深入人心的。

这种人伦观念的形成，当有比较深刻的文化原因。作者认为，男女相处，以“别”为要道，实为人类社会进步之必然要求。据婚姻史家说，人类的婚姻形式，在对偶婚之前，曾有一个长期的原始乱婚阶段，那时，男女无别，性事自由，故而呈现出“知母不知父”的生存状态。这种生存状态曾受到古代学者的普遍追忆，并将其原因归结到男女无别上，如《吕氏春秋·恃君》说：

昔太古尝无君矣，其民聚生群处，知母不知父，无亲戚、兄弟、夫妇、男女之别。

《白虎通德论·号篇》说：

古之时未有三纲六纪，民人但知其母，不知其父，能覆前而不能覆后，卧之詓詓，起之吁吁，饥则求食，饱则弃余，茹毛饮血，而衣皮苇。于是伏羲仰观象于天，俯察法于地，因夫妇，正五行，始定人道。

《论衡·书虚》说：

夫乱骨肉，犯亲戚，无上下之序者，禽兽之性，则乱不知伦理。

在乱婚阶段，民众“知母不知父”，如同禽兽，其原因就在于男女无别。所以，从人类发展和社会进步的角度看，强调“男女有别”，是有积极意义的。而所谓“男女有别”，非仅男女双方在心理和生理上的差别，而且亦指男女之间在交往上与其他人伦关系的差别，即“不杂坐”“不亲授”“不通问”是也，其目的是为了预防淫乱邪僻之事的发生。因此，《礼记·郊特牲》说：“男女有别，然后父子亲。”亦就是说，在“男女有别”的前提下，才能使民众既知其母亦知其父。《礼记·昏义》说：“男女有别，而后夫妇有义。”即在“男女有别”

的前提下，才可能产生稳定的对偶婚形式的夫妇关系。而婚礼正是以仪式的形式“坊民所淫”，彰显“男女有别”，明确“夫妇有义”，此即《礼记·经解》所谓“昏姻之礼，所以明男女之别”者也。

但是，需要指出的是，传统中国人讲的“男女有别”，与西方中世纪基督教会所讲的男女有别，有本质的区别。高罗佩说：

> 不过所有这些规定都并不意味着儒家学者是像中世纪的基督教会那样，认为性行为是“罪恶”，女人是罪恶之源。“憎恶肉欲”的概念与他们完全风马牛不相及。儒家对性放纵的憎恶主要是由于害怕淫乱会破坏神圣的家庭生活和崇尚象征宇宙万物生生不已的人类繁衍。按他们的看法，这种严肃的事情绝不能因内情不节而有所减损。因此，虽然儒家认为女比男低，但正如地比天低，这是天经地义的，这种观念绝不意味着他们像中世纪基督教教士那样憎恶女人。[1]

所以，传统中国社会强调的男女之别，并不包含轻贱女性和憎恶肉欲的含义。它在一定程度上是人类进步和社会发展的必然要求，是为了维护稳定的社会秩序和高尚的伦理观念，是为了防御淫乱邪僻之事的发生。

2

再说“敬”。由主张“夫妇有别”，进而提倡夫妇相处“相敬如宾”，这是顺理成章的。

“相敬如宾”是古代中国人理想的夫妇相处方式。如《国语·晋语》载：“郤缺耨，其妻馌之，敬，相待如宾。”韦昭注云：“夫妇相敬

---

[1] ［荷］高罗佩：《中国古代房内考》第83页，李零、郭晓惠等译，上海人民出版社1990年版。

如宾。”《礼记·曲礼》说：“生曰父曰母曰妻，死曰考曰妣曰嫔。”妻死称嫔，所谓“嫔”者，据刘熙《释名·释亲属》说：“天子有妾有嫔。嫔，宾也，诸妾之中见宾敬也。”陈澔《礼记集说》说：“嫔者，妇人之美称。嫔犹宾也，夫所宾敬也。”

夫妇相处，相敬如宾，最为人所熟知者，当数梁鸿、孟光夫妇的故事，据《后汉书·梁鸿传》载：

> （梁鸿、孟光）至吴，依大家皋伯通，居庑下。为人赁舂，每归，妻为具食，不敢于鸿前仰视，举案齐眉。伯通察而异之，曰：“彼傭能使其妻敬之如此，非凡人也。”乃方舍之于家。

孟光为梁鸿具食而“举案齐眉”，成为夫妇之间“相敬如宾”的佳话。夫妇相敬如宾，以礼相待，向来为道德家所看重，据《伊川先生文集》载：

> 侯夫人事舅姑以孝谨称，与先公相待如宾客，先公赖其内助，礼敬尤至，而夫人谦顺自牧，虽小事未尝专，必禀而后行。[1]

由讲夫妇相敬如宾，进而要求夫妇之间以礼相待。礼主敬，以礼相待，方能相敬如宾，如《白虎通德论·三纲六纪》说：“夫妇者，何谓也？夫者扶也，以道相接也；妇者服也，以礼屈服。”金华郑氏《家范》说：“诸妇必须安详恭敬，奉舅姑以孝，事丈夫以礼，待娣姒以和。”

夫妇之间，以礼相待，相敬如宾。就夫敬妻一面言之，实与古代

[1] 转引自《古今图书集成·明伦汇编·家范典》卷六《家范总部·纪事二》，中华书局、巴蜀书社影印。

敬妻重婚之礼俗有关。据《礼记·哀公问》说：

> 孔子遂言曰：昔三代明王之政，必敬其妻子也有道。妻也者，亲之主也，敢不敬与；子也者，亲之后也，敢不敬与。

就妻敬夫一面言之，亦有不容忽略的重要意义。据班昭《女诫·敬慎》说：

> 敬顺之道，妇人之大礼也。夫敬非它，持久之谓也。夫顺非它，宽裕之谓也。持久者，知止足也。宽裕者，尚恭下也。夫妇之好，终身不离。房室周旋，遂生媟黩。媟黩既生，语言过矣。语言既过，纵恣必作。纵恣既作，则侮夫之心生矣。此由于不知止足者也。

过去我们对班昭《女诫》有太多的非议，特别是女权主义者，总认为班昭是自我作茧，束缚了女性的自由发展，卑贱了女性的尊严和人格。其实，妻敬夫，夫敬妻，夫妻之间相敬如宾，正是保持婚姻关系“持久”“宽裕”的重要途径。据潘光旦说，夫妇之间相敬如宾，还有增进爱情和保障婚姻的作用。他说：

> 中国人对婚姻，责任观念很重，而艺术观念很轻，真正床笫间的性爱的艺术自然也谈不大到；不过对于此种艺术的第一步，即充分的积欲的准备，却不能说全无理会，“相敬如宾”的原则，“上床夫妻，下地君子”的道理，从这个立场看，而不从礼教的立场看，是极有价值的。惟其下地能守君子之谊，上床才能尽夫妇之欢。[1]
>
> 西洋说男女相爱，有“距离增添美丽”（Distance lend to beaty）

[1] ［英］蔼理士：《性心理学》第321页，潘光旦译注，上海三联书店2006年版。

和“暌违是十全十美之母”(Absence is the mother of ideal beaty)等说法。这些和中国“远亲远亲”和“近看一面麻，远看一朵花”一类的成语最相近似。错误的婚姻，固然由此种因距离而产生的错觉而来，但美满婚姻的得以长久维持，也未始不由于夫妇间适当的距离的培植；“相敬如宾”的原则就是为培植此种距离而设的。[1]

从情爱心理学的角度看，潘光旦的解说是很有道理的。距离产生美，距离产生爱，无论是“夫妇有别”，还是“相敬如宾”，确如潘光旦所说，皆是在夫妇之间制造距离，进而起到增进爱情和保障婚姻的积极作用。

总之，传统社会的婚姻关系，在婚前，讲求“父母之命，媒妁之言”；在婚后，讲求“夫妇有别”“相敬如宾”。过去，我们过于武断地将之视作封建落后观念进行批评。其实，平心而论，如此的婚姻关系，在婚前郑重其事，在婚后又有一番培植的功夫来维持，这大概是传统社会的夫妇关系能够历久弥安的主要原因之一。

三、旧家女子：传统中国文人的理想配偶

1

一般地说，传统中国文人的理想配偶，是那种将实用型角色与梦幻型角色兼于一身的女性，亦即我们常说的“上得厅堂，下得厨房”的女性。不过，这种理想终归是一种幻想。爱情和婚姻难以兼容，梦幻型的女性进入婚姻家庭中就变成了实用型的女性，实用型的女性在丈夫眼中永远不能再变成梦幻型的女性。或者说，在通常情况下，女

[1] ［英］蔼理士：《性心理学》第 278 页，潘光旦译注，上海三联书店 2006 年版。

性不可能将实用功能和梦幻功能兼于一身。因此，传统中国文人把妻子和情人的身份和职能区分得很清楚。妻子是管家的，其职能是养育孩子和奉养公婆；情人是玩乐的，其职能是满足自己的精神追求。或者说，妻子是实用型的，情人是梦幻型的。对妻子的爱近于兄弟之爱或朋友之爱，对情人的爱则是爱情。

将实用功能与梦幻功能集于一身的异性追求，往往会落空。不过，传统中国文人对此倒是有一种执着不懈的追求，如终身有狎妓癖好的晚清文人王韬，在《言志》一文中，就谈到了传统中国文人的理想配偶形象，他说：

> 娶一旧家女郎，容不必艳，而自有一种妩媚，不胜顾影自怜之态。性情尤须和婉，明慧柔顺而不妒，居家无疾言遽色。女红细巧，烹饪精洁，倘能作诗作字更佳。薄能饮酒，粗解音律。每值花晨月夕，啜茗相对，茶香入牖，炉篆萦帘，时与鬟影萧疏相间，是亦闺中之乐事，而人生之一快也。[1]

王韬这段文字，可圈可点之处甚多。它道出了传统中国文人理想中的配偶形象特征，即包括德、言、容、功四个方面。传统社会对理想女性的评价，概括起来，亦就是这四个方面。如班昭《女诫·妇行》说：

> 女有四行：一曰妇德，二曰妇言，三曰妇容，四曰妇功。夫云妇德，不必才明绝异也；妇言，不必辩口利辞也；妇容，不必颜色美丽也；妇功，不必功巧过人也。清闲贞静，守节整齐，行己有耻，动静有法，是谓妇德。择辞而说，不道恶语，时然后言，不厌于人，是谓妇言。盥浣尘秽，

[1] 王韬：《弢园文录外编》，上海书店出版社 2002 年版。

服饰鲜洁，沐浴以时，身不垢辱，是谓妇容。专心纺绩，不好戏笑，洁斋酒食，以奉宾客，是为妇功。此四者，女人之大德，而不可乏之者也。

两相比较，班昭与王韬的说法大同小异。就其异者言之，班昭之言是道德家的标准，道德意味浓厚一些。王韬的标准虽然亦不乏道德家的色彩，但却有很明显的文人趣味，突出强调女性的才情和媚趣。如就妇容言，王韬认为理想的妻子应当是“容不必艳”，此与班昭所谓“不必颜色美丽”同，否则，过于妖艳，便染俗气。但是，王韬认为女人“自有一种妩媚，不胜顾影自怜之态”，这便是典型的文人理想和士大夫趣味，是道德家言所不具备的。而尤其重要的是，王韬理想中的妻子还需具备相当的情趣和才艺，所谓“薄能饮酒，粗解音律”“作诗作字”是也，而这更是道德家所嗤之以鼻的。

所以，概括地说，班昭理想的女性是实用型女人，是贤妻良母；王韬理想的妻子是实用功能与梦幻特点兼于一体的女性，是传统中国文人的理想配偶。

2

传统中国人联结婚姻，讲“门当户对”，即男女双方的家庭在经济能力和社会地位上大体相当。“门当户对”是古代中国“合二姓之好”的基本原则。不过，在此总体原则下，亦有诸多的变通，其中有两个问题值得注意：一是娶妻当娶“旧家女子”的问题；二是“娶妇须不若吾家”的问题。

先就前者言之。

上引王韬《言志》一文，开宗明义，讲理想配偶的出身是“旧家女子”。作为传统中国文人理想配偶的第一项身份要求，就是“旧家女子”，这是很耐人寻味的。何谓“旧家女子”？据夏晓虹说：

> 提到女子的身份，在中国最常用的对比关系是“大家闺秀”与“小家碧玉”。前者出身名门望族，起码也是豪富之家；后者则生长于平民小户，即所谓“良家女子”。这当然还都是文人可以慎重考虑婚姻的女性，自郐以下不论也。而旧家女子则越出于两者之外，她可以说是大家闺秀向小家碧玉转化的中间形态。思想起来，这种女子自有其独到的可爱之处。
>
> 她家风犹存，具备大家闺秀那种很好的文化素养。又因其家世毕竟已经败落，而不会有贵族豪门女子那种掩藏不尽、咄咄逼人的盛气骄心。她的家庭生计已跌落到小户人家水平，但旧有的文化背景还是使她区别于小家碧玉很难脱尽的狭隘与小家子气。……这类女子总是以气质、涵养上的高层次与经济状况的低层次兼而有之为特征。而旧家女子更有一种好处。由于她经历了世道沧桑，体味过人情冷暖，心灵敏感，时时流露出一股哀怨之情，楚楚动人，很容易吸引、打动才士文人的心。王韬之所以欣赏“不胜顾影自怜之态”，道理在此。因而旧家女子最对读书人的口味。[1]

“旧家女子”之可贵，在于她以“气质、涵养上的高层次与经济状况的低层次兼而有之为特征”，因而“最对读书人的口味”，夏晓虹言之有理，论之甚详。

其实，“旧家女子”这种“气质、涵养上的高层次与经济状况的低层次兼而有之”的特征，正体现了传统中国文人力图将梦幻特点与实用功能兼于一体的理想配偶的追求。

气质涵养上的高层次，决定“旧家女子”具有梦幻型女人的特点。

---

[1] 夏晓虹：《酒不醉人人自醉》，见《同学非少年——陈平原夏晓虹随笔》第295 ~ 296页，太白文艺出版社2005年版。

“旧家女子”经历过人情冷暖和世道沧桑，故而“流露出一股哀怨之情”和呈现的“不胜顾影自怜之态”，固然能吸引和打动读书人的心；其“区别于小家碧玉很难脱尽的狭隘和小家子气”，表现的贵族气质，亦颇对才士文人的口味。但尤其重要的还是“旧家女子”的才情，是才情决定其梦幻特点。

在古代中国的女性群体中，论才情之高尚，以青楼女子为最，“旧家女子”次之，平民女子又次之。读书人择偶，为求心灵上的沟通，必然要求对方具有相当的才情和艺术修养。作为理想的配偶，不能没有才情，否则就没有了情趣，缺乏梦幻特点。但才情亦不能太高。传统中国人认为，才情过高，对于妇女是危险的，故有“女子无才便是德”的说法。因此，林语堂说：

> 因为由男人想来，上等家庭的妇女而玩弄丝竹，如非正当，盖恐有伤她们的德行，亦不宜文学程度太高，太高的文学情绪同样会破坏道德，至于绘图吟诗，虽亦很少鼓励，然他们却绝不寻找女性的文艺伴侣。[1]

所以，王韬在描述理想配偶的才情时，其用词很有分寸，所谓“粗解音律”“薄能饮酒”“倘能作诗作字更佳”，指的就是这种适中的才情。“旧家女子”正好适合读书人的此种才情要求。她们成长于“诗书传家”的大户人家，纵使没有刻意在文艺上用过功，亦能略通文墨，粗解音律。因此，她们“最对读书人的口味”。比如，在唐代，读书人有两大理想：一是考中进士，二是娶高门女为妻。其实，唐代的高门女，就近似于王韬所谓的“旧家女子”。

[1] 林语堂：《吾国与吾民》第 144 页，陕西师范大学出版社 2002 年版。

3

再就“旧家女子”的“经济状况的低层次”言之。

所谓“旧家”，即是破落贵族之家，其家境曾经可能辉煌一时，眼下却成了破落户，在经济上处于较低的地位。在经济上处于较低地位的“旧家女子”，之所以能够成为读书人理想的婚配对象，这与传统中国人所谓“娶妇须不若吾家”的观念有关。

我们先看《世说新语·方正》中的一段材料：

> 王文度为桓公长史时，桓为儿求王女，王许咨蓝田(引者按：即王述，文度之父，袭封蓝田侯，故称)。既还，蓝田爱念文度，虽长大犹抱著膝上。文度因言桓求己女婚。蓝田大怒，排文度下膝，曰：“恶见文度已复痴，畏桓温面？兵，那可嫁女与之！”文度还报云：“下官家中先得婚处。”桓曰：“吾知矣，此尊府君不肯耳。”后桓女遂嫁文度儿。

魏晋婚姻重门阀，门第不相当者不通婚。桓温虽贵盛，但他出生寒族，故名门王蓝田不肯将孙女嫁与其子。值得注意的是，王蓝田却同意孙子娶桓温女为妻。原来，在传统社会有这样一种普遍的婚姻习俗，即名门之女不可下嫁寒族，但寒族之女可以上嫁名门。或者说，择女婿要择乘龙快婿，娶儿媳要娶贫贱之女。即古人所谓“嫁女须胜吾家者，娶妇须不若吾家者”是也。

这种婚姻观念在传统社会具有相当的普遍性。美国学者E.O.威尔逊在《论人的天性》一书中指出：革命前的中国和摆脱殖民统治前的印度，女子通过与较高社会阶层的男子结婚而向社会较高阶层流动，是一个较为普遍的现象，结果使财富和妇女集中在一小部分上层阶级手中，几乎把最穷的男性排斥在生育系统之外去了。他称这种婚姻为

“攀附婚姻”，并从生物学角度解释说：“除了把它看作是一种遗传性倾向，是为了在与社会其他成员的竞争中最大限度地增加后代的数量外，是难以作出其他解释的。”[1] 威尔逊从生物学角度做出的解释，自有道理。不过，从社会心理学的角度看，此种婚姻形式的形成与推行，当有两方面的原因：

其一，它在一定程度上反映了传统社会对妇女独揽家政、持家专权的戒惧，这正如胡瑗《清波杂志》所说：

> 嫁女须胜吾家者，娶妇须不若吾家者。或问其故，曰：“嫁胜吾家，则女之事人必钦必戒；娶妇不若吾家，则妇事舅姑必执妇道。”

潘光旦认为这种婚配观念与经济财产有关系，他说：

> 中国旧日婚姻极重财产，人所共知。宋理学家胡瑗（后人都称胡安定）有“娶妇当不如吾家，嫁女当胜于吾家”之说，虽不明言财产，其实指的还是财产，意谓女家不妨略穷，男家最好较富，因为父系社会，女就男婚，经济地位相差不多，而男稍胜于女，则可以知足，而容易相安。后世言所谓家范的人多接受此说。[2]

在传统社会，因妇女主持家政，掌握家庭的“钥匙权”，极易形成专制独裁之局面。她不仅有能力操纵子女对抗其丈夫，而且还有可能刻薄无礼地对待年老的公婆。因此，无论是嫁女之家还是娶妇之家，都尽力将女子处在一个弱势地位，使之从一个较低的社会阶层流入较

[1] [美]E.O.威尔逊:《论人的天性》第38页，林和生等译，贵州人民出版社1987年版。
[2] 潘光旦：《〈家庭、私有制与国家的起源〉译注》，见潘乃谷、潘乃和选编《潘光旦选集》第三卷第155页，光明日报出版社1999年版。

高的社会阶层，这样，女子就始终带着一种小户人家的自卑感，谨守妇道，以“必钦必戒”的态度生活在大户人家，“可以知足”，亦“容易相安”，便能免于过分的专制和嚣张。大户人家的女子嫁到小户人家，如公主嫁驸马，这种女子往往有一种强烈的优越感，仗着娘家的权势地位和自身操持家政的特权，嚣张跋扈，为所欲为，使丈夫和公婆处于难堪之境地。所以，作者认为，此种婚配形式的施行，一定程度上是为了从心理上给予女性一种自卑感，限制妇权在家庭内部的膨胀，以维持传统家庭秩序的平衡和稳定。

其二，它与传统中国社会男尊女卑、男强女弱的传统观念有关。“齐大非偶”，郑太子忽留下的这句名言，一定程度上体现了传统中国人的婚姻观念。或者说，传统中国人只能接受男强女弱的婚姻，不能接受男女“齐大”和女强男弱的婚姻。因此，小说戏曲中常常讲到的落难才子中状元，被皇帝家招为驸马，或者入赘相府，作为大团圆的结局，其实，这样的婚姻并不美满，亦不是读书人所理想的。在男尊女卑、男强女弱传统观念的影响下，男人往往心高气傲，一般不会心甘情愿吃软饭，总是想方设法维持其在家庭中的独尊地位和家长权威。

所以，在传统家庭中，女强男弱的婚姻往往使男人感到不快和压抑。如《红楼梦》第二十三回，讲到贾琏与凤姐性生活的不和谐，其中一段文字说：

> 贾琏道：“果这样也罢了，只是昨儿晚上，我不过要改个样儿，你就扭手扭脚的。”凤姐听了，“嗤”的一声笑了，向贾琏啐了一口，低下头便吃饭。

凤姐的自矜，与她出身的门第和具备的能力有关。她出身的名门、自身的美貌以及极强的能力，使她不愿意受制于人，不愿意听人摆布，即使在性生活中亦是如此。贾琏虽然亦出身名门，但其能力远逊于凤姐。因此，在凤姐面前有自卑感，缺乏自信心，即使在性生活上亦发挥不好。但是，他在与多姑娘、鲍二媳妇等出身低贱而又毫无教养的女人发生性关系时，得到的性快感，和凤姐相比，则要强烈得多。他可以尽情地驱使她们，她们亦曲意相随，双方注重的是肉欲，没有门第和教养方面的顾忌。女性一方亦没有受强制和驱使的感觉，即使有，亦觉得理所当然。而豪门闺秀和富家小姐则不能忍受这种强制和驱使。

因此，在传统社会，从名义上讲，“尚主”是极大的荣誉，攀上了皇亲国戚，自然让人羡慕。可是，许多人却视为畏途，特别是独立意识较强的读书人，往往避之唯恐不及。其原因就在于皇室公主挟带着皇家的权势和地位下嫁臣子，不免骄横跋扈，驸马对之无可奈何，只能忍气吞声。同样，在传统社会，做上门女婿亦绝非男人心甘情愿，甚至还被视为男人的耻辱，亦是这个原因。

女强男弱的婚姻，不仅使男人感到压抑，亦使女子觉得不快。据《世说新语·贤媛》载：

> 王凝之谢夫人既往王氏，大薄凝之。既还谢家，意大不说。太傅慰释之曰：“王郎，逸少之子，人材亦不恶，汝何以恨乃尔？”答曰：“一门叔父，则有阿大、中郎，群从兄弟，则有封、胡、遏、末，不意天壤之中，乃有王郎！”

王、谢家族是东晋时期最显赫的两大家族，王、谢联姻，正可谓门当户对。可是，谢道蕴却“意大不说”，对这桩婚事颇不满意。原因在于，谢道蕴是一个才女，自视甚高，而丈夫是一个粗鄙无知、语言无味的人。

因此，谢氏在这种男弱女强的婚姻状态下，产生了一种不适应的情绪，故而“意大不说”。这种状况，近似于当今女博士愁嫁的现象。

值得注意的是，在传统中国社会，情人之间甚至夫妻之间常常以兄妹相称，称情哥哥情妹妹，是常见的现象，在少数民族民歌中尤其普遍。至于像妻大姐小丈夫的情况，则是个别现象，并且常常是遭到控诉的反常现象。亦就是说，传统中国人在年龄上以丈夫大于妻子为正常，以妻子大于丈夫为反常。甚至情哥情妹成为一种习惯性的称呼，而不论事实上的年龄大小。这在一定程度上反映了在传统中国社会具有普遍性的男强女弱的情爱心理。

综上所述，“旧家女子”的特征有三：一是适度的艺术修养，二是天然的贵族气质，三是败落家境所养成的自卑心理和哀怨情绪。这三种特征最对读书人的口味，故而成为传统中国文人理想的婚配对象。

四、“女子无才便是德”新解：兼论传统文人士大夫追捧才女的情色动机

在传统中国社会，自宋元以来，“女子无才便是德”便成为一句家喻户晓、不证自明的经典习语，是主流社会普遍认同的一种价值观念。但是，近现代以来，“女子无才便是德”观念，与女性缠足习俗一起，成为思想家反封建礼教和批判男尊女卑观念的主要目标，亦成为女权主义者反对男性霸权的重要口实。事实上，在近现代以来的反封建反礼教潮流中，在批判男性霸权的女性主义思潮中，“女子无才便是德”观念在一定程度上是被误解和歪曲了的。作者认为：传统道德家提出这种观点，传统主流社会认同这种观念，是基于对文学特点和文人特征之认识，而对传统女性的现实人生之安顿所做出的一种人

道主义关怀。

1

考察“女子无才便是德”这句名言的起源，学者一般皆指向晚明名士陈继儒。据曹臣《舌华录》第一〇九条载：“陈眉公曰：男子有德便是才，女子无才便是德。”张岱《公祭祁夫人文》说：“眉公曰：丈夫有德便是才，女子无才便是德。此语殊为未确。”但是，据陈继儒《安得长者言》一文所说，此语并非他的首创，而是他转述的一位“长者”之言。此“长者”是谁？今亦不可详考。大体而言，“女子无才便是德”这种观念产生于宋元时期（详后）。不过，使此语成为一句家喻户晓的名言，并产生重要影响，确与陈继儒有密切关系。

讨论“女子无才便是德”这句名言的真实意图，首先应该说明的是“才”的含义。一般而言，“才”是指才能和智慧，智慧是根本，才能是智慧的呈现。才能的内涵很宽泛，包括立身行事的所有能力，当然亦包括艺术创作和欣赏的能力。作者认为：“女子无才便是德”之“才”，主要是指艺术才能，而不是指立身行事的一般才能。揆诸常理，无论是父母之于女儿，还是丈夫之于妻子，都不希望女儿或妻子是一个愚昧无知的人，一个缺乏基本的立身行事之生存能力的人。所以，简单地将“女子无才便是德”等同于“愚女”，是不正确的。

“女子无才便是德”之“才”，是指艺术才能，意谓女性不必拥有艺术上的能力和修养，不宜从事艺术创作和文艺欣赏。宋元以来的家训、女训，一般不反对女性阅读《孝经》《论语》《列女传》之类的作品，但往往反对女性创作和阅读诗词、戏曲、小说类艺术作品，如司马光《温公家范》说：

是故女子在家，不可以不读《孝经》《论语》及《诗》《礼》，略通大义。其女功，则不过桑麻、织绩、制衣裳、为酒食而已。至于刺绣华巧，管弦歌诗，皆非女子所宜习也。古之贤女，无不好学，左图右史，以自儆戒。今人或教女子作诗歌，执俗乐，殊非所宜也。

蓝鼎元《女学》卷六说：

女子读书，但欲其明道理，养德行。诗词浮华，多为吟咏，无益也。必有功名教之书，乃许论著。不然，则宁习女红而已矣。

直言"管弦歌诗，皆非女子所宜习"，因为传统观念认为"诗词浮华"，无益于德行之涵养。故周亮工之父说：

妇女不识字，《列女》《闺范》、诗书，近日罕见；淫词丽语，触目而是。故宁可使人称其无才，不可使人称其无德。[1]

言下之意是，"淫词丽语"虽能逞其才，但亦可败其德。在传统社会，德重于才，故传统家庭于子女之教育，"宁可使人称其无才，不可使人称其无德"。吕坤《闺范序》说：

今人养女多不教读书认字，盖亦防微杜渐之意。然女子贞淫，却不在此。果教以正道，令知道理，如《孝经》《列女传》《女训》《女诫》之类，不可不熟读讲明，使心上开朗，亦阃教之不可少也。

[1] 周亮工：《因树屋书影》卷一。

然而，他却把女性“弄柔翰，逞骚材”“拨俗弦，歌艳词”，视为“邪教之流”。[1]又《昏前翼·书史》一方面认为“女子固不宜弄文墨，但古之贤女未尝不读书，如《孝经》《论语》《女诫》《女训》之类，何可不读”，另一方面却强调“诗词歌咏，断乎不可”。总之，宋元以来的道德家并不反对女性读书，而是主张读道德之书，反对读艺术之书。所以，重德轻才，“德本论”是宋元以来女子文化教育的核心理念。[2]

贬抑女子接受文学教育，反对女性从事文学创作和欣赏，是宋元以来道德家的普遍见解。如石成金《家训钞·靳河台庭训》说：

> 女子通文识字，而能明大义者，固为贤德，然不可多得。其他便喜看曲本小说，挑动邪心，甚至舞文弄墨，做出无耻丑事，反不如不识字，守拙守分之为愈也。

因为曲本小说中的艳情故事会“挑动邪心”，从而引诱读者“做出无耻丑事”，故以不读为宜。车鼎晋《女学序》说：

> 女子以德为本，而文词原非所尚。……苟能明事父母舅姑之义，躬井臼织作之事，即才艺无闻，亦无失焉。

女子“才艺无闻”，亦无损其美德。甚至有些颇有才华的女性作家，因受此种观念的影响，亦以为“诗非妇人所宜”，如朱淑真《自责》诗云：

[1] 吕坤：《吕新吾先生闺范图说》卷首，见陈弘谋辑《五种遗规·教女遗规》，台湾中华书局 1984 年版。

[2] 参见郭英德《明清时期女子文学教育的文化生态述论》，《中山大学学报》2008 年第 5 期。

女子弄文诚可罪，那堪咏月更吟风。

磨穿铁砚非吾事，绣折金针却有功。

因此，许多本有才华的女子，或“绝笔不作”，或将其已有之创作“恒秘藏之”，或“自焚其稿”。

因贬抑女性习读诗词曲本小说，进一步反对女性习字读书，如明温璜之母认为：“妇女只许粗识柴米鱼肉数百字，多识字，无益而有损也。”[1] 如徐学谟《归有园麈谈》说：“妇人识字，多致诲淫。”这确是因噎废食，是所谓真正的“愚女”了。

2

明清时期的道德家对“女子无才便是德”观念的普遍认同，是基于对当时女性从事诗词创作和欣赏之高涨热情的戒惧。

明清时期女性艺术创作热情之高涨和才女的大量涌现，是一个引人注目的现象。如孙康宜说：

> 据我近年来研究中西文学的心得，我认为有史以来最奇特的文学现象之一，就是中国明清时代才女的大量涌现。在那段三四百年的期间中，就有三千多位女诗人出版过专集。至于没出版过专集，或将自己的诗文焚毁的才女就更不知有多少了。[2]

在胡文楷《历代妇女著作考》一书中，收录历代有著作成集的妇女共 4200 余人，其中明朝之前只有 117 人，明朝有 242 人，清

[1] 温璜：《温氏母训》，见陈弘谋辑《五种遗规·教女遗规》，台湾中华书局 1984 年版。

[2] ［美］孙康宜：《走向“男女双性”的理想——女性诗人在明清文人中的地位》，见叶舒宪主编《性别诗学》第 3 页，社会科学文献出版社 1999 年。

朝有 3800 余人。另外，史梅辑出未收入《历代妇女著作考》的有 118 人，黄湘金补充《历代妇女著作考》不载而见于单士釐《清闺秀艺文略》的有 83 人。归总起来，明清时期女性作者的著作总量当在 4200 种以上。[1]

在中国历史上，自先秦至宋元，杰出的女性作者，虽然代不乏人，如汉之班昭，晋之左棻，唐之薛涛，宋之李清照，元之管道升，但是，正如高彦颐所说："她们愈是有名气，愈显示了她们的孤单——她们的才华在当代是绝无仅有的。"而在明清时期，特别是"在明末清初江南的每个城市，每一代人中，都有写作、出版和相互探讨作品的妇女"，[2]"一个女作家和读者批评群体的出现，是明末清初江南城市文化的一个显著特征"。[3] 值得注意的是，此间不仅涌现了大量热衷诗词创作和欣赏的女性文学爱好者，还产生一批为女性文学文本进行整理、出版和传播的男性文人，如钟惺、胡抱一、邓汉仪就是这方面的代表人物，钟惺的《名媛诗归》、徐敏树的《众香词》、赵世杰的《古今女史》、田艺衡的《诗女史》、胡抱一的《本朝名媛诗归》等，就是这方面的代表作品。女性文人适逢其会，尽情展示其文学才华；男性文人成为女性文学的积极推动者，出版商在其中推波助澜，理论家又盛赞女性的艺术天赋。所以，在明末清初，女性文学文本成为热门读物，女性文学的繁荣成为当时文学界引人注目的现象。

女性文学才华的充分展现，体现了女性与艺术审美之间的亲密关

[1] 参见郭英德《明清时期女子文学教育的文化生态述论》，《中山大学学报》2008 年第 5 期。

[2] ［美］高彦颐：《闺塾师——明末清初江南的才女文化》第 31 页，李志生译，江苏人民出版社 2005 年。

[3] ［美］高彦颐：《闺塾师——明末清初江南的才女文化》第 69 页，李志生译，江苏人民出版社 2005 年。

系。一般而言，女性与艺术审美之间的亲密关系，远远大于男性。概括地说，主要体现在三个方面：其一，女性是最具审美意味的艺术题材；其二，女性是艺术创作灵感的源泉；其三，女性是天生的艺术家。[1]

女性擅长诗词，但不宜过分热衷于诗词的创作和欣赏；女性与文人气质比较接近，但女性不宜做文人，这是传统中国主流社会的一般观念。这种观念的形成和得到普遍认同，与传统道德家关于文学特点和文人性格的认识有关，与明清时期尽显文学才华的女性诗人的身份特征有关。

在传统社会，文人常以"才子风流"自居，而道德家却以"文人无行"贬之。或者说，文人自视甚高的"才子风流"，在道德家眼里则是"文人无行"。"文人无行"是传统道德家对文人身份的一个普遍性评价。所谓"文人无行"，是说文学家不重操行，其行为不符合道德规范和伦理纲常。一般而言，古代文人多有放任旷达、任性不羁、大言风流、孤芳自赏、自以为是、不安分守己、好评论是非的特点，如林语堂所说："古来文人就有一些特别坏脾气，特别颓唐，特别放浪，特别傲慢，特别矜夸。"[2] 亦如鲁迅所说："文人墨客大概是感性太锐敏了之故罢，向来就很娇气，什么也给他说不得，见不得，听不得，想不得。"[3] 文人的这些特征，因不符合传统道德规范和伦理纲常，在道德家看来，便是"无行"。其实，文人受到"无行"的指责，是必然的，不是偶然的。"文人无行"是文学艺术的本质要求。

所以，林语堂曾把文人比作妓女，认为一个男人做什么都可以，做官员、商人，甚至做强盗、土匪亦行，但在万不得已的情况下，最

---

[1] 关于女性与艺术审美之关系，作者将在本书第四章第三节"女人如诗：传统中国文人关于女性气质的设计"专题讨论，兹不赘述。

[2] 林语堂：《人生的盛宴》第 298 页，湖南文艺出版社 1988 年版。

[3] 鲁迅：《从胡须说到牙齿》，见《坟》，人民文学出版社 1973 年版。

好不要做文人。[1] 男人做文人尚且受到“无行”的指责，女人做文人就更难了。因为在传统社会，家庭对女子的管束总是严于男性，社会舆论是薄责于男性而苛责于女性。男人的夸诞无节可以“风流”自居，甚至还可能被传为佳话。女性的风流浪漫，则往往被视为无德无节。所以，照林语堂的话说，男人最好不要做文人，女人是千万不能做文人。

3

文学就像一柄双刃剑，它既有使人心智愉悦、解愁忘忧的功能，如陆机《文赋》说：“伊兹事之可乐，固圣贤之所钦。”陆云《与兄平原书》说：“文章既自可羡，且解忧忘愁。”颜之推《颜氏家训·文章》说：“入其滋味，亦乐事也。”所以，它是人类精神生活中的不可或缺之物。但是，它似乎又是有毒的，沾上它，男性文人常常遭到“轻薄”“无行”的指责；女性作者亦往往有异乎常人的表现，故而引起道德家的忧虑。这种表现，约而言之，有如下数端：

其一，在行为上，才女往往风流浪漫，不安现状。浪漫风流和不安现状是文人的普遍特点，才女亦不例外。大凡热衷文学创作和欣赏的女性，较之一般家庭妇女，总是更富于幻想，往往不安现状，特别是不安于琐碎的家庭生活，寻求浪漫和刺激，变得更加的“风骚”。如人们普遍认为崔莺莺的悲剧，在于她能诗善文。由“待月西厢下”演绎而成的悲剧，就缘于她与张生的和诗酬答。明清时期，《西厢记》流行于闺中的现实，使道德家普遍认为女性作诗读诗是不恰当的。如在《牡丹亭·惊梦》中杜丽娘感叹说：

天呵！春色恼人，信有之乎？常观诗词乐府，古之女子，因春感情，

[1] 林语堂：《人生的盛宴》第 296 页，湖南文艺出版社 1998 年版。

> 遇秋成恨，诚不谬矣。昔日韩夫人得遇于郎，张生偶逢崔氏，曾有《题红记》、《崔徽传》二书。此佳人才子，前以密约偷期，后皆得成秦晋。吾生于宦族，长在名门，年已及笄，不得早成佳配，诚为虚度青春。

杜丽娘的“惊梦”，固缘于“春色恼人”，然亦与其在闺中“常观诗词乐府”有关。明清时期，《西厢记》《牡丹亭》《红楼梦》广泛流行于女性闺房中。据清陈其元《庸闲斋笔记》卷八《红楼梦》说：“淫书以《红楼梦》为最，盖描摹痴男女情性，其字面绝不露一淫字，令人目想神游，而意为之移，所谓大盗不操干矛也。”其举例说：

> 余弱冠时，读书杭州，闻有某贾人女，明艳工诗，以酷嗜《红楼梦》，致成瘵疾，当绵惙时，父母以是书贻祸，取投之火，女在床，乃大哭曰：奈何烧杀我宝玉。遂死，杭人传以为笑。

总之，诗词点醒了女性的情爱欲望，创作和欣赏诗词的活动，使她们获得一种与平庸的日常生活不同的新奇感受。诗词培育了她们的浪漫情性，使之不安于日常生活之平庸现状。

其二，在体质上，才女常有体弱多病的特点。诗词点醒了女性的情爱欲望，而在封建礼教之管束下，女性情爱欲望实现的空间远远小于男性，因此，女性所受情爱欲望之压抑又远远大于男性。才女通常拒绝平庸的婚姻，如孙康宜发现：在明清时期，“最杰出的早夭才女常是未嫁而卒”，她说：

> 害怕结婚确是明清才女作品中的一大主题，因为从她们的创作道路看来，婚姻常常成为诗才的坟墓。平庸的主妇生活有可能削弱一个才女

的性灵，正如宝玉所谓女儿结婚之后，由珍珠变成了鱼眼睛。[1]

诗词点醒了女性的情爱欲望，封建礼教制约了女性情爱欲望的实现，传统婚姻又不利于女性才情的充分展现，在这种压抑状态下，多病早夭便成为明清才女的显著特征。如前引杭州才女所患之瘵疾，据潘光旦说：

> 所云瘵疾，就是近人所称的痨症，从前的闺秀死于这种痨症的很多，名为痨症，其实不是痨症，或不止是痨症，其间往往有因抑制而发生的性心理的变态或病态。[2]

非常奇特的是，明清才女并不害怕生病，反而把生病视为莫大的福气，因为虚弱体病是放弃各种家务的借口，帮助她们退回到自我世界中，带来大量的自吟自赏的机会及时间，所以，孙康宜感叹说："把病中读书之乐看成一种'清欢'，实是明清才女的一大发明。"虽然在当时才女早夭的现象极其普遍，但她们并不害怕早夭，她的病容、病体以及对病的反应，"全都被美化为一种使她们显得更可爱的诗意"，早夭被解释为"爱才的仙界对才女的拯救"，死亡具有"自我超度的意义"。[3]

其三，在性格上，才女常常心高气傲，敏感脆弱。文学和哲学皆以人的精神活动为研究对象，研究人之所以为人，研究人生的目的、

[1] ［美］孙康宜：《走向"男女双性"的理想——女性诗人在明清文人中的地位》，见叶舒宪主编《性别诗学》第 3 页，社会科学文献出版社 1999 年版。

[2] ［英］蔼理士：《性心理学》第 117 页，潘光旦译注，上海三联书店 2006 年版。

[3] ［美］孙康宜：《走向"男女双性"的理想——女性诗人在明清文人中的地位》，见叶舒宪主编《性别诗学》第 3 页，社会科学文献出版社 1999 年版。

价值和意义。所以，文学家和哲学家是自我意识和主体意识最浓厚的人群，因而亦是孤独意识最强烈的人群。孤独使哲学家能够沉潜下来冷静思考，而卓尔不群以求保持独立人格是艺术家惯常的生活方式。前面提到明清时期的才女常常拒绝婚姻，就是这个原因。孙康宜发现："明清女诗人中，寡妇居多。"她断言："这些'青年孀守之人'之所以成为杰出的诗人，显然与她们很早就结束婚姻生活有关。"她说：

> 无论如何，一个残酷的事实就是：寡妇生活有利于写作。这是因为它使寡妇诗人逃脱了某一种生活负担，从而使她们发现了写作与独身生活的关系。

所以，才女往往很自我，主体意识很强，清高、孤傲、固执是她们的主要特点。

哲学家和文学家皆是孤独的，亦是清高的。不同的是，哲学家是理智的、冷静的，而文学家则是激情的、浪漫的。女性本身就是很情绪化的动物，而才女因受文学情绪的感染，就显得更加敏感，因而亦特别脆弱。情绪化是她们主要的性格特征，其内心深处总有一种莫名的孤独感和漂泊感。为春花秋月而感慨，为悲欢离合而动情，伤春悲秋是其家常便饭。如朱淑真《自责》诗曰："闷无消遣只看诗，又见诗中话别离。添得情怀转萧条，始知伶俐不如痴。"林黛玉就是这种情绪化才女的典型代表。

其四，在结局上，才女往往人生多舛，命运坎坷。才女在行为上风流浪漫，不安现状；在体质上体弱多病，往往早夭；在性格上心高气傲，敏感脆弱。这使她们不但不能承担世俗社会期待的贤妻良母角色，甚至很难适应世俗日常生活，与现实世界格格不入。因此，其结局往往多是悲剧，如蔡文姬、薛涛、严蕊、朱淑真等。在古代中国，除了有“红颜薄命”一说，还有“才女福薄”一说。才女往往不能见容于尘世，所以，在走投无路之时，或者离世，或者遁世，更多的是坠入青楼。古代中国的才女，不是在青楼里，就是在道观中，而在青楼中的才女尤其占多数。因此，在传统中国文人心目中，才女如同青楼，往往有情色意味。

总之，在传统社会，男性文人常常遭遇轻薄无行的指责，女性诗人往往难逃福浅命薄的结局。所以，文学这东西，既可以解愁忘忧，又可以添愁供恨；既是可乐的，又是有毒的。

4

综上，我们讨论了才女的性格特点及其悲剧命运。接下来，我们看看传统文人士大夫对才女的依违态度。在这方面，李渔的意见具有代表性，他说：

> 女子无才便是德，言虽近理，却非无故而云然。因聪明子女，失节者多，不若无才之为贵。盖前人愤激之词，与男子因官而得祸，遂以读书作宦为畏途，遗言戒子孙，使之毋读书，毋作宦者等也。此皆因噎废食之说，究竟书可尽弃，仕可尽废乎？吾谓才德二字，原不相妨，有才之女，未必人人败行；贪淫之妇，何尝历历知书？但须为之夫者，既有怜才之心，兼有驭才之术耳。
>
> 至于姬妾婢媵，又与正室不同。娶妻如买田庄，非五谷不殖，非桑麻不树，稍涉游观之物，即拔而去之，以其为衣食所出，地力有限，不能旁及其他也。买姬妾，如治园圃，结子之花亦种，不结子之花亦种，成阴之树亦栽，不成阴之树亦栽。以其原为一情而设，所重在耳目，则口腹有时而轻，不能顾名兼顾实也。使姬妾满堂，皆是蠢然一物，我欲

言而彼默，我思静而彼喧，所答非所问，所应非所求，是何异于入狐狸之穴，舍宣淫而外，一无事事者乎。[1]

在李渔看来，“女子无才便是德”的说法，虽是“愤激之词”，但亦是“非无故而云然”。所以，他的态度是含糊的，甚至有些自相矛盾。他一面认为“女子无才便是德”的说法不可取，另一面又对女子是否应该有才做出区分。他认为：正室不宜有才，因为正室乃“衣食所出”，犹如养家之田庄，当种植维持生计之五谷和桑麻，所以“稍涉游观之物，即拔而去之”。质言之，即娶妻不宜娶才女。而姬妾婢媵犹如园圃，“原为一情而设，所重在耳目”，仅供玩赏，应当有趣。因此，应该善做诗词，略通文艺。质言之，娶妾当娶才女。

李渔的态度具有普遍性，大体反映了传统中国士大夫文人对才女的隐秘态度和择偶标准。如前引晚清文人王韬在《言志》一文中谈到娶妻的标准，亦涉及女性的才艺，但其用语相当审慎。所谓“倘能作诗作字更佳”，即娶妻原不以才艺相要求，或者妻子不必非有才艺不可，但有一点才艺当然更好；所谓“薄能饮酒，粗解音律”，强调的是适可而止。总之，作为理想的配偶，若能粗通诗词，稍解音律，略有才艺，可以增加夫妻生活的乐趣。但才艺不宜太高，更不能技压须眉。实际上，王韬的观点与李渔近似，即才女不适合做妻子。这亦如林语堂所说：

中国人认为：才学过高，对于妇女是危险的，故有“女子无才便是德”的说法。

因为由男人想来，上等家庭的妇女而玩弄丝竹，如非正当，盖恐有伤她们的德行，亦不宜文学程度太高，太高的文学情绪同样会破坏道德，

[1] 李渔：《闲情偶寄·声容部·习技第四》。

至于绘图吟诗，虽亦很少鼓励，然他们却绝不寻找女性的文艺伴侣。娼妓因乘机培养了诗画的技能，因为她们不须用“无才”来作德行的堡垒，遂益使文人趋集秦淮河畔。[1]

因为“玩弄丝竹”或者“文学程度太高”，皆“有伤她们的德行”，所以，一般文人大都不愿娶文学程度太高的女性为妻，但不妨去秦淮河畔寻找多才多艺的女性伴侣。这应该是传统中国文人士大夫的普遍观念。

才女不适合做妻子，但是，文人士大夫内心深处却有一种不可抑制的诗性向往，因此，最具才情之青楼女子常常成为他们留恋的文艺对象。在传统中国文人士大夫的感情世界和文学世界里，青楼妓女是其情感欲求和文学想象的依托之物。我们把这种依托关系，称为士大夫文人的“青楼情结”。

在古代中国，才女与青楼有着含混不清的暧昧关系。文人士大夫娶妻不娶才女，但却时时不忘对才女的追慕和爱恋。换言之，在传统中国文化语境中，才女形象有着明显的情色意味。文人士大夫乐于追捧才女但又不愿娶才女为妻的矛盾行为，实际上是其内心的情色欲望与外在的现实功利之矛盾的体现。在历史上，虽然不乏形象不佳的才情之女，但一般的才女往往兼具才情与美色，而且有美色的才女往往更能得到文人士大夫的青睐。其实，文人士大夫对才女的追捧，欣赏其才情只是一个方面，有时甚至是比较次要的方面。通过欣赏其才情而渔猎其美色，亦许才是其主要动机。如章学诚《文史通义·妇学》说：

[1] 林语堂：《吾国与吾民》第137、144页，陕西师范大学出版社2002年版。

饰时髦之中驷，为闺阁之绝尘。彼假藉以品题（或誉过其实，或改饰其文），不过怜其色也。无行文人，其心不可问也。呜呼！己方以为才而炫之，人且以为色而怜之。不知其故而趋之，愚矣。微知其故，而亦且趋之，愚之愚矣！女之佳称，谓之“静女”，静则近于学矣。今之号才女者，何其动耶？何扰扰之甚耶？噫！

“己方以为才而炫之，人且以为色而怜之”，此语道尽了传统士大夫文人追捧才女的真实意图。所以，在传统中国，才女形象是暧昧的，有情色特征。士大夫文人对才女的追捧，犹如对红颜的欣赏，皆有明显的情色动机，可视为知己，可作为心灵的寄托，可作为诗意的依归，但不宜作为终身伴侣。因此，说“才女福薄”，亦犹言“红颜薄命”。

5

综上所述，“女子无才便是德”之“才”，是指女性的文才；这种观念盛行于明清时期女性文学创作和欣赏渐成风尚的时代氛围中；文学以抒发人的本真性情为特点，“文人无行”是文学艺术的本质要求。才女以文艺擅长，常有浪漫风流、体弱多病、心高气傲、敏感脆弱、人生多舛、命运坎坷的特点。男性成为“文人”，尚且受到无行轻薄的指责；女性成为“才女”，其所承受的社会压力和来自舆论的批评与指责，远远大于男性。“才女”是一个具有情色意味的称谓，文人士大夫对才女的欣赏，体现出来的首先是情色欲望，其次才是艺术知音，实际上就是其内心深处的“青楼情结”的外在表现。因此，在传统中国社会的性别语境中，在传统文学观念之影响下，“才女福薄”是必然的，不是偶然的。

所以，要正确理解“女子无才便是德”这句名言的真实含义，必须认真审视社会各界对女性才情问题的三种态度的真实动机：一是宋元以来的文人士大夫欣赏和推崇才女的真实动机；二是宋元以来的道德家反对女性接受文学教育，提倡“女子无才便是德”的真实动机；三是近现代反封建反礼教的思想家批判“女子无才便是德”的真实动机。

文人士大夫对才女的推崇和欣赏，具有明显的情色动机，已如上述。这种有明显情色意味的追捧，虽然在一定程度上张扬了女性的才情文艺，但在传统社会的男权背景下，实际上是将女性的现实生活引入了歧途，使其陷入福薄、命浅的境地。

近现代以来反封建反礼教的思想家和当代的女权主义者，批判传统社会男尊女卑的观念，将“女子无才便是德”与女性缠足相提并论，视为传统社会压抑、迫害女性的主要罪状。认为“女子无才便是德”观念的流行，是女性社会地位低下的一个标志，是对女性尊严的一种践踏。因为它剥夺了女性受教育的权利，是与传统社会“愚民政策”相似的“愚女政策”，目的是通过对女性的压迫和控制以确保男权中心的统治地位。这种有明显激进倾向的反拨，虽然为提倡男女平等的当代价值提供了理论支撑，但却不免感情用事，缺乏细致的学理分析和回到历史现场的真切体验，并非实事求是之论。因为这是简单地凭借其反封建的激进立场，依据现代社会的男女两性观念，将“女子无才便是德”理解为对女性的压抑和控制，对女性智力才能的低估和扼杀，未能在传统社会的语境中设身处地的考虑女性应有的生存姿态，未能对才女福薄之命运做同情式的理解。因此，它不是基于历史事实和才女生活现状的实事求是之论。

传统道德家提倡“女子无才便是德”，在一定程度上压抑了女性的才情展示，制约了女性的文学兴趣和创作潜力，对文学的发展是一种损失。但是，在传统中国文化背景下，才女的命运确是坎坷曲折的，因此，建议女性不必过分热衷文学的创作和欣赏，这应当是一种人道主义的关怀，而不是对女性的压抑和控制，更不是“愚女”。其次，毕竟生活是现实性的，诗是理想化的。对于一位正常人来说，现实的生活是最重要的，诗是次要的，为着诗意的追求而抛弃现实的正常生活，是不理智的。所以，当面临着一种选择：选择诗意生活而获得薄命的结局，选择平淡的生活而获得平安的结局。于女性自身而言，应该是选择后者。于培育女性之父母而言，亦应当是选择后者。因此，作者认为：传统道德家提出“女子无才便是德”，并非是对女性的迫害和压抑，而是基于文学的特质，基于传统社会才女普遍的不幸命运，基于现实生活的世俗特点，而对女性的命运和前程所做出的一种人道主义关怀。

第三章　男尊女卑与丈夫惧内

在传统社会，理想的夫妇相处之道，是“相敬如宾”。夫妇如同兄弟，兄弟如同父子。古人论父子、兄弟相处之道，虽然在理论上畅言孝慈并重、友悌并论，但在实际生活中则是重孝轻慈、重悌轻友。古人论夫妇相处之道亦是如此，他们一方面提倡夫妇“相敬如宾”，另一方面却又特别强调妇敬顺夫，而于夫敬妇一面，则是语焉不详，或略而不论。《国语·晋语》所载郤缺夫妇和《后汉书·梁鸿传》所载梁鸿孟光夫妇“相敬如宾”之史事，皆是妇敬夫，而非夫敬妇，即为显例。

理论上的特别提倡和反复申说，正是缘于现实生活的迫切需要。或者说，理论上的反复强调，往往是基于现实生活中出现了某种与理想状态相违背的事实，需要从理论上加以引导或改造。作者认为：古代学者不厌其烦地提倡“三从”之德，强调妻敬顺夫，正是因为在现实生活中出现了与“三从”理想相违背的生活事实。这种事实，就是人们常说的男人“惧内”的问题。在本章，作者将从重新检讨男尊女卑观念入手，对男子“惧内”之事实、根源及其后果等问题，作深入的述论，以明夫妇关系中被人们忽略的另一个层面。

一、男尊女卑观念的重新检讨

1

夫妇关系本是一种平等恩爱、充满温情的人伦关系。但是，自周代以来，道德家为了适应父权制社会特点的需要，逐渐消解了夫妇间的恩爱温情，给夫妇关系加上了若干不平等的伦理，从提倡“男女有别”，到主张夫妇“相敬如宾”，到界定男主外、女主内，男刚女柔，男阳女阴，逐渐形成一套以“三从”“四德”为核心内容的男尊女卑观念体系。

总之，自秦汉以来，男尊女卑已成为古代中国高文典册中无须证明就自然合理的理念，成为传统中国学者头脑中的一种根深蒂固的观念。

理论家大力宣传和提倡的思想，不能完全等同于世俗生活中一般民众实际奉行的观念。正如知识精英所构建的思想史不能完全取代民间思想史一样。[1]有时候，理论家宣扬的思想，可能是从一般民众实际奉行的观念中提炼出来的。但是，在大多数情况下，理论家宣传的思想则可能与民间观念截然对立。或者说，理论家之所以大力宣传某一种思想观念，是因为现实生活的迫切需要，是因为现实生活中出现了某种“异端”观念，理论家则必须提倡一种“正统”的思想，来加以引导和改造。从这个角度看，理论家的思想就与民间奉行的观念呈现出完全不同的面目，理论家构建的思想史就不能完全等同或取代民间思想史。

古代中国男尊女卑的思想观念，亦应该从这个角度去考察。作者认为：古代中国男尊女卑的观念，主要是封建理论家提倡的一种伦理

[1] 参见葛兆光《中国思想史》（第一卷）第 13 ~ 17 页，复旦大学出版社 1998 年版。

观念，是一种理想化的观念，民间社会实际奉行的男女尊卑观念未必如此。理想与现实之间存在着较大的差距。在民间社会的家庭内部，在相当大的程度上，虽然不能说是女尊男卑，但是妇女的地位并不像我们想象的那般低贱。亦许，正是在民间社会的家庭内部，普遍存在着与男权社会的一般特点相抵触的男女尊卑观念。理论家为了适应男权社会的需要，才感觉到有提倡男尊女卑之必要，才不遗余力地提倡和论证男尊女卑观念的必要性和合理性。而近代以来在反传统反礼教的时代潮流中，激进思想者发出的反男权的呼声，描绘的血淋淋的女性悲剧命运，以及对男尊女卑观念的深恶痛绝，其所依据的往往是封建思想家提供的思想材料，或者说，激进思想者所反对的只是封建思想家宣扬的男尊女卑观念。对古代民间社会真正奉行的男女尊卑观念，他们并未做过认真深入的考察。所以，高彦颐指出："'五四'模式（引者按：即'五四'激进思想家构建的'男尊女卑'模式）在很大程度上，衍生于对理想化准则的静态描述。"[1] 对于这个问题，作者赞成刘明的看法，他说：

> 历史而客观地分析，并与同时期世界上其他民族相比，数千年间中国妇女的状况并没有近百年来流行意识所描绘的那末糟糕。当然，中世纪以后中国的一些政治和文化帮闲先后搞出的裹足、贞节、守一等陋习极大地伤害了妇女同胞，但这并非中华主流伦理所为，而是由于统治集团为了强化封建秩序，渐渐脱离了中华主流伦理原本就有的人本和人道主义精神所致。[2]

---

[1] ［美］高彦颐：《闺塾师——明末清初江南的才女文化》第 9 页，李志生译，江苏人民出版社 2005 年版。

[2] 刘明：《重建中华民族的价值理性》，见陈川雄《中华伦理读本》第 328 页，陕西人民出版社 2002 年版。

近百年来流行意识所描绘的妇女生活状况的糟糕局面，其所依据的材料是封建思想家的高文典册，民间社会的妇女生活状况并非完全如此。作者亦相信，自宋元以来，道德家宣扬的一些残害妇女的陋习，的确对妇女的身心健康造成了极大的伤害，但是，这些陋习实施的范围到底有多广？影响面到底有多大？是否对封建时代的大部分妇女都产生了极大的伤害？这实在是值得怀疑的。作者更愿意相信：封建道德家提倡的男尊女卑观念，以及依照这种观念而制定的若干伤害妇女的鄙陋规则，亦许对官宦之家或书香门第的妇女的确造成过伤害，但对平民社会的普通妇女，则没有多大约束力和影响力。更为重要的是，我们不仅不能忽视，而且应该特别注意理想观念与实际生活之间的巨大差距。事实上，正如高彦颐所说：

> 伦理规范和生活实践中间，难免存在着莫大的距离和紧张。儒家社会性别体系之所以能长期延续，应归之于相当大范围内的灵活性，在这一范围内，各种阶层、地区和年龄的女性，都在实践层面享受着生活的乐趣。……“三从”这一规范，无疑剥夺了女性的法律人格和独立的社会身份，但她的个性或主观性并未被剥夺。[1]

通过对传统民间社会妇女生活的真实情况的研究，可以证明：传统社会妇女的社会地位并不像我们想象的那样低贱，相反，倒是更普遍地存在着男女平等，甚至是女尊男卑的伦理现状。

2

首先，为了检讨夫妇双方在家庭生活中的实际地位，必须对男主

[1]　［美］高彦颐：《闺塾师——明末清初江南的才女文化》第 7 页，李志生译，江苏人民出版社 2005 年版。

外、女主内的传统观念，作具体的分析辩证。

《易》“家人卦”云：“《家人》，利女贞。”《彖》曰：“家人，女正位乎内，男正位乎外。男女正，天地之大义也。”《礼记·内则》说：“礼始于谨夫妇，为宫室，辨内外，男子居外，女子居内，深宫固门，阍寺守之，男不入，女不出。”此为早期经典文献对男外女内之角色地位的界定。宋元以来的道德家依据此类元典文献，进一步突出强调男主外、女主内的观念。近代以来的学者，批判传统封建观念对女性的压制，往往首先对男外女内的观念进行攻击，认为它把女性限制在家庭中，制约了女性的发展，并把它视为是导致男尊女卑局面的重要原因。

其实，男主外、女主内，并不等于男尊女卑。或者说，男外女内并不必然导致男尊女卑现象的发生。男外女内不是男尊女卑的伦理观念，而是基于男女生理和心理上的不同特点所做出的社会分工。强调男外女内的社会分工，让男子到外部世界去劳作，创造维持家庭生活的物质财富，让女子在家中操持家务，教养孩子，主持家政，稳固家庭内部的和谐秩序。这种分工，既是出于实际生活的需要，亦在一定程度上体现了传统思想的人道主义立场。

一般说来，虽然丈夫亦有教养子女的职责，但是在世界上绝大多数民族的家庭中，甚至在整个动物界，生育和抚养子女的职责则主要是由女性来承担。生育子女者是女性，哺乳期的孩子更是不能离开生育他的母亲。女性与孩子朝夕相处，谙悉孩子性情，逐渐形成“一体状态”的母子亲近关系，亦说明女性更适合教养孩子，操持家政。或者说，是家庭生活的实际需要，决定了女性的活动舞台在内不在外。

另外，从男女的生理特征言，古代学者以男为刚、为阳，女为柔、为阴，并非基于男尊女卑之观念立论，而是从生理和心理特征出发，对男女性别的一个大体而又不失准确的区分。女性阴柔，其生理和心理承载能力，相对于男子来说，都要弱小一些。同时，外部世界的生活压力和风险，相对于家庭世界来说，亦要大一些。因此，以女主内，以男主外，在一定程度上正体现了传统思想的人道主义立场。

“健妇持门户，胜一大丈夫。”[1] 妇持门户应该是传统中国社会的一种普遍现象。据颜之推《颜氏家训·治家篇》说：

> 河北人事，多由内政。……邺下风俗，专以妇持门户，争讼曲直，造请逢迎，车乘填街衢，绮罗盈府寺，代子求官，为夫诉屈。此乃恒、代之遗风乎！

恒、代之地，民风劲健，妇持门户，或有“代子求官，为夫诉屈”者，或有“争讼曲直，造请逢迎”者。其他地方虽然未必有此等行事，但妇持门户、主管家政则确是相当普遍的情况。与封建道德家提倡的“三从”之德相反，在家庭中，妇持家政，丈夫在一定程度上亦得听从妻子的统筹安排。所以，高彦颐说：

> 虽然男性一直宣称对家庭财产拥有法律权力，并且父亲享有对妇女和孩子的权威，但作为家务的实际管理者、母亲及儿女的教育者，家庭主妇无疑拥有充分的机会，对家庭事务产生影响。在每日生活的场境中，女性很难是家庭体系的旁观者。[2]

或者说，妻子不仅是家务的管理者，而且亦是家政的决策者。丈夫和

[1] 《玉台新咏》卷一《陇西行》。

[2] ［美］高彦颐：《闺塾师——明末清初江南的才女文化》第 12 ~ 13 页，李志生译，江苏人民出版社 2005 年版。

妻子在家庭中的地位，可以从夫妇双方对家庭事务的决策权中体现，可以从夫妇双方对家庭经济的控制权中展现。台湾学者刘增贵注意到妇女在家庭中的“钥匙权”，他说：

主妇负责家内事务，主中馈（管理膳食）、督导妇工、接待宾客之外，还拥有“钥匙权”，掌握了全家重要箱笼与门户。唐代李光进的母亲于娶得媳妇后，就将钥匙交出。宋代赵彦霄跟兄长同居，也把钥匙交给他嫂嫂。《红楼梦》中的凤姐也是钥匙的保管人。钥匙象征著家务的独立处分权。在实际事务的执行上，所谓“三从”并不是绝对的。在这点上，礼制的主张跟社会实情有相当距离。[1]

妇女掌握家庭的“钥匙权”，实际上就是控制了家庭的经济大权，掌握了家政事务的决策权。家道之兴衰，很大程度上取决于妻子持家的水平和能力。因此，妻子在家庭中的地位，绝不是一个旁观者，而是一个事实上的总管身份，在普通百姓家庭中尤其如此。[2]“礼制的主张跟社会实情有相当距离”，刘增贵的这个提示，值得我们在研究传统社会妇女在家庭的地位时特别注意。

所以，在传统社会的一般家庭中，丈夫虽然是权威，表面上看来，其权力和地位亦是至高无上的，但是，实际掌管家庭，作为家庭成员之核心的，则是妻子。在一个不和谐的家庭中，子女往往站在母亲一边。母亲可以操纵子女对抗其父亲，父亲却没有能力将子女团结起来

[1] 刘增贵：《琴瑟和鸣——历代婚礼》，见刘岱主编《中国文化新论·宗教礼俗篇·敬天与亲人》第 452 页，生活·读书·新知三联书店 1992 年版。

[2] 赵浴沛《两汉家庭内部关系及相关问题研究》说：“一般而言，我们在王侯贵族家庭的夫妇关系中，看不到女性在家庭生活中有什么权力，而普通百姓家庭中女性的地位比较高。”（第 162 页，湖北人民出版社 2006 年版）这说明礼教对贵族家庭的影响大于普通百姓家庭。

反对他们的母亲。父亲在家庭中往往是孤立无援的，亦是无能为力的。他只有表象上的权威地位，却无管理家庭、操纵家庭成员的实际能力。乐国安等学者通过对晋中建都村的家庭人际关系的调查研究，发现了类似的情况，其云：

> 在建都村，“夫为妻纲”的传统在近五十年内似乎是失败的，家庭中的很多大权掌握在妻子手中，尽管丈夫在家里是不做家务的，但同时也失去了财政主管和独立决策重大事件的权力。在我们访谈20余户的过程中，大多数都是女主人热情接待，口齿伶俐地回答问题且对问题进行扩展，即使与自己无关的问题也要插上几句。而男主人则悠闲地坐在一旁或是抽烟，只有问到有关自己的问题才回答。[1]

作为一个内陆传统村落，建都村的家庭人伦关系之现状，是有代表性的。实际上，“夫为妻纲”的传统不仅在近五十年内是失败的，甚至在整个中国传统社会，亦只是停留在道德家的观念中，并未得到完全的实施。因此，准确地说，在家庭生活中，不是男尊女卑，而是女尊男卑。

其次，民间文学最能反映世俗社会真正奉行的思想观念，因此，考察世俗社会的男女尊卑观念，民间文学是一个值得特别珍视的文本依据。作者发现，民间文学中的“巧女故事”，就突出地体现了妇女在民间社会家庭中的实际地位，与传统道德家在高文典册里发表的男尊女卑观念，截然不同。

在“巧女故事”中，妇女被描绘成女强人，她以超出常人的智慧和能力，解决人生中的种种难题，克服生活中的重重困难，其智慧和

[1] 乐国安：《当代中国人际关系研究》第336页，南开大学出版社2002年版。

能力，往往是在与身为丈夫或情人的男子之对比中展示出来的。所以，在“巧女故事”中，与智慧、能干和勇敢的巧女相对照的，是男子的愚笨、无能和软弱。如赵景深在《中国的吉诃德先生》一文中，通过对“东方呆丈夫”和“西方呆老婆”故事的比较研究，指出：“大约西方的呆子大半是老婆，东方的呆子大半是丈夫或男子。”[1] 德裔美籍学者艾伯华（Wolfram Eberhard）通过对中国民间故事的研究，亦发现中国民间社会女性的地位相当地高，他甚至怀疑这是共产党人对民间文学材料的“伪造”。[2] 其实，这种怀疑没有依据，因为中国民间社会妇女地位高的现象，不仅表现在民间故事中，而且亦体现在宋元以来的戏曲、小说中，如《碾玉观音》《白蛇传》等爱情小说，就常常把女性描绘成智慧和能干的强人，这和“巧女故事”一样，展示了民间社会女性的实际生活状态和社会地位。有人认为：古代戏曲、小说中塑造的这种女强人形象，“多半是因为中国社会女性所受的苦难深重，因而更值得同情和表彰的缘故”。[3] 这种解释亦缺乏根据，古代戏曲、小说和民间故事所展示的应是民间社会妇女的实际生活状况。丁乃通通过对中西民间故事的比较研究，就指出：中国民间故事中，女性形象独呈异彩，灼人眼目，赞美女性聪明、丈夫怕老婆的故事特别多，“一般人通常认为中国旧社会传统上是以男性为中心，但若和其他国家比较，就可以知道中国称赞女性聪明的故事特别多。笨妻当然也有，但仅是在跟巧妇对比时才提到。丈夫很少能占上风，而且在家里经常受妻子的管束（1375 的次类型）。1384 型（丈夫寻找三个和妻子一样笨的人）在中国成了 1384*（妻子遇到和丈夫一样笨

---

[1] 赵景深：《民间故事研究》，上海复旦书店 1928 年版。

[2] ［美］艾伯华：《中国民间故事类型·前言》，王燕生、周祖生译，商务印书馆 1999 年版。

[3] 何满子：《中国爱情小说中的两性关系》第 107 页，上海书店出版社 1999 年版。

的人）”。[1] 这与前引赵景深的观点完全一致。

3

从表象上看，在中国传统家庭中，男人是家长，是权威，是家庭的核心，但实际情况并非如此，民间故事和古代戏曲、小说中反映出来的家庭核心和权威是女人，而不是男人。深受传统中国文化之影响，像中国人一样，特重家庭观念的日本人，在家庭生活中，男女社会地位的表面姿态和真实情况之间，亦像传统中国社会一样，存在着极大的差距。荷兰学者伊恩·布鲁玛在《日本文化中的性角色》一书中，就对这种现象做过形象的描述和深刻的分析，他说：

> 我记得在一次晚餐聚会时，外国客人们吃惊地看到那个日本丈夫随意扔下并打碎盛满食物的盘子，坐着一动不动地命令他的妻子迅速打扫干净。
>
> 由于当事人的表演技巧，这幕哑剧毫不奇怪地欺骗了一般的外人。在许多情况下，那位家庭主妇的温顺的外表不过是一位实权在手的厉害母亲的公开面具，而“爸爸”的粗鲁的咆哮后面则隐藏着一位拖住男性特权不放的孤独的男人。奴隶和军士长都是公开的角色，它们与每个人的真正气魄无多大关系。妻子当众尊敬她的丈夫，因为那是社会期望于她的。但她尊重的是丈夫扮演的角色，而不是他本人。至于他们私下的关系如何又另当别论了。

他通过对日本文学的考察，发现日本文学中的父亲形象，“不是荒唐可笑，便是可怜巴巴的孤独的老者，待在一角以酒浇愁。他肯定

[1] ［美］丁乃通：《中国民间故事类型索引》之《前言》第 25 页，中国民间文艺出版社 1986 年版。

从未当过英雄。如果有家庭英雄的话，那便是那位好母亲”。在日本民间文化中，丈夫不但不能享有作为权威家长的荣光，反而常常成为妻儿虐待的对象。伊恩·布鲁玛列举了日本流行的连环画《愚蠢的爹》为例子，该书始终以爹为虐待对象：爹像一只狗一样被锁链拴在一根树桩上，他一说话，他的老婆便踢他的脑袋；他带着满身可怕的烧伤和鲜血淋漓的伤口，蜷缩在他老婆的大脚下。她像一个获胜的猎人踩在他身上，而他的儿子则围着他手舞足蹈，如同发疯的吃人魔鬼。对于这种现象，伊恩·布鲁玛不无困惑地感叹说：

> 在一个往往被（正确地或错误地）称为半封建的国家里，出现这一现象会使人困惑不解。那里严格的等级划分有强盛的军事传统为基础，本应提倡对家长的某种尊敬。然而，即使对大众文化浮光掠影地瞥一眼，也将看到，这套连环画尽管也许有些过分，并不异乎寻常。[1]

日本大众文化中男女社会地位的此种表面姿态和实际情况之间的差距，在传统中国民间社会亦很普遍。作者认为：这是由两国大体相近的传统文化背景所决定的。正像一般的外国人到了日本，看到如伊恩·布鲁玛所描绘的那幅晚餐聚会场景，往往容易被蒙骗，误认为丈夫是家庭的发号施令者，日本家庭中存在着严重的男尊女卑现象。初次深入到传统中国家庭中的外国人，亦容易被这种表象所迷惑，产生类似的误解。作者赞同伊恩·布鲁玛的见解，并认为中国传统家庭与日本一样，“妻子当众尊敬她的丈夫，因为那是社会期望于她的。但她尊重的是丈夫扮演的角色，而不是他本人”。社会期待妻子尊敬、

[1] ［荷］伊恩·布鲁玛：《日本文化中的性角色》第 203 ~ 205 页，张晓凌、季南译，光明日报出版社 1989 年版。

服从她的丈夫，这个期待，准确地说，是男权社会或男人的期待。产生这种期待的背景则可能是妻子不尊敬、不服从丈夫。在期待与对立中，则自然出现妻子尊重“丈夫扮演的角色，而不是他本人”的折中现象。所以，作者认为：传统社会男女的社会地位，有表象、本质之别，有家里、家外之分。从表象上看，是男尊女卑；从本质上看，则是女尊男卑。在家里是女尊男卑；在家外则是男尊女卑。

关于这个问题，作者比较赞同林语堂的观点，他说：“凡较能熟悉中国人民生活者，则尤能确信所谓压迫妇女乃为西方的一种独断的批判，非产生于了解中国生活者之知识。”“实际生活上，女人究并未受男人之压迫。”[1] 事实上，“男尊女卑”观念，当是伦理上的一种序次，一种对天地阴阳观念的比附，与社会地位不同，并不意味着妇女就肯定受压迫。[2] 如班昭《女诫·敬慎》说：“阴阳殊性，男女异行。阳以刚为德，阴以柔为用；男以强为贵，女以弱为美。故鄙谚有云：生男如狼，犹恐其尫；生女如鼠，犹恐其虎。”这是仅就生理、性格特点言男女之别，并无压迫、轻视女性的意义。所以，高罗佩的观点是有借鉴意义的，他说：“虽然儒家认为女比男低，但正如地比天低，这是天经地义的，这种观念绝不意味着他们像中世纪基督教教士那样憎恶女人。”[3]

综上所述，“男尊女卑”是一种理想化的、有时代政治色彩的观念。准确地说，是“五四”时期的激进思想家为着反封建的目的，为着解放思想、解放妇女的目的，而建构起来的一种伦理观念；是古代思想

[1] 林语堂：《吾国与吾民》第128、130页，陕西师范大学出版社2002年版。

[2] 参见罗锦锦《论古代礼教与妇女地位——对妇女史一些问题的辩论》，《中国典籍与文化论丛》二，第226～265页，中华书局1995年版。

[3] ［荷］高罗佩：《中国古代房内考》第83页，李零、郭晓惠等译，上海人民出版社1990年版。

家为着整合家庭秩序，解决家庭权力纷争，而建立起来的一种理想观念。[1] 如果我们把这种理想化的观念或有时代政治色彩的观念，当作现实生活中实际奉行的观念，则是一种错位的理解。

二、传统社会的惧内现象及其发生原因

1

在传统中国社会，男女的尊卑地位有表象和本质之别，有家里和家外之分。在表象上，在公开场合，是男尊女卑，是妻子尊服丈夫；在本质上，在家庭内部，则是女尊男卑，是丈夫服从妻子。在男尊女卑的表象下，在"三从""四德"的礼制教条下，实际生活中呈现出来的则是比较普遍的丈夫惧怕老婆的现象。

所谓"惧内"，即民间所说的怕老婆。"惧内"，又称"季常癖"或"季常之惧"。据《宋史·陈希亮传》载：亮子陈慥，字季常，号方山子，又号龙丘先生，乐于谈佛，喜好宾客，喜蓄声妓，其妻柳氏凶妒异常，陈慥特别惧怕。有一天，陈慥在家中宴会宾朋，苏轼参与其中。当宾主欢悦之时，其妻柳氏持棍敲壁，宾朋惊慌逃遁，苏轼有诗云："龙丘居士亦可怜，谈空说有夜不眠。忽闻河东狮子吼，拄杖落手心茫然。"后世便以"河东狮吼"喻妻子悍妒，以"季常之惧"指丈夫惧内。以"狮吼"喻妻威，甚至戏曲、小说中常有"畏妻如虎"

[1] 季乃礼《三纲六纪与社会整合》说："夫尊妇卑解决了家庭中的权力统一问题，父（母）子关系主要解决了家庭中上下两代人的权力问题。父（母）子关系尊卑明显，但是父（母）子关系却无法解决父母的权力分配问题。这样就有可能导致家庭中的权力分散，从而影响家庭的稳定。而夫妇关系则很好地解决了这个问题：夫尊妇卑，妇要听命于夫。这样整个家庭唯父亲是瞻，权力的统一使家庭趋于稳定。"（第 211 页，中国人民大学出版社 2004 年版）

等说法。在狮、虎猛兽雄风之威慑下，丈夫的地位的确可堪怜悯。

在传统社会，丈夫惧内具有相当的普遍性，甚或如蒲松龄所说：“惧内，天下之通病也。”[1]上至王公贵族，下到平民百姓，勇猛如刺客侠少，文雅如书生才子，都不免有此通病。如封建帝王，作为天下的最高统治者，亦不免惧内之通病。不然，历史上屡见不鲜的外戚干政和皇后临朝事件，就不能得到正确的解释，亦无法理解一个卑弱的女人何以能够成为亡国灭族的“祸水”。如据《吴越春秋》载：

> 专诸者，堂邑人也。伍胥之亡楚如吴时，遇之于途。专诸方与人斗，将就敌，其怒有万人之气，甚不可当，其妻一呼即还。子胥怪而问其状：“何夫子之盛怒也，闻一女子之声而折还，宁有说乎？”专诸曰：“子观吾之仪，宁类愚者也？何言之鄙也！夫屈一人之下，必伸万人之上。”

勇武如刺客专诸，当“其怒有万人之气”时，闻一女子之声而气馁如是，若谓此非为惧内，则不得其解。意味深长的是，专诸并不以惧内为耻，不以惧内为愚者所为。他批评嘲弄惧内者之言为“鄙”，认为惧内是男子的美德，能达到“屈一人之下，必伸万人之上”的目的。与此类似的，是关于苏格拉底惧内的故事。据说，苏格拉底的太太辛太普是个凶残的泼妇，她经常殴打苏格拉底。在双方发生口角时，她不仅用污水泼他，还当众剥下他的衣服。平时亦喋喋不休，说话尖酸刻薄。友人问苏格拉底：“你为什么不教训辛太普这样一个世间最没有教养的女人，而却心甘情愿忍气吞声地做她的丈夫呢？”苏格拉底幽默地回答说：“因为我要了解人类。我选她做妻子时自有意图。如果我能忍受这样一个女人，岂不可以容忍天下所有的人了么？”苏

[1] 《聊斋志异》卷六《马介甫》“异史氏曰”。

格拉底的回答，与专诸的观点如出一辙。这是很值得注意的观点，它说明惧内非仅是男人的软弱，男人惧内有其存在的必要性和重要性（详后）。颜之推在《颜氏家训·序致篇》中说：

> 禁童子之暴谑，则师友之诫，不如傅婢之指挥。止凡人之斗阋，则尧舜之道，不如寡妻之诲谕。吾望此书为汝曹之所信，犹贤于傅婢寡妻耳。

对于男子来说，“师友之诫”和“尧舜之道”，不如“傅婢之指挥”和“寡妻之诲谕”，这固有如孔子所谓“吾未见好德如好色”的缘故。然而，这里亦隐约地表现出男子对女子的某种诚服心理，或者说是男子的惧内心理。名高如尧舜，尊严如师长，其“道”与“诫”之作用于人心者，往往是表面上的。让男子心悦诚服并进而循规蹈矩者，是女性，特别是妻子。男人的惧内，于此斑斑可见。

传统社会男子惧内的普遍现象，在民间故事中亦有充分的反映。丁乃通就发现，在中国民间故事中，赞美女性聪明，描绘丈夫怕老婆的故事特别多。[1] 比如，灰姑娘型故事就体现了这种惧内现象。在灰姑娘型故事中，有一个类型化的情节：灰姑娘幼年丧母，后母来到家中，生了自己的女儿，灰姑娘受尽了后母的虐待，而灰姑娘的父亲，或者只出现在故事的开头，或者根本不知道灰姑娘被虐待的事情，更常见的情况则是助纣为虐，伙同后母虐待自己的亲生女儿。灰姑娘的父亲之所以助纣为虐，伙同后母虐待自己的亲生女儿。作者认为：这与灰姑娘父亲的惧内有关，因惧内而不惜手刃父女亲情。这种现象，在古代中国的历史文献中亦时有可见，如舜的父亲伙同后妻后子数次迫害

[1] ［美］丁乃通：《中国民间故事类型索引》之《导言》第25页，中国民间文艺出版社1986年版。

舜，并欲置之于死地的故事，就是其中一个最有名的例子。这种因惧内而手刃父子亲情的现象，亦受到学者的关注，如颜之推《颜氏家训·后娶篇》说："凡庸之性，后夫多宠前夫之孤，后妻必虐前妻之子。"后妻敢于虐待前妻之子，忽视丈夫与前妻之子的血缘亲情，说明在新组成的家庭中，妻子的地位是至高无上的，她敢于忽略丈夫的情感而为所欲为；丈夫不痛惜自己的亲生子女，反而宠爱非亲生的"前夫之孤"，这说明丈夫在新家庭中的卑弱地位，及其对后妻的迁就；牺牲父子亲情而迁就后妻，并进而宠爱"前夫之孤"，亦体现了丈夫无奈的惧内心理。所以，宋人袁采在《袁氏世范·睦亲篇》中说：

> 凡人之子，性行不相违，有后母者，独不为父所喜。父无正室，而有宠婢，亦然。此固父之昵于私爱。

"昵于私爱"固然是其主要原因，但更准确地说，是由男人的惧内所致。

男人惧内，在宋元以来的戏曲、小说中亦多有体现，其中最为人熟知者，当数蒲松龄《聊斋志异》中的《马介甫》和《江城》二篇。《马介甫》中的杨万石，畏妻如虎，其弟、其父亦是闻声丧胆。他常是"长跽床上"，或被"操鞭逐出"，其弟被迫投井自杀，其父亦往往被"批颊摘须"。后得好友马介甫之助，服下"丈夫再造散"，着实威风了一阵。但药力过后，又软弱惧内如故。《江城》中的高蕃，亦是畏妻若虎若狼，常被妻子"挞逐出户"，批颊刮脸，"如犴狴中人，仰狱吏之尊也"，"其初，长跪犹可解；渐至屈膝无灵，而丈夫益苦矣"。后得老叟授法，方解被虐之苦。世俗生活中惧内的男人，虽然未必皆如杨万石、高蕃这般，被折磨得生不如死，但是，我们认为，在传统社会，男人或轻或重都有惧内之行迹，则是符合实情的。蒲松龄尝作《妙音经》之《续言》，描述丈夫惧内之行迹，可谓有感而发，曲尽其实。其云：

> 窃以天道化生万物，重赖坤成；男儿志在四方，尤须内助。同甘独苦，劳尔十月呻吟；就湿移干，苦矣三年嚬笑。此顾宗而动念，君子所以有伉俪之求；瞻井臼而怀思，古人所以有鱼水之爱也。第阴教之旗帜日立，遂乾纲之体统无存。始有不逊之声，或大施而小报；继则如宾之敬，竟有往而无来。只缘儿女深情，遂使英雄短气。床上夜叉坐，任金刚亦须低眉；釜底毒烟生，即铁汉无能强项。秋砧之杵可掬，不捣月夜之衣；麻姑之爪能搔，轻拭莲花之面。小受大走，直将代孟母投梭；妇唱夫随，翻欲起周婆制礼。婆娑跳掷，停观满道行人；嘲哳鸣嘶，扑落一群娇鸟。恶乎哉！呼天吁地，忽尔披发向银床。丑矣乎！转目摇头，猥欲投缳延玉颈。当是时也，地下已多碎胆，天外更有惊魂。北宫黝未必不逃，孟施舍焉能无惧？将军气同雷电，一入中庭，顿归无何有之乡；大人面若冰霜，比到寝门，遂有不可问之处。岂果脂粉之气，不势而威？胡乃肮脏之身，不寒而栗？[1]

蒲氏之言，虽不无夸张，但古今文献言男人惧内之深且切者，的确无过此篇。

2

男人惧内是传统社会的一种普遍现象。可是，自“五四”以来，以反传统礼教为己任的激进思想者，不仅把数千年中国妇女的卑贱地位大大地夸张了，而且亦完全忽视了传统社会男人惧内的普遍现象。导致此种思想格局之原因有二：一是激进思想者所据以立论之材料，

[1] 《聊斋志异》卷六《马介甫》。

是古代思想家、道德家的高文典册，未能对古代民间社会男女的真实生活状态做认真的调查研究，故其所述是表象而非实质。二是激进思想者为证成已说，为思想解放运动之需要，往往对那些不利于论证男尊女卑论点之史料，或视而不见，或略而不论。男人惧内之行为与激进思想者深恶痛绝的男尊女卑现象，可谓格格不入。故深恶男尊女卑传统的激进思想者，于男人惧内行为之普遍性，或视而不见，或曲为之说。如聂绀弩撰《论怕老婆》一文，认为男人怕老婆是假象，老婆怕男人即男尊女卑才是实情，他说："怕老婆者，一般的即是怕老公的反常现象也。也许包括真怕老婆者在内，主要的只是指未叫老婆怕而已。"在他看来，"怕老婆不一定是真怕老婆"，有以敬爱老婆为怕老婆的，有以失掉偷情纳宠的自由为怕老婆的，有以不屑与老婆计较为怕老婆的，有仗老婆而升官发财如驸马都尉、豪门赘婿之类的怕老婆者。所以，他认为：世上没有真怕老婆的人，如果有，"恐怕多少都具有武大郎或者别种缺点"。[1] 聂绀弩之论，虽然不乏杂文家之犀利与雄辩，但是亦少学问家之严谨。故其所言，虽然大快人心，但是亦不无偏激之处。

接下来，我们要讨论的是，七尺须眉男儿为何或轻或重都不免于惧内？或者以为女子之嫉妒是男子惧内之根源，因为男人朝三暮四，寻花问柳，娶妾纳宠，必遭女子之嫉妒，故男子为了取得妻子之宽容而迁就于她。此说亦有不通之处，一方面，大多数惧内的男人并无问柳娶妾之事；另一方面，就体力言，男强于女，男子如《聊斋》中的杨万石、高蕃，为何强忍悍妻之刮脸批颊而不还手反击？再说，古代男人有提出离婚的优先权，为何大多数惧内的男人，宁可强忍不平之

[1] 小琪、春琳编《怕老婆的哲学——文人笔下的男女与情爱》第 327 ~ 330 页，群言出版社 1993 年版。

气，而不施“七出”之权？或者以为男人惧内是因为依恋妻子的情色，其实，在古代社会，男人的性生活比较开放自由，并且性事之高峰体验往往是在青楼楚馆，而不是在闺房绣榻，妻子并不是男人情感体验或情欲宣泄的最佳对象。因为古代夫妻关系的成立，并不是因为爱情或性诱惑，而是“父母之命，媒妁之言”。所以，男人之惧内，既与女子之嫉妒关系不大，亦与男人对妻子的情色依恋无关。或者以为男人惧内，与礼教尚未大力弘扬或礼教的松弛有关。其实，这亦是经不起推敲的观点。固然，在隋唐时期，礼教尚未大力发扬，“夫为妻纲”的礼教观念并未十分严格地控制人们的生活，故而其时男人惧内竟成一时风气，如段成式《酉阳杂俎》前集卷八说：“大历以前，士大夫之妻多妒悍者。”如隋文帝受制于独孤皇后，私生活受到严格限制，几个儿子都是一母所生，甚至召幸一位宫女都受到独孤皇后的干涉，这在古代帝王中并不多见。唐高宗受制于武则天。唐中宗更以“怕妇”著称，以至伶人当面调侃道：“回波尔如栲栳，怕妇也是大好。外边只有裴谈，内里无过李老。”[1]大臣中以惧内著名者有任瓌、裴谈、阮嵩等人。但是，宋元以来，礼教已经大力发扬，“夫为妻纲”之观念已经产生了深入人心的影响，而惧内现象仍然非常普遍。除陈慥之妻柳氏有著名的“河东狮吼”外。学者沈括亦受妻子的虐待，常被妻子打骂，甚至被拔掉胡须。宋人陶谷《清异录》、洪迈《夷坚志》等笔记小说记载了不少此类夫弱妻强、丈夫畏妻如畏虎的事例，颇为引人注目。[2]而明清时期的丈夫惧内事例，就更是不胜枚举。因此，作者认为：丈夫惧内，与礼教尚未大力弘扬无关，与礼教的松弛无关。它根本就是传统中国男人的一种基本品性。这种品性的形成，与女性

[1] 孟棨：《本事诗》，见《历代诗话续编》，中华书局 1959 年版。

[2] 参见闵家胤主编、中国伙伴关系研究小组著《阳刚与阴柔的变奏——两性关系和社会模式》第 220 ~ 222 页，中国社会科学出版社 1995 年版。

貌似柔弱而实则坚强的特点有关，应该从传统中国男人特有的家国意识上去寻找原因。

首先，在传统中国，女性以柔弱为美，以敬顺为德。但是，柔弱并不等于软弱无力，敬顺并不等于绝对服从。事实上，女性正是因为柔弱、敬顺而能以柔克刚、无往不利。女性貌似柔弱而实则坚强，这种性别特点，与老子所谓的“道”的特性甚为近似。

在老子哲学中，“道”产生万物、养育万物，是万物的生命之源。但“道”在万物面前又是一个弱者形象，它虽有逞强于万物的资本而不逞其强，反而以弱者之姿态呈现。“反者道之动，弱者道之用”[1]，柔弱是“道”的基本特征。“物壮则老，谓之不道，不道早已”[2]，“道”与强壮是相悖的。但是，柔弱并不等于无力，而是含孕着有力，所谓“天下之至柔，驰骋天下之至坚”[3]是也。因此，老子说：“天下柔弱莫过于水，而攻坚，强莫之能先，其无以易之。故弱胜强，柔胜刚，天下莫能知，莫能行。”[4]“故坚强者死之徒，柔弱者生之徒。”“故坚强处下，柔弱处上。”[5]所以，“道”之力量来自于它的柔弱而不是强大，“道”有貌似柔弱而实则坚强的特点。

女人似道。据说，老子的“道”具有非常女性化的特点，“道”形象就是女性化的形象。老子对“道”的“生生”之德的赞美，对“道”之柔弱和虚静特点的赞美，就是对女性之德的赞美。[6]所以，女人如“道”，以柔弱为美。女人像“道”一样，具有貌似柔弱而实则坚强

---

[1] 《老子》第四十章。

[2] 《老子》第五十五章。

[3] 《老子》第四十三章。

[4] 《老子》第七十八章。

[5] 《老子》第七十六章。

[6] 参见樊美筠《中国传统美学的当代阐释》第 102 页，北京大学出版社 2006 年版。

的特点。女人之于男人，正像老子所说，是“柔胜刚，弱胜强”[1]。表面刚强的男人，敌不过貌似柔弱的女人，这是符合老子的辩证法的，当然亦是男人的宿命。

其次，如上节所述，妻子负责家内事务，掌管“钥匙权”，主持家政，家庭中一切大小事务由妻子统筹安排，家庭内的劳作安排和利益分配的决定权往往掌握在妻子手里。妻子在家庭中是实质上的核心和权威，子女多半都自动团结在她的周围。在家庭中，丈夫是卑弱的，亦是无能为力的。他不仅要顺从妻子，有时还得迁就子女，因为他取得子女的信任和喜爱，往往还要妻子从中撮合。因此，在家庭内部，是女尊男卑，丈夫必须服从妻子，以惧内之心理和行为来维持家庭的现存状态。除非你有勇气抛妻离子，背井离乡，独自浪游天下，否则你将永远无法摆脱惧内之生存处境。甚至推翻旧家庭建立新家庭亦无济于事，因为新家庭的存在，亦仍然要以男人的惧内为前提。

对于一个传统中国男人来说，家庭必不可少，至关重要。没有家的男人，或者家庭残缺不全、飘飘欲坠的男人，其人生是不成功的。不到万不得已的情况，他们不会抛妻离子，背井离乡。即便背井离乡，他们心灵深处最牵挂的是家，并且尽可能营计着早日回家，尽可能盘算着多待在家中，以享受天伦之乐。这种极强的家庭观念，是在独特的家国意识之影响下形成的。在古代中国人的观念中，国之本在家，国家是一系列家族的集合体，国的统一和稳定端赖于家的团结与祥和。所以，欲治国平天下者，首先必须齐家，或者说，欲成为一个合格的政治家，首先必须成为一个合格的家长。齐家是治国平天下的基础和前提。一个男人，若能通过自己的努力使家庭祥和稳定，亦算是尽了治国平天下的责任。因此，作为统治者，便要带头齐家，鼓励和训导

[1] 《老子》第三十六章。

民众尽力齐家；作为普通民众，更要以齐家为职责，以爱家护家为主要工作。家是什么？女性的代名词也。一个男人，在结婚以前，母亲就代表家，没有母亲的家庭是散乱不堪的，随时都有分崩离析的可能；结婚以后，妻子就代表家，民间称男女结婚为“成家”，《诗经》里称男女婚娶为“宜室宜家”，说明没有妻子就不成其为家。传统中国男人的重家观念，不妨说是重妻观念。重家者必重妻，甚至敬妻畏妻。因为妻代表家，你若不敬惧她，就会发生家庭矛盾，动摇家庭的根基；你如果想推翻她，家亦就不存在了。所以，作者认为：男人惧内，即为重家，惧内是为了维持家庭的现存秩序，是为了齐家，以便进一步实现治国平天下的政治目的，此专诸所谓“屈一人之下，必伸万人之上”的真实含义。

从这个意义上看，惧内与其说是男人的缺点，毋宁说是传统中国男人的美德。实际上，只有知书识礼、对家庭社会有极强责任心的男人，才惧内。并且，责任心的强弱和惧内程度之深浅往往成正比关系。李宗吾曾著《怕老婆的哲学》一文，力倡男人惧内，认为“古时的文化，建筑在孝字上”，“今后的文化，应当建筑在怕字上”。李文虽然诙谐幽默，不无夸张，但它提出的下列观点，如“怕老婆这件事，不但要高人逸士才做得来，并且要英雄豪杰才做得来”，“官之越大者，怕老婆之程度越深，几乎成为正比例”，“非读书明理之士，不知道忠孝。同时非读书明理之士，不知道怕。乡间小民，往往将其妻生捶死打，其人率皆蠢蠢如鹿豕，是其明证”，[1] 确是极有理据的真知灼见。

[1] 小琪、春琳编《怕老婆的哲学——文人笔下的男女与情爱》第 117 ~ 118 页，群言出版社 1993 年版。

三、惧内与正内

1

因为中国古人独特的家国意识和极强的家庭观念，因为妻子在家庭中的特殊地位，致使惧内成为传统中国男人的一种普遍行为。作者认为：男人惧内，是为齐家，是为治国平天下。惧内的男人，多半知书识礼，于国于家皆有极强的责任心。惧内是传统中国男人的美德。但是，男人惧内之结果，亦未可一概而论。因为男人惧内，既可能齐家，亦可能败家。男人惧内，服从妻子对家庭的统筹安排，甚至隐忍妻子某些无伤大局的缺点，以维持和谐的家庭秩序，此之谓齐家，这是惧内的积极意义所在。男人惧内，唯妻子之马首是瞻，唯妻子之言论是从，听任妻子离间兄弟，残贼骨肉，结果导致父子反目，兄弟成仇，酿成亡家之恨，这是惧内之消极意义所在。惧内之积极意义一面，上已详述。兹就其消极意义一面，略为申述之。

惧内之积极意义的实现，在于夫妻双方能够在行为上保持一个适当的度。丈夫惧内，并非不问是非，言听计从；妻子主持家政，并非残暴的专制。丈夫既能惧内又能“正内”，双方皆遵循理性，保持适度，其积极意义方能昭显。然而，凡庸之性，非此即彼，往往失去理性而走向极端，常常因惧内而不能“正内”，如杨万石、高蕃，畏妻如虎如狼；如尹氏、樊江城，御夫如奴如仆，则必然导致家庭悲剧，致使妻离子散，家道中落。由此，惧内亦就不再是男人的美德，女人亦就成了“祸水”。

历史上众多家庭悲剧的发生和王朝政权的衰替，多半是由于丈夫软弱、妻子骄悍所造成。这正如环碧主人《醒世姻缘传·弁语》所说：

> 五伦有君臣、父子、兄弟、朋友，而夫妇处其中，俱应合重。但从古到今，能得几个忠臣？能得几个孝子？又能得几个相敬相爱的兄弟？几个志同道合的朋友？倒只恩恩爱爱的夫妻比比皆是。约那不做忠臣，不做孝子，成不得好兄弟，做不来好朋友，都为溺在夫妇一伦去了。[1]

男人因为沉溺于夫妇之爱，由于惧内，唯妻子之言计是听是从，不但做不了忠臣孝子，亦当不了好兄弟好朋友。因此，西周生在《姻缘传·引起》中，感于“中人的性格，别人说话不肯依，老婆解劝偏肯信，挑一挑消固能起火，按一按亦自冰消”的夫妇相处之隐情，认为孟子所谓人生“三乐”（即“父母俱存，兄弟无故”“仰不愧于天，俯不怍于人”和“得天下英才而教育之”）之实现，当以得“贤德妻房”为前提，他说：

> 依我议论，还得再添一乐（引者按：即“贤德妻房”），居于那三乐之前，方可成就那三乐的事。若不添此一乐，总然父母俱存，搅乱的那父母生不如死；总然兄弟目下无故，将来毕竟成了仇雠；也做不得那仰不愧天俯不怍人的品格，也教育不得那天下的英才。[2]

所以，封建道德家为了维持人伦秩序，特别强调“齐家”和“正内”，尤其是站在男性的立场，强调男尊女卑，提倡妇德，预防妻子骄悍强横，离间骨肉，乱家亡国。如《易·家人卦》说：“《家人》，利女贞。”“女贞”则“家人利”，故《彖》辞云：“家人女正位乎内，男正位乎外，男女正，天地之大义也。”程颐《传》说：“家人之道，利在女正，女正则家道正矣。夫夫妇妇而家道正，独云利女贞者，夫

[1] 《醒世姻缘传》书首，人民中国出版社 1993 年版。

[2] 《醒世姻缘传》书首，人民中国出版社 1993 年版。

正者身正也，女正者家正也，女正则男正可知矣。”朱熹《大义》亦云：“家人利女贞者，欲先正乎内也，内正则外无不正矣。”

“齐家”以“正内”为首务，其原因有三：其一，妻子为家政之主持者，是家庭中实质上的最高统治者，上梁不正下梁歪，妻正则整个家庭成员皆趋于正，故“正内”即可“齐家”。此即程颐《传》所谓“女正则男正”“女正者家正”。其二，惧内是男人之通病，故在家庭中妻子的权力往往处于无限制、无监督的境地。男人惧内，往往唯妻子之言计是听是从，结果必然出现妻子滥用权力的现象，“正内”即是对妻子使用权力的规范和制约。其三，喜欢闲言碎语，说三道四，是妇女的一般特点，如《诗经·瞻卬》所说：“妇有长舌，惟厉之阶。乱匪降自天，生自妇人。”许多家庭悲剧的发生，如父子反目、兄弟成仇、妯娌怨忿，皆由妇女之闲言碎语所致。所以，“齐家”必须首先“正内”。

适度的惧内与“正内”并不矛盾。适度的惧内是为了“齐家”，“正内”亦是为了“齐家”。在传统社会，衡量一个男子是否具备治国平天下的才能，看看他的“正内”能力，就能预知。据《史记·五帝本纪》载：

> 尧乃以二女妻舜，以观其内；使九男与处，以观其外。舜居妫汭，内行弥谨。尧二女不敢以贵骄事舜亲戚，甚有妇道。尧九男皆益笃。

尧为了考察舜是否具备治国平天下的才能，便先将二女许配于他，以考察他是否有“正内”的能力。能“正内”者，方能“齐家”；能“齐家”者，方能“治国平天下”。正因为舜能使二妇“甚有妇道”，使九男“皆益笃”，可见其有“正内”“齐家”之本领，故尧才将天下禅让于他。

但是，世间凡人，往往因惧内而失去立场和理性，唯妻子之言计是听是从，结果酿成家庭悲剧，有的甚至被罢职免官。因此，在古代中国，或有公开张扬不以惧内为耻者如专诸。但在“夫为妻纲”已成为士大夫公认的伦理准则之背景下，过分的惧内还是被视为士大夫的一种缺点，历史上就不乏因惧内而被免官的例子。如，据张鹭《朝野佥载》卷四记载：贞观年间，桂阳县令阮嵩的妻子阎氏极为悍妒，一次阮嵩在家与客人饮酒，召女奴侑酒歌唱，其妻阎氏得知，披头散发，赤臂光脚，持刀冲至席前，吓跑了客人和女奴，阮嵩亦吓得躲到了床下。此事传开后，上司在考察官吏时，给他这样一个评价：“妇强夫弱，内刚外柔。一妻不能禁，百姓如何整肃？妻既礼教不修，夫又精神何在？”结果评为下等，被免去官职。另外，据张端义《贵耳集》记载：宋朝高官吕正巳之妻“严毅不可当”，一次吕正巳召友人于家饮酒，友人召姬妾侍酒，吕妻竟然爬到墙头上破口大骂。皇帝得知此事，就罢免了吕正巳的官职。阮、吕二氏被免官，就是由于他们不能“正内”，不能“齐家”。

因此，古代道德家一再警告男人要“正内”，要保持理性，要谨防妻子离间骨肉，分离兄弟。如西汉匡衡说：

> 臣又闻室家之道修，则天下之理得，故《诗》始国风，《礼》本冠婚。始乎国风，原性情而明人伦也。本乎冠婚，正基兆而防未然也。福之兴，莫不本乎室家，道之衰，莫不始乎内。故圣王必慎妃后之际，别嫡长之位。[1]

以“室家之道”为“天下之理”的根本，此与《易传》所谓“君子之道造端乎夫妇”同理。以为“福之兴，莫不本乎室家”，可见古人对“正

[1] 《汉书·匡衡传》。

内”于“齐家”致福之重要性的认识。颜之推《颜氏家训·兄弟篇》说：

兄弟者，分形连气之人也。方其幼也，父母左提右挈，前襟后裾，食则同案，衣则传服，学则连业，游则共方。虽有悖乱之人，不能不相爱也。及其壮也，各妻其妻，各子其子，虽有笃厚之人，不能不少衰也。娣姒之比兄弟，则疏薄矣；今使疏薄之人，而节量亲厚之恩，犹方底而圆盖，必不合矣。惟友悌深至，不为旁人之所移者，免夫！……兄弟之际，异于他人，望深则易怨，地亲则易弭。譬犹居室，一穴则塞之，一隙则涂之，则无颓毁之虑；如雀鼠之不恤，风雨之不防，壁陷楹沦，无可救矣。仆妾之为雀鼠，妻子之为风雨，甚哉！

颜之推以妻子为“旁人”，为“疏薄之人”，此实本于传统婚姻观念之偏见，然其论娣姒离间兄弟，以风雨之侵蚀房屋比喻妻子之分离兄弟，可谓深切著明，极近情理，非有切肤之体验者，不能道及此。又柳开《家诫》说：

皇考训戒曰：人家兄弟无不义者，尽因娶妇入门，异姓相聚，争长竞短，渐渍日闻，偏爱私藏，以至背戾，分门割户，患若贼雠，皆汝妇人所作。男子刚肠者，几人能不为妇人言所惑，吾见多矣。

妻子离间兄弟骨肉，确为古今家庭中常见之事。古今道德家于此，除了劝诫男人“不为妇人言所惑”外，亦无可奈何。妇人之为“风雨”，不但离间兄弟，而且还可能分离骨肉，传统民间社会后妇虐待前妻之子，离间父子（女）亲情者，屡见不鲜，而道德家一再劝诫男人慎后娶，其原因亦在于此。

2

室家之衰，缘自妇人；天下之乱，起于后宫。历史上许多王朝的更替和政权的旁落，皆缘于后宫之妇人，这就是封建道德家一再宣扬的“红颜祸水论”。“红颜祸水论”源远流长，《尚书·夏书》所载《五子之歌》，已对君王发出“内作色荒”的警告。所谓“内作色荒”，即在闺房内为美色所迷惑而荒废国政，这当是最早的“红颜祸水论”。在《诗经》时代，红颜误国已成定论，如《小雅·正月》曰：“赫赫宗周，褒姒灭之。”《大雅·瞻卬》曰：“哲夫成城，哲妇倾城。懿厥哲妇，为枭为鸱。妇有长舌，维厉之阶。乱匪降自天，生自妇人。”佛教传入中国，对“红颜祸水论”的流传起着推波助澜的作用。佛教主张禁欲，强调色戒，认为女人“不净”，是“祸水”。如《智度论》说：“菩萨观欲种种不净，于诸衰中女衰最重，火、刀、雷、电、霹雳、怨家、毒蛇之属犹可暂近，女人悭、瞋、谄、妖、秽、斗净、贪嫉不可亲近。”《增一阿含经》说：“莫与女交通，亦莫共言语。有能远离者，则离于八难。”《优填王经》说：“女人为最恶，难与为因缘。恩爱一傅著，牵人入罪门。”所以，说女人善妒，说女人是祸水，说女人是狐狸精，说女人“不净”，皆是六朝以来佛教大行其道之后，才流传开来的。

事实上，说女人是“祸水”，女人未必同意，如五代十国时后蜀国主孟昶的爱妾花蕊夫人诗曰：

君主城头竖降旗，妾在深宫那得知。
三十万人齐解甲，宁无一人是男儿。

把天下败亡的责任完全归咎于女子，就像把家庭分裂的责任完全归咎于妻妇一样，确实有失公正。但是，历史生活中呈现出来的事实，是单靠意气或激情无法回避的。就像一个成功的男人后面往往站着一个聪明能干的贤内助一样；一个败国亡家的君王后面，亦常常站着一个骄淫放荡的女人，如夏桀之于末喜，商纣王之于妲己，周幽王之于褒姒，陈后主之于张爱妃、孔贵人，唐高宗之于武则天，唐玄宗之于杨贵妃，等等。这当然不是偶然的巧合，其中必有某种必然的因素存在。作者认为，这种必然的因素，就是女人以色相迷惑君主，离间君臣，荒乱国政，结果导致了国家的败亡。所以，片面地讲“女人祸水”当然不可靠，认为国家之败亡与女人无关，亦缺乏依据。不然，中国历史上层出不穷的外戚辅政和女后临朝的历史事件，就不能获得圆满的解释。

女性对男人的影响力不容低估，小至家庭，大到国家，无不如此。如古罗马时期，来罗马帝国求和的异邦人，从来不会忘记为罗马城的妇女带来一份厚礼，因为他们相信女人的仁慈之心和对男人的影响力。宋人卓田《题苏小楼》诗云：

> 丈夫只手把吴钩，能断万人头。
> 因何铁石打肝凿胆，划为花柔。
> 君看项籍与刘季，一怒世人愁。
> 只因撞着虞姬戚氏，豪气都休。

“铁石打肝凿胆”的刘邦、项羽，虽有“断万人头”的勇气，但因“撞着虞姬戚氏”，而“豪气都休”，而“划为花柔”。女人于男人之影响力，于兹可见。又如张燧《千百年眼》卷四《虞美人、戚姬》说：

宋郑叔友论刘、项曰：项王有吞岳意气，咸阳三月火，骸骨乱如麻，哭声惨怛，天日眉容不敛，是必铁作心肠者。然当垓下决别之际，宝区血庙，了不经意，唯眷眷一妇人，悲歌怅饮，情不自禁。高帝非天人与？能决意于太公、吕后，而不能决意于戚夫人。杯羹可分，则笑谩自若，羽翼已成，则唏虚不止。乃知尤物移人，虽大智大勇者而不能免，况其下者乎？夏君宪曰：如此情景，正是大智大勇做的。道学先生又着几般嘴脸谩过去矣，不然，则所谓“最不及情者”也。

项羽于“宝区血庙”了不经意，于虞姬则“情不自禁”；刘邦能绝意于太公、吕后，而于宠幸之戚夫人，则眷眷不已，可见女性对男人之影响力的确不容低估。柳开《家诫》说：“男子刚肠者，几人能不为妇人言所惑。”所以，“尤物移人，虽大智大勇者而不能免”。吴伟业《圆圆曲》所谓“痛哭六军皆缟素，冲冠一怒为红颜”，“妻子岂应关大计？英雄无奈是多情”，亦说明红颜对男性的巨大影响力。另外，莎士比亚《安东尼与克莉奥佩特拉》中亦有一段类似的感慨：

嘿，咱们的主帅这样迷恋，真太不成话啦。从前他指挥大军的时候，他的英勇的眼睛像全身盔甲的战神一样发出棱棱威光，现在却如醉如痴地尽是盯在一张黄褐色的脸上。他的大将的雄心曾经在激烈的鏖战中涨断了胸前的扣带，现在却失掉了一切常态，甘愿做一具风扇，扇凉一个吉卜赛女人的欲望。

拿破仑亦说：“多少男子的犯罪，只为他们对于女人示弱之故。”此言虽不无偏激，但亦颇近情理。其实，这亦体现了男子的矛盾心理或不稳定立场。对于男人来说，女人是不可须臾或缺的情感和欲望的寄托之物，同时又痛斥此寄托之物迷人心志，可谓既恋之又惧之，既爱之又恨之。“夫有尤物，足以移人。苟非德义，则女有祸。”《莺莺传》中张生为己辩护说：“大凡天之所命尤物，不妖其身，必妖其人。……予德不足以胜妖孽，是用补情。”正是这种矛盾心理的坦陈。

古代中国的道德家以女人为祸水，在西方基督教和犹太教的神话传说中，将女人视为男人身上的一个器官，亦以女人为罪恶之源。比如，在伊甸园里，夏娃不听上帝的劝告，在蛇的诱惑下，偷吃了善恶之树上的果子，并拉丈夫下水，这样，夏娃便成了祸水，成为人类失乐园的罪魁祸首。因此，宗教家认为，在人类被放逐之后，要想重新回到乐园，禁欲是必修的功课，目的就是为了防备女人再次葬送人类的幸福。这个传说所隐喻的亦是“女人祸水论”。

作者认为：女人之所以成为祸水，在于男子的惧内，在于男子因惧内而不能正内。

第四章　女人是水做的骨肉：传统中国人的女性美观念

讨论传统中国人的女性美观念，首先应当对“女性审美”“女性人体审美”和“女性美”三个概念进行界定。所谓“女性审美”，是指女性作为审美主体，以女性的眼光对审美对象所作的评价和观照。“女性人体审美”，是指人类（包括男性和女性）对女性身体如形体、肤色、体态、动作等方面的审美感知。“女性美”是指人类（包括男性和女性）对女性身体与精神、肉与灵的综合性的审美感知。相对而言，“女性人体审美”侧重于女性外在的形体或体态，相当于我们通常所说的“漂亮”与否之类的评述。“女性美”则在“女性人体审美”之基础上，更强调内在的精神、气质和神韵，相当于我们通常所说的“美”与否之类的评述。“美”是比“漂亮”更高一层的审美范畴，相应地，“女性美”亦是比“女性人体审美”更高级的审美范畴。本章讨论传统中国人的女性美观念，即包括传统中国人对女性外在形体和内在神韵的审美两个方面。

一、传统中国社会的女性美特征及其审美演变

1

审美观念是在特定的历史背景和文化心理的影响下，经过长期的积淀而形成的一种观念，是最能体现民族文化心理或精神的思想观念。作为人类审美活动的一个重要对象——女性人体审美，尤其是女性美，往往最能展现一个民族的文化心理和审美趣味。

相对于其他审美对象而言，女性美是最普遍的，因而亦是最大众化的审美对象。比如，对自然山水的审美，往往是高人雅士或有闲阶层的专利；对艺术的审美，常常是文人学士最为擅长。并且对上述二者的审美，皆需有相当的文化背景和知识积累。唯有女性美，可以说是雅俗共赏的审美对象。无论是高人雅士，还是凡夫俗子；无论是君子，还是小人；无论是男人，还是女人；无论是老人，还是小孩，都会对女性美发生兴趣，而且是本能的兴趣，并且不受文化背景和知识积累的限制。这种本能的趣味，最能反映一个人、一个时代、一个民族的文化心理和审美观念。这正如法朗士所说：

> 如果我获准从我死后的一百年出版的那些书中进行选择，你知道我会挑选些什么？……不，在未来的图书中，我既不会选择小说，也不会选择历史著作，当历史给人带来某种趣味的时候，它也不过是另一种小说。……为了看看我死后一百年的妇女将如何打扮自己，我会直接挑选一本时装杂志。她们的想象力所告诉我的有关未来人类的知识将比所有哲学家、小说家、传教士或者科学家的还要多。[1]

[1] 转引自李子云、陈惠芬《谁决定了时代美女——关于百年中国女性形象的变迁》，《中国文化研究》2001 年秋之卷。

其实，不仅仅是女性的服饰，而且整个的女性美观念，比起小说家、哲学家的著作来，更能准确而生动地反映一个时代的审美观念和文化心理。因此，研究一个人、一个时代或一个民族的文化心理和审美趣味，女性美观念是一个特别有效的视角。

从表象上看，古代中国的人体审美似不发达，如林语堂说：

> 女人肉体之原形，中国艺术家倒不感到多大兴趣，吾人在艺术作品中固可见之。中国画在人体写生的技巧上，可谓惨淡地失败了。

据他说，这样的情形，“是女性遮隐的结果”。[1] 江晓原亦认为：古代中国人缺乏欣赏人体美的传统，无论男女，自身裸体被偷窥通常被认为是羞耻之事。因此，古代中国的人体审美不发达，艺术作品中的女性形体皆比例失调，毫无健美英俊之态，对女性裸体之兴趣、对女性裸体之文字描述与绘画，几乎全都与淫秽作品有关，即人体美欣赏是邪道不是正道。[2] 即使在当代中国，人体审美仍然是一个敏感的话题，艺术家使用女性人体模特和做裸体艺术展览，亦仍然会引起一些传统人士的反感。如汤佳丽的人体艺术展示，本是美轮美奂的绝妙人体艺术，可被一些道德家的指责和低俗之士的瞎批歪评，搞得庸俗不堪。当然，更重要的原因，是中国的文化背景中缺乏欣赏裸体艺术的传统。所以，林语堂说：

> 对于一个中国人，像纽约码头上所高耸着的女性人像那样，使许许多多第一步踏进美国的客人第一个触进眼帘的便是裸体女人，应该

[1] 林语堂：《吾国与吾民》第 133 页，陕西师范大学出版社 2002 年版。

[2] 江晓原：《性张力下的中国人》第 153 ~ 155 页，上海人民出版社 1995 年版。

感觉得骇人听闻。女人家的肉体而可以裸裎于大众，实属无礼之至。倘使他得悉女人在那儿并不代表女性，而是代表自由的观念，尤将使他震骇莫名。[1]

这足以说明中西方人在人体审美，特别是女性人体审美观念上，存在着较大的差异。

不过，需要说明的是，在西方人体审美观念的比较下，传统中国的确缺乏人体审美传统。或者说，传统中国缺乏西方的裸露式的人体审美传统。但是，如前所说，世界上任何一个人、一个时代和一个民族，都会对人体审美发生兴趣，皆有自己的人体审美观念，都有自己心目中的美人形象。传统中国缺乏的是西方式的裸体审美传统，却拥有在传统中国文化背景上形成的独有的人体审美观念。换句话说，与西方式的女性美观念不同，传统中国人有自己独特的女性美观念。

2

关于传统中国社会的女性美形象，日本学者笠原仲二有一个很全面的概括，可供参考，其云：

中国古代人们所说的美人、美女，她们的面貌和容姿大概主要应该具备这样一些美的条件：年轻苗条，肌肤白嫩如凝脂，手指细柔如破土幼芽，两耳稍长显出一副福相，黑发光泽如漆，发髻高梳，簪珥精巧，面颊丰润，鼻梁高高，朱红的小嘴唇，整齐洁白的稚齿，文彩鲜艳的衣装，以及舒徐优雅、柔情宽容的举止等等。[2]

[1] 林语堂：《吾国与吾民》第 132 页，陕西师范大学出版社 2002 年版。

[2] ［日］笠原仲二：《古代中国人的美意识》第 23 页，魏常海译，北京大学出版社 1987 年版。

作为日本著名的汉学家，笠原仲二着重研究古代中国人的美意识，其对传统中国社会女性美形象的描述，包括形体的优美、服饰的鲜洁和内在的神韵三个方面，应该说是准确的、全面的。

传统中国社会女性美形象的总体特征，大体如笠原仲二所述。进一步作历史的分析，我们发现：传统中国社会的女性美形象则有一个历史的演进过程，大致可以分为三个发展阶段：先秦时期以德为主、以色为辅的“素美”阶段，汉唐时期以色为主、以才德为辅的“艳美”阶段，宋元明清时期才色兼重的“韵美”阶段。以下分述之。

首先，在先秦时期，人们心目中的美人，是以硕大为美，以自然朴素为美，强调美人的内在德行。此为女性美的“素美”阶段。

在先秦时期，无论男女，均以硕大为美，男子于硕大中显威武，女子于硕大中呈妩媚。如《诗经·陈风·泽陂》中，那位令诗人“寤寐无为，涕泗滂沱”的女子，其特征是“硕大如卷”“硕大且俨”。《唐风·椒聊》赞美女子“硕大无朋”“硕大且笃”。《卫风·硕人》说庄姜“硕人其颀”“硕人敖敖”“硕人孽孽”，赞美其高大修长。与男子的雄壮威武不同，庄姜于高大中呈现出妩媚，其外表是“手如柔荑，肤如凝脂，领如蝤蛴，齿如瓠犀，螓首蛾眉”，其体态是“巧笑倩兮，美目盼兮”。齐国庄姜是当时人们心目中理想的美人形象，故《陈风·衡门》说：“岂其娶妻，必齐之姜。”即娶妻当娶齐国庄姜这样高大修长的美女。先秦时期以硕大为美人的特征，故称美人为“硕人”，如《卫风·硕人》称庄姜“硕人其颀”，《考槃》“考槃在涧，硕人之宽”，等等。

另外，《楚辞》称美人为“姱女”，如《礼魂》说：“姱女倡兮容与。”以“姱”或“夸”描述女性美，如《招魂》之“姱容修志”，《大招》之“嫭以姱只”“姱修滂浩”。《淮南子》之“曼颊皓齿，形夸骨佳”。

所谓“夸”，据《广雅·释诂》说：“夸，大也。”《方言》释“夸”同此，故“形夸”即形体高大之意，“夸女”即体型高大的女子。王逸说：“姱，好貌。”意谓体形高大的女子就是美人，故《橘颂》说：“姱而不丑兮。”学者认为：先秦时期以硕大为美的女性美观念的形成，是由当时生产力较为低下的社会实践活动所决定的，与当时人们的生殖渴求心理有关，与以大为美的审美传统有关。[1]

先秦时期的女性美特征，除了以硕大为美外，还有以朴素为美的特点。这种特点在女性的服饰上表现得比较突出。钱锺书说：“卫、鄘、齐风中美人如画像之水墨白描，未渲丹黄。”[2]其实，非仅《诗经》卫、鄘、齐风里的美人“未渲丹黄”，《诗经》时代的美人大都有这样的特点。据李炳海说：

> 在中国古代文学史上，对女性的描写往往失于浮艳轻靡。词句多是软媚绮丽，色彩离不开红香翠软，从梁陈的宫体诗到唐末五代的花间词派，走的都是这条路子。但是《诗经》却是另一种情况，人们在刻画女性形象时，不是浓墨重彩，而是素描淡抹。与此相应，女性作为主要角色出现时不是披红戴绿，流金溢彩，而是素淡典雅，清秀端庄，她们的服色以素色为主。[3]

总之，先秦时期的女性美特征，以硕大为美，以朴素为美，概而言之，就是“素美”。

其次，在汉唐时期的女性美观念中，美色成为被欣赏的对象，才德处于相对次要的地位，女性的艳姿和媚态受到前所未有的重视。此

[1] 参见陈才训《先秦人体审美标准及其成因》，《洛阳师范学院学报》2002年第1期。
[2] 钱锺书：《管锥编》第一册第9页，中华书局1986年版。
[3] 李炳海：《诗经女性的色彩描写》，《江西社会科学》1994年第6期。

为女性美的“艳美”阶段。

女性美特征由“素美”向“艳美”的发展，在战国时期已初见端倪。女色之被欣赏，声色之乐之被享受，在战国中后期已渐成时尚。这种发展趋势和时代风尚，在《楚辞》作品中有比较具体的反映。如《招魂》描写女乐：

肴羞未通，女乐罗些。陈钟按鼓，造新歌些。《涉江》《采菱》，发《扬荷》些。美人既醉，朱颜酡些。娭光眇视，目曾波些。被文服纤，丽而不奇些。长发曼鬋，艳陆离些。二八齐容，起郑舞些。衽若交竿，抚案下些。竽瑟狂会，搷鸣鼓些。宫廷震惊，发《激楚》些。吴歈蔡讴，奏大吕些。士女杂坐，乱而不分些。放陈组缨，班其相纷些。[1]

《大招》写美人：

嫮目宜笑，娥眉曼只。容则秀雅，稚朱颜只。魂兮归徕，静以安只。姱修滂浩，丽以佳只。曾颊倚耳，曲眉规只。滂心绰态，姣丽施只。小腰秀颈，若鲜卑只。魂兮归徕，思怨移只。易中利心，以动作只。粉白黛黑，施芳泽只。长袂拂面，善留客只。魂兮归徕，以娱昔只。青色直眉，美目媔只。靥辅奇牙，宜笑嗎只。丰肉微骨，体便娟只。魂兮归徕，恣所便只。[2]

日常生活中关于女性美的品评，常常掺杂着实用的功利目的，与纯粹的审美活动有差距。真正符合审美理想的女性形貌、体态和趣味，只能从虚构的文学作品中去寻找。或者说，虚构的文学作品

[1] 朱熹：《楚辞集注》卷七。
[2] 朱熹：《楚辞集注》卷七。

更能体现人们理想化的审美观念。前引两篇作品中塑造的女性形象，容饰的艳丽和体态的妖娆，是其主要特点。作者对美女的所有迷人之处，如微笑、眼神、眉毛、酒窝、腰肢等，都作了细腻的描写，“在此之前，还从未有一个诗人从欣赏的角度对美女的容色体态做过如此生动逼真的摹绘”[1]，这在一定程度上体现了战国中后期人们的女性审美观念的变化。

如果撇开伦理道德因素不论，单把女性美作为审美对象看待，大体可以做出这样的初步结论：在战国中后期，女性美逐渐获得独立自觉的审美意义，即不完全是在人伦关系的背景上确立女性美的价值，而是在与男人建立的纯粹的男女关系之基础上确定其价值。因为“只有在那些与男人建立纯粹的男女关系，而非人伦关系的女人身上，特别是歌妓舞女的身上，才有可能培养出一种专供男人玩赏的美色”。从《诗经》时代到《楚辞》时代，两性关系逐渐呈现出从人伦范畴走向纯粹男女关系的审美范畴的发展趋势。据康正果说：

> 在“三百篇”的时代，风情与风教处于和谐的关系之中，女性总是处在与男性相关的人伦关系中被表达。综观《国风》中的女性，或国君夫人，或大夫之妻，或普通人家的女子；或为思妇，为弃妇，为奔女，她们的性别角色无不与婚姻恋爱和家庭相关。在描写诗中的女性形象时，诗人常常写她已婚还是未婚，是宜家还是被弃，他们很少关注女性的美色，即使《硕人》中用一章的篇幅描绘了美人的容貌，作者的目的也绝非夸色，而是赞美她的高贵。……然而在礼乐彻底崩坏的战国时代，畜养女乐已逐渐成为各国国君的普遍爱好……声色之乐已被视为富贵者的基本享受了。从此，弃斥于后宫和私邸的女乐串演了一部破国亡家的古代史，

[1] 康正果：《风骚与艳情》第 82 页，上海文艺出版社 2001 年版。

也为文人提供了写不尽的风流韵事。[1]

发端于战国中后期的以妖艳为美的女性美观念，于秦汉时期，在当时以“丽”为美的时代风尚的推波助澜之影响下，获得了进一步发展。如果用一个词来概括汉代人的审美观念，那就是“丽”字。在汉代，以“丽”为词根构成的词汇特别丰富，如“崇丽”“神丽”“华丽”“奢丽”“巨丽”等。汉人形容美多用“丽”字，汉人评价汉赋多用“丽”字，汉人形容男性的美貌亦常用“丽”字。所以，王钟陵说：“繁富靡丽是汉代文艺美学风貌的主要特征，如果我们试图用一个词来概括汉人的审美情趣的话，那便是‘富丽’，或曰‘靡丽’，更简洁地说就是一个字——丽。”[2] 在这种时代审美风尚的影响下，女性美观念进一步朝着妖冶、艳丽的方向发展。虽然理论家如扬雄，常常对以“丽”为美的审美风尚持批评态度，道德家如班昭，亦一再宣称“妇容不必颜色美丽”[3]，但是，世俗社会并不理会这种批评和规劝，如枚乘《七发》、司马相如《美人赋》，直至汉魏之际曹植的《洛神赋》《美女篇》，以及当时作者创作的一系列以“闲邪”“止欲”为题的赋作品，其所塑造的女性形象，皆以妖冶、艳丽为特点。甚至以彰显女性之贞洁操守为主题的乐府民歌，如《陌上桑》和《羽林郎》，其对采桑女罗敷和当垆胡姬的描绘，亦极其夸张地铺陈其发型、首饰、服装，呈现出艳丽多姿的特点。把良家妇女作为迷人的对象来描写，这在中国文学史上是第一次。[4] 这体现了传统中国人的道德意识和审美观念的某些微妙变化。

[1] 康正果：《风骚与艳情》第 81 页，上海文艺出版社 2001 年版。

[2] 王钟陵：《中国中古诗歌史》第 16 页，人民文学出版社 2005 年版。

[3] 班昭：《女诫·妇行》。

[4] 康正果：《风骚与艳情》第 100 页，上海文艺出版社 2001 年版。

魏晋六朝时期，随着艺术审美观念的自觉和文学靡丽风气的开展，以及享乐之风的盛行和对声色之好的追求，艺术作品中的女性形象普遍呈现出妖艳多姿的特点。时人如荀粲甚至宣称：“女人德不足称，当以色为主。”[1] 艳歌或艳曲的流行，便是这种时代审美风尚的具体反映。比如，六朝诗人对传统采桑题材的摹仿与创作中，“艳化”是一个极其重要的特点。如康正果说：

> 翻开《玉台新咏》，我们可以明显看出，集中描写采桑母题的作品非常之多。凡是直接摹仿《陌上桑》的作品，几乎全都用大量的篇幅铺陈罗敷的美色，而对罗敷拒绝使君的情节大都弃而不顾。在那些并未明显摹仿《陌上桑》的作品中，采桑的母题基本上退到了《登徒子好色赋》的起点上。

在六朝艳歌中，诗人往往以亲昵的口吻描写女子的容貌和抒写她对情人的依恋，突出地表现男女之情中欲的成分，是对性爱的热烈咏叹。对女性美的描绘亦由面容、服饰之美转向肉体的魅力，诗人不再通过女子的仪表姿态来显示她的美德和身份，而是实实在在地描写一个女子身上的可爱之处，把女子的可爱与她的肉体美联系在一起。所以，在这个时期，咏桑女的诗，不再夸奖桑女的贞洁，而是突出桑女的妖冶与多情。咏织妇的诗，不再颂扬织妇的勤劳，叙写织妇的倦态，而是从欣赏的角度写织妇在织布机上的优美动作和迷人姿态。咏新婚的诗，不再赞美新媳妇的美德，而是夸耀她的漂亮和柔媚。[2]

唐代的女性美特征，仍在沿袭秦汉以来以艳为美的特点。但是，

[1] 《世说新语·惑溺》。

[2] 以上关于六朝女性美观念的一段论述，参考了康正果《风骚与艳情》第四章《南朝新声：艳情型》，上海文艺出版社 2001 年版。

值得注意的是，受昂扬奋发的时代精神和北方少数民族文化习俗的影响，唐代的女性美，在“艳美”之基础上，还呈现出以下两个特点：其一，就是它的开放性。从唐代的壁画和墓俑中可以看到，唐人并不反对女性袒露颈部和胸部。在这些艺术作品中，女性的脖子往往是裸露的，大部分胸部亦常常露在外边，或者只穿一件开胸的薄衫。这在中国历史上是别开生面的，因为传统中国社会一般皆反对身体的裸露，男子裸身往往被视为无礼，女性的服饰亦绝少透露和随意敞开。但是，唐代却一反传统，如唐代永泰公主墓的壁画上，李重润墓的石椁上，那些身着袒领的女子无不领口低开，露颈敞胸，乳沟起伏。如唐代人物画家周昉的《簪花仕女图》，仕女身穿仅至胸前的长裙，披上一件轻薄透明的宽大外衣，而双肩、双臂和大部分胸部，均裸露在外，洁白的肌肤清晰可见。其二，是以健壮丰硕为美，如高罗佩说：

> 当时人们理想的美男和美女，男人追求的是赳赳武夫式的外表。他们喜欢浓密的须髯和长髭，崇尚健壮的体魄。文武官员都学习射箭、骑马、剑术和拳击，擅其术者倍受赞扬。……男人喜欢健壮结实的女子，脸圆而丰腴，乳房发达，腰细而臀肥。[1]

如果说先秦时期的女性美是在健壮丰硕之基础上呈现出来的“素美”，那么，在唐代，则是在健壮丰硕之基础上体现出来的“艳美”。

第三，宋元明清时期，文人雅士心目中的美人，以“韵美”为特点。虽然美色仍被注重，但女性的才艺和雅趣则是受到前所未有的关注，对女性的柔弱之美和内向性格亦表现出较大的兴趣。

---

[1] ［荷］高罗佩：《中国古代房内考》第245、248页，李零、郭晓惠等译，上海人民出版社1990年版。

事实上，唐宋之际，不仅是中国古代思想、历史、文化、艺术的重大转折时期，亦是古代中国女性美观念的重要变化时刻。比如，前述唐人并不反对女性的袒露颈部和胸部，但是，“在宋代和宋以后，胸部和颈部都先是用衣衫的上缘遮盖起来，后是用内衣高而紧的领子遮盖起来”[1]。又如，前述唐代男子喜欢健壮结实、丰乳肥臀的女子；到北宋，人们开始喜欢苗条的女子；至明代，“男性美和女性美的理想标准是走了另一极端，并一直流行于其后的清代。瓜子脸、弱不禁风的女子被认为最美”。[2] 宋代以前，中国人心目中的美人，虽以艳丽为特点，但艳丽中不乏丰腴，艳丽中显健壮，具有长而大的特点。宋代以后，中国人心目中的美人，虽然亦注重艳与色，但明显对柔弱型的美艳之女更加青睐。清人俞正燮《癸巳存稿》卷十四“长白美人”条云：

> 《诗·硕人》云：“硕人其颀”；《泽陂》云：“有美一人，硕大且卷”“硕大且俨”；《车》云：“辰彼硕女”，女贵大也。《史记·田敬仲完世家》云：“选齐国中女子七尺以上为后宫”；《苏秦列传》云：“后有长姣美人”；《后汉书·冯勤传》云：“祖燕长不满七尺，常自耻短陋，恐子孙似之，乃为子伉娶长妻，生勤，长八尺三寸”；《魏书·陆琇传》云：“母赫连氏，身长九尺九寸。”盖妇容以长为贵。汉法：八月选女，必身长合度。长白即美德；贾纳短青，晋之所以乱也。《唐书》亦言玄宗选长白女子侍太子。《盐铁论·刺权》云：“中山素女”，亦长白女子也。宋人记龟鹤夫妻，短阔亦贵，乃偶然耳。

[1] ［荷］高罗佩：《中国古代房内考》第 245 ~ 247 页，李零、郭晓惠等译，上海人民出版社 1990 年版。

[2] ［荷］高罗佩：《中国古代房内考》第 248 ~ 249 页，李零、郭晓惠等译，上海人民出版社 1990 年版。

俞正燮考证传统中国女性以长、大为美，言之凿凿，确为不刊之论。但是，很明显，他所列示之证据，皆出于宋代以前。因此，不妨说宋代以前中国的女性以长、大为美。宋代以后，却是另一番景象，即以苗条玲珑、娇弱娟秀为美。如苏轼，当他见到唐代周昉所画的仕女图时，就感慨道："书生老眼省见稀，画图但怪周昉肥。"这说明宋人已经不能欣赏唐人以肥为美的仕女图了。还是苏轼，他嘲弄"躯干甚伟"的侍姬媚儿云："舞袖蹁跹，影摇千尺龙蛇动；歌喉宛转，声撼半天风雨寒。"据说媚儿听后，是"赧然不悦而去"。[1] 苏轼的如此嘲弄和媚儿的"不悦"，亦说明宋代女性有崇尚柔弱的倾向。再说，唐代女性以肥为美，宋代以后，瘦则成为女性美的重要特点，如宋代词人李清照多次写自己的"瘦"，如"莫道不消魂，帘卷西风，人比黄花瘦"（《醉花阴》），"新来瘦，非关病酒，不是悲秋"（《凤凰台上忆吹箫》）。至李渔《减字木兰花·闺情》，写女子因瘦而愈显苗条，瘦得恰到好处。而董以宁《感皇恩·咏镜》，则是以瘦为美。[2]

一个有趣的例子，是《红楼梦》第三十回中，宝玉取笑宝钗一段：

> （宝玉）又道："姐姐怎么不看戏去？"宝钗道："我怕热，看了两出，热的很。要走，客又不散。我少不得推身上不好，就来了。"宝玉听说，自己由不得脸上没好意思，只得又搭讪笑道："怪不得他们拿姐姐比杨妃，原来也体丰怯热。"宝钗听说，不由的大怒，待要怎样，又不好怎样。回思了一会，脸红起来，便冷笑了两声，说道："我倒象杨妃，只是没有一个好哥哥好兄弟可以作得杨国忠的。"……宝玉自知又把话说造次了，当着许多人，更比才在黛玉跟前更不好意思，便急回身又同别人搭讪去了。林黛玉听见宝玉奚落宝钗，心中着实得意，才要搭言也趁势儿取个笑……

[1] 胡仔：《苕溪渔隐丛话前集》卷六十"媚儿"条。

[2] 参见刘衍文《美人的体形》，见《寄庐杂笔》第67页，上海书店出版社2000年版。

宝钗因见林黛玉面上有得意之态，一定是听了宝玉方才奚落之言，遂了她的心愿。

从上下文看，宝玉倒不是要有意奚落宝钗。值得注意的，倒是宝钗和黛玉听了宝玉这个杨妃之比后的态度，即宝钗的“大怒”和黛玉的“得意”。这说明，在清代，以杨妃之“体丰”比拟女性，已经是暗含贬义。杨妃“丰乳肥臀”式的体态，在唐代是美女之典范，在明清时期则要被人嗤笑。荷兰汉学家高罗佩通过对明清人物画和小说中的女性形象的研究，亦发现这种女性美观念的变迁。他说：“董小宛多病工愁、年轻早夭的形象，预示了清代视为理想的女子典型。而这种年纪轻轻而又弱不禁风的女子形象，在明晚期的文学作品中就已渐流行。”[1] 绘画作品中的女性有日渐苗条的倾向，理想的美男子亦不再是浓眉大眼、赳赳武夫式的形象，而是郁郁沉思的文弱书生。他说：

理想的男人被描写成文弱书生，多愁善感，面色苍白，双肩窄小，大部分时间都泡在书本和花丛之中，只要稍不如意就会病倒。而他的女伴则被描写成柔弱的少女，略长而削瘦的脸上总带着一种惊讶的神色，溜肩膀，扁平胸，臀部窄小，胳膊瘦长，一双长而过分纤细的手。两者都被描写成非常亢奋，情绪变化无常，患有各种真实的或想象的疾病，往往年纪轻轻就早夭。[2]

可以这样说，林黛玉是宋元以来中国人理想中的美女形象典型，贾宝

[1] ［荷］高罗佩：《中国古代房内考》第 388 页，李零、郭晓惠等译，上海人民出版社 1990 年版。

[2] ［荷］高罗佩：《中国古代房内考》第 393 页，李零、郭晓惠等译，上海人民出版社 1990 年版。

玉则是中国人理想中的美男形象典型。

宋元以来中国人理想中的美女形象，还有一个重要特点，就是对才情和韵趣的重视。以才情作为理想佳人的一个重要条件，这种观念大概产生于六朝时期。但是，以才情高于美色，作为评价女性美的一个重要标准，则是在明清时期。实际上，宋元以前的美女，如西施、卓文君、王昭君、绿珠、杨贵妃等，史书和民间传说中并不特别强调她们的艺术才能，她们本身亦并不主要以才情出众，而是以美色名世。宋元以前的才女亦屈指可数。唐宋以后，女才子大量涌现，特别是在明清时期，成为一大奇特景观，这正如孙康宜所说：

> 据我近年来研究中西文学的心得，我认为有史以来最奇特的文学现象之一，就是中国明清时代才女的大量涌现。在那段三四百年的期间中，就有三千多位女诗人出版过专集。至于没出版过专集，或将自己的诗文焚毁的才女更不知有多少了。[1]

明清才女文化受到学术界的广泛关注，美国学者高彦颐著《闺塾师——明末清初江南的才女文化》一书，[2] 对明清时代的才女文化做过全面、系统、深入的研究。

总之，宋元以来，小巧玲珑、弱不禁风成为人们理想中的美女形象特征，女性的才情和韵趣受到特别重视。简言之，就是以柔弱为美，以才情为美，以韵趣为美，是“韵美”。

[1] ［美］孙康宜：《走向“男女双性”的理想——女性诗人在明清文人中的地位》，见叶舒宪主编《性别诗学》第 3 页，社会科学文献出版社 1999 年版。

[2] ［美］高彦颐：《闺塾师——明末清初江南的才女文化》，李志生译，江苏人民出版社 2005 年版。

3

综上所述，传统中国社会的女性美特征，经历了由“素美”而“艳美”而“韵美”的三个历史发展阶段。以下，拟就传统中国社会女性美发展的阶段性特征，作原因上的分析。

讨论女性美发展的阶段性特征，有一个前提需要首先声明，即女性美是为了适应男性的目光而呈现的，或者说，女性美发展的阶段性特征，是为了适应男性审美观念的变迁而演变的。这在中外以男性为中心的传统社会，应该说是一个通例。所以，在男性中心的社会里，关于女性审美的话语权，主要掌握在男性手中，女性不得不以男性的美丑为美丑，以男性的好恶为好恶。比如，在传统中国社会，女性的柔顺、闲静、媚态、羞怯和韵趣等，以及为培育这种女性美而采取的深藏、缠足等手段（详后），皆是为着适应男性的审美趣味而产生的。“女为悦己者容”这句传世名言，亦道出了传统社会女性美特征与男性审美趣味的密切关系。

传统中国社会的女性美特征，由先秦时期的“素美”向汉唐时期的“艳美”的发展，主要是由于以下两方面的原因：

一是审美观念的自然发展趋势。一般而言，“素美”是一种原始的低级的审美形态，“艳美”则是一种现代的、高级的、复杂的审美形态，从“素美”向“艳美”的演进，正是审美形态从低级向高级的自然发展趋势。当然，在“艳美”之基础上向“素美”回归，则是一种更高级的发展，不是简单的回归，是所谓的“豪华落尽见真淳”，是质而实绮，癯而实腴，近似于“韵美”，是更高级的审美形态。

其二，与女性的社会地位变迁有关。大体而言，社会地位高，人格魅力强的人，不需要特别的外在妆饰，亦能获得社会的尊重和爱戴。反之，社会地位低，人格魅力弱的人，则需要特别的妆饰以吸引人，以建立社会影响。在先秦时期，女性的社会地位虽然未必高于男性，但是，因为其时尚有母系氏族社会的某些历史因素的残存，妇女的社会地位一定高于秦汉以后的男权社会。因此，女性不需要以色事人，以容悦人，女性美便呈现出“素美”的特点。秦汉以后，女性的社会地位急转直下，男尊女卑观念深入人心，女性沦为男权社会的附庸和男性的赏玩之物，故而不得不以色事人，需要精心妆饰以取悦男性，所以女性美必然呈现出“艳美”的特点。

传统中国社会女性美特征发生重大转折变化，是在唐宋之际，即从“艳美”向“韵美”的发展。具体地说，主要有这样几个发展趋势：其一，由长大向小巧方向发展。其二，由健壮向瘦弱方向发展。其三，由外在装饰（“艳”）向内在气质（“韵”）方向发展。其四，由外向开放向内向封闭方向发展。关于这种发展趋势，刘衍文解释说：

> 就古代来说，大而长者，总不能说她是不美之人。在苏轼以前，还不曾见人讥笑过。这是由于，唐代以前，政治、经济、文化总是以西北为中心。六朝局处江南，毕竟是偏安之局，西北人种，自较东南者为高为大，所以我们现在看到古画中的唐代美人，也较后代的长大丰肥。自宋代政治、经济、文化重心向东南迁移，东南这一带的人种一般又较西北为清秀矮小，兼之妇女较长时期受缠足的折磨，在这种社会条件下孕育出来的对美女的观点，自然就以苗条娟秀、娇弱玲珑为尚，不以长、大为准则了。……再看明、清两代所画的仕女，就都比较娴静纤弱，决无唐代丰润敦厚的体态。实际的情况，也是娇小胜过了硕颀，环肥让位于燕瘦。[1]

[1] 刘衍文：《美人的体形》，见《寄庐杂笔》第65～66页，上海书店出版社2000年版。

刘衍文从地理格局之变迁和人种的区域性特点，解释传统中国社会女性美特征的变迁，颇有理据，亦惬当人心。不过，考虑到女性美属于艺术审美的范畴，与文化心理和审美观念有更密切的关系，因此，我们还应当从历史变迁所导致的时代精神和审美趣味的变化上去寻找原因。

作者认为，唐宋之际，女性美由外在的装饰美（即“艳美”）向内在的气质美（即“韵美”）方向发展，与文人士大夫趣味的渗透和影响密切相关。典型的传统中国文人气质和士大夫趣味虽然萌芽于六朝时期，而其盛行和成熟则是在宋明时期。这种文人气质和士大夫趣味的渗透和影响，导致才女的文人化和儒雅化，使才女把读书和写作当作人生中的大事来做，对男性味较重的具有阳刚特点的“清”这种审美趣味亦有普遍的认同。孙康宜说：

> 我认为女性文人化的最重要的表现就是：对男性文人所树立的“清”的理想模式产生了一定的认同。无论是生活上或是艺术上，这些女诗人流露出真率、质朴、典雅、淡泊等“清”的特质。在写作上，她们特重自然流露与“去雕琢”的精神。有趣的是，那原本极具“男性化”的清的特质渐渐被说成女性的特质，而女性也被认为是最富有诗人气质的性别；换言之，女性成了诗性的象征。[1]

女性即诗性，女性成为诗性的象征，女性被认为是最具诗性气质的性别，这是明清时期女性美观念一个重要特点。

在明清时期，不仅才女有文人化、儒雅化的发展趋势，就是青楼妓女亦有名士化的特点。名士与名妓相得益彰，在名士精神的影响下，

[1] ［美］孙康宜：《走向“男女双性”的理想——女性诗人在明清文人中的地位》，见叶舒宪主编《性别诗学》第 13 页，社科文献出版社 1999 年版。

名妓高度名士化，她们的生活趣味、艺术爱好，甚至性爱取向，与名士毫无二致。同时，名士的情感需求得到名妓的补养，名妓的独立人格亦得到名士的认同和尊重。[1] 才女的文人化和名妓的名士化，使女性美内涵中逐渐显现出丰富的文人特征和名士气质。因此，女性的诗学素养受到前所未有的重视，由诗学素养涵孕而成的品味、韵趣和才情，成为评价女性美的重要尺度，艳姿美色虽然亦仍然受到重视，但往往处于相对次要的地位。可以说，“韵美”是一种内在气质美，是女性美的最高形态，它不仅超越了汉唐时代外在化的“艳美”形态，而且亦与先秦时期的“素美”不同。与“素美”相比，它具有充实的气质神味和丰富的精神内涵。

唐宋以来女性美观念的发展，与文人士大夫趣味的渗透和影响密切相关。归根结底，是由唐宋以来时代精神和审美趣味的变迁决定的。

中国历史在唐宋之际发生的急剧变化，自近代以来，即受到中外学者的普遍关注。虽然我们常常“唐宋”并称，把唐、宋放在一起做思想史、文学史和文化史的研究，但实际上，唐、宋两代在诸多方面皆呈现出显著的区别。如日本学者内藤湖南著《支那论》和《唐宋时代的概观》，将六朝隋唐统称为中国的“中古”，视宋元明清为中国的“近世”，以唐宋之际为中国“中古”与“近世”的分水岭。关于唐宋之际的历史巨变，钱穆在《唐宋时代文化》一文中说：“中国文化自春秋战国至秦朝为一大变动，自唐迄宋又为一大变动，尤其是安史之乱至五代的变动最大。”[2] 唐宋之际中国历史的剧烈变动，在政治、经济、文化、思想诸领域的表现，皆清晰可见。例如，在政治方面，制度上呈现出由六朝隋唐的“贵族政治”向宋元以来的“君主独裁政

[1] 参见龚斌《情有千千结——青楼文化与中国文学研究》第 200、228 页，汉语大词典出版社 2001 年版。

[2] 《宋史研究集》第三辑，台北国立编译馆 1984 年版。

治”的发展趋势（内藤湖南说），政治中心呈现出从西安、洛阳向开封、北京的自西向东的演变格局。在军事上，由汉唐时期的主动出击、积极防御，发展到宋朝的消极防守、被动对抗，中外政治势力的军事冲突亦呈现出由西北而东北的演变趋势。在经济上，经济中心呈现出由北而南的演绎格局，以扬州为中心的江淮地区取代了以洛阳为核心的中原地区，成为全国的经济中心，并由此导致以北京、南京两点一线为中心的政治、经济、文化轴心带取代了以长安、洛阳两点一线为中心的轴心带。[1] 在文化思想上，从外王之学转向内圣之学，“四书”取得了与“五经”并尊的地位。[2]

唐宋之际政治、经济、文化、思想的转型，亦相应地导致了时代精神和审美趣味的迁转。从总体上看，中国人的审美观念，在宋代以前偏于壮美，阳刚之美在汉唐时代得到充分的发展；宋元以后，崇尚优美，阴柔之美日益受到重视。从生活场域和文化节奏看，宋以前的士人普遍具有冒险探索精神和投身到外部世界去竞争生存的强烈愿望，追求快节奏、高效率的生活，追求竞争拼搏带来的刺激和快节奏生活带来的快感。宋代是一个重文轻武的时代，内向、文弱、老成、敏感、细腻、闲适、平淡是那一代人的性格特征。汉唐男儿那种效命疆场、探险中亚、醉卧沙场、马革裹尸而还的豪情壮志，至宋代则被“六经勤向窗前读”的冬烘气象或者小家子气所取代，功名富贵不是从马背上而是从书本中获取，男儿从沙场回到书房，甚至是从马背上下来，走进了轿子中。总之，宋元以来，中国人的一半——男人——从沙场回到书房，另一半——女人——从外部世界回到闺房。他们乐于从狭隘、细微、局部的小环境中寻找美、发现美，失去了征服世界的雄心

[1] 参见汪文学《古代都城地理格局之发展及其相关问题研究》，《江海学刊》2000年第1期。

[2] 参见任继愈《从佛教到儒教——唐宋思潮的变迁》，《中国文化》1990年秋季号。

壮志。所以，宋元以来的时代精神，便从汉唐时期的朝气蓬勃、昂扬奋发、外向乐观，发展成闲适哀婉、暮气沉沉、内向悲观。审美趣味亦呈现出由壮大向瘦弱、由健康向病态的发展趋势。时代精神和审美趣味的这种发展趋势，归根结底，就是民族生命力量的逐渐衰微。

宋元以来民族生命力量的逐渐衰微，在艺术作品中得到生动的再现。比如，在诗歌创作中，钱锺书提出的“诗分唐宋”说，虽无明显的褒贬轩轾，但他指出：“唐诗多以丰神情韵擅长，宋诗多以筋骨思理见胜。”“高明者近唐，沉潜者近宋。”“一生之中，少年才气发扬，遂为唐体；晚节思虑深沉，乃染宋调。”[1] 即唐宋诗之别，乃丰神情韵与筋骨思理之别，才气发扬与思虑深沉之别。简言之，是高明与沉潜之别。质言之，乃少年与晚年之别。其体现出来的生命力量之强弱较然可见。另外，绘画艺术亦生动地再现了华夏民族生命力量由盛到衰的演变过程，如李泽厚介绍他参观敦煌壁画时的感受说：当走到敦煌莫高窟宋窟里时，“便感到那是失去一切的宗教艺术：尽管洞窟极大，但精神全无。壁画上的菩萨行尽管多而且大，但毫无生气，简直像影子或剪纸般地贴在墙上，图式化概念极为明显。甚至连似乎是纯粹形式美的图案也如此。北魏图案的活跃跳动，唐代图案的自由舒展全没有了，有的只是规范化了的呆板回文，整个洞窟给人以一派清凉、贫乏、无力、呆滞的感受”。[2] 余秋雨介绍他参观敦煌壁画的感受，说他走到唐代壁画前，看到“人世间能有的色彩都喷射出来，但喷得一点儿也不野，舒舒展展地纳入细密流利的线条，幻化为一种壮丽。这里不再仅仅是初春的气温，而已是春风浩荡，万物苏醒。这里边禽兽都在歌舞，连繁花都裹卷成图案。这里的雕塑都有脉搏和呼吸，挂着千年

[1] 钱锺书：《谈艺录》之“诗分唐宋”条，中华书局 1984 年版。

[2] 李泽厚：《美的历程》第 121 页，天津社会科学院出版社 2001 年版。

不枯的吟笑和娇嗔。这里的每一个场面，每一个角落，都够你留连长久。这里没有重复，真正的欢乐从不重复。一到别的洞窟还能思忖片刻，而这里，一进入就让你燥热。这才是人，这才是生命。人世间最有吸引力的，莫过于一群活得很自在的人发出的生命信号。唐代就该这样，这样才算唐代。我们的民族，总算拥有这么一个朝代，总算有过这么一个时刻，驾驭如此瑰丽的色流，而竟能指挥若定”。到了五代，便“由炽热走向温煦，由狂放渐趋沉着”，而宋代就“终于有点灰暗了”。到了元代，“色流中很难再找到红色了”。[1] 诗歌和壁画等艺术风格的这种发展特点，实际上体现的就是民族生命精神逐渐衰微的趋势。

总之，唐宋之际，由于政治、经济、文化的转型，导致了时代精神和审美趣味的变化，致使民族生命力量逐渐衰微。在这种背景下，传统中国人的女性美观念亦随之发生变化，前述女性美特点由长大而小巧、由艳美而韵美、由外向而内向、由健壮而瘦弱的发展特点，皆与唐宋之际的时代精神和审美趣味的变迁，密切相关。

二、从“首如飞蓬”到“春日凝妆”：传统社会女性妆饰观念的变迁

1

爱美是人类的天性，女性尤其如此。或者说，女人即美人，美是女人的专利。为了呈显形体之美感，人类早在野蛮时期就对自身的形体进行过种种妆饰，如格罗塞在《艺术的起源》一书中，就专门讨论过“人体装饰”，探讨了原始时期人类制纹、穿鼻、画身、发饰、项饰、腰饰等妆束及其意义。人类通过妆束以呈显形体之美，对女性美来说，

[1] 余秋雨：《莫高窟》，见《秋雨散文》第 257 ~ 258 页，浙江文艺出版社 1994 年版。

除了天然的姿质，还有人为的妆饰，所谓“三分人才七分打扮”是也。

人类为何需要妆饰？妆饰是出于爱美之心？是出于对美的自我欣赏？还是为了将美呈示于人？或者说，人类是为悦己而容还是为悦人而容？比如，早期人类以腰饰遮住性器官，是出于“羞耻感”，还是为了突出什么？格罗塞的分析值得参考，他说：

> 这许多的装饰显然不是要掩藏些什么，而是要表彰些什么。总之，原始身体遮护首先而且最重要的意义，不是一种衣着，而是一种装饰品，而这种装饰又和其他大部分的装饰一样，为的要帮助装饰人得到异性的喜爱。[1]

人类妆饰是为了“帮助装饰的人得到异性的喜爱”，即是为了悦人。或者说主要是为了悦人，特别是取悦异性，悦己是次要的，这与传统中国人关于“女为悦己者容”的说法完全相通。所以，坦诚地说，追求美，作为人类的一种天性，是无法抑制的。但是，这种无法抑制的天性本身，虽有爱美之托辞，但实际上是为取悦异性，是为引诱异性。早期人类对性器官的遮掩，当代女性妆饰上的开放暴露，皆当作如此理解。这正如江晓原所说：

> 对于一个正常的女性来说，梳妆打扮总是她生活中最重要的事情之一。而当她梳妆之时，往往正是将她潜意识中吸引男人的欲望用行动来表达。庄重的女性很少公开表达这种欲望，因此她们不会在公开场合梳妆，哪怕是补妆或整理发型，“搔首弄姿”这个成语也因此有一点贬义；不少女性甚至会激烈否认梳妆是为了吸引男性，而是说成“工作需要”“对同事或客户的尊重”之类。[2]

---

[1] ［德］格罗塞：《艺术的起源》，蔡慕晖译，商务印书馆1984年版。

[2] 江晓原：《性感——一种文化解释》第15页，海南出版社2003年版。

否认梳妆是为了吸引异性，这只不过是一种托辞。事实上，女性的梳妆就是为了将自己的美展示于人，让对方获得审美快感，对自己来说就是一种欲望的表达。女子梳妆是为了表达欲望，取悦男性。据江晓原说，女子梳妆的过程本身就是性感的，公共场合的搔首弄姿亦有调情的意味。所以，左拉小说《娜娜》中的娜娜就经常在她的化妆室里接待情人，中国古典诗词中亦常常通过描绘女性的梳妆以显示其性感意味。[1]

“女为悦己者容”，毋庸讳言，女性的妆饰即为取悦男性。男性对仪表的注重亦为吸引女性。如《陌上桑》中，面对罗敷的绝世美貌，“行者见罗敷，下担捋髭须。少年见罗敷，脱帽著帩头”。“捋髭须”和“著帩头”，皆是整理仪表，在绝世美女面前下意识地整理仪容，正是潜意识中吸引异性心理的自然流露。

2

传统中国社会女性的妆饰观念有一个历史的发展过程，这个发展过程，充分地显示了社会风尚的变迁。下面，我们以几首古代诗词作品为例，分析女性妆饰观念的变迁及其所呈现的社会风尚之转移，以及二者之间的相互影响关系。

《诗经·卫风·伯兮》一诗，描述思妇对征人的深切思念，其云：

伯兮朅兮，邦之桀兮。伯也执殳，为王前驱。
自伯之东，首如飞蓬。岂无膏沐？谁适为容！
其雨其雨，杲杲出日。愿言思伯，甘心首疾。
焉得谖草？言树之背。愿言思伯，使我心痗。

[1] 江晓原：《性感——一种文化解释》第16页，海南出版社2003年版。

诗中的思妇对丈夫情深意长，她为丈夫的地位、勇气和武艺而倍感自豪，甘愿承受独处闺中的思念之苦和因为思念而带来的身体上的苦痛（“首疾”“心痗”）。“女为悦己者容”，丈夫远出为国征战，思妇独处闺中，无心妆扮。“首如飞蓬”，即头上的乱发如飞散的蓬草。“岂无膏沐？谁适为容”，难道家中没有油膏和汤沐之类的化妆品吗？只是因为夫君不在家，修饰容貌亦就显得毫无意义。亦就是说，思妇家中是存有“膏沐”的，当丈夫家居时，思妇定当常常以汤沐洗发、用油膏润发，以取悦夫君。因此，此诗中的思妇对丈夫不仅感情强烈，而且忠贞不渝。

需要特别说明的是，《伯兮》中的思妇不事妆饰，与后世之女性有意以不事妆饰以标示忠贞不渝的行为，是有区别的。或者说，《伯兮》中的思妇未必完全是有意以“首如飞蓬”来显示其守志不移、忠贞不渝。更大的可能是，她本想妆扮而又觉得妆扮毫无意义，她对丈夫的忠贞不渝是发自内心的，而不是呈现给世人看的，不是表演性的。《毛传》解释《伯兮》说：“妇人夫不在，无容饰”，则显然是把思妇的不事妆扮视作是有意表演的忠贞呈现。而班昭《女诫·专心》提出一种“正色”说，强调女性“正色端操，以事夫主”，其云：

> 礼义居挈，耳无淫听，目无邪视，出无冶容，入无废饰，无聚会群辈，无看视门户，此则谓专心正色矣。若夫动静轻脱，视听陕输，入则乱发坏形，出则窈窕作态，说所不当道，观所不当视，此谓不能专心正色也。

把“专心正色”作为女性的一种道德准则加以提倡，把“出无冶容，入无废饰”作为女性的行为准则，其有意呈现忠贞的表演意图，十分明显。而罗大经《鹤林玉露》乙编卷五“古妇人”条曰：“《国风》

云：岂无膏沐？谁适为容！……盖古之妇人，夫不在家，则不为容饰也。其远嫌防微，至于如此。”则进一步将不事妆饰提升到远嫌防微、躲避是非的高度，“首如飞蓬”就是她对丈夫忠贞不渝的外在标志。

后世学者诠释《伯兮》，则力图呈显诗中女性不事妆饰的道德意义。“把思妇不事修饰解释成她独守空闺时竭力维持的一种仪表，而非心绪不佳，无心打扮的结果。”从《毛传》到《女诫》到《鹤林玉露》，渐行渐远，道德色彩日益浓厚，似非《伯兮》“首如飞蓬”之本意。所以，在道德空气日益浓厚的宋元以后，女子的“不事修饰似乎还有更为复杂的动机。在人们都倾向于用‘冶容诲淫’的成见苛责女人的环境中，独守空闺的妻子也许不得不做出蓬头散发的样子。她可能以不事修饰掩饰、抑制自己的冲动，也可能借以掩护自己，从而避开了外来的是非。因为自炫是近乎自媒的，‘首如飞蓬’的外表不唯能躲过苛责的眼光，而且还会被人们视为守志不移的标志”。[1]

《伯兮》中“首如飞蓬”的思妇形象，对后世闺情诗影响甚大。如徐干《室思》云：“自君之出矣，明镜暗不治。”表达的亦是思妇不事妆饰的主题。自此以后，大量出现的以“自君之出矣”为题的拟作诗，亦在强调“女为悦己者容”的传统观念。可以说，自《伯兮》以来，不事修饰几乎成为思妇的标准姿态。《毛传》《女诫》《鹤林玉露》则是对这种标准姿态的道德提倡。

3

事实上，诗歌中的反复咏唱和理论家的道德提倡，只不过是对三代社会纯朴风尚的遥远追忆，而随着时代发展所导致的习俗变迁，则是以不可阻遏之势向前演进，女性的妆饰观念亦随之发生显著变化。

---

[1] 康正果：《风骚与艳情》第 38 页，上海文艺出版社 2001 年版。

比如，汉末《陌上桑》中的罗敷形象，就与《伯兮》中的思妇形象截然不同。从《陌上桑》的内容看，罗敷是有夫之妇，其夫君“白马从骊驹，青丝系马尾，黄金络马头。腰中鹿卢剑，可直千万余。十五府小吏，二十朝大夫。三十侍中郎，四十专城居。为人洁白皙，鬑鬑颇有须。盈盈公府步，冉冉府中趋”，俨然一位风流倜傥、功成名就、英俊潇洒的美丈夫。据诗中所述，其夫君是外出做官，罗敷是独守闺中。按照传统观念，罗敷应当“首如飞蓬”，足不出户，独守空闺。可是，且看诗之开篇：

秦氏有好女，自名为罗敷。
罗敷喜蚕桑，采桑城南隅。
青丝为笼系，桂枝为笼钩。
头上倭堕髻，耳中明月珠。
湘绮为下裙，紫绮为上襦。

正如康正果所说：“在《陌上桑》之前，从来还没有把良家妇女作为迷人的对象去描绘的作品。”[1]《陌上桑》是一个开端，它不仅把罗敷这位良家妇女作为迷人的对象来描写，而且是将罗敷这位本该“首如飞蓬”的有夫之妇的美貌展示在众人面前。按照班昭《女诫》的要求，妇人不该“出则窈窕作态”，应当“出无冶容”。但是，罗敷在丈夫外出做官的情况下，穿着华贵，妆扮时髦，还公然出现在南来北往的城南这个交通要道的桑田里采桑叶，引来各色男子驻足观赏。罗敷的行为，与《伯兮》中的思妇迥然不同，她虽未流于放荡和低级

[1] 康正果：《风骚与艳情》第 100 页，上海文艺出版社 2001 年版。

趣味，但确实隐含着“调情”的意味。[1] 所以，从《伯兮》到《陌上桑》，不仅体现了女性妆饰观念的变化，而且在一定程度上还体现了周汉时期社会风尚的变迁。

与《陌上桑》近似的，是辛延年的《羽林郎》。诗中的酒家胡，虽然不能完全断定她是否如罗敷一样，是有夫之妇，[2] 但她的出场，亦与罗敷近似：

胡姬年十五，春日独当垆。
长裾连理带，广袖合欢襦。
头上蓝田玉，耳后大秦珠。
两鬟何窈窕，一世良所无。
一鬟五百万，两鬟千万余。

酒家胡盛装出场，春日当垆，引来霍家奴的调戏。此与罗敷采桑城南引来使君的轻侮，是近似的情节。酒家胡的出场，与罗敷一样，暗含着诱惑和调情的意味。

闺中女子不再“首如飞蓬”，而是盛妆出场，这在汉魏以来已渐成普遍之势，如《古诗十九首·青青河畔草》诗云：

青青河畔草，郁郁园中柳。
盈盈楼上女，皎皎当窗牖。
娥娥红粉妆，纤纤出素手。

[1] 参见康正果《风骚与艳情》第 100 页，上海文艺出版社 2001 年版。

[2] 朱东润主编《中国历代文学作品选》认为：据诗中“人生有新故，贵贱不相逾”一句，酒家胡的爱情已有所属，不能以新易故（上编第一册第 393 页，上海古籍出版社 2002 年版）。

昔为倡家女，今为荡子妇。
荡子行不归，空床难独守。

诗中叠词，除“青青”“郁郁”是写景外，其他如“盈盈”“皎皎”“娥娥”“纤纤”皆写女子的窈窕之态。“盈盈”写其仪态，“皎皎”写其光彩照人，“娥娥”写其美丽之态，“纤纤”写其手指细长而洁白。独守闺中的女子如此盛妆出场，妖艳迷人，风情万种，特别是她“当窗牖”而“出素手”，就不免有卖弄、诱惑或调情的嫌疑。而最后一句“空床难独守”，则流露出难以明说的暗示。这正如叶嘉莹所说：此诗“不仅仅是写美丽的姿态，还有很多暗示在里边”，闺中女子如此盛妆出场和窈窕作态，确有自炫自媒的暗示；特别是“纤纤出素手”句中的“出”字，更是隐含着一种不甘寂寞的暗示；实际上，在她心中正进行着一种守与不守的矛盾挣扎。[1] 或者说，光彩照人的仪表和风情万种的仪态，暗示的正是其内心“不守”的隐秘。要不然，就当如《伯兮》中的思妇那样，是“首如飞蓬”。

唐人王昌龄的《闺怨》，亦与此诗相近，其云：

闺中少妇不知愁，春日凝妆上翠楼。
忽见陌头杨柳色，悔教夫婿觅封侯。

此闺中女子乃有夫之妇，其“春日凝妆”，同于罗敷之艳妆出场；其“上翠楼”，同于罗敷之采桑城南。如同罗敷一样，此闺中女子自我炫耀美貌的性质，非常明显。自炫等于自媒，如果说“首如飞蓬”是守志不移的标志，那么“春日凝妆”的自炫，则多少有一点自媒的意思。

[1] 叶嘉莹：《汉魏六朝诗讲录》第 97 ~ 98 页，河北教育出版社 1997 年版。

作为一位有夫之妇，当夫君不在家时，盛妆出场，采桑城南，或“春日凝妆上翠楼”，其动机颇值得怀疑。所以，“春日凝妆上翠楼”的闺中女子，虽未必如《青青河畔草》中的女子，有守与不守的内心挣扎，但其内心的矛盾游离，则是隐约可见。所谓爱美的托辞，亦许不能完全解释这种现象。

4

在传统社会，女性的容貌受到特别的重视。即使道德家所称的妇女“四德”，“妇容”亦居其一。需要说明的是，不同阶层或身份的人，对于妇女容貌的重视，有着不同的目的。女性对于自身容貌的关注，虽然亦体现了对美的追求，但更与女性在男权社会里以色事人的处境有关。男人对女性容貌的重视，虽亦有爱美之心理需要，但更主要的则是为了满足其情色欲望。道德家对妇容的关注，则明显有防微杜渐的目的。通观古代道德家对妇容的界定，皆有明显的道德伦理倾向。

道德家的防微杜渐并不能阻挡世俗社会的时尚追求。事实上，在传统社会，女性的妆饰逐渐呈现出由鲜洁朴素向华丽绮靡发展的趋势。如钱锺书说：

> 卫、鄘、齐风中美人，如画像之水墨白描，未渲染丹黄。《郑风·有女同车》“颜如舜华”“颜如舜英”，着色矣而又不及其他。至《楚辞》始于雪肤玉肌而外，解道桃颊樱唇，相为映发，如《招魂》云：“美人既醉，朱颜酡些”，《大招》云：“朱唇皓齿，嫭以夸只。容则秀雅，稺朱颜些”；宋玉《好色赋》遂云：“施粉则太白，施朱则太赤”。色彩烘托，渐益鲜明，非《诗》所及矣。[1]

[1] 钱锺书：《管锥编》第一册第 92 ~ 93 页，中华书局 1986 年版。

“渐益鲜明”是传统社会女性妆饰的基本发展趋势。在民风淳朴的上古三代，女性的妆饰是自然朴素的，比如，在《诗经》中，诗人刻画的女性形象，不是浓墨重彩，而是素描淡抹；不是披红戴绿，而是素淡典雅；不是流金溢彩，而是清秀端庄。大约自战国时候起，女性的妆饰则逐渐朝着华丽、娇艳的方向发展，从《楚辞》到汉赋，到宫体诗，到花间词，文学中的女性形象就呈现出软媚绮丽、浮艳轻靡、红香翠绿的特点。文学中的这种女性形象特点，实际上就是现实生活中男性的女性美观念的反映，亦是女性为适应这种男性审美观念而不得不追随的妆饰时尚。

女性妆饰的这种发展趋势，与道德家的“妇容”标准格格不入。在传统社会，道德家并不反对女性的妆饰，并且还以“妇容”为女性“四德”之一。关键问题是，女性当为谁而容？“女为悦己者容”，妇女“出无冶容，入无废饰”，这是传统主流社会对妇女妆饰的限定。但是，汉魏以来的女性，在夫君外出时，浓妆艳抹，披红戴绿，其内心的真正用意颇令人怀疑。并且浓妆艳抹以采桑城南或登高冶游，其自炫以自媒的性质亦颇为明显。在当代社会，青年女性出门则浓妆艳抹，打扮得花枝招展；进家则换衣卸妆，素面朝天。这正是班昭所批评的那种“入则乱发坏形，出则窈窕作态”的情形。这不能不使人发生疑问：自汉魏以来，直至当代社会，女性到底为谁而容？江晓原讨论“妇德”，论及女子为谁而容时，引用过代薇的一篇名为《女人的误区》的文章，颇有参考价值，兹转引于下：

> 一次公众场合，我对一位熟识的男士说，他的妻子长得很美，并且很会打扮，很多人都羡慕他。他听后却不以为然。后来他才坦言：他妻子的确很漂亮，但这漂亮却不属于他。原因是她每天很早起床梳妆打

扮自己，看见她的人都说她很漂亮。可惜她出门时的这种漂亮他往往看不到……等他下班回来，她早已到家，出门穿戴的那身行头也悉数换下，这时看到的是一个穿花短裤、趿着拖鞋、衣衫不整、满脸倦容的女人。他说他一见她那个样子就觉得全身没劲，他真不知道她究竟为谁打扮。……如果婚姻是一面镜子，那末做妻子的在对镜梳妆时不妨先问一声自己：你为谁而容？[1]

这个发问，意味深长，令人深思。作者认为：女性妆饰观念的这种变迁，在一定程度上反映的是社会风气和道德伦理的发展变化。

值得注意的是，在《诗经》时代，与女性自然朴素的妆饰特征相反，男性却常常是披红戴绿，打扮得靓丽迷人。如《诗经》写男性的服饰："绿兮衣兮，绿衣黄里。""绿兮衣兮，绿衣黄裳。"（《邶风·绿衣》）"大车槛槛，毳衣如菼。……毳衣如璊。"（《王风·大车》）男子穿绿色或红色的上衣、黄色的裤子。又如："我觏之子，衮衣绣裳。"（《豳风·九罭》）"公孙硕肤，赤舄几几。"（《豳风·狼跋》）即穿绣花的裤子和红色的鞋。总之，在《诗经》时代，男性服饰是比较艳丽的。[2]

意味深长的是，当女性的妆饰逐渐由自然朴素向绮丽浮艳、红香翠绿的方向发展的时候，男性的妆饰则朝着相反的方向发展，即呈现出朝自然朴素、简洁单调方向发展的趋势。作者认为：男女妆饰的这种背道而驰的发展特点，与男女社会地位的升降变化格局密切相关。

如前所说，社会地位高，内在魅力强的人，不用特别注重外在的妆饰，亦能吸引人，亦能赢得他人的尊重和爱戴。社会地位低，人格魅力弱的人，才需要用外在的妆饰来取悦人，赢得他人的关注或重视。

[1] 江晓原：《性张力下的中国人》第 108 页，上海人民出版社 1995 年版。

[2] 参见柏俊才《由〈诗经〉中的女性描写看周民族的文化特征》，《山西师大学报》（社会科学版）2006 年第 2 期。

所以，浓妆艳抹的女人，通常不是美人；穿着前卫、开放的女人，往往不是美人胚子。依此观点，传统中国社会男女妆饰特征背道而驰的发展趋势，或可获得合理的解释。在《诗经》时代，虽然未必是女尊男卑，但女性的社会地位却一定高于秦汉以后的男权社会，甚至可以说在那时还留存着母系氏族社会的部分遗风。因此，其时之女性，不需特别的妆饰，亦能获得男性的尊重和爱戴。战国秦汉以后，进入了男权社会，男尊女卑之观念逐渐深入人心，女性沦为男性的附庸和赏玩之物，故而尤需外在的妆饰以吸引人、打动人。在《诗经》时代，男性的社会地位虽然未必比女性低，但肯定不如在秦汉以后的男权社会里那样至高无上。所以，其时之男性，仍需以外在的妆饰取悦女性。进入男权社会后，男性依靠其社会地位、经济实力、政治权势和文采风流征服异性，外在容貌就显得比较次要了。因此，在男权社会里，男女联姻的世俗标准便是“男才女貌”，这正如《西游记》中猪八戒所说：“粗柳的簸箕细柳的斗，世上那见男儿丑。”男儿无所谓美与丑，美丑是女性的事情，并且是女性的头等大事。在男权社会里，女性必须以姿色容貌取悦男性，男性则以力量与势利征服女人。

5

现在附带讨论女性头发妆饰的历史变迁，及其所呈现的文化意义。

讨论传统中国女性头发妆饰的历史变迁和文化意义，需要首先说明的，是头发在传统中国文化中的特殊意义。在传统社会，讲究头发的妆饰，不仅是为了呈现美，而且还有身份记录的意义，因而受到特别的关注和重视。

传统中国人认为，头发如同身体，受之于父母，保持头发的完整如同爱护自己的身体，是对父母尽孝的一种表现，而削发为僧或为尼，则是断绝尘缘的一种标征，剪去头发亦被视为一种严厉的刑罚（即髡刑）。在人生成长过程中，头发样式具有标志性意义，如生孩三月，有剃发仪式；稍长，便将头发打成髻，盘在头顶左右两边，称总角或总发；在成年礼上，男子行冠礼，女子行笄礼，通过对头发的妆饰，标志着进入成年阶段。所以，在传统中国社会，头发有标志身份的意义。

在传统中国，相对于男子而言，女性头发的妆饰，具有特别重要的审美意义。在传统中国人的女性美观念中，头发占着比较重要的位置。为了呈现容貌仪态之美，女性自及笄之后，对发型就有相当地讲究，并且式样繁多，如汉代的堕马髻，隋朝的朝云近香髻、归秦髻、奉仙髻，唐代有半翻髻、反髻、乐游髻、愁来髻。要而言之，不外高髻（把头发梳得较高，呈显高贵、富有、威严、典雅之态）、垂髻（束在脑后或两侧，呈下垂状，略显散漫、闲逸、风流、俏皮之姿）、平髻（平缓地梳在头上）三种。[1]

头发不仅有标志身份的意义，特别是女性的头发，还有重要的审美意义。头发与人生、文化的这种密切关系，在世界其他民族中亦普遍存在。德国学者鲁道夫·申达说：

> 无论男女，总是将头发与他们的外表相联系，头发与人的外形之间的关系标示出了这个人的个性，表现出一个人个体存在的风格和其与众不同的思想。
>
> 现在，在世界上很多文明的国度里，人的躯体和四肢大都被衣服所覆盖，惟有头部（在某些地区，只有男性的头部）裸露在空气中……在有些地方，人们要戴帽子、头巾或者便帽、面纱，有时需要把头发甚至眼睛都遮盖住，但是更为常见的是头发露在外面，成为一个人或者一个

[1] 参见毛秀月《女性文化闲谈》第 4 ~ 5 页，团结出版社 2000 年版。

民族的标志、表现其魅力与独特的方法、臣服与抗议的标志，其他任何一个身体部位都不能像头发那样屈从于具有时代与文化特征的外貌与价值的转变。[1]

即头发不仅能显示“个体存在的风格”和“与众不同的思想”，而且能成为“一个人或者一个民族的标志”。另外，女性的头发还有某种象征意义或暗示意义。比如，在传统中国的爱情小说中，女性表达忠贞爱情的重要手段之一，就是剪一束头发送与她的情人，作为爱情的信物。鲁道夫·申达提醒我们：“头发与爱情——这个主题具有着独特的研究价值。”关于头发与爱情的关系，他指出：

在爱情生活中，头发扮演了一个最为长久并且最为混乱的角色，代表着具有诱惑性并且散发出魅力的私人生活。一缕青丝象征着无限柔情，又可作为故人遗物被人们所保存，它或许是唤醒早逝孩子的纪念物，或者睹物思情，让她想起一个无法忘怀的恋人。虽然头发本身并没有足够的吸引力和凝聚力，但当它与某些具有魅力的事物相伴时，它就将一个被追求的主观意愿落实在被爱的客观事物上来了。[2]

头发的诱惑性或者独特魅力，使它在爱情生活中扮演着一个极其重要的角色。

蔼理士在《性心理学》一书中，亦对头发与性的关系做过专门的探讨，他认为：头发的性的效能特别广大，它在性诱惑中的地位仅次

[1] ［德］鲁道夫·申达：《人体的100个故事》第51、53页，陈敏等译，海南出版社、三环出版社2004年版。

[2] ［德］鲁道夫·申达：《人体的100个故事》第52页，陈敏等译，海南出版社、三环出版社2004年版。

于眼睛，它和性选择的视、听、嗅、触觉，全有关系。据他说，西洋犯罪的人中间，有一种人特别喜欢割取女人的头发，被称为头发无度截取者。这种人摸到女人的头发，或者割取的时候，就会感到性的兴奋，甚至发生射精。[1]

综上所述，女性头发具有标志身份、审美和示爱或者性诱惑意义。以下我们来看看传统中国女性头发妆饰的历史变迁，及其所呈现出来的文化意义。

《诗经·卫风·伯兮》曰："自伯之东，首如飞蓬。岂无膏沐？谁适为容！"意思是说：自从我的哥哥去东边为国征战，[2]我的头发乱得如飞散的蓬草。难道我家里没有洗发的汤沐和润发的油膏吗？不是的，是因为没有欣赏我的人，我已经失去了用膏沐妆饰的意义。在这里，"首如飞蓬"成为女子守志不移、忠贞爱情的标志和象征，亦是《毛传》《女诫》以来主张"女为悦己者容""妇人夫不在，无容饰"的道德家大力提倡的。意味深长的是，"首如飞蓬"在传统道德家和保守女性那里具有守志不移、忠贞爱情的文化意义。可是，自唐宋以来，在文人学士的艺术作品中，却产生了诱惑、调情、性感等新的文化意义。如《乐府诗集·吴声歌曲·子夜歌》云：

宿昔不梳头，丝发披两肩。
婉伸郎膝上，何处不可怜。

散乱的头发具有了"可怜"的情色之态。元稹《襄阳为卢窦纪事五首之二》云：

---

[1] ［英］蔼理士：《性心理学》第146页，潘光旦译注，上海三联书店2006年版。
[2] 高亨《诗经今译》说："周代妇女呼丈夫为伯，等于现在呼哥哥。"（第91页，上海古籍出版社1980年版）

风弄花枝月照阶，醉和春睡倚香怀。

依稀似觉双环动，潜被萧郎卸玉钗。

“醉和春睡”的女子，“潜被萧郎卸玉钗”，其暗示的后续动作，颇具情色意味。元稹《会真诗三十韵》云：

低鬟蝉影动，回步玉尘蒙。

转面流花雪，登床抱绮丛。

……

汗流珠点点，发乱绿葱葱。

王国维《人间词·浣溪沙》云：

发为沉酣从委枕，脸缘微笑暂生涡。

在这些诗句里，凌乱的头发皆暗含着性感或情色诱惑的意义。另外，洪昇《长生殿》第二十一出《窥浴》写杨贵妃出浴之逼人惊艳，亦云：“最堪怜残妆乱头。”“残妆乱头”之所以“最堪怜”，是因为它呈现的性感与诱惑，引起并满足了男人的好色之心。江晓原注意到唐宋以来女性头发所体现的这种文化意义，以为因睡觉而发乱，有香艳的特点；如果是因为别的原因弄乱了头发，那就很“性感”了。这种以长而凌乱的秀发，传达性感、诱惑和调情的意义，据说在日本江户时代的浮世绘中亦有体现。[1] 日本江户时代的浮世绘与中国明清时期的春宫画一样，皆以飘逸而凌乱的头发暗示画中女子的情色诱惑意义。

[1] 江晓原：《性感——一种文化解释》第 16 ~ 18 页，海南出版社 2003 年版。

凌乱的秀发具有诱惑、性感或调情的意味，这在西方文化中亦能找到类似的例证。如前引鲁道夫·申达之言，就指出女性的长发有性感特征，充满着性的诱惑力。女性的头发在爱情生活中扮演着重要角色。美国人类学家海伦·费什在研究女性诱惑意中人或调情时，发现有一个普遍性的动作，就是以抚弄或摇摆披散的长发来吸引男性。[1]另外，据奥地利学者达尼埃拉·迈耶、克劳斯·迈耶说：

> （在欧洲中世纪），只有很年轻的女孩—性成熟以前的女孩子—才被允许留长发并可以自然地散着，等她们长大后就要编起辫子，梳成高高耸起的发髻或者蒙上头巾。与之相似的规则至今还存在于宗教革新的独立教派中，比如胡特教派（Hutterer）和阿蒙教派(Amish)，另外，在伊斯兰国家仍然存在着这样的传统。[2]

中世纪欧洲的主流社会之所以禁止成年女性披头散发，目的是为了避免“冶容诲淫”。因为据达尼埃拉·迈耶、克劳斯·迈耶说：

> 不管在过去还是现在，也不管是对于未婚女子或者已婚女子而言，披散的长发都被认为是放纵性欲的象征。数百年来，伊斯兰家庭的婚姻关系都认为只有丈夫才能独享女性妩媚的散发。[3]

虽然唐宋以前中国人赋予“首如飞蓬”的忠贞不渝之文化意义，

[1] ［美］海伦·费什：《人类的浪漫之旅——迷恋、婚姻、婚外情、离婚的本质透析》第10页，刘建伟、杨爱红译，海天出版社1998年版。

[2] ［奥］达尼埃拉·迈耶、克劳斯·迈耶：《毛发的故事》第92～93页，綦甲福、罗娜译，上海人民出版社2006年版。

[3] ［奥］达尼埃拉·迈耶、克劳斯·迈耶：《毛发的故事》第94页，綦甲福、罗娜译，上海人民出版社2006年版。

与西方中世纪把披散头发视为放纵性欲之象征意义截然不同，但其避免“冶容诲淫”的目的却是一致的。唐宋以来的文人墨客赋予“首如飞蓬”的调情和诱惑意义，在西方古典时期的文学作品中亦屡见不鲜。据《毛发的故事》一书所说：

> 欧洲古典时期以来，几乎所有的诗人都提到了女性头发的诱惑力。与非常贞洁的赫拉（Hera）或者她的妹妹灶火女神赫斯提亚（Hestia）相反，爱神阿佛洛狄特（Aphrodite）的头部从来不披头巾。在罗马诗人奥维德史诗般的描述中，阿波罗（Apoll）和山泽女神达芙妮（Daphne）没有结果的爱情清楚地表明了飘逸的长发和性吸引力的内在关系：有着一头从来不需要剪的卷发的青春常驻的阿波罗追求女神达芙妮，而达芙妮那独特的魅力正是来自于她那充满野性的飘逸的长发—在原文中被称为“positssine loge capillos”（蓬松杂乱的头发）。……按照古代的观点，女性对男人的性诱惑和随之发生的不幸有着密切的关系。在古希腊流传下来的故事和传说中，散开的头发往往是危及生命的象征。能够最清楚说明这一点的莫过于蛇发女怪美杜莎（Gorgo Medusa）的传说，死亡之蛇在她的头部缓缓蠕动。在古希腊神话中，蛇发女怪不仅象征着邪恶，还代表着女人放纵的欲望，无论是被她们看一眼，还是碰到她们的头发，人们都难逃石化的厄运。[1]

另外，在犹太民族中，“正统保守派也要求已婚女子把头发剪光，以此来达到减弱刺激男人性欲的目的”，[2]“把女性的头发剃光是对

---

[1] ［奥］达尼埃拉·迈耶、克劳斯·迈耶：《毛发的故事》第98～99页，綦甲福、罗娜译，上海人民出版社2006年版。

[2] ［奥］达尼埃拉·迈耶、克劳斯·迈耶：《毛发的故事》第94页，綦甲福、罗娜译，上海人民出版社2006年版。

付男人追慕的良好预防性措施”。[1]而“短发和遮掩短发的头巾或者寡妇的面纱在欧洲所有文化中都象征着对失去丈夫的哀悼”，在巴尔干的某些地区至今仍然保持着这样的习俗，“‘高兴’的寡妇留着披肩长发，这表示她已经准备再婚了”。[2]

所以，在晚近的中西文化史上，女性披头散发所传递的信息大体是相似的，即诱惑、性感、妩媚、调情。披头散发所蕴含的这种文化意义，在当代社会仍然普遍存在。如香港歌星张学友的专辑《释放自己》中，有一首歌叫《头发乱了》，其词说：

> 怎么你今晚声线变尖了，
> 发型又乱了，
> 仿佛剧烈运动完散了，
> ……
> 你做错事了，
> 让你秀发乱了，
> 应对错了，
> 太过分了，
> 恤衫反转著了，
> ……
> 到底你今晚去佐边（去了哪儿）[3]

据说这首在港台很走红的歌曲，在内地引进版中被删去了，新加

[1] ［奥］达尼埃拉·迈耶、克劳斯·迈耶：《毛发的故事》第 95 页，綦甲福、罗娜译，上海人民出版社 2006 年版。

[2] ［奥］达尼埃拉·迈耶、克劳斯·迈耶：《毛发的故事》第 96 页，綦甲福、罗娜译，上海人民出版社 2006 年版。

[3] 转引自江晓原《性感——一种文化解释》第 18 ~ 19 页，海南出版社 2003 年版。

坡亦禁播此歌曲。为什么呢？因为它太性感了，有情色诱惑的嫌疑。产生这种情色诱惑的缘由，就是“头发乱了”，或者说是“首如飞蓬”。“头发乱了”，有太多的暗示，让你浮想联翩。

基于上述在中西方社会并存的这种关于头发的文化传统，不得不让人产生联想的，是当代青年女性在发型特征上追求蓬松散乱的目的和意图。在当代社会，像那种齐耳短发，被认为缺乏女人味；即使柔顺的披肩长发，亦被视为传统守旧。时尚女性追求的是头发的凌乱蓬松，或者烫成波浪纹，或者有意制造凌乱，甚至染上各种鲜艳色泽。作为一位青年女性，当你追逐时尚，做成这种“首如飞蓬”式的发型，不管你是随波逐流，还是有意为之，其产生的实际效果，就是追求性感，实现诱惑；表现性感欲望，实现性感诱惑。不管你是有意还是无意，你的行为事实上就产生了这样的效果。

要之，在中外文化史上，头发与情欲有着很密切的关系。“首如飞蓬”的当代表述，就是“头发乱了”。“首如飞蓬”在《诗经》时代和古代道德家的眼中，是女性坚守不移、忠贞爱情的标志或象征。自唐宋以来，则朝着背道而驰的方向发展，逐渐具备了诱惑、调情、性感等文化意义。“首如飞蓬”在历史变迁中所呈示出来的迥然有别的文化意义，是一个意味深长的问题，相信风俗史家自会对此做出令人信服的解释。

6

再说传统中国社会女性的沐浴及其文化意义。

传统中国人一向把沐浴视为人生中的一件大事。婴儿诞生礼中有“洗三”仪式（即在婴儿出生的第三天为之沐浴），老人去世之丧礼中有“浴尸”仪式。亦把它视为日常生活中的重事，在重大活动前皆需沐浴净身，如沐浴而朝，沐浴而祀。同时亦将之与德行修炼结合起来，如儒家所谓“藻身而浴德”是也。[1] 但是，在传统中国的文学艺术中，女性沐浴则有另一层不为学者认知或者重视的情色意义。

在传统中国社会，关于女性美，有一个很普遍的观念，即美人是洗出来的。比如，在关于美人的传说故事中，有一个很普遍的情节，即总要附会上一口井、一条河或者一条小溪，似乎美人之美，除了天生丽质，还与某口井或某条溪流有关系，美人的丽质和容貌就是用这口井或这条溪流里的水洗出来的。如关于西施，据《述异记》说：在江苏吴县南吴王宫旧址边有一条香水溪，传说这里是西施沐浴的地方，当地人称作“脂粉塘”，当年西施在这里沐浴濯妆，据说溪水上游水源至今仍有香味。西施的美貌就是用香水溪的水洗出来的。又如王昭君，据《郡国志》记载：昭君故里秭归昭君村有一条名叫香溪的小河，其中有一眼嵌着楠木的水井，人称“昭君井”，据说这是当年王昭君沐浴的地方。传说此井水量本来很小，昭君出生后，井泉大旺。因为昭君出生惊动了玉帝，是玉帝令黄龙带水来为昭君沐浴。王昭君的美貌就是用“昭君井”里的水洗出来的。又如卓文君，据《采兰杂志》记载：卓文君闺庭内有一口井，“文君手汲则甘香，用以沐浴则滑泽鲜好。他人汲之，与常井等，沐浴亦不少异”，后人称之为“文君井”。卓文君的美貌就是用“文君井”里的水洗出来的。又如绿珠，据屈大均《广东新语》记载：绿珠故里广西博白双角山下有一口井，人称“绿珠井”，因绿珠饮此水、沐此水而得名。传说绿珠的美貌与沐浴此水有关，故当地人常汲此水为女儿沐浴。又如杨贵妃，其美貌与华清池温泉有关。此类传说故事甚多，其事亦人所共知，不再引述。[2] 所以，

[1] 《礼记·儒行》。按，儒家所谓“藻身而浴德”，与德国皇帝威廉一世所谓“清洁的身躯才能培养纯洁的心灵”的说法，有异曲同工之妙。

[2] 参见殷伟、任玫《中国沐浴文化》第 322 ~ 324 页，云南人民出版社 2004 年版。

学者认为："女人似乎与沐浴特别有缘，历史上遗留下来的沐浴胜迹，大多记载着女性名人的故事，名女与沐浴发生关联的机率高于男性名人，这是一个极为有趣的现象。"[1]

其实，这些传说故事未必可信，但传者有心传之，听者有心听之，这足以说明在传统中国人的心目中，美人真是用一种特别的水洗出来的。与此相关的，是传统社会关于仙女的传说，亦同样少不了沐浴的情节。据《名胜记》记载：融县铁船山有仙女泉，相传七月七日尝有仙女下凡在此沐浴。据《西平县志》载：西平县城南十里有一水池，七月七日群仙来此水池沐浴，人称仙侣池。另外，四川峨眉山玉女峰上有一清澈的玉女池，相传是玉皇大帝的十个女儿下凡沐浴之地。南昌府子城东，亦有所谓的浴仙池，据说亦是七仙女的沐浴之地。[2] 关于仙女沐浴传说最著名者，当数居于女仙之首的西王母。传说西王母所居之地，是"左带瑶池，右环翠水"。所谓"瑶池"，便是西王母的沐浴之池。西王母喜欢沐浴，《洞天西王母宝神起居经》就是专讲西王母沐浴方法的道教经文。另外，泰山神女碧霞元君亦喜欢沐浴，泰山上还有她的沐浴遗迹——玉女池、玉女洗头盆。尤其值得注意的，是民间文学"天鹅处女型"故事中，基本上无一例外地皆有仙女沐浴的情节。据钟敬文说：

> 这故事（即"天鹅处女型"故事）中除了极少数的变形外，差不多都有洗澡的情节—女鸟或仙女到池或海中洗澡的情节。这看去虽然是像不关什么重要的事，但在民俗学上的意义是颇可吟味的。在神话和民间故事中，这种女性（人间的或超人间的）洗澡的叙述，往往可以碰到。

[1] 殷伟、任玫：《中国沐浴文化》第 321 页，云南人民出版社 2004 年版。

[2] 参见殷伟、任玫《中国沐浴文化》第 324 页，云南人民出版社 2004 年版。

希腊神话里面，常见女神们在溪涧或海中洗浴的事（原注：例如月神狄亚娜常和她的从者在深林的小川中洗澡。史克拉在清池中洗浴，为格老苦士所看见等，不一而足）。在印度，也有王女到外面的池里洗澡，遇着了豹的一类故事［原注：见戴伯诃利（Lal Behari Day）的《孟加拉民间故事集》（Folk Tales of Bengal）《豹媒》篇］。中国故事中的这种情节，最深印于我们脑海的，怕是《西游记》里蜘蛛精在濯垢泉洗澡，而猪八戒前往鬼混的一幕喜剧吧。前人所记关于融县铁船山的仙女泉的传说云：七月七夕，尝有仙女浴于泉侧。这不但洗澡一点和天鹅处女型故事相近，并且使我们不能不怀疑到它原是这故事所吸收或分出的一部分。现在民间故事中，如《摘心避难》的男主人公，在山里见到池中一位天女似的姑娘在洗澡（她是大蛇变形的）。这也是一个显例。这类情节的叠出，是颇有可研究的意味的。[1]

以上事实足以说明，以沐浴附会美人和仙女，是一个在世界许多地区和民族的传说故事中广泛存在的普遍现象。

引起我们兴趣的是，美人与沐浴为何有如此密切之关系？沐浴于美人到底有何特别重要的意义？我们认为：美人是洗出来的，进一步说，沐浴中的女性是最美的。沐浴不仅有洁身净体、润肤养身的作用，而且还有畅心通神的功效。所以，传统中国文人常以沐浴为人生的一大乐事，如孔子和曾点都以“浴于沂”为人生乐事；[2] 明人屠本峻曾将“澡身”与“赏古玩”“爇名香”“诵名言”相提并论，视为一种高级的精神享受；清人石成金则把剃头、取耳、浴身和修脚当作人生

[1] 钟敬文：《中国的天鹅处女型故事——献给西村真次和顾颉刚两先生》，见陶玮选编《名家谈牛郎织女》第 28 页，文化艺术出版社 2006 年版。

[2] 《论语·先进》：“（曾子）曰：莫春者，春服既成，冠者五六人，童子六七人，浴于沂，风乎舞雩，咏而归。夫子喟然叹曰：吾与点也。”

的四大快事。对沐浴之乐趣深有体会的李渔，在《闲情偶寄·颐养部》中论沐浴之乐说：

> 盛暑之月，求乐事于黑甜之外，其惟沐浴乎！潮垢非此不除，浊污非此不净，炎蒸暑毒之气亦非此不解。此事非独宜于盛夏，自严冬避冷，不宜频浴外，凡遇春温秋爽，皆可借此为乐。

沐浴能够让人摆脱外界的压力和束缚，使人心神畅通、心智快乐、心身闲适。应该说，自然状态中的人是最快乐的，快乐状态中的人是最美的。西方自中世纪以来的画家展现人体美，乐于描摹女性人体（因为女人是美人，女性人体代表人体美），热衷于女性裸体描绘，更是擅长描绘沐浴中的女性或者美女出浴，正是因为此时的女性是最自然的，最快乐的，因而亦是最美的。传统中国文人津津乐道"贵妃出浴"，如白居易《长恨歌》说贵妃出浴，是"侍儿扶起娇无力"，正是惊艳于贵妃出浴时的无穷魅力。沐浴中的女性是最美的，洪昇《长生殿》第二十一出《窥浴》，对沐浴中贵妃之美的描绘，堪称经典，其云：

> 亭亭玉体，宛似浮波菡萏，含露弄娇辉。轻盈臂腕消香腻，绰约腰身漾碧漪。明霞骨，沁雪肌。一痕酥透双蓓蕾，半点春藏小麝脐。爱杀红巾罅，私处露微微。

出浴时的贵妃更是惊艳逼人：

> 出温泉新凉透体，睹玉容愈增光丽。最堪怜残妆乱头，翠痕干，晚云生腻。看你似柳含风，花怯露。软难支，娇无力，倩人扶起。

面对如此惊艳美人，“偷眼宫娥魂欲化，见惯的君王也不自持”，使得唐玄宗“孜孜含笑，浑似呆痴”。

虽然沐浴的首要目的是净身，但亦可视为广义的化妆。如班昭《女诫·妇行》说：“盥洗尘秽，服饰鲜洁，沐浴以时，身不垢辱，是谓妇容。”把“沐浴以时”作为“妇容”的首要项目之一。女性沐浴往往成为古今中外艺术创作的一个重要题材。艺术中的女性沐浴与化妆一样，多有调情的动机和表达性感的意图。如绘画中的浴女图，文学作品描写女性沐浴场面，往往暗含性感和诱惑的意义。描绘出浴女性丰盈的玉体、惊人的艳色和美妙的情态，是西方人体艺术的一项重要内容。古代中国的画家虽然未能创作出足以与西方艺术家相媲美的女性沐浴作品，但文学家却热衷此道，创作了大量的此类作品。

另外，值得注意的，还有窥浴现象。在传统中国社会，虽然有男性窥看男性沐浴的事例，如曹共公窥看晋公子重耳沐浴，[1]亦有女性窥看男性沐浴的事例，如“兰惠联芳”窥看郑生沐浴。[2]但这毕竟是个别现象，比较普遍的是男性窥看女性沐浴，民间故事和文人创作中有大量的这类例子。如民间故事“天鹅处女型”里，无一例外皆有仙女沐浴的情节，同时亦无一例外皆是男性青年窥看仙女，并拿走其衣服，之后结为夫妻。在文人创作中，如旧题汉人伶玄的《赵飞燕传》，记载汉成帝窥看赵昭仪沐浴；在《西游记》第七十二回“濯垢泉八戒忘形”中，叙写猪八戒于濯垢泉窥看七仙女沐浴；在《长生殿》第二十一出《窥浴》中，叙写太监窥看贵妃沐浴。在明清情色小说中，窥浴情节更是屡见不鲜。如在《肉蒲团》中，奴仆权老实窥看女主人玉香沐浴，实际上是玉香以沐浴勾引、挑逗权老实；在《桃花影》中，

[1] 《国语·晋语四》。

[2] 瞿佑：《剪灯新话·联芳楼记》。

旧家子弟魏玉卿偷窥非云沐浴；在《玉香缘》中，小厮存儿偷窥女主人卜氏沐浴而淫心大作，最后与卜氏勾搭成奸。总之，在民间故事里，窥浴成为仙女与穷汉结合的催化物；在情色小说中，窥浴成为男女交合的调情剂。在这些文学文本中，女性沐浴成为调情或诱惑手段，具有了情色意义。

任何一种习俗的形成，皆有其深厚的历史文化根源。女性沐浴的情色意义的形成，亦当与人类历史上的某种文化或习俗有关系。这里，作者仅就女性沐浴的情色意义与人类早期历史上的沐浴祈子习俗之关系，谈一点推测性的意见。全面而透彻地解释这种独特的文化现象，尚需做进一步的深入研究。

早期人类从对自然界的观察中，认识到水是生命之源，自然界的一切生命之物皆因水而生。如《管子·天地篇》说："水者，何也？万物之本原，诸生之宗室也。"即一切生命的种子皆在水中。基于这种认识，早期人类便把水视为一种有生殖力和生命力的物质，女子入水沐浴或喝水就能获得生殖能力，久婚不育之女子亦可通过洗涤获得生殖能力，于是便逐渐形成沐浴求子的习俗。如郭璞《山海经·海外西经·女子国》注说："有黄池，妇人入浴，出即怀妊矣。"《梁书·东夷传》载："扶桑东千余里有女国，容貌端正，色甚洁白，身体有毛，发长委地。至二三月，竞入水则妊娠，六七月有子。"《太平御览》卷三百九十五引《外国图》说："方丘之上，暑湿，生男子三岁而死。有潢水，妇人入浴，出则乳矣。"另外，还有女子沐浴吞物受孕、女子窥井受孕等神话传说，皆是女子沐浴受孕神话传说的变形。[1]前述"天鹅处女型"故事中皆有仙女沐浴的情节，沐浴是这类人神结合故事中的内核，起着至关重要的作用，其实质仍是根源于人类对水的生殖力

[1] 参见殷伟、任玫《中国沐浴文化》第52～53页，云南人民出版社2004年版。

和生命力的崇拜，民间社会婚姻仪式上的新娘沐浴习俗，就是这种观念的世俗体现。[1] 由于受到沐浴生子的神话传说的影响，民间社会遂形成了沐浴求子的习俗。

在《诗经》时代，“仲春之月”是男女会合、谈情说爱的法定季节，祭祀高媒神和用洗涤方法求子的活动，皆在此间举行。古人认为，一切灾难、疾病皆可用水洗涤。祭祀高媒神是为求子。不生子亦是一种疾病，可以通过洗涤的方式解除。为了解除这种病气和促进生育，古人便在祭祀高媒神时，顺便在河里洗洗手，洗洗脚，或者干脆跳到河里洗个澡。这种观念相沿成俗，便逐渐演绎成三月上巳节临水祓禊的习俗。上巳节的临水祓禊，其初义是为除病生子，到后来就变成了一般性的士民游乐，并主要伴随着男女恋爱活动的展开。所以，《诗经》中描写的恋爱活动，多在水边展开，如郑国的溱水与洧水，卫国的淇水，常常是郑、卫青年男女谈情说爱的场所，其他地方的青年男女亦常在春天的江河之滨嬉戏恋爱。[2] 临水祓禊本为求子，当求子的意义逐渐消解，就变成了一种纯粹的男女嬉戏活动，特别是女性的游戏活动。需要说明的是，女性临水祓禊，或说仅仅是洗洗手脚而已。据孙作云考证，女性祓禊，或称“行浴”，那就不只是洗洗手脚，而是指洗澡了。[3] 因此，在男欢女爱的恋爱季节和恋爱场景，女性的沐浴，不仅具有求子的意义，而且亦有了情色的意义，或为女性调情、诱惑的手段。所以，作者认为，传统社会女性沐浴的情色意义，可能与早期人类对水的生殖力、生命力的崇拜有关，与沐浴生子的神话传说有关，与古代上巳节临水祓禊的风俗有关。

[1] 参见殷伟、任玫《中国沐浴文化》第 42 页，云南人民出版社 2004 年版。

[2] 参见孙作云《诗经恋歌发微》，见《诗经与周代社会研究》，中华书局 1966 年版。

[3] 孙作云：《关于上巳节（三月三日）二三事》，见《诗经与周代社会研究》，中华书局 1966 年版。

如前所说，沐浴亦是一种化妆。因此，女性的沐浴与化妆一样，具有情色意义。艺术中的女性沐浴和化妆，多有调情的动机和表达性感的意图。一般而言，女性的化妆，尤其是在公共场合的化妆，或者整理发型，俗称“搔首弄姿”，多少是含有一点贬义的，因为它有调情、诱惑的动机。所以，左拉《娜娜》中的娜娜便经常在化妆室里接待她的情人，中国旧小说中的青楼妓女亦常常是在化妆过程中与嫖客闲聊。现在的发廊、美容院和浴室往往兼营色情业，应该说这是有历史渊源和文化背景的。

要之，在传统社会，美人是洗出来的，沐浴中的女性是最美的，沐浴中的女性是性感的。

三、女人如诗：传统中国文人关于女性气质的设计

女性美包括外在形态美与内在气质美两个方面，外在的优美形态与内在的高雅气质有机结合，才算是一位真正的美人。在上节，我们讨论传统中国社会女性的外在妆饰，着重探讨了女性的外在形态美。在本节，我们主要讨论传统中国社会女性的内在神韵，探讨女性的内在气质美。

女性的内在气质神韵并不完全是天然生成的，它在相当程度上是由社会所定义的，是由男性所设计的。或者说，女性并非天然的就是“女性”，她往往是由社会习惯势力和男性的审美趣味所界定的，女性是在不断适应这种习惯势力和审美趣味的过程中逐渐变成“女性”的。在传统中国文人的心目中，女人如诗，诗似女人。或者说，传统中国文人是按照诗歌的美学标准来设计女性的气质神韵；同时，传统中国女性的气质神韵亦影响着古典诗学的审美趣味。在本节，我们着重探

讨在古典诗学理想的影响下，中国文人对女性气质的设计，以及女性如何顺应这种理想设计而逐渐成为“女性”。

1

传统中国文人关于女性气质的设计，最引人注目的，是女性的柔顺、闲静、媚态、羞怯和韵趣等几个方面特征。

先说女性的柔顺特点。讨论传统中国女性的柔顺特点，当从班昭说起，因为班昭是第一位比较全面系统地界定女性柔性气质的学者。她在《女诫》一书中讨论妇德，以“敬”为宗，以“柔”“顺”为德。如《卑弱第一》说：

> 古者生女三日，卧之床下。……卧之床下，明其卑弱，主下人也。……谦让恭敬，先人后己，有善莫名，有恶莫辞，忍辱含垢，常若畏惧，是谓卑弱下人也。

《敬慎第三》说：

> 阴阳殊性，男女异行。阳以刚为德，阴以柔为用；男以强为贵，女以弱为美。故鄙谚有云：生男如狼，犹恐其尪；生女如鼠，犹恐其虎。
>
> 敬顺之道，妇人之大礼也。夫敬非它，持久之谓也。夫顺非它，宽裕之谓也。持久者，知止足也；宽裕者，尚恭下也。夫妇之好，终身不离。房室周旋，遂生媟黩。媟黩既生，语言过矣。语言既过，纵恣必作。纵恣既作，则侮夫之心生矣。此由于不知止足者也。

“女以弱为美”，“弱”是其内在品质，“顺”是其外在表现。以柔顺为女性的内在品质，以敬慎为女性的行为准则，非仅班昭个人之私见，乃先秦、两汉学者的公论。如孟子说：“以顺为正者，妾妇之道也。”[1]《礼记·昏义》说：“教以妇德、妇言、妇容、妇功。”郑玄注：“妇德，贞顺也。”《说文》说：“妇，言服也，服事于夫也。”《白虎通德论·嫁娶》说：“妇者，服也，以礼屈服。”“阴卑不得自专，随阳而成之。”张华《女史箴》说：“妇德尚柔，含章贞吉。”再说，班昭言妇德柔顺，举民间谚语“生女如鼠，犹恐其虎”为证，说明以柔顺为妇女之美德，非仅学者之公论，民间社会亦持如此观点。

女性以柔弱为美，不仅指性情上的柔顺，亦包括体态上的柔弱。关于女性的体态美，在先秦时期，虽然强调女性的硕大之美，但亦特别重视硕大中的柔弱之态，如《大招》之状美人：“丰肉微骨，调以娱只。”“丰肉微骨，体便娟只。”“丰肉”指其硕大，“微骨”指其柔弱。即便是在以肥大健壮为美的唐代，理想中的女性体态亦仍然是“骨细肌丰”，如刘过《浣溪纱》所谓“骨细肌丰周昉画，肉多韵胜子瞻书”。“丰肉”或“肌丰”，指的是肥硕之美；“微骨”或“骨细”指的是柔弱之态。“丰肉微骨”或“骨细肌丰”，指的就是在肥硕之中呈显柔弱之态。

女性因柔弱而呈显娇态，如《聊斋志异》卷一《青凤》，写青凤之美，说青凤“弱态生娇，秋波流慧，人间无其丽也”。柔弱娇态是女性美的重要标准。据胡仔《苕溪渔隐丛话·前集》卷六十“媚儿”条引《遁斋闲览》说：

> 东坡尝饮一豪士家，出侍姬十余人，皆有姿伎，其间有一善舞者名媚儿，容质虽丽，而躯干甚伟，豪士特所宠爱，命乞诗于公，公戏为四句云：舞袖蹁跹，影摇千尺龙蛇动；歌喉宛转，声撼半天风雨寒。妓赧然不悦而去。

[1] 《孟子·滕文公上》。

媚儿为何“赧然不悦而去”？原来苏轼借用石曼卿《咏松》中的诗句转赠媚儿，嘲谑她若松树之伟岸，没有一般女性的柔弱之美。本来“躯干甚伟”的媚儿，亦忌讳别人说她如松树般伟岸。[1]可见女性自身对柔弱体态的追求和重视。

柔顺者必闲静，或者说，女性因柔而静，因静而柔。故“静”亦成为女性必备之美德。如《诗经》有《静女》一篇，所谓“静女”，即贞静之女，《传》云：“静，贞静也。女德贞静而有法度，乃可说也。”宋玉《神女赋》说神女：“素质干之醲实兮，志解态而体闲。既姽嫿于幽静兮，又婆娑乎人间。”李善注：“言志操解散，奢泰多闲，不急躁也，谓在人中最好无比也。”又说神女“澹清静其愔嫕兮，性沉详而不烦。”李善注：“言志度静而和淑也，不烦不躁也。”[2]曹植《洛神赋》说洛神“环姿艳逸，仪静体闲，柔情绰态，媚于语言”[3]，都在强调女性的闲静之美。而古今中国人喜欢用“静”或“闲”（同“娴”）字为女孩子命名，亦体现了人们对女性闲静特质之认同。

传统文人以柔顺、闲静为女德，并将之附会到阴阳学说和道本论上，作为此种女德设计的理论依据。如以两性比附阴阳、乾坤，《易·系辞》说：“乾，阳物也；坤，阴物也。”“乾道成男，坤道成阴。”“天尊地卑，乾坤定矣。卑高以陈，贵贱位矣。动静有常，刚柔断矣。”“阴阳合德，而刚柔有体。以本天地之撰，以通神明之德。”以女性为阴，为坤，阴柔坤静，故女性亦当以柔顺的闲静为德。以女性比附道，道的基本特征是柔顺和闲静。“反者道之动，弱者道之用”，[4]“道”

[1] 如刘衍文指出：曹植《洛神赋》以“华茂春松”赞美洛神之美，是比拟不伦（见刘著《寄庐杂笔》之“《洛神赋》有比拟不伦处”条，上海书店出版社 2000 年版）。

[2] 《文选》卷一九。

[3] 《文选》卷一九。

[4] 《老子》第四十章。

是万物之源，有逞强于万物之资本而不逞其强，反而以弱示之。女人如道，亦当以柔顺和闲静为德。或者认为老子哲学中的“道”就是一个女性形象，《老子》第六章云：“谷神不死，是谓玄牝。玄牝之门，是谓天地根。绵绵若存，用之不勤。”“谷神”即“玄牝”，是一个“玄之又玄”的天地万物的“众妙之门”，这个“众妙之门”就是“道”，就是女性生殖器。或者认为老子的道本论和古代的阴阳学说，就是受女性的外在特征和内在气质的启发而建立起来的。所以，在传统文人看来，女性以柔顺和闲静为德，并非道德家的人伦偏见和性别歧视，而是一种自然现象，是有理论根据的。

近代以来的激进思想家，对传统文人关于女性柔顺和闲静品格的设计，给予了太多的指责和非难，以为这是传统男权社会性别歧视的产物，对女性自由健全的心智发展起着限制和阻碍作用。事实上，抛开明清以来确实存在的压抑女性健全发展的政治、文化势力不论，如果从男女双方在心理和生理上的实际差异考察，作者认为：女性的阴柔、闲静和男性的阳刚、勇武，的确是客观存在的性别差异。这正如英国性心理学家蔼理士所说：

> 阳性刚而主动，阴性柔而被动，确乎是自然界的一大事实，阴阳刚柔的学说，只要不过于抹杀武断，是有它的价值的。这种二元的分别是极基本的，而男女两性在心理上的种种差异也就导源于此；这是一个无法否认的事实，而也是近代人士最容易忘怀的一个事实。[1]

在蔼理士看来，男性阳刚勇武，女性柔弱闲静，是自然界客观存在的“一个无法否认的事实”，并且这种区分有其独特价值。所以，

[1] ［英］蔼理士：《性心理学》第 302 页，潘光旦译注，上海三联书店 2006 年版。

我们认为：正像主张男主外、女主内一样，古人提出的男刚女柔、刚柔相济、阴阳相配的观点，符合人性之基本特点。强调女性的温柔贞静，是以女性的心理和生理特点为依据，并不含有尊卑贵贱之意。女性就应当以温柔闲静为德，男性就应该以阳刚勇武为美。

女性以柔顺和闲静为美，故常常成为以阳刚勇武为特征的男性之精神寄托。“试问英雄末路里，温柔不住住何乡”（龚自珍），女性的胸怀被男性视为温柔乡，所以，当英雄末路之际，往往“唤红巾翠袖，揾英雄泪”（辛弃疾），即以女性的柔情抚慰热血男儿受挫的心灵。

2

女性的内在气质美，除上述柔顺与闲静，还有媚态、羞怯和韵趣。

先说女性的媚态。

何谓“媚”？据《说文》说：“媚，说也，从女，眉声。”段玉裁注：“说，今悦字也。《大雅》毛传曰：媚，爱也。”“媚”之所以令人爱、使人悦，是因其有美好、娇艳的特点。如《广雅·释诂一》说：“媚，好也。”《小尔雅·广诂》说：“媚，美也。”汉语中以“媚”为词根构成的词，大致有三个特点：一是多与女性有关。二是多用指女性优美的体态和动人的气质，如称女子娇美秀丽的面容为“媚秀”，称妩媚动人的气质为“媚气”，称娇美动人的眼睛为“媚眼”，称妩媚动人的微笑为“媚笑”，称娇美妩媚的体态为“媚态”，称优美动人的意趣为“媚趣”，称女子两颊讨人喜爱的酒窝为“媚靥”，此外还有“媚丽”“媚娇”“媚妩”“媚曼”“媚好”等词，皆与女性的美丽动人有关。三是用指奉承逢迎、巴结讨好的行为，如《诗·大雅·卷阿》说：“维君子使，媚于天子。”朱熹注：“媚，顺爱也。”《孟子·尽心上》说：“阉然媚于世也者，是乡原也。”《正字通·女部》说：“媚，谄媚，又亲顺也。”故称求悦于当世者为“媚世”，称谄媚阿曲者为“媚曲”，称取悦于人的神态为“媚色”，称谄媚迎合为“媚附”“媚事”或“媚承”，称迎合世俗者为“媚俗”，称逢迎谄媚之伎俩为“媚术”或“媚道”，称以美色迷人为“媚惑”等，还有称刺激男女性欲的春药为“媚药”。

“媚”字从女，故其义项皆与女性相关。“媚”之初义是美好，引申指女性美丽动人的体态气质，因其美丽动人的体态气质惹人喜爱，故又引申为悦或爱。在传统社会，“女为悦己者容”，女性精心妆饰容貌，是为迎合男性的审美趣味，为取悦男性。故“媚”之词义进一步向贬义引申，指以色迷人，以态惑人，逢迎取悦，巴结讨好，即朱熹所谓“顺爱”是也。

事实上，“媚”之本义就是指女性美丽动人的体态气质，其贬义引申是道德家的伦理偏见。女性之性别特征就是“媚”，或者说，“媚”是女性特有的性别魅力。在古代，“媚”与“魅”通，《列子·力命》说：“鬼媚不能欺。”殷敬顺等《释文》说：“媚，或作魅。”朱骏声《说文通训定声·履部》说：“媚，假借为魅。”所以，女性的“媚”，不妨释作女性特有的魅力。

称女性的诱惑为“媚”，最初并不含贬义。钱大昕《潜研室答问》卷三说：

> 《诗》三百篇言“媚于天子”“媚于庶人”“媚兹一人”“思媚周姜”、“思媚其妇”，皆是美词。《论语》“媚奥”“媚灶”，亦敬神之词，非有谄渎之意。唯伪古文《尚书》有“便僻侧媚”字，而《传》训为谄谀之人。

“媚”在古代是“美词”，是“敬神之词”，钱氏之言可谓证据确凿。

据叶舒宪考察，女性的“媚”，最初具有宗教神圣的意义。他发现：甲骨卜辞常将“媚”字与“雨”相联，“媚”并非如日本汉学家白川静所说是司雨的女神，而是女子求雨祭祀的活动，指让参加求雨祭祀的女性施展媚态，诱发天父的激情，使之降雨。通过对中外民俗传说的研究，他指出：

> 从宗教人类学的意义上看，“媚”的原始活动乃是人类以美女取悦于神灵的一种礼仪行为，围绕着这种“媚”的礼仪，产生出了像《楚辞·九歌》这样的娱神文学，求雨的功利要求在娱神文学中当然占有着一席重要地位。”[1]

所以，“媚”字的本义，指女性特有的性别诱惑力。在人类早期历史上，它并不含有任何贬义。

女性立世的资本之一就是其性别魅力，就是“媚”。荷兰汉学家高罗佩认为早期中国人讲的“妇德”，就是指的女性的诱惑力，就是“媚”。他说：

> 在汉及汉以后的文献中，“女德”的意思仅指“妇女的道德”，但在更早的书中却有两处提到“女德”是指“女人的诱惑力”。第一处见于一部汉代的历史著作，它引用某人批评一位公子陷于爱情之中的话，说这位公子“怀女德”（见司马迁《史记》卷三九关于晋公子重耳）。文章上下文表明，这里“德”是指女人把男人同自己连在一起的力量，即主要不是靠其容貌，而是靠她的女性魅力征服男人。在同一意义上使用的“女德”一词也见于《左传》中的一段名言：“女德无极，妇怨无终”（当公元前635年）。这两段引文还为我们理解《左传》的另一段话提供了背景。

[1] 叶舒宪：《高唐神女与维纳斯》第338～341页，中国社会科学出版社1997年版。

这段话是："女子不祥，惑人之心。"（当公元前 531 年）。[1]

高罗佩对"女德"的解说极富新意而且颇有依据，已得到国内学者的回应和认同。[2] 作者认为：女性的媚态，犹如高罗佩所说的"女德"，是指女性的性别魅力。"媚"之词义的贬义引申，犹如秦汉以后学者对"女德"的重新界定，皆体现了道德家的伦理偏见。美色迷人，尤物移人，正在其媚态。这正如李渔所说：

> 古云：尤物足以移人。尤物维何？媚态是已。世人不知，以为美色，乌知颜色虽美，是一物也，乌足移人？加之以态，则物而尤矣。如云美色即是尤物，即可移人，则今时绢做之美女，画上之娇娥，其颜色较之生人，岂止十倍，何以不见移人而使之害相思，成郁病耶？是知"媚态"二字，必不可少。媚态之在人身，犹火之有焰，灯之有光，珠贝金银之有宝色，是无形之物，非有形之物也。惟其是物而非物，无形似有形，是以名为尤物。尤物者，怪物也，不可解说之事也。……态之为物，不特能使美者愈美，艳者愈艳，且能使老者少而媸者妍，无情之事变为有情，使人暗受笼络而不觉者。[3]

女人之所以被称作"尤物"，正在其有媚态。尤物与美色之不同，或者说，尤物之所以高于美色，亦在其有媚态。媚态之诱惑力不容低估，它"能使老者少而媸者妍，无情之事变为有情"，其诱惑之方式又无迹可求，无形可究，"使人暗受笼络而不觉"。李渔这段文字，于媚

[1] ［荷］高罗佩：《中国古代房内考》第 15 页，李零、郭晓惠等译，上海人民出版社 1990 年版。

[2] 参见江晓原《性张力下的中国人》第 25 ~ 26 页，上海人民出版社 1995 年版。

[3] 李渔：《笠翁偶集 · 态度》，见《香艳丛书》二十集卷一。

态之特征及其功能的描述，可谓曲尽其妙，非有亲身体验者，不能道得如此精微细致。

虽然如李渔所说，媚态是“无形之物，非有形之物”。但是，细心追究，女性媚态之呈现，还是有迹可循的。如枚乘《七发》说：“皓齿蛾眉，命曰伐性之斧。”“皓齿”和“蛾眉”之所以被称为“伐性之斧”，是因为它最能展示女性的性别魅力，最能呈现女性的媚态，对男性最具诱惑力。所以，女性面部化妆最重要的部位就是眉与唇、眼与口。眼与口是最能显现女性媚态或魅力的器官，故文人描绘美人，总是离不开这两个器官，或者以这两个器官为中心。如《诗经·卫风·硕人》写硕人之美：“巧笑倩兮，美目盼兮。”宋玉《神女赋》写神女之美：“眸子炯其精朗兮，瞭多美而可观。眉联娟以蛾扬兮，朱唇的其若丹。”《登徒子好色赋》写东家绝色佳丽：“眉如翠羽，肌如白雪，腰如束素，齿如含贝，嫣然一笑，惑阳城，迷下蔡。”描写郊外游春之美姝：“意密体疏，俯仰异观，含喜微笑，窃视流眄。”[1]《大招》描写美人：“嫮目宜笑，蛾眉曼只。容则秀雅，稺朱颜只。魂兮归来，静以安只。……青色直眉，美目婳只。靥辅奇牙，宜笑嘕只。丰肉微骨，体便娟只。魂兮归来，恣所便只。”[2]王粲《神女赋》写美人：“朱颜熙曜，晔若春华。口譬含丹，目若澜波。美姿巧笑，靥辅奇牙。”[3]曹植《洛神赋》写洛神：“云髻峨峨，修眉联娟，丹唇外朗，皓齿内鲜，明眸善睐，靥辅承权。”[4]又如白居易《长恨歌》说杨妃“回眸一笑百媚生，六宫粉黛无颜色”。杨贵妃的魅力，就来自于她的“回眸”（眼）和“一笑”（口）。又如《聊斋志异》卷十《恒娘》中，

[1] 《文选》卷一九。

[2] 朱熹：《楚辞集注》卷七。

[3] 俞绍初辑校《建安七子集》之《王粲集》，中华书局 1989 年版。

[4] 《文选》卷一九。

恒娘见邻家太太朱氏虽貌美而不得宠于其夫（其夫当时正专宠一姿色平平的小妾），便主动向她传授争宠之法，她说："子虽美，不媚也。子之姿，一媚可夺西施之宠，况下者乎。"媚态虽以美色为基础，但有美色者不一定皆有媚态。美色而兼具媚态，才有勾魂摄魄的魅力。恒娘传授的媚术包括眼波和笑容两方面：

> 于是试使睨，曰：非也，病在外眦。试使笑，又曰：非也，病在左颐。乃以秋波送娇，又辗然瓠犀微露，使朱效之。凡数十作，始略得其仿佛。恒娘曰：子归矣，揽镜而娴习之，术无馀矣。

朱氏回家对镜练成媚术，达到预期效果，致使其夫"相对调笑，跬步不离闺闼，日以为常，竟不能推之使去"。媚态于男人之诱惑力量，于此可见一斑。

传统文人描绘美人，重点刻画其眼神和微笑。恒娘传授给朱氏的争宠之法，亦主要是在眼波和笑容这两个方面。因为这二者确是呈显女性媚态的主要载体，有"伐性之斧"之称。相较而言，眉目比之于皓齿，眼波比之于笑容，更能呈显女性的媚态，更具诱惑力量。"媚"字众女从眉，就是最好的说明。眉在目上，眉、目实为一体，是人体面部最生动、最活跃的部位，亦是最富情感特征的器官，喜怒哀乐，痴呆灵秀，尽显于此。而女性的美与媚，亦尽显其中。正如美国人类学家海伦·费什所说："也许，眼睛——不是心，不是性器官，不是大脑——才是浪漫开始的器官，因为互相盯着看容易使人微笑。"[1]眉目传情很可能是人类求偶行为或调情活动中最为普遍的一项策略。

[1] ［美］海伦·费什：《人类的浪漫之旅——迷恋、婚姻、婚外情、离婚的本质透析》第6页，刘建伟、杨爱红译，海天出版社1998年版。

故汉语中用“眉来眼去”一词，指称男女两性之间的情愫传递。

从字形上看，“眉”乃象形字，甲骨文中“眉”字就画成眉毛的形状。女性之眉尽显其美与媚，故古代诗文中常以眉代指女性或美女，苏轼《苏州闾丘江君二家雨中饮酒二首》之二云：“五纪归来鬓未霜，十眉环列坐生光。”“十眉”即十位美人。古代眉型繁多，其喻意亦颇具诗情，如以月喻眉，称“眉月”，指女性之眉如新月之清朗曲柔，如褚亮《咏花烛》曰：“靥星临夜烛，眉月隐轻纱。”以柳喻眉，称“眉柳”或“柳眉”，指女性之眉秀长妩媚，如风中柳叶轻柔飘忽，如韩偓《席上有赠》曰：“小雅斜侵眉柳去，媚霞横接眼波来。”以远山喻眉，称“眉峰”，指女性之眉如远望之山，朦胧闲雅，如柳永《雪梅香》曰：“别后愁颜，镇敛眉峰。”眉还有传情示意功能，故有“眉语”之说，如刘孝威《郗县遇见人织率尔寄妇》曰：“窗疏眉语度，纱轻眼笑来。”李白《上远夫人》曰：“眉语两自笑，忽然随风飘。”眉的舒展变化可以展示人物的内心活动，如紧张时，眉峰跳动；痛苦时，眉峰紧蹙；愤怒时，柳眉倒竖；喜悦时，眉峰舒展。明末清初戏曲作家徐士俊著《十眉谣》，张潮为之作《小引》说：

> 古之美人，以眉著者，得四人焉，曰庄姜，曰卓文君，曰张敞妇，曰吴绛仙。庄姜螓首娥眉，文君眉如远山，张敞为妇画眉，绛仙特赐螺黛。由今思之，犹足令人心醉而魂消也。[1]

女性因眉而美，故女性媚态之“媚”，《说文》说是“从女眉声”。其实，这表声的“眉”亦有表意的作用，即女性之媚态与眉有关。

如果说女性之眉体现的还是一种外在形态美，那么女性之目睛显

[1] 《香艳丛书》一集卷一。

示的则是一种内在的气质美。目睛传神，古代中国人对此早有明确认识。如孟子说：

> 存乎人者，莫良于眸子。眸子不能掩其恶，胸中正，则眸子瞭焉。胸中不正，则眸子眊焉。听其言也，观其眸子，人焉廋哉！[1]

今人所谓“眼睛是心灵的窗户”，正是孟子所谓“存乎人者，莫良于眸子”一句的最好注脚。正因如此，我们便可从眸子考察人之正与邪。魏晋南北朝时期的人物品鉴，特重目睛。因为在魏晋人看来，能传达人之内在精神者，莫过于目睛；目睛是传达人之内在神明、情韵的最好载体，如刘劭《人物志·九征》说：“征神见貌，则情发于目。”据《世说新语·贤媛》载：

> 王尚书尝看王右军夫人，问：眼耳未尝恶不？答曰：发白齿落，属乎形骸。至于眼耳，关于神明，那可便与人隔。

正是因为目睛“关乎神明”，所以其时之画家画人物，最重目睛之传神，如《世说新语·巧艺》载：

> 顾长康好写起人形，欲图殷荆州，殷曰：我形恶，不烦耳。顾曰：明府正为眼尔，但明点瞳子，飞白拂其上，使如轻云之蔽白日。
>
> 顾长康画人，或数年不点目精，人问其故，顾曰：四体妍蚩，本无关于妙处；传神写照，正在阿堵中。

---

[1] 《孟子·离娄上》。

魏晋时期的文人，无论是品人还是画人，皆有重神轻形、遗形存神的特点，而传神存神之重要载体是目睛，故其时文人之品人、画人，皆特重目睛。[1]

美人的眼波，有无穷之魅力，对男性最具诱惑力。如《聊斋志异》卷一《青凤》写青凤之美："弱态生娇，秋波流慧，人间无其丽也。"如民国文人何海鸣说："世间男子喜怒哀乐之事，其极点恒在女子之身。夫最可喜者，美人之眼波也。"[2]故男女交接，一见钟情，往往是从"目交心通"开始，"目挑眉语""目挑心招"是女性诱惑或调情的重要手段。如《诗经·卫风·硕人》写硕人"巧笑倩兮，美目盼兮"，几使男性魂不守舍。《山鬼》写山中女神"既含睇兮又宜笑，子慕予兮善窈窕"。李煜《菩萨蛮》说："铜簧韵脆锵寒竹，新声慢奏移纤玉。眼色暗相钩，秋波横欲流。"皆在强调美人"秋波流慧"的无穷魅力。

"秋波流慧"是呈显女性媚态的最佳载体，是最具诱惑力的"伐性之斧"。概括地说，美人之眼波有凝视、斜视、回视、窃视等几种形态。一般而言，美人眼波的正面凝视，往往不如斜视、回视、窃视有诱惑力。或者说，斜视、回视、窃视比凝视更能呈显女性的媚态。如宋玉《登徒子好色赋》说美人"含喜微笑，窃视流眄"。《神女赋》说神女"目略微眄，精彩相授。志态横出，不可胜记"。曹植《洛神赋》说洛神"明眸善睐"，李善注云："睐，斜视也。"所谓"窃视""微眄""斜视"皆有偷看、不正眼瞧的意思。这种眼波，能使女人"志态横出"，媚态毕现。故艺术家为了呈现女性的魅力，皆选择描绘此种眼神。如李延年《北方有佳人》说："北方有佳人，绝世而独立。一顾倾人城，再顾倾人国。"所谓"顾"，即回头看。与白居易《长恨歌》所谓"回

[1] 参见汪文学《汉晋文化思潮变迁研究》第 104 页，贵州人民出版社 2003 年版。

[2] 何海鸣：《求幸福斋随笔》第 48 页，上海书店出版社 1997 年版。

眸一笑百媚生”类似。北方佳人“倾城倾国”之魅力，在于“一顾”，在于回头看的那一瞬间所呈现的媚态；使“六宫粉黛无颜色”者，在于杨贵妃“回眸”之媚态和“一笑”之魅力。此与明清文人欣赏美人“临去秋波一转”近似，亦与徐志摩所谓沙扬娜娜“那一低头的温柔”所产生的魅力相近。其实，回视和窃视比凝视更有诱惑力，此与女性诱惑之特质有关，与女性以羞怯为美的观念有关（详后）。

3

再说女性的羞怯。

女性的羞怯，是在现实生活环境中培育起来的，是在社会习惯势力和男性审美趣味的影响下涵养而成的。因为在传统社会，家庭对女子的管教总是严于男性，社会舆论亦是薄责于男性而苛求于女性。所以，在与异性的交往中，在恋爱活动中，女子的态度常常不同于男性。男性的追求往往简单而直露，是勇往直前，无所顾忌。而女性则常有男子所没有的心理负担，她有各种各样的顾虑，她必须得时时控制自己的感情，即使她倾心的男子前来寻欢求爱，她亦不能或者不敢轻易以身许人。她必须做出强硬的拒绝姿态。即便她内心异常激动，情欲高涨，她亦得有意掩藏，故意推拒。所以，在传统社会，恋爱中的女子面临着比男子更为复杂的情境和更为矛盾的心境：她既要有挑逗、诱惑的本领，又必须时时保持警惕，敏于拒绝。[1] 女性的羞怯，就是在这种复杂情境和矛盾心境中培育出来的。

羞怯与羞耻是两个不尽相同的概念。据瓦西列夫说：“前者表现的是两性关系的一个方面，后者表现的则是人与人的道德关系的一个方面。人的羞耻感同人意识到自己的过失有关，而性的羞怯则是害怕

[1] 参见康正果《风骚与艳情》第 29 ~ 30 页，上海文艺出版社 2001 年版。

伤害两性关系的精神美。”即羞耻属于伦理道德领域的概念，而羞怯则是涉及两性关系的精神领域里具有审美意义的概念。羞怯与两性之爱有关，“羞怯感通常伴随着高尚的亲昵之谊。这种情感几乎总是出现在爱的感受的总和中”[1]。

对于女性来说，羞怯是一种美，是柔顺和闲静气质的一种呈显。克尔凯戈尔说：

> 女性的羞赧常常是五花八门的……有一种是敏感纤柔的娇羞默默，这是精神苏醒的晨曦；少女的娇羞默默价值连城。……这是精神的闪光，犹如闪电一样短暂，也犹如闪电一样瑰丽。而少女身上这种羞赧更是美妙绝伦，令人如醉如痴，因为它展示了如花似玉的豆蔻年华，表露了少女的惊诧与羞怯。随着年纪渐渐增长，这类羞怯亦日渐稀少。[2]

在克尔凯戈尔看来，女性的羞怯“价值连城”“美妙绝伦”，它并非一种本能的呈现，而是“精神的闪光”，是少女特有的一种可以令人如醉如痴的具有极强审美价值的精神品格和内在气质。所以，他断言：“女子的羞怯便一向是最可爱的媚态。”[3]这种以羞怯为内容的媚态，对于男性来说，既是一种实现好色冲动的阻隔，亦是一种不可抑制的诱惑。这种有阻碍的诱惑，才是真正的致命的诱惑。这正如蔼理士所说：

> 装饰和衣服的发展，一面所以培养羞怯的心态，以抑止男子的欲望，

[1] ［保］瓦西列夫：《情爱论》第157页，赵永穆、范国恩、陈行慧译，生活·读书·新知三联书店1997年版。

[2] ［丹］克尔凯戈尔：《勾引者手记》第79页，余灵灵等译，九洲图书出版社1998年版。

[3] ［丹］克尔凯戈尔：《勾引者手记》第52页，余灵灵等译，九洲图书出版社1998年版。

一面亦正所以充实献媚的工具，从而进一步的刺激男子的欲念。[1]

女性的羞怯，于女性自身而言，既是一种回避男性好色冲动的手段，又是献媚于男性的方式；于男性而言，既增加了求爱的难度，又刺激了欲望。与大胆、开放的女性相比，羞怯的女性对男性更有诱惑力。所以，蔼理士说：

> 羞怯的心态毕竟是求爱的主要条件，时代有今古，这是没有新旧的。要不是为了羞怯，我们就缺少一种迁延与节制的力量，这种力量的缺乏，一方面使男女积欲的过程来得太匆促，一方面使女子不能有从容观察与比较男子品性的机会，来选择她认为最适当的配偶。[2]

就女性羞怯行为产生的效果看，实际上就是欲擒故纵，拒绝是为了诱惑。恋爱中的女性的羞怯，除了如瓦西列夫所说，有“抑制肉欲因素的直接作用”，“唤醒两性关系中的精神因素，从而减弱了纯粹的生理作用”的意义外，[3] 更主要是一种若即若离、半推半就的献媚或诱惑手段。

羞怯是传统中国女性的主要特征，女性的深藏，是因为羞怯（详后）；女性回视或窃视异性，亦是因为羞怯。白居易《琵琶行》中的琵琶女“犹抱琵琶半遮面”，是为羞怯。古代画家所画的仕女图，古代戏曲小说中的女性出场，或以扇遮面，或长袂拂面，或侧目而视，或低头侧身，皆是因为羞怯。如《大招》写美人“长袂拂面，善留客止”，即用长长的舞袖半掩羞颜，做出一副羞怯忸怩之态，以达到吸引异性

[1] ［英］蔼理士：《性心理学》第 24 页，潘光旦译注，上海三联书店 2006 年版。

[2] ［英］蔼理士：《性心理学》第 25 页，潘光旦译注，上海三联书店 2006 年版。

[3] ［保］瓦西列夫：《情爱论》第 160 页，赵永穆、范国恩、陈行慧译，生活·读书·新知三联书店 1997 年版。

（“留客”）的目的。此亦如蔼理士所说，在恋爱中，“牝的对牡便（是）时而接近，时而逃避，或虽属逃避，而走的路线是一个圆圈”。[1]关汉卿的《[仙吕]一半儿·题情》，就对这种女性心态有很生动的反映，其云：

> 碧纱窗外静无人，跪在床前忙要亲。骂了个负心回转身，虽是我话儿嗔，一半儿推辞一半儿肯。[2]

面对恋人迫不及待（“忙”）要求亲热的举动，女子表现出羞怯和拒绝，是必要的，所以，她“骂了个负心回转身”。但是，她内心对情欲的要求又是不可抑制的，因此她是“一半儿推辞一半儿肯”。羞怯不是真正的逃避，拒绝是为了诱惑。羞怯是一种媚态，由羞怯媚态表现出来的诱惑，是真正的诱惑，是致命的诱惑。

4

次说女性之韵与趣。

传统中国文人对女性之韵与趣的欣赏，始于宋代，盛行于明清，特别是在当时的名士圈子中，成为一种普遍的风气。据《李师师外传》载：韦妃问宋徽宗为何喜欢李师师，宋徽宗回答说：“无他，但令尔等百人，改艳妆，服玄素，令此娃杂处其中，迥然自别。其一种幽姿逸韵，要在容色之外耳。”[3]即李师师的容色或不及众妃，或与众妃等，而其与众妃不同者，是其“幽姿逸韵”，宋徽宗所醉心的正是这种“幽姿逸韵”。又如李渔论女性美，虽亦颇重外在的美色，如云：“妇人

[1] ［英］蔼理士：《性心理学》第 24 页，潘光旦译注，上海三联书店 2006 年版。
[2] 隋树森：《全元散曲》第 156 页，中华书局 1964 年版。
[3] 《香艳丛书》二集卷四。

妩媚多端，毕竟以色为主。”但却特别重视女性的“态度”，以为女性的内在气质之美，就在“态度”，并且“态度”胜于“颜色”，他说：“世人不知，以为美色，乌知颜色虽美，是一物也，乌足移人，加之以态，则物而尤矣。”“态度之于颜色，犹不止于一倍，当两倍也。”[1]李渔论女性美所重之“态度”，就是当时文人品评美人所重之“韵”与“趣”。

“韵”本是魏晋名士在人物品鉴活动中对人物之气质、情性进行品评所使用的一个品目。[2]明清名士借以品评美人，如称青楼为“韵楼”，称青楼名妓为“韵人”。普遍把美人的“韵”置于美色之上，认为韵致比美色更有诱惑力。以“韵”品美人，在明清成为一种时尚，如潘之恒著《金陵妓品》，品评金陵美妓，提出品、韵、才、色四条标准，其云：“一曰品，典则胜”，“二曰韵，丰仪胜”，“三曰才，调度胜”，“四曰色，颖秀胜”。[3]品鉴美人之韵最详尽者，是徐震的《美人谱》，他从性、韵致、色、情文四个方面品鉴美人，作为美人之尤者，需兼具此四个方面，所谓“必欲性与韵致兼优、色与情文并丽”。四者之中，“韵致”最重要，故其所列品评美人的十项内容（容、韵、技、事、居、候、饰、助、馔、趣）中，“韵”得到再三强调，说“韵”是“帘内影，苍苔履迹，倚栏待月，斜抱云和，歌余舞倦时，嫣然巧笑，临去秋波一转”[4]。

徐震《美人谱》品鉴美人，亦甚重“趣”，说“趣”是“醉倚郎肩，兰汤昼沐，枕边娇笑，眼色偷传，拈弹打莺，微含醋意”。此为一般意义上的美人之“趣”，美人之“趣”最具审美意义和最符合文人士

---

[1] 李渔：《笠翁偶集摘录》，见《香艳丛书》二十集卷一。

[2] 参见汪文学《汉晋文化思潮变迁研究》第124～126页，贵州人民出版社2003年版。

[3] 《说郛》续十四。

[4] 《香艳丛书》一集卷一。

大夫之口味的是“憨趣”和“痴趣”。金圣叹对美人之“趣”的解说，尤其是关于美人之“憨趣”的说法，最耐人寻味，他说：“写女郎写来美是俗笔，写来淫是恶笔，必要写来憨方是妙笔。”又说：“写女郎憨，写女郎自道憨是俗笔，写女郎要人道其憨是恶笔，必要写女郎憨而极不自以为憨方是妙笔。”民国文人何海鸣盛赞金氏妙论，且引申说：

> 今之小说家谁解此者？女子中何以有称美人者？美人又必具何要素？予断言曰：憨也。未有美人而不憨者也，如徒求外观，则天下妖姬多矣，美人之称又何足贵？读小说至《红楼梦》绝无有心许王熙凤为美人者，即是理也。又如《西厢记》写红娘阅书者，每注意红娘而少注意莺莺者，亦是红娘传书递简不知为着何来，而自又不知其憨也。[1]

美人之美，美人之魅力及其对男人构成的诱惑，外表固然重要，但最重要的因素则是其内在的精神气质，特别是其“憨趣”。所以，在金圣叹看来，写女郎“必要写出憨方是妙笔”；在何海鸣看来，憨是美人必具之要素。事实上，金圣叹和何海鸣所谓美人之“憨”，就是指美人的真性情。红娘憨，林黛玉憨，是因其有真性情，故而有趣，因而可爱。王熙凤、薛宝钗，美则美矣，但缺乏憨趣，乃太精明，因其缺乏真性情，故不可爱。

又如，《聊斋志异》卷二《婴宁》中的女狐婴宁，她最突出的性格特征，就是“憨”与“痴”。她之所以惹人爱恋，亦正在其“憨”与“痴”。婴宁爱笑，而其笑是初无用心的憨笑和痴笑，并且爱做憨事，说痴话，是憨态可掬。故其母说她“年已十六，呆痴裁如婴儿”。

[1] 何海鸣：《求幸福斋随笔》第10页，上海书店出版社1997年版。

其中王生以花求爱一段，尤见其痴情憨态，其云：

> 生俟其笑歇，乃出袖中花示之。女接之，曰：枯矣，何留之？曰：此上元妹子所遗，故存之。问：存之何意？曰：以示相爱不忘也。自上元相遇，凝思成病，自分化为异物，不图得见颜色，幸垂怜悯。女曰：此大细事，至戚何所靳惜？待郎行时，园中花，当唤老奴来，折一巨捆负送之。生曰：妹子痴耶？女曰：何便是痴？生曰：我非爱花，爱拈花之人耳。女曰：葭莩之情，爱何待言。生曰：我所谓爱，非瓜葛之爱，乃夫妻之爱。女曰：有以异乎？曰：夜共枕席耳。女俯思良久，曰：我不惯与生人睡。语未已，婢潜至，生惶恐遁去。少时，会母所。母问：何往？女答以园中共话。媪曰：饭熟已久，有何长言，周遮乃尔。女曰：大哥欲我共寝。言未已，生大窘，急目瞪之。女微笑而止。幸媪不闻，犹絮絮究诘。生急以他词掩之，因小语责女。女曰：适此语不应说耶？生曰：此背人语。女曰：背他人，岂得背老母。且寝处亦常事，何讳之？生恨其痴，无术可以悟之。

此段关于婴宁憨态的描述，正是金圣叹所谓“写女郎憨而极不自以为憨”的“妙笔”。婴宁之可爱可喜，正在其憨态与痴情。“狂而不损其媚”，这憨态是憨中藏慧，于憨痴中呈现一片浑然天成的真性情，显得天真烂漫，妩媚可爱，故何守奇评婴宁说：“婴宁憨态，一片天真。”这与红娘、黛玉之憨痴，正相接近。而自作聪明之女郎，装憨卖痴，讨好卖乖，“若解语花，正嫌其作态耳”（蒲松龄语），体现在文艺作品中，就正是金圣叹所谓的“俗笔”和“恶笔”。

再如，《红楼梦》写人爱用“痴”字。据统计，《红楼梦》一百二十回，其回目用“痴”字即有十回之多。而作为一般贬义的“痴”“呆”“傻”解者，仅第七十三回“痴丫头误识绣春囊，懦小姐不问累金凤”一例，其他皆作褒义使用，多集中用在林黛玉和贾宝玉这两个曹雪芹的理想人物身上，并且皆有一往情深之义。[1] 林黛玉、贾宝玉之可爱，亦正在于他们有这种“痴”情。

总之，明清时期文人士大夫品鉴美人，尤重逸韵，特重憨情和痴趣，美人的艳丽容颜往往被放置在相对次要的地位。这与前述明清时期在时代风尚之影响下形成的以才情和韵趣为核心、以“韵美”为特点的女性美观念，是完全吻合的。

5

综上所述，传统中国文人关于女性气质的设计，主要有柔顺、闲静、媚态、羞怯和韵趣等几个方面。以下要讨论的，是培育这种理想女性气质的方法或手段。作者认为，传统中国社会培育女性气质的方法或手段主要有二：一是深藏，二是缠足。

先就深藏一面言之。传统中国社会强调女性的深藏与遮掩，如要求“女子出门，必拥蔽其面”[2]，“妇人送迎不出门”[3]，皆是为了深藏，并在此基础上逐渐形成以深藏为美的女性美观念。林语堂说：

> 女人的深藏，在吾人的美的理想上，在典型女性的理想上，女人教育的理想上，以至恋爱求婚的形式上都有一种确定不移的势力。[4]

基于一种独特的女性美观念，传统中国社会习惯将女性深藏或遮掩起来。所以，对于一个传统中国人来说，像纽约码头上高耸着的裸

[1] 蒋星煜：《西海屋随笔》卷四《田林说文》之“《红楼梦》爱用‘痴’字”条，上海书店出版社 2000 年版。

[2] 《礼记 · 内则》。

[3] 《左传 · 僖公二十二年》。

[4] 林语堂：《吾国与吾民》第 132 页，陕西师范大学出版社 2002 年版。

体自由女神，实在是骇人听闻；并且西方人还用她来象征自由、和平、公正、胜利，就更是匪夷所思。而传统中国社会女性的深藏，亦使外国人颇为惊讶，如葡萄牙传教士加斯帕·达·克鲁兹（Gaspar da Cruz）于1556年访问广州，就因为在广州街头见不到一位正派女性而大发感慨说：

> 她们经常深居简出，在广州全城，除某些轻佻的妓女和下层妇女外，竟看不见一个女人。而且她们即使外出，也不会被人看见，因为她们坐在遮得严严实实的轿子里。任何人到家里也别想见到她们，除非是好奇，她们才偶尔从门帘后面偷窥外来的客人。

另一位在中国南方考察过几年的传教士马丁·德·拉达（Martin de Rada）亦说：

> 女人都深藏闺阁，严守贞节，除干瘪的老太婆外，我们很难在城里和大地方见到女人。只有在乡村。愈是质朴纯厚的地方，反而才能经常见到女人，特别是她们在田里干活的时候。[1]

上层社会的女子都是深藏闺阁或深居简出，被有意遮掩起来。只有下层社会的女子，因为迫于生计而出现在公共场所。两位传教士的观察，符合当时中国社会的实际情况。

或者以为，传统中国女性的深居简出，与礼教对女性的束缚有关。其实，将女性深居闺阁，女性以深藏为美，并非宋元以来礼教深入影响之后才发生的现象。因为即使在汉唐这段中国历史上比较开放的时

[1] 转引自（荷）高罗佩《中国古代房内考》第354页，李零、郭晓惠等译，上海人民出版社1990年版。

期，良家妇女亦仍然是深藏着的，社会习俗亦仍然以深藏为理想女性的正确安顿。如汉武帝之姑母以阿娇许之，武帝应诺当以“金屋藏娇”。一个“藏”字，颇堪玩味，意味将阿娇深藏起来，秘不示人，以示爱慕之意。所以，此“藏”，并非禁锢、拘限或束缚之意，而是爱之护之宝之贵之。再说风流佚荡之卓文君，亦并非抛头露面之辈，在其家庭宴会上，亦是深处闺中，遥闻相如琴声，亦只能是“窃从户窥之，心悦而好之”[1]。唐代亦是如此，如白居易《长恨歌》说杨贵妃：“杨家有女初长成，养在深闺人未识。”良家妇女都养在深闺之中，不宜抛头露面。甚至白居易《琵琶行》中的琵琶女，亦是深居简出，接受诗人的邀请，亦是“千呼万唤始出来，犹抱琵琶半遮面”。

深居简出是女性的美德，而抛头露面的女性往往会遭受社会舆论的批评，甚至被指责为恶行，被认为是风衰俗怨的表现。如葛洪《抱朴子·疾谬》说：

> 昔鲁女不幽居深处，以致扈荦之变；孔妻不密潜户庭，以起华督之祸；史激无防，有污种之悔；王孙不严，有杜门之辱。而今俗妇女，休其蚕织之业，废其玄纨之务，不绩其麻，市也婆娑。舍中馈之事，修周旋之好。更相从诣，之适亲戚，承星举火，不已于行。多将侍从，晴晔盈路，婢使吏卒，错杂如市，寻道亵谑，可憎可恶。或宿于他门，或冒夜而反。游戏佛寺，观视渔畋，登高临水，出境庆吊。开车褰帏，周章城邑，杯觞路酌，弦歌行奏。转相高尚，习非成俗，生致因缘，无所不肎，诲淫之源，不急之甚。

在葛洪看来，历史上发生的“扈荦之变”“华督之祸”“污种之悔”

[1] 《史记·司马相如列传》。

和“杜门之辱”，皆因女子违背“幽居深处”之传统规矩所导致。而当今女子“舍中馈之事，修周旋之好”，或“晞晔盈路”，或“游戏佛寺”，或“登高临水”，葛洪认为此乃是“诲淫之源，不急之甚”。这种反对女子抛头露面的观点，是传统社会道德家的普遍见解。

作者认为，道德家和世俗社会要求女性深藏，与文人雅士要求女性深藏，有着不同的动机。前者有更多的道德目的，后者则主要是艺术或审美的目的。或者说，前者是为了防微杜渐，移风易俗，预防男女淫乱，重在男女之大防。而后者则主要是通过深藏以培育女性柔顺和闲静气质，有明显的艺术化、审美化的倾向。相较而言，后者更接近传统社会深藏女性之本意，前者可称作深藏女性之引申义。后者是本，前者是末。因为，我们注意到，在礼教比较松弛的时代，亦讲求女性的深藏，如汉唐时期。在本来比较风流浪漫的人物身上，亦讲求深藏，如卓文君；甚至风尘女子亦要深藏，如《琵琶行》中的琵琶女。还有，礼教未曾完全建立的《诗经》《楚辞》时代，亦讲求女性的深藏，如《离骚》云：“闺中既以邃远兮，哲王又不寤。”“邃远”，深邃而遥远，意谓美人住在深远的闺房中，无法追求，君王又不觉悟。在这里，美人亦是深藏于“邃远”之闺房中。又如《诗经·关雎》诗中，令君子“辗转反侧”“寤寐思服”的女子，是一位“窈窕淑女”。何谓“窈窕淑女”？据《毛传》说：“窈窕，幽闲也。淑，善也。……是幽闲贞专之善女，宜为君子之好匹。”朱熹《诗集传》亦以“幽闲贞静之德”释“窈窕”。是知该女子因“窈窕”而美善，故得“淑女”之称。或者说，该女子因“幽闲贞静”而称“淑女”，故特具魅力，致使君子“辗转反侧”“寤寐思服”。那么，“窈窕”与“幽闲贞静”有何关系呢？据姚际恒《诗经通论》卷一说：“‘窈窕’字从‘穴’……犹后世深闺之意。”

崔述《读风偶识》云："窈窕，洞穴之深曲者，故字从穴，喻其深居幽邃，而不得轻见也。……妇当从人，女贵自重，故以深居幽邃、贞静自守为贤。"崔述之见，亦未免道德家的头巾气。但是，姚、崔二氏指出"窈窕"之本义是"洞穴之深曲者""犹后世深闺之意"，则是值得注意的。依照这种解释，女子因处于"窈窕"（即深闺）之中，而具有"幽闲贞静之德"；因其有"幽闲贞静之德"，而成为君子"辗转反侧""寤寐思服"的"淑女"。简言之，女子必须通过深藏的途径才能变成"淑女"，"淑女"必然是深藏的。反之，则是荡女、妖女。

关于女性的深藏，追求诗性爱情的存在主义哲学家克尔凯戈尔的意见，值得我们参考，他说："少女应深居于闺房，只要这种管束不致伤害她们。"他认为少女应该在孤独中成长，深居于闺房就是为了使她孤独。他说：

> 对女人而言年轻时孤独的重要性远胜于男人。女人应当是完满自足的，但她赖以达到的完满自足却是个幻想。幻想是大自然赐予她的珍贵嫁妆，使她富如帝王之女。正是孤独使她安于幻想，我时常叹息再没有什么比少女间经常的交往更容易败坏一个年轻姑娘了。这显然是由于这类交往最容易毁灭幻想，而不是澄清幻想。

在克氏看来，幻想中的少女是最美的，"幻想是大自然赐予她的珍贵嫁妆"，幻想令"她们可爱而不致过于惹眼"，幻想使她们成为"完满自足"的个体。或者说，少女是通过幻想来满足其欲望追求。所以，她们对外无所追求，她们的内心是平静的，是"完满自足"的，她们亦因此而成为"静女"。幻想是在孤独生活环境中培养起来的，深居于闺房是为了使她们孤独。因此，少女幽居独处是有积极意义的，他声称："如果由我来设想我理想中的姑娘，她应该是孤独、完满自足的，尤其不能有女友。"[1]克氏关于"少女应深居于闺房"的观点，与传统中国文人要求女性深藏的观点，完全相通，即皆在于借此培育女性的内在气质和诗性情怀。

总之，传统中国女性以柔顺、闲静为美，深藏正是培育这种内在气质的重要途径。正如强调女性的柔顺、闲静，并不含有性别歧视和压迫女性的意义；提倡女性的深藏，亦不是为了限制女性、束缚女性。至少文人雅士之初衷是如此，至于后起的道学家基于男女大防之道德意义，而反对女性抛头露面，主张女性深居简出，那就应该另当别论了。

6

深藏是为了培育女性柔顺、闲静的内在气质。那么，传统中国女性缠足的动机又是什么呢？这正是下文将要探讨的问题。

女性的缠足，作为传统中国的"国粹"，是近现代以来受到世人诟病最集中的一种传统习俗，成为近现代思想家攻击传统社会残害女性的最不人道的行为。需要追问的是，这种极不人道的古老习俗为何能在传统中国社会延续近千年之久？这种极端残忍的习俗为何发生在母女之间？或者说，以慈爱著称的母亲为何忍心对自己的心肝宝贝施以如此"酷刑"？更令人深思的是，这种缠足习俗在清代中后期以来居然屡禁不止，甚至朝廷和地方政府屡颁禁令，亦无济于事，民间社会仍然我行我素，这到底是因为什么？或者如康正果所说：

> 如果说缠足仅仅出于男性的诡计，何以会形成一种遍及朝野，绵延

[1] ［丹］克尔凯戈尔：《勾引者手记》第52页，余灵灵等译，九洲图书出版社1998年版。

千年的颓风？如果说这样一种性别压迫的策略纯属从外部强加，为什么会像传染病一样引起妇女群体地自残，男人狂热地崇拜？这应该有其内在的原因，肯定有更隐秘的动机。[1]

另外，在“五四”前后，这种延续了近千年的古老习俗终于退出历史舞台，这是思想解放、妇女独立的成果呢？还是另有原因？这些都是值得我们重新思考的问题。

以今日的健美观念视之，缠足为传统社会之陋习，此乃人所共知，无须赘论。缠足对于妇女身体之残害，对于女性身心带来的痛苦，亦是不言自明的，如《戒缠足歌》曰：

五龄女子吞声哭，哭向床前问慈母：
母亲爱儿似孩提，何缚儿足如缚鸡。
儿足骨折儿心碎，昼不能行夜不寐。[2]

像这类歌谣，姚灵犀《采菲录》收录了不少，读之令人心碎。另外，民间亦有“小脚一双，眼泪两缸”的控诉。缠足于妇女身体之伤害，大体有三：其一是缠足时的痛苦不堪；其二是缠成后的行走不便，身体乏力，即《缠足有害唱》所谓“欲走道，无力气；拿物件，不便利”。其三是导致月经病和痨气病的发生，即《缠足有害唱》所谓“小闺女包了脚莫有好处，十个女有九个必得痨气”，“阙断了筋骨，血气往上提，得痨气，生鼠疮，都是为此起”。[3]民国医学专家陈微尘在《〈采菲录〉序》中所言极是：

[1] 康正果：《残酷的美》，见《身体和情欲》第30页，上海文艺出版社2001年版。
[2] 姚灵犀：《采菲录》第73页，上海书店出版社1998年版。
[3] 姚灵犀：《采菲录》第68～69页，上海书店出版社1998年版。

> 余既习于医，对于妇女百病靡不深切研究，而后知缠足之害，往往为月经病致病之因。盖每月红潮皆应去瘀生新，气不足则瘀不能去。缠足妇女缺乏运动，气先不足已成定论，加以足帛之层层压迫，使血管受挤，血行至足，纡徐无力。一人每日之血液，本应环行全身一周，若在足部发生障碍，则其周流必生迟滞之弊。一日如此，日日如此，积年累月莫不如此，欲求月经上不发生疾病可以得乎？[1]

学者以为，缠足不仅给女性身心带来痛苦，影响女性的身体健康，而且还影响民族健康，甚至与国势命运亦攸其相关。悴民《三可惜馆丛谈》说：

> 夫君国号称四万万人，因缠足而瘫痪者不下两万万人。……而两足一曲，百骸俱病，母气不足，生子亦不能壮。……欧美各国以不缠足之故，有一人则得一人之用；吾国以缠足之故，有两人则失一人之用。……况乎缠足不变，则女学不兴；女学不兴，则民智不育；民智不育，则国势不昌。[2]

缠足对于妇女个人和民族国家有如此深刻的负面影响，[3]然而，在传统社会，“疼儿不疼学，疼女不疼脚”，“无论慈母怎样疼爱自

[1] 姚灵犀：《采菲录》卷首，上海书店出版社 1998 年版。

[2] 转引自李荣楣《中国妇女缠足史谭》，见姚灵犀《采菲录》第 14 ~ 15 页，上海书店出版社 1998 年版。

[3] 关于女性缠足对中国文化之影响，高罗佩说：“人们常常夸大缠足对妇女健康的直接不利影响。其实对中国妇女健康的总体趋势来说，由缠足而派生的影响才是最严重的问题：缠足使女人对舞蹈、击剑以及缠足时代以前女性从事的其他体育活动兴趣锐减。”（《中国古代房内考》第 290 页，李零、郭晓惠等译，上海人民出版社 1990 年版）

己的闺女，惟对于裹脚，决无怜惜痛苦者”。[1] 阅览姚灵犀《采菲录》所录民国时期禁止妇女缠足的若干史料，可知放足确非易事，政府之放足令遭到各方面的反对，特别是来自妇女的抵抗，甚至还发生了殴杀、围攻提倡放足之政府官员的事件，真是匪夷所思，这到底是因为什么？

民国学者李荣楣在《中国妇女缠足史谭》一文中，总结妇女缠足之原因有七：一是男女有别，二是区分贵贱，三是保持种族特征，四是取悦男子，五是约束女性，六是易守贞操，七是利于婚配。作者认为，其中最重要的，当是第四点，即取悦男子。[2] 女性以小脚取悦男性，男性欣赏女子的三寸金莲，这与传统中国男性的审美趣味有关，是由

[1] 阔斧：《记三十年前北京男女之修饰》，见姚灵犀《采菲录》第 7 页，上海书店出版社 1998 年版。

[2] 关于缠足的原因，高罗佩认为：“仅由风尚的变迁并不足以解释有关小脚小鞋的禁忌。”至于有人把缠足与女人的阴道联系起来，认为缠足会引起某种特殊的阴阜和阴道的反射，在医学专家看来，亦是不能成立的。而笼统地断言儒家助长了这种风俗，因为它有助于限制妇女的行动，使她们足不出户。在高罗佩看来，亦“过于牵强，完全不能令人满意”。他认为：“这个问题只能从心理分析的角度来解决，恐怕要从恋鞋癖（shoe-fetichism）入手。”（《中国古代房内考》第 287 ~ 288 页，李零、郭晓惠等译，上海人民出版社 1990 年版）的确，缠足的原因相当复杂，它极有可能与“恋鞋癖”有关，要不然，诸多现象无法解释。比如，在传统中国，女性的脚是她的性魅力所在。男人偶然碰及女性的乳房和臀部，都可以原谅。但若碰到女人的脚，则是相当严重的事情，常会引起很大的麻烦，因为碰女人的脚，就是性交的第一步。如果你是有意或是无意中摸到一位女人的脚，而没有引起她的反感，这说明她愿意与你性交。据高罗佩说：“几乎每部明代或明代以后的色情小说，都以同样的方式描写这一步。”小脚代表女性，最有性的魅力。据高罗佩的观察，“宋和宋以后的春宫画把女人画得精赤条条，连阴部都细致入微，但我从未见过或从书上听说过有人画不包裹脚布的小脚。女人身体的这一部分是严格的禁区，就连最大胆的艺术家也只敢画女人开始缠裹或松开裹脚布的样子”。“春宫画上的女子凡在席子上或有侍女可以看见的地方性交，总是穿着鞋子和扎着裹腿。鞋子和裹腿只有在遮有帐幔的床上才脱下，裹脚布也只在浴后才更换”（《中国古代房内考》第 286 ~ 290 页，李零、郭晓惠等译，上海人民出版社 1990 年版）。

传统男权社会的女性美观念决定的。事实上，缠足之初起，并无有意迫害和禁锢女性的意义。它是在传统中国以温柔敦厚为美的文化背景下，在男性对女性纤巧身姿和轻灵舞姿的爱好和崇尚的前提下，在男性关于女性之柔顺、闲静、媚态、羞怯和韵趣等理想品格的设计中，产生的一种习俗现象。

在传统社会，自秦汉以来，在尚中重柔的文化背景下，柔弱和舒缓被设计为女性的特有气质和性别特征，纤纤细步被设定为女性特有的步态。女性于纤纤细步中，显示其特有的柔情与闲静，呈显其动人的媚态与优雅的趣味，因而对男性有特别的诱惑力。《史记·货殖列传》云："临淄女弹弦缠纵。"又云："今夫赵女郑姬，设形容，揳鸣琴，揄长袂，蹑利履，目挑心招。"曰"缠"曰"利"，其足之小可知。《汉书·地理志》云："赵女弹弦跕躧。"颜师古注曰："躧与屣同，小履之无跟者也；跕谓轻蹑之也。"小脚利履，方有纤纤细步的柔美之态和婀娜之姿。赵女郑姬以色事人，以态媚人，其作如此装扮，正可见汉魏时期的男性对女性柔美体态的欣赏。即使良家妇女亦当作如此步态，如《孔雀东南飞》中的刘兰芝，是"足下蹑丝履……纤纤作细步，精妙世无双"。这正如袁枚《缠足谈》所说：

> 大抵妇人之步，贵乎舒迟。《毛诗》："月出皎兮，佼人僚兮，舒窈纠兮。"《毛传》："舒，迟也。窈纠，舒之姿也。"张平子《南都赋》："罗袜蹑蹀而容与。"《焦仲卿诗》："足下蹑丝履，纤纤作细步。"既以缓行为贵，则缠束使小，在古容或有之。[1]

秦汉以来之女性以柔弱为美，故其步态，"贵乎舒迟"。"缠束使小"

[1] 《香艳丛书》二集卷四。

正是实现舒迟步态的主要手段。所以，袁枚之说，颇切情理。这种以步态舒迟为美的女性美观念，在古代社会确有普遍性，如宋玉《神女赋》说神女“步裔裔乎曜殿堂”，《长门赋》说：“夫何一佳人兮，步逍遥以自虞。”曹植《洛神赋》说洛神“步踟蹰于山隅”。“裔裔”“逍遥”和“踟蹰”，皆形容其步态之轻缓。尖尖小脚于步行或舞蹈中，确有增其妍媚柔美和婷婷玉姿的效果。徐珂《天足考略》说：

> 抑又闻之，唐有官妓，教坊乐部，粉黛成列，凡遇宴会，辄令舞者自效。继以舞时足巨非美观也，乃绕帛使纤，便于回旋行进，则窈纠容而益增仪态矣。于是士大夫悦之。[1]

男性欣赏女性的妍媚柔美和婷婷玉姿，雅一点说，是对美的欣赏；质言之，则是一种满足性心理的需要。所以，我还是偏向于林语堂的观点：“金莲的尊崇，无疑导源于性的诡秘境界。”[2]“倘使缠足只当作压迫女性的记号看待，那一般做母亲的不会那么热心地替女儿缠足。实际上缠足的性质始终为性的关系。”[3]男性欣赏女性的小脚，乃在于迷恋小脚女性婀娜的步态和柔美的气质；女性不遗余力地缠足，皆在迎合男性审美和性的需要。所以，林语堂说：

> 中国妇女的小脚不惟使男人的眼光感觉可爱，却是微妙地影响及于妇女的整个风采和步态，致使她们的粉臀肥满而向后凸出，其作用等于摩登姑娘的穿高跟皮鞋，且产生一种极拘谨纤婉的步态，使整个身躯形成弱不禁风，摇摇欲倒，以产生楚楚可怜的感觉。看缠足妇女的走路，

[1] 姚灵犀：《采菲录》第28页，上海书店出版社1998年版。
[2] 林语堂：《吾国与吾民》第151页，陕西师范大学出版社2002年版。
[3] 林语堂：《吾国与吾民》第149页，陕西师范大学出版社2002年版。

> 有如看走绳索的舞女，使人可望而不可即，撩起无限烦愁和心绪。缠足却为中国人在性的理想上最高度的诡秘。[1]

因此，简单地说缠足是对女性的迫害和禁锢，有失严谨。如上所述，它有更深层的原因，即审美趣味和性爱心理上的原因。

古老的缠足习俗终于在“五四”前后退出了历史舞台。不过，其退出的原因颇耐人寻味。从姚灵犀《采菲录》一书辑录的近代禁缠和放足的史料看，当时禁止缠足和提倡放足的活动虽然是在全国如火如荼地开展起来，但其遇到的阻力却是相当强大。作者认为：缠足之所以能在“五四”前后退出历史舞台，除了各级政府和地方官员的积极推动，进步思想家的尖锐批判和积极引导，还有一个更重要的原因，就是西方女性所穿的高跟皮鞋的引进。女性穿上高跟皮鞋所呈现的妍媚纤婉、婀娜柔美的体态，与“三寸金莲”的小脚女性之体态颇为近似。所以，林语堂在论及缠足风俗之废止时，特别强调高跟皮鞋的妙用，他说：

> 因为中国妇女从其他方面获得了较可忍受的代替品，即摩登姑娘的高跟鞋。高跟鞋提高了女人的身体，发展一种婀娜的步姿，更产生一种幻象，使觉得她们的足部看去好象较实际者为小。[2]

与缠足相比，女性穿高跟鞋不仅获得了同缠足一样的体态效果，而且还大大减轻了她们身心上的折磨和痛苦，故为一般女性所乐于接受。从缠足到穿高跟鞋，女性身体的痛苦减轻了，但其妍媚纤婉、婀

[1] 林语堂：《吾国与吾民》第 151 页，陕西师范大学出版社 2002 年版。

[2] 林语堂：《吾国与吾民》第 152 ~ 153 页，陕西师范大学出版社 2002 年版。

娜柔美的体态效果保留下来了。“从本质上讲，穿高跟鞋也可被理解为一种摩登的缠足。”[1]所以，可以说，缠足习俗虽然退出了历史舞台，但是缠足的精神却是阴魂不散，至今仍有相当普遍的影响，这说明根植于民族心灵深处的审美趣味是难以轻易抹去的。虽然现今穿高跟鞋的女性未必有这种自觉意识，正如传统社会缠足的民间妇女亦未必明白缠足的真实意义。因为一种行为一旦成为时尚以后，是不需要追问原因的。

7

传统中国女性以柔顺、闲静、羞怯、媚态、韵趣为美，深藏和缠足是培育这种内在气质美的重要手段。这种女性气质是文人设计的，体现了传统中国文人的审美趣味。传统中国文人关于女性美的种种比喻，如女人如月、女人如花、女人如柳、女人如水，女人如道、女人如诗等，亦充分体现了文人的这种审美趣味。

传统中国文人最乐于以花和月比拟女性的容貌。如古代诗文中描绘女性的美貌，常有“花容月貌”“闭月羞花”之类的说法；描述男女之间卿卿我我，亦常是在“花前月下”。可见，“花”“月”与两性关系特别是女性气质，确有比较密切的关系。

先说“女人如月”。在传统中国文化中，作为自然物的月，其外形特征与内在质性，与女性很近似。故作为象征之物的月亮，其基本的象征意义之一就是女性。如陈益斋诗句云：“古松奇似老名士，初月媚于新嫁娘。”[2]月亮柔顺温和的特点，与女性的气质特征和阴性性格，非常相近，如《吕氏春秋·精通》说：“月也者，群阴之本也。”

[1] 康正果：《残酷的美》，见《身体和情欲》第37页，上海文艺出版社2001年版。

[2] 梁绍壬：《两般秋雨庵随笔》卷一“律中变调”条。

《淮南子·天文训》说："月者，阴之宗也。"《说文》释"月"云："阙者，太阴之精。"古人以日月比附阴阳，进而以日月象征男女，如《礼记·礼器》说："大明生于东，月生于西，此阴阳之分，夫妇之位也。"据考察，以月亮作为女性的象征，肇始于人类的生殖崇拜。月亮崇拜实质上就是女性生殖崇拜，中国开天辟地的第一位女神——女娲，同时亦是月神。[1] 因此，在古代，与女子生育有关的事件多冠以"月"名，如女子的例假称"月经"，女子生产后的第一个月称"月子"，女子临产时住的房子称"月子房"，刚生过孩子的女子称"月母"，等等。

从审美意义上看，与太阳相比，月亮的特征是阴柔、宁静、婉约、和谐、明净、超脱。如果说太阳是动态的，月亮则是静态的；日光富有刺激性，月光则是和谐的、婉约的；日光是刚性的，月光则是柔性的；日光适合于散文，月光则近于诗；日光是男性的象征，月光则是女性的象征。"太阳意味着真实与运动，而月亮象征着寂静与超脱。日神改造物质世界的活动停歇之后，艺术的创造便在寂静的月色下悄然展开。"[2] 所以，以月亮比喻女性，正是基于二者皆有宁静、婉约、阴柔和诗性的特征。

再说"女人如花"。在中国传统文化语境中，"花"是一个有阴性特点的词，如描绘女人的容貌，常有"如花似玉""花容月貌""闭月羞花"之类的说法。又如称挑逗和勾引异性为"拈花惹草"，称风流浪荡之心为"花心"，称妓女为"解语花"。以花之品名如梅、桃、兰、桂、菊、海棠和花之属性如芬、芳、艳、秀、丽、香、芝、英、红等词汇，为女性命名，则更是一个显而易见的中国特色。

---

[1] 参见傅道彬《晚唐钟声——中国文学的原型批评》第 36 页，中华书局 2007 年版。

[2] 傅道彬：《晚唐钟声——中国文学的原型批评》第 49 页，中华书局 2007 年版。

植物中之最馨香者，是花；人群中之馨香者，是女性。[1] 植物中之最美艳者，是花；人群中之最美艳者，是女性。“美人是花真身，花是美人小影。”[2] 美人与名花相伴，自是天经地义。[3] 花与女性皆有美艳的外表和馨香的内质，故古人常常在花与美人之间建立起互喻互释的关系。如《诗经·周南·桃夭》云：“桃之夭夭，灼灼其华。之子于归，宜其室家。”《诗经·郑风·有女同车》云：“有女同车，颜如舜华。”宋玉《神女赋》云：“美貌横生，晔兮如华，温乎如莹。”花是美人的象征，清人朱锡绶在其《续幽梦影》中说：

> 花是美人后身。梅，贞女也；梨，才女也；菊，才女之善文章者也；水仙，善诗词者也；茶，善谈禅者也；牡丹，大家中妇也；芍药，名士之妇也；莲，名士之女也；海棠，妖姬也；秋海棠，制于悍妇之艳妾也；茉莉，解事之雏鬟也；木芙蓉，中年诗婢也。兰为绝代美人，生长名阀，耽于词画，寄心清旷，结想琴筑。然而待字闺中，不无迟暮之感。

如此一一对应的比附，自然不无可訾议之处，然而它的确反映了传统中国文人乐于以花与美人互喻互释的文化心理。

美人如花，花似美人，故常有花与美人争艳的现象，如唐末无名

[1] 李渔《笠翁偶集摘录·薰陶》说：“名花美女，气味相同，有国色者必有天香。天香结自胞胎，非由薰染，佳人身上，实有此一种，非饰美之词也。”（《香艳丛书》二十集卷一）

[2] 卫泳：《悦容编·葺居》，见《香艳丛书》一集卷二。

[3] 李渔《笠翁偶集摘录·首饰》说：“《清平调》之首句云：名花倾国两相欢。欢者，喜也。相欢者，彼既喜我，我亦喜彼之谓也。国色乃人中之花，名花乃花中之人，二物可称同调，正当晨夕与共者也。”所以，李渔建议：“富贵之家，如得丽人，则当遍访名花，植之阃内，使之旦夕相亲。”“寒素之家，如得美妇，屋旁稍有隙地，亦当种树栽花，以备点缀云鬟之用。他事可俭，此事独不可俭。”（《香艳丛书》二十集卷一）

氏《菩萨蛮》词云：

牡丹含露真珠颗，美人折向庭前过。含笑问檀郎，花强妾貌强？檀郎故相恼，须道花枝好。一向发娇嗔，碎挼花打人。[1]

明代唐寅据此作《妒花歌》云：

昨夜海棠初着雨，数朵轻盈娇欲语。佳人晓起出兰房，折来对镜比红妆。问郎花好奴颜好？郎道不如花窈窕。佳人闻语发娇嗔，不信死花胜活人。将花挼碎掷向郎，请郎今夜伴花眠。[2]

花开花落，好景不长，亦如女性之红颜，稍瞬即逝，如刘希夷《代悲白头翁》所谓“洛阳儿女惜颜色，行逢落花长叹息”，因为“年年岁岁花相似，岁岁年年人不同”。又如林黛玉《葬花词》云：

花谢花飞花满天，红消香断有谁怜？……桃李明年能再发，明年闺中知有谁？……尔今死后侬收葬，未卜侬身何日丧？侬今葬花人笑痴，他年葬侬知是谁？试看春残花渐落，便是红颜老死时。一朝春尽红颜老，花落人亡两不知。[3]

花与美人的惺惺相惜，正是因为二者在美艳的外表和馨香的内质上有相近之处。

三说“女人如柳”。《诗经·小雅·采薇》云：“昔我往矣，杨

[1] 《花草粹编》卷三。

[2] 《六如居士集》卷一。

[3] 《红楼梦》第二十七回。

柳依依。”“依依”，既指杨柳婀娜轻柔的形态，又指分别时缠绵悱恻、恋恋不舍的情态。这里，诗人以杨柳婀娜轻柔的形态比拟分别时缠绵悱恻之情态。杨柳轻柔缠绵之形态与女性的气质特征相近，因此，在中国古典诗词中，诗人常常以柳喻女性，以柳之轻柔缠绵比拟女性之柔情媚意。

柳作为一个文学意象，在唐宋诗词中大量出现，并且大多与女性有关。据统计，《唐诗三百首》中的树木意象，除泛指木者外，柳出现最多，达二十九次，且大多与女性有关。在《唐诗类苑》“植物”目下，数量最多的是关于柳的诗，亦多与女性相关。这正如程梦星评李商隐诗所说：“唐人言女子好以柳比之，如乐天之杨柳小蛮，昌黎之倩桃风柳，以及《章台柳词》皆然。”[1] 在《全宋词》中，植物意象出现的次数依次为：梅 2953 次，柳 2861 次，草 2167 次。宋词中的柳意象同样多与女性有关。

女人如柳，古人常以柳喻女性的性情、体态和容貌。如描绘女人容貌身体的词汇，有“柳眼”“柳腰”“柳眉”“柳脸”等。称女人的体态为“柳态”或“柳姿”。把女人的倦神怠意称为“花憔柳闲”或“柳衰花病”。用“花情柳思”或“占柳怜花”指称男女间的柔情蜜意。贬毁女性之轻浮，则叫“水性杨花”。说男性之嫖妓，是“寻花问柳”“沾花惹柳”“攀花折柳”“眠花醉柳”等。称青楼女子所居之地为“柳市花街”“柳陌花衢”“柳际花边”等。甚至称性病为“花柳病”，等等。

要之，在传统中国，因为柳枝的婀娜轻柔与女性的婉约柔顺非常近似，故诗人常常以柳比拟女性。史震林《西青散记》卷四说：“柳也者，天地之柔情也，忽眠忽起，最善抽思，纵远飘空，一根万绪，

[1] 转引自冯浩《玉谿生诗集笺注》卷三。

化为飞絮，尚遍房栊者也，真才子也。”这段关于柳之形态的描述，正是女性气质的形象写照。[1]

四说“女人如水”。关于“女人如水”的妙喻，最为人熟知者，莫过于贾宝玉的惊人之论：“女儿是水做的骨肉，男人是泥做的骨肉。我见了女儿，便清爽；见了男子，便觉浊臭逼人。”[2] 女性是水性，故贬抑女性者，常有“水性杨花”之说。从情感上看，女性更是“柔情似水”。所以，有人说：女性就是水性，女命就是水命，柔弱无骨是女性的肌质，水性杨花是女性的秉性，似水柔情是女性的性情，以柔克刚、滴水穿石是女性的功夫。

以水喻女性，主要着眼于水之清爽和柔顺等特点，与女性特征比较近似。水之清爽犹如天生丽质的美人，贾宝玉关于“女儿是水做的骨肉”的说法，正是这种近似关系的精彩表述。柔顺是水最引人注目的特征，同时亦是其最为人称道的特征。进一步说，柔顺是水的表征，在柔顺的表征下隐藏着巨大的威力，所谓“滴水穿石”是也。如《老子》第七十八章说：

> 天下柔弱莫过于水，而攻坚；强莫之能先，其无以易之。

《淮南子·原道训》说：

> 天下之物，莫柔弱于水。然而大不可极，深不可测，修极于无穷，远沦于无涯，息耗减益，通于不訾。上天则为雨露，下地则为润泽，万物弗得不生，百事不得不成，大包群生而无好憎，泽及跂蛲，而不求报，

[1] 参见王立、刘卫英《红豆：女性情爱文学的文化心理透视》第 79 ~ 84 页，人民文学出版社 2002 年版。

[2] 《红楼梦》第二回。

富赡天下而不既，德施百姓而不费，行而不可得穷极也，微而不可得把握也，击之无创，刺之不伤，斩之不断，焚之不然，淖溺流遁，错缪相纷，而不可靡散，利贯金石，强济天下，动溶无形之域，而翱翔忽区之上；遭回川谷之间，而滔腾大荒之野。……夫水所以能成其至德于天下者，以其淖溺润滑也。

“有像之类莫尊于水”，水之尊，在其柔而能刚，柔是其表征，刚是其内质。“女人如水”，说的就是女人具有水的这种柔而能刚的特点。柔顺是女人的表征，贞刚才是女性的内在本质。所以，在传统中国社会，女性以温柔敦厚为美，以闲适文静为上。但是，温柔、闲静是其性情的一个层面，在其温柔、闲静的表象下还有贞刚的一面，则往往被忽略。正因为女性在温柔的表象下还有贞刚的一面，所以，传统中国男性在欣赏女性的温柔、闲静的同时，或多或少都有不可避免的惧内行为。值得注意的是，传统中国文人虽然没有正式提出“女人如道”之类的说法，但女人与道之间确有诸多相近之处。道的基本特征是柔顺和闲静，《淮南子·原道训》说：“清静者德之至也，而柔弱者道之要也。”传统中国女性的内在气质，以柔顺为美，以闲静为上，这与道的特点很相似。甚至有学者认为老子哲学中的“道”就是一个女性形象。另外，古人常说“上善若水”，故往往以水喻道，即水之柔顺以及柔而能刚的特点，与道近似。古人以水喻道，以水喻女性，这亦说明道与女性之间可以互通互释。所以说，大道如水，女人似水，女人如道。

总之，传统中国文人乐于以月、花、柳、水等柔性之物喻女性，是由于女性的性别特点与此类物象的神韵相通，气质相类。吴从先《小窗自纪》说：“山水花月之际看美人，更觉多韵，是美人借韵于山水花月也。”“山水花月，直借美人生韵。”其实，不是“美人借韵于山水花月”，而是“山水花月”与“美人”同韵，所谓相映成趣、交相辉映是也。如果说，以月喻美人，侧重指女性的闲静；那么，以花喻美人，则侧重指女性的媚态；以柳喻美人，多指女人的柔情蜜意，指女性的媚趣；以水喻美人，侧重指女性的柔顺和清洁。这恰如张潮《幽梦影》所说：

> 所谓美人者，以花为貌，以鸟为声，以月为神，以柳为态，以冰雪为肤，以秋水为姿态，以诗词为心，吾无间然矣。

因此，在古代中国，女性不只是被同情的弱者形象，而且主要是理想化的形象，是被欣赏的对象，是美的化身。中国古代文学中，自《诗经·蒹葭》以来创造的“美人幻像”，皆应该在这种文化背景上来理解和诠释。

8

在传统中国文化背景上，女性就是诗性，女心就是诗心。在传统中国文人看来，美人“以诗词为心”，其关于女性气质的设计，与其诗歌美学理想，基本上是如出一辙。或者说，传统中国文人是按照诗歌美学理想来设计女性气质，传统中国的女性气质影响着诗歌美学特点的形成。传统中国文人像经营诗歌那样设计美人，像设计美人那般经营诗歌。一言以蔽之，美人如诗，诗似美人。

概括地说，传统中国文人关于诗歌的美学理想，有三项内容值得特别注意。或者说，中国古典诗学有三项内容最具民族特色。

其一，是“温柔敦厚”的诗歌之旨。“温柔敦厚，诗教也。”[1]

[1] 《礼记·经解》。

温柔敦厚诗教说的提出，是以传统“中和”观念为理论背景的。传统中国人以和为贵，以中为美，反对一切极端倾向和偏激观点，认为任何极端和偏激的言行，都有悖于中，有害于和，有乖于美。甚至那种特别高昂和过于低沉的情绪，亦不具美感，因为它有失温柔。那种特别富有刺激性的声音和物象，亦不美，因为它有伤中和。在这样的文化背景上形成的诗歌审美理想，固然当以温柔敦厚为宗旨。

比如，在诗歌表达的情感上，它的典范，应当是孔子所称道的《关雎》那种“乐而不淫，哀而不伤”式的。那种特别高昂的情绪，不免有粗豪之嫌；那种过分悲伤的情绪，则不免有低沉之弊。在诗歌的题材上，春、江、花、月、夜，最适合于诗，不仅因为它们美，而且亦因为它们有温柔敦厚的特点，或者说，因为它们是温柔敦厚的，所以是美的。比如一年四季中，春、秋适合于诗，冬、夏则不适合于诗。因为春、秋二季温柔敦厚，冬、夏二季，或者温度太低，或者温度太高，太富于刺激性，不适合于诗。故写冬天之雪景者，或以春天之温煦调节之，如岑参“忽如一夜春风来，千树万树梨花开”是也；写夏天之炎热者，或以冷色调以冲淡之，如杨万里“芭蕉分绿与窗纱”（《闲居初夏午睡起》）是也。又如，太阳与月亮，月亮适合于诗，因为它有柔顺和闲静的特点，符合温柔敦厚之旨；太阳不适合于诗，特别是夏天中午的炎炎烈日，因为它太有刺激性，如李贺以“羲和敲日玻璃声”写日光，奇则奇矣，但不美。符合温柔敦厚之旨的阳光，是夕阳和朝阳，故古诗词写太阳，不是朝阳，便是夕阳。再说，晚唐韩孟诗派中的孟郊、贾岛，有“郊寒岛瘦”之称，虽则新奇，但不美，因为它不和谐、不敦厚。至于当时追求险怪的诗人，以蛇、臭虫、跳蚤、粪蛆、老而丑的妓女入诗，则更是等而下之，不足称道。所以，钱锺书说：

与西洋诗相比较，中国诗显得感情不奔放，说话不唠叨，嗓门儿不提得那末高，力气不使得那末狠，颜色不着得那末浓。在中国诗里算是浪漫的，和西洋诗一比，只能算是古典的，至多是半个浪漫的；在中国算是最痛快的，在西方看来仍然太含蓄。[1]

这应该算是中国诗歌与西方诗歌在风格上最显著的区别。

其二，是以“言有尽而意无穷”为诗歌的最高境界。中国古典诗歌最讲含蓄蕴藉，特别强调诗歌的言外之意、韵外之味、味外之旨。所谓含蓄，就是含虚积实，含隐蓄秀。用司空图《二十四诗品》的话说，就是“不著一字，尽得风流”，或者说是“心头无限意，尽在不言中”。

追求含蓄蕴藉，讲求言外之意，主张无言之美，是传统中国人的重要审美趣味之一，亦是传统中国艺术区别于西方艺术的显著特征之一。如欧阳修《六一诗话》认为诗歌要“含不尽之意，见于言外”。姜夔云：“诗贵含蓄。东坡云：‘言有尽而意无穷者，天下之至言也。’若句中无余字，篇中无长语，非善之善者也。句中有余味，篇中有余意，善之善者也。”[2]叶燮《原诗》说：“诗之至处，妙在含蓄无垠。”刘熙载《艺概》亦说诗文“妙在言虽止而意无穷”。所以，中国古典诗学虽然并不完全反对直抒胸臆、铺陈其事，但却总是以含蓄蕴藉为艺术的最高境界。这正如朱光潜所说：

无穷之意，达之以有尽之言，所以有许多意，尽在不言中。文学之所以美，不仅在有尽之言，而尤在无穷之意。推广地说，美术作品之所以美，不只是在已表现的一部分，尤其在未表现而含蓄无穷的一大部分，

[1] 转引自卢忠仁《审美之维——美学二十八说》第243页，海天出版社2007年版。
[2] 姜夔：《白石道人说诗》，见《历代诗话》，中华书局1981年版。

这就是本文所谓的无言之美。[1]

诗歌表现形式上的含蓄蕴藉的追求，与诗歌风格上追求温柔敦厚，是互为关联的。或者说，含蓄蕴藉是实现温柔敦厚的必要手段，讲求温柔敦厚的诗歌必须是含蓄蕴藉的。这应该算是中国诗歌与西方诗歌在表达方式上最显著的区别。

其三，是追求诗歌的风流媚趣。传统中国文人品评诗文书画，尤重趣味。如钟嵘《诗品》评谢瞻诗说："才力苦弱，故务其清浅，殊得风流媚趣。"《晋书·王献之传》说王献之书法虽骨力不及羲之，但"颇有媚趣"。宋元以来，"趣"成为文艺美学中的一个重要审美范畴，成为艺术家创作中的一个理想追求，成为批评家品评艺术的一个重要标准。如严羽《沧浪诗话·诗辨》说：

> 夫诗有别材，非关书也；诗有别趣，非关理也。然非多读书，多穷理，则不能极其至。所谓不涉理路，不落言筌者，上也。诗者，吟咏情性也。盛唐诗人唯在兴趣，羚羊挂角，无迹可求。故其妙处，透彻玲珑，不可凑泊，如空中之音，相中之色，水中之月，镜中之象，言有尽而意无穷。

黄庭坚《答洪驹父书》亦说："凡作一文，皆须有宗有趣。"[2]

"趣"与学问、理路无涉，"趣"以媚、韵为特点。如高启《独庵集序》说："诗之要，有曰格，曰意，曰趣而已。格以辨体，意以达情，趣以臻其妙也。"屠隆《论诗文》云："文章止要有妙趣，不必责其何出。"袁宏道《序陈正甫会心集》说："世人所难得者唯趣。

[1] 朱光潜：《无言之美》，见《朱光潜美学文学论文选集》，湖南人民出版社1980年版。
[2] 黄庭坚：《豫章黄先生文集》卷十九。

趣如山上之色，水中之味，花中之光，女中之态，虽善说者不能下一语，唯会心者知之。”又说：“夫趣，得之自然者深，得之学问者浅。当其为童子也，不知有趣，然无往而非趣也。”有“趣”者必有“韵”，“韵”与“趣”密切相关，故李日华《题马远画山水十二幅》说：“韵者，生动之趣。”

“韵”亦是宋元以来理论家品评诗文书画的一个重要概念。如范温《潜溪诗眼》说：“韵者，美之极。”“有余意之谓韵。”陈善《扪虱新话》说：“文章以气韵为主。”陈献章《与汪提举》说：“大抵论诗当论性情，论性情先论风韵，无风韵则无诗矣。”王思任《高故下诗集序》说：“诗者，韵之道也。”陆时雍《诗镜总论》说：“诗之所贵者，色与韵而已矣。”

综上所述，中国古典诗学以温柔敦厚为宗，以风流媚趣为归，以含蓄蕴藉为径。中国古典诗学的三大基本特征，与传统中国文人关于女性气质的设计，正相吻合。如前所述，传统中国文人以柔情和闲静为女性的基本品质，这与温柔敦厚的诗教说正相吻合，即皆以柔婉为基本特点。其次，传统中国文人关于女性的媚态与韵趣的设计，与诗学上追求趣与韵，正相吻合。诗以韵趣为美，女人亦当如此，如孙麟趾《词径》说：“韵即态也，美人之行动，能令人销魂者，以其韵致胜也。”在诗学中，为体现温柔敦厚之旨，追求诗之韵与趣，特别强调诗歌的含蓄蕴藉。或者说，含蓄蕴藉是实现温柔敦厚和风流媚趣的手段。同样，在女性气质设计中，为使女性变得柔情和闲静，为使女性具有媚态和韵趣，特别强调女性的深藏和遮掩，甚至不惜残害女性的身体以达此目的。或者说，缠足是为了深藏和遮掩，而深藏和遮掩是为了使女性更加温柔，更具闲静品质和风流媚趣。正如在诗学中讲含蓄蕴藉，是为了实现温柔敦厚和风流媚趣。所以，诗学上的含蓄蕴藉和女性气质设计上的深藏遮掩，是为着大体相近的目标而采取的大体相似的手段。

因此，从某种程度上讲，在传统中国，女人如诗，诗似女人。传统中国文人“爱诗如爱色”[1]，“选诗如选色”[2]。传统中国女性最能体现文人的审美趣味和诗学理想，传统中国文人的诗学理想最能说明女性的气质特征。

9

女人如诗，诗似女人。在传统中国，无论是诗学理想，还是审美趣味，大体皆具有女性化的特点。反过来说，传统中国人的女性美观念，又有艺术化、诗意化的特点。

传统中国文人在诗学理想和审美趣味上的女性化特点，是由其心性特征和思维方式决定的。据林语堂说：

> 中国人的心灵的确有许多方面是近乎女性的。“女性型”这个名词为唯一足以统括各方面情况的称呼法。心性灵巧与女性理性的性质，即为中国人之心之性质。中国人的头脑近乎女性的神经机构，充满着“普通的感性”，而缺少抽象的辞语，象妇人的口吻，中国人的思考方法是综合的，具体的而且惯用俗语的，象妇人的对话。他们从来未有固有的比较高级的数学，脱离算术的阶段还不远，象许多受大学教育的妇女，除了获得奖学金的少数例外。妇女天生稳健之本能高于男子，而中国人之稳健性高于任何民族。中国人解释宇宙之神秘，大部依赖其直觉，此同样之直觉或“第六感觉”，使许多妇女深信某一事物之所以然，由某

[1] 袁枚：《小仓山房尺牍》卷八《答彭贲园先生》。

[2] 袁枚：《随园诗话补遗》卷一，见《随园诗话》（下），人民文学出版社 1982 年版。

某故。最后，中国人之逻辑是高度的属“人”的，有似妇女之逻辑。[1]

在林语堂看来，传统中国人的心灵、头脑以及思考方式、稳健性格和逻辑思维，甚至语言和语法，都呈现出很明显的女性化特点。在这种心性特征和思维方式之影响下形成的审美趣味，亦必然具有极其显著的女性化特征。如潘知常说：

> 中国美感心态的深层结构的基本特色其实又可以称之为女性情结。说得更形象一些，在中国美感心态的深层结构中，我们不难体味到一种充满女性魅力的“永恒的微笑”。[2]

樊美筠对“中国传统美学中的女性意识”进行过专门探讨，她认为：在中国文化的诸多领域中，中国传统美学领域具有女性意识的人最多，是女性意识的云集荟萃之地。女性意识不仅体现在美学家、文学家、诗人、艺术家的思想和意识中，而且凝结在中国传统美学的一系列基本概念、范畴和命题中。[3] 甚至如潘光旦所说：传统中国人心目中的美男子亦有女性化特点，“日常经验里，不但男子称誉与注视女子的美，女子见了美的女子，也不断地注视与称赞。假如一般人或女子特别注视或称赞一个美男，那美男之美大概是近乎女性的美”。[4]

总之，自近现代以来，从林语堂、潘光旦到潘知常、樊美筠等学者，皆注意到传统中国人在审美意识上的女性化特点。

---

[1] 林语堂：《吾国与吾民》第 64 ~ 65 页，陕西师范大学出版社 2002 年版。

[2] 潘知常：《众妙之门——中国美感的深层结构》第 126 页，黄河文艺出版社 1989 年版。

[3] 樊美筠：《中国传统美学的当代阐释》第 95 页，北京大学出版社 2006 年版。

[4] ［英］蔼理士：《性心理学》第 63 页，潘光旦译注，上海三联书店 2006 年版。

从源头上看，传统中国人的美感心态和心灵世界的女性化特点，或许与古代中国审美观念的起源有关。日本汉学家笠原仲二说：

> 中国人初期阶段的美意识，如果就“美”字的《说文》本义来考虑，它首先起源于对所谓“食”的某种特殊味道的感受性，其次与所谓“色”，即男女两性的“性”方面的视觉、触觉也有密切的关系。
>
> 中国人的美意识，在其初期阶段，与由女性特有的多方面的性的魅力而引起的视觉感受性也有深深的关系。[1]

由于早期中国人的审美意识的发展与“女性特有的多方面的性的魅力”有关，因此而形成的审美观念亦就有女性化特点，甚至将“美”与“女性”等同起来，“美的”就是“女性的”，“女性的”就是“美的”。如《说文》“好”字段注说：“好本谓女子，引申为凡美之称。”在古代中国文献中，“好”即“美”，“美”即“好”，“美”与“好”常常互文使用。由此之故，汉语中有美好、美满含义的词，大多以“女”为形符。当然，亦有不少以“女”为形符的字词，含有丑恶、奸邪的意义，这与传统中国人对女性这个美丽“尤物”的矛盾观念有关（详后）。

这种把美与女性等同起来的观念，在世界其他民族文化传统中亦普遍存在，非仅中国如此。例如，在古希腊，人们把美、爱、艺术之神塑造成女性形象。在世界许多民族约定俗成的词汇中，“女人”与“美人”几乎是同义词，人们提到“美人”，都与男人无关，几乎皆是指女性中有美色者。这正如叶舒宪所说：

> 把爱欲和美的主题对象化到女性身上，构想成主管爱和美的女神，

[1] ［日］笠原仲二：《古代中国人的美意识》第9、10页，魏常海译，北京大学出版社1987年版。

> 这绝不只是个别文化中的个别现象，而是一种相当普遍的人类现象。大凡发展到父权制文明早期阶段的民族国家，都在不同程度上具有产生类似观念与信仰的现实条件。[1]

女人代表美，女人代表爱，美是女人的专利，爱是女人的本性。所以，在中外历史上，美神和爱神都是女性。或者说。权力掌握在男子手中，美的桂冠却戴在女性的头上。性心理学家蔼理士说：

> 美根本是女子的一个特质，可以供男子的低徊思慕，就是女子所低徊思慕的也不外是别人中间的一些女性的美；反转来，通常的女子对于男子的美却不如是其景仰崇拜。男子何尝不美？其美又何尝不及女子？不过男子之美所能打动的只有两种人，一是美术家和美学家，一是有同性恋的倾向的男子。

在蔼理士看来，“女子所爱的与其说是男子的美，无宁说是男子的力”，“男子爱女子，是因为女子美”，“女子爱男子，是因为男子有力”。[2]

所以，审美观念上的女性化倾向，在古代社会，是一个世界性的普遍现象，古代中国尤其突出。

10

女人如诗，美人即女人。女性与艺术审美之间的亲密关系，远远大于男性。索伦·克尔凯戈尔的观点颇有启发性，他说：

> 对我来说，女人是取之不尽、用之不竭的思维材料，是供我观察的

[1] 叶舒宪：《高唐神女与维纳斯》第312页，中国社会科学出版社1997年版。

[2] ［英］蔼理士：《性心理学》第51页，潘光旦译注，上海三联书店2006年版。

永恒对象。在我看来，一个男人如果没有热情去研究女人，那末在这个世界上，你说他是什么都有可能，只是惟独不能说他是一位美学家。美学的光辉与神圣恰恰在于它只与美的事物有关。在本质上，美学只与美文学和女性相关。[1]

女性是美学家取之不尽的思维材料，美学家必须充满热情地去研究女性，“美学只与美文学和女性相关”。这种观点，虽然略显偏激，但亦颇近实情。中国当代女作家王安忆在谈论创作体会时，亦发表过大致类似的看法，她说：“我还是喜欢写女性，她有审美的东西，男性也写，但写得很少，而且不如女性，我觉得女性更加像一种动物，再造的东西少了，后天的东西少了。”她认为：“男性审美的东西少一些。”“男性不是一种情感的动物，我觉得女性特别是一种情感动物，当我想到女性是一种情感的动物时，我就觉得她特别可爱，她为了情感，她是什么都可以不顾的。”[2]

具体而言，女性与艺术审美的亲密关系，主要表现在以下几个方面：

其一，女性是最具审美意味的艺术题材。考察古今中外以人为对象的艺术品，女性出场的频率远远高于男性。西方自中世纪以来以展示人体美为目的的人物画，绝大部分是以裸体女性为题材。古代中国自唐宋以来的人物画，亦以女性为主。之所以如此，是因为女人就是美人，女性就是美的呈现。艺术为了展示美，就必然要以女性为题材。所以，朱自清在《〈子恺画集〉跋》一文中说：“最宜于艺术的国土的，

[1] ［丹］索伦·克尔凯戈尔：《爱之诱惑》第268页，王才勇译，上海社会科学院出版社2002年版。

[2] 王安忆：《我是女性主义者吗？》，见李小江等著《文学、艺术与性别》第38、45、46页，江苏人民出版社2002年版。

物中有杨柳和燕子，人中便有儿童和女子。”当代作家王安忆之所以喜欢写女性，就是因为“她有审美的东西”。正因为女性“有审美的东西”，所以她才成为艺术家喜欢选取的题材。明代何景明《明月篇序》中有一段话耐人寻味，其云：

> 仆读杜子美七言诗，爱其陈词切实，布词沉著，鄙心窃效之，以为长篇圣于子美矣。既而读汉魏以来歌诗及唐初四子者之所为而复之，乃知子美词因沉著而调失流转，虽成一家之语，实则歌诗之变体也。夫诗，本性情之发者也，其切而易见者，莫如夫妇之间，是以《三百篇》首乎《雎鸠》，六艺首乎风；而汉魏作者，义关君臣朋友，辞必托诸夫妇，以宣郁而达情焉，其旨远矣。由是言之，子美之诗博涉世故，而出于夫妇者常少，致兼雅颂，而风人之义或缺，此其调或反在四子下与？[1]

何氏冒天下之大不韪，发难“诗圣”，虽有不敬之嫌，却道出了实情：杜诗“出于夫妇者常少”，或缺“风人之义”，故其诗乃诗之“变体”，“其调或反在四子下”。亦就是说，诗之正体当“出于夫妇”，当具“风人之义”。即诗歌未必专写女性，但总需以女性为创作的重要题材。

其二，女性是天生的艺术家。女性被认为是最富诗人气质的性别。所谓的诗人气质或艺术能力，主要包括三项内容：一是直觉能力，二是敏锐的感觉，三是想象能力。女性在这三个方面的能力都远远超过男性。一般而言，女性都有很强的直觉能力，女性对温度、色彩、声音、气味的敏感，远远超过男性。如果说男性是现实的、功利的、世俗的，那么女性则是浪漫的、诗性的、超越的。因此，女性的想象能力往往比男性发达。相对于男性，女性具备发达的直觉、敏锐的感觉和丰富

[1] 《何大复先生全集》卷十四，清咸丰壬子世守堂刻本。

的想象能力。所以，中外理论家都承认：女性是天生的艺术家。

女性适合作诗，明清时期的学者对此有准确的观察和认识。他们认为，男性文人因为受到人文学术传统的浸染，由于在曲折仕途上的挣扎，在复杂政治生活中的历练，而渐染世故，渐失诗性，其创作往往体现出一种程式化的特点。而女性处于政治生活之边缘，较少受到人文学术传统的浸染，因此更能保持其纯朴之性情和本真之诗情，故而更适合作诗。

首先，女性心静，适合作诗。如徐野君《闺阁序目》说："吾尝谓女子不好则已，女子而好学，定当远过男子，何也？其情静心专，而无外务以扰之也。"[1]周际华《枣香山房诗集序》亦有类似的说法，其云：

> 夫天地清淑之气，岂独钟于男子？倘使女子从师，其聪明洞达，必能较胜于男子。盖其心静，其气恬，故其记诵为较易。惜乎以其非所尚务而舍之者众耳。[2]

"心静""气恬"非仅便于记忆，而且亦是艺术创作必具之精神前提，这与刘勰《文心雕龙·养气》中提出的"率志委和"说，颇为近似。

其次，女性不关功名事务，适合作诗。如吴国辅在为王端淑诗集《吟红集》所作序中说："至于闺阁丽媛，绝不闻科制事，誉非所望也，故其言真。亦不与兴亡数，骚非所寄也，故其言冷。"又如钟惺在《名媛诗归序》里说："诗，清物也。其体好逸，劳则否；其地喜净，秽则否；其境取幽，杂则否。"在他看来，女性的性情近于诗，故比男性更适合作诗，他说：

[1] 汪淇：《尺牍新语初编》。

[2] ［民国］《贵州通志·艺文志》卷十八。

> 盖女子不习轴仆舆马之务，缛苔芳树，养丝薰香，与为恬雅。男子犹借四方之游，亲知四方，如虞世南撰《十郡志》，叙山川，始有《山水图》；叙郡国，始有《郡邑图》；叙城隍，始有《公馆图》。而妇人不尔也。衾枕间有乡县，梦幻间有关塞，惟清故也。

功名心太强，不适合作诗；置身于繁杂的日常事务中，亦会消磨诗情。女性与科举功名无关，亦“不习轴仆舆马之务”，故而适合于作诗。所以，美国学者孙康宜指出：在传统中国，女性成为诗性的象征，女性被认为是最具诗人气质的性别，“由于缺乏吟诗属文的严格训练，反而保持了诗的感性；由于在现实生活领域的局限性，反而有更丰富的想象；被隔离的处境反而造成了她们在精神、情感上的单纯、纯净。这一切都使她们更能接近‘真’境界”。[1]“真”的境界，即诗的境界。

女性是天生的艺术家。可是，一个很棘手的问题摆在我们面前：为什么没有伟大的女艺术家？美国女性主义艺术史家琳达·诺克林（Linda Nochlin）就发出过这样的疑问。她在题为《为什么没有伟大的女艺术家》一文中指出：

> 我认为：的确是“制度”使妇女没有可能取得杰出的或成功的艺术成果，以同样的立足点看男人，与他们的所谓才能潜力或天才无关。整个历史上女艺术家极少，这是不可反驳的，只有极少数人取得了成功。因为当她们工作时，她必须同时与内心自我怀疑和内疚的魔鬼搏斗，与外在可笑的或优越感的鼓励抗争，二者都与艺术品本身没有特别的联系。[2]

---

[1] ［美］孙康宜：《走向“男女双性”的理想——女性诗人在明清文人中的地位》，见叶舒宪主编《性别诗学》第 13 ~ 14 页，社会科学文献出版社 1999 年版。

[2] ［美］琳达·诺克林等：《失落与寻回——为什么没有伟大的女艺术家》第 34 页，李建群等译，中国人民大学出版社 2004 年版。

在琳达·诺克林看来，造成没有伟大女艺术家的原因，在于社会制度。是社会制度导致男女两性的不平等待遇，包括后天教育上的不平等、艺术教育活动中的性别歧视以及社会对男女两性角色期待上的差异。亦就是说，女性不能成为伟大的艺术家，与她本身的才能潜力无关，主要原因是社会制度。因此，女性是天生的艺术家，却难以成为伟大的艺术家。

其三，女性是艺术创作灵感的源泉。在古今中外的文化史上，有一个值得注意的现象，即哲学家多与女性无关，他们要么是独身主义者，要么极端憎恶女性、轻贱女性，如笛卡尔、霍布士、莱布尼兹、康德、休谟、洛克、尼采、叔本华等。而艺术家则与女性有千丝万缕的关系。因此，有学者指出："艺术家与女性的关系，也就是艺术家与艺术的关系。女性的诱惑，也就是艺术的诱惑。"[1]

艺术家与女性的关系，就是追求美与展现美的关系。美作为一个中介，吸引艺术家与女性走到了一起。女性美在艺术家的创作中得以呈现，艺术家在对女性美的鉴赏中获得灵感。女性是艺术灵感的触媒，如王铚《默记》称北宋著名词人晏几道的小词"妙在得于妇人"，即晏词创作灵感"得于妇人"的启发。钱谦益在《季沧苇诗序》里亦说："有真好色，真怨诽，而天下始有真诗。"[2]美色可以触发艺术灵感，故"真好色"者始有"真诗"。袁中道在《代少年谢狎妓书》一文中，替一位因狎妓而招致父兄责骂的新安少年辩解说：

文有仗景生情，托物寄兴。丽人燃烛，远山磨墨，千古一道。弟每枯坐，

[1] 肖关鸿：《诱惑与冲突——关于艺术与女性的札记》第15页，学林出版社2001年版。

[2] 《钱谦益全集》（伍）第759页，上海古籍出版社2003年版。

文思不属。微闻香泽，倚马万言，出神入鬼，惊天动地，两仪发耀于行中，列星迸落于纸上。

在诱发文思、激发灵感方面，美人与山水有同样的效果。“微闻香泽，倚马万言”，面对美人，不仅能激发人的审美能力，亦能增进人的创造能力，特别是在艺术上的创造能力。卫泳《悦容编·借资》说：

美人有文韵，有诗意，有禅机，非独捧砚拂笺，足以助致。即一颦一笑，皆可以开畅玄想。彼临去秋波那一转，正今时举业之宗门。能参透者，文无头巾气，诗无学究气，禅亦无香火气。[1]

美人的一颦一笑，美人的“临去秋波那一转”，是“文韵”，是“诗意”，是“禅机”，是触发艺术灵感的重要触媒。还有《红楼梦》第二回中，甄宝玉对冷子兴说：“必得两个女儿伴着我读书，我方能认得字，心里也明白，不然我自己心里糊涂”，亦正是此意。在传统中国人的心目中，女性独得天地山川清灵之气，如宋人谢希孟说：“自逊、抗、机、云之死，而天地英灵之气，不钟于男子而钟于女子。”[2]如贾宝玉说：“原来天生人为万物之灵，凡山川日月之精秀，只钟于女儿，须眉男子不

[1] 《香艳丛书》一集卷二。

[2] 《宋艳》卷五引《豪谱》。

过是些渣滓浊沫而已。”[1] 因此，面对美人，就是面对天地英灵之气，可使人神清气爽，心智开通，悟性增强，灵感迸发。

西方美学家乔治·桑塔耶纳对此亦有深切的体会和高明的见解，其云：

> 由于性欲的放射，美才取得它的热力。正如一个竖琴，手指一弹就振动，向四面八方传出音乐。男人的天性也是如此，只有对女性多情，他才能变得同时对其他影响也敏感，而且对每一对象都能够有温情。恋爱的能力给予我们的观照一种光辉，没有这光辉，观照往往不能显示美。我们审美敏感的全部情感方面—没有这方面便是知觉的和数理的敏感而不是审美的敏感了——就是来源于我们的性机能的轻度兴奋。[2]

在乔治·桑塔耶纳看来，女性之所以能够成为艺术灵感的源泉，是因为艺术家面对美丽的女性时，容易产生“性机能的轻度兴奋”，并导致其审美敏感能力的提升。所以，他认为，没有对女性的多情，我们便缺乏灵感和温情；没有恋爱的能力，我们对外界的观照就“往往不能显示美”，这亦是就西方学者常常讨论的人的性活力与创造精

---

[1] 《红楼梦》第二十回。这种天地间的精华灵秀独钟于女儿的观念，或可称为“女性崇拜”的思想，在明清时期特别流行，如明赵世杰《古今女史序》说：“海内灵秀，或不钟于男子，而钟于女人。”（《古今女史》卷首）明葛征奇《续玉台文苑序》说：“非以天地灵秀之气，不钟于男子，若将宇宙文字之场，应属于女人。”（《续玉台文苑》卷首）冯梦龙《情史》卷四“情侠类”之“情史氏”说：“豪杰憔悴风尘之中，须眉男子不能识，而女子能识之。其或窘迫急难之时，富贵有力者不能急，而女子能急之。至于名节关系之际，平昔圣贤自命者不能周全，而女子能周全之。岂谢希孟所云‘光岳气分，磊落英伟，不钟于男子，钟于妇人’者耶？”

[2] ［西］乔治·桑塔耶纳：《美感》第 39 ~ 40 页，缪灵珠译，中国社会科学出版社 1982 年版。

神的关系问题。

传统中国学者的观点似乎要温婉一些，他们强调女性是艺术家创作灵感的源泉，但很少从性机能方面立论，而是着重强调女性给艺术家带来的身心愉快。当然，这实际上是一回事。即女性带给艺术家的，无论是西方学者强调的“性机能的轻度兴奋”，还是传统中国文人强调的身心愉悦，其共同点就是神清气爽，悟性增强，灵感迸发。

综上所述，女性是最具审美意味的艺术题材，女性是最具诗人气质的性别，女性是天生的艺术家，女性是艺术创作灵感的源泉。女性与艺术审美之间的亲密关系，大体如此。

11

在传统中国文人的精神世界里，诗、酒、山林，是不可或缺的。他们以诗抒怀，以酒颐情，以山林养性。当然，还有一项非常重要，就是美人。美人如诗，美人如酒，美人如山林，美人有颐情养性的精神营养作用。所以，醇酒、美人、山林，是传统中国文人心灵的桃花源。当其穷途末路或委顿失意之际，酒馆、青楼、山林便成为其创伤心灵的避难所。

醇酒成为中国文人生活中不可或缺的精神寄托之物，当从魏晋名士开始。故魏晋名士关于酒的见解，亦颇能代表传统中国文人的一般看法。在魏晋名士看来，饮酒与吃药、游赏山水一样，非为解愁，乃为培养远胜之情和超越之心，如王蕴说：“酒正使人人自远。”即饮酒可以使人超越尘世而入于远境。王荟亦说：“酒正自引人著胜地。”[1]所谓“胜地”，就是指雅远的人生之境。酒是人们通往此种雅远人生之境的载体。刘伶《酒德颂》描述醇酒之乐境说：

---

[1] 《世说新语·任诞》。

无思无虑，其乐陶陶，兀然而醉，豁然而醒，静听不闻雷霆之声，熟视不睹泰山之形，不觉寒暑之切肤，利欲之感情。俯观万物扰扰焉，如江汉之载浮萍。[1]

这是一种超然物外、绝对自由的人生至境。而进入这种人生至境之途径，是饮酒。所以，王瑶说："饮酒正是他们求得一种超越境界的实践。"[2]实际上，在现实生活里，我们每一个人皆处在各种束缚和限制中，我们都会感觉到或轻或重的压抑和拘限，皆不免戴着一副或明或暗的面纱生活。我们渴望自由，我们希望超越。当我们饮酒，当我们略有酒意或者醉酒之时，我们感觉到无比的自由，可以随心所欲地说话和做事。同时，在旁人眼里，亦更显真实，更觉自然。亦许，这正是传统中国文人热衷于饮酒的真实原因。

自然山水成为传统中国文人的心灵避难所，亦是从魏晋时期开始的。所以，魏晋名士关于山水的种种见解，亦足以代表传统中国文人的一般看法。纵情山水是魏晋名士一时之时尚，崇尚自然是导致魏晋名士纵情山水的直接原因。魏晋名士崇尚自然，以自然为人生的最高境界，以自然为人格本体。在他们看来，"山水质有而趣灵"，[3]最能体现自然之道。如阮籍《达庄论》说："夫山静而谷深者，自然之道也。"[4]所以，畅游山水，隐居山林，是为了追求自然之性。通过与山水的亲和，颐情养性，如孙绰"屡借山水，以化其郁结"[5]。无名氏《庐山诸道人游石门诗序》说，欣赏山水使人"神以之畅"，观

[1] 《文选》卷四十七。

[2] 王瑶：《文人与酒》，见《中古文学史论集》，古典文学出版社1957年版。

[3] 宗炳：《画山水序》，《全宋文》卷二十。

[4] 《全三国文》卷四十五。

[5] 孙绰：《三月三日兰亭诗序》，《全晋文》卷六十一。

赏山水，“乃悟幽人之玄览，达恒物之大情，其为神趣，岂山水而已哉”。宗炳《画山水序》亦说：“峰岫峣嶷，云林森渺，圣贤映于绝代，万趣融其神思。余复何为哉？畅神而已。神之所畅，孰有先焉？”[1]谢灵运《游名山志》亦说：“夫衣食，人生之所资；山水，性分之所适。”[2]魏晋人或以山水养性，或以山水颐情，总之，皆欲通过山水陶冶自然之性情。

醇酒和山林是传统中国文人的精神寄托之所、情性颐养之物。故追求独立自由精神之文人，仕途委顿失意的文人，或隐于醇酒，或居于山林。

醇酒与美人向来并称。而山林与美人，其初则颇多扞格，似乎山林之趣与声色之乐格格不入。因为“隐居是为了追求心境的平和清静，而女色使人血脉贲张，正与玄虚静寂相抵触”[3]。所以，早期的隐士，或不娶妻妾，或割舍妻妾而独处山林岩穴之中。将山林之趣与声色之乐打通，使二者珠联璧合之人，是东晋名士谢安。当代学者龚斌说：

> 在魏晋名士的观念中，隐居是体认自然，志尚高远；畜妓是达生任情，享受声色。谢安既隐逸又畜妓，并携之遨游—山水之乐从此便与声色之乐相结合。青山绿水，红巾翠袖，弦歌相续，还有比这更美妙、更有趣味的生活图景吗？因此，毋宁这样说：在最能体现士大夫文人理想生活与美学情趣的畜妓方面，谢安是最早、最值得一提的典型人物。特别是他的携妓遨游，将山水美与女性美“打通”，在中国文学史和中国美学史上具有特别的意义，因此一直为后世文人艳称和仿效。“东山妓”“东山携妓”成了文学中常见的典故，携妓游荡也积淀成风流文人的习性。[4]

[1] 《全宋文》卷二十。

[2] 《全宋文》卷三十二。

[3] 龚斌：《青楼文化与中国文学研究》第189页，汉语大词典出版社2001年版。

[4] 龚斌：《青楼文化与中国文学研究》第9页，汉语大词典出版社2001年版。

自此以后，山林与美人相映成趣，携妓冶游成为文人士大夫理想的消遣生活方式。如前引吴从先《小窗自纪》所谓："山水花月之际看美人，更觉多韵，是美人借韵于山水花月也。""山水花月，直借美人生韵。"即山水花月与美人皆以韵为美。袁宏道《序陈正甫会心集》说："世人所难得者唯趣。趣如山中之色，水中之味，花中之光，女中之态，虽善说者不能下一语，唯会心者知之。"即山水与美人皆有"趣"。或如前引谢希孟、贾宝玉所说，"凡山川日月之精秀，只钟于女儿"。所以，游于山水与隐于青楼，可获得同样的美感享受。

隐于山林和沉于醇酒可获得超然物外的精神享受。值得注意的是，明清名士还提出隐于美色的"色隐"说。卫泳《悦容编·招隐》说：

> 古未闻以色隐者。然宜隐孰有如色哉！一遇冶容，令人名利心俱淡，视世之奔蜗角蝇头者，殆胸中无癖，怅怅靡托者也。真英雄豪杰，能把臂入林，借一个红粉佳人作知己，将白日消磨。……须知色有桃源，绝胜寻真绝欲，以视买山而隐者何如。[1]

此种"色隐"论，实为中国文化史上别开生面的创说，真可让道学家大跌眼镜。然其说亦颇切情理，因为隐于色与隐于山、沉于酒有同样的功效，即"令人名利心俱淡"，获得超然物外的审美享受。

要之，传统中国文人兴于诗、醉于酒、隐于山、沉于色。诗、酒、山、色，其名虽四，其实则一。美人如诗，美人如酒，美人如山水。美人、醇酒、山林、诗歌，是传统中国文人心灵的桃花源。

[1] 《香艳丛书》一集卷二。

第五章　诗为情媒：传统中国社会的情爱发生机制

某种情感的发生与发展，必有与此种情感相适应的环境氛围和激发因素。如因春风春鸟而生发喜悦之情，因秋月秋蝉而弥增伤感之意，因花前月下而春心荡漾，顿生爱恋之想。在人际交往所发生的各种情感中，爱情作为一种特殊的人际情感，其生成的环境氛围和激发因素，亦有别于其他人际情感。或者说，与其他人际情感不同，爱情具有与它自身特征相适应的发生机制和运行规律。

大体而言，与其他人际情感相比，爱情最重要的特征，就在于它是一种诗意化、审美化的人际情感。因此，产生这种诗意化、审美化的情感，必然是在一种诗意化的环境氛围中；导致这种诗意化情感的产生，必然是一种审美化的激发手段。或者说，诗意化、审美化的爱情，其发生机制和运行规律，必然是诗意化的、审美化的，即当遵循诗学规律和美学原理进行。在本章，作者将就爱情的诗意化、审美化特征做深入研究；讨论爱情发生过程和文学创作过程之间的近似关系；探讨情爱发生与诗学生成所必须遵循的共同原则——距离；描述传统中国社会的调情艺术及其基本特点；通过对“风骚”词义引申演变过程的考察，揭示诗学与情爱之间的隐秘关系。

一、距离产生美：情爱发生与诗学生成的共同原理

1

有人说：爱情像一颗落在地上的水银。有人说：爱情像灯光。有人说：爱情如一声叹息。有人说：爱情如水。作者认为：爱情如诗。一段摄人心魄的爱情，就是一首婉转悠扬、激情浪漫的诗篇。

在人类的各种欲望中，食欲和性欲是最基本的，亦是最本能的欲望，故告子说："食色，性也。"[1]《礼记·礼运》说："饮食男女，人之大欲存焉。"食欲是维持自身生存的欲望，性欲是维持种族绵延的欲望。虽说二者皆是人类的本能欲望，但它们又有性质上的区别，这正如王国维所说："男女之欲，尤强于饮食之欲，何则？前者无尽的，后者有限的也。前者形而上的，后者形而下的也。"[2]"男女之欲"是"无尽"的，是"形而上"的，是精神领域的，具有超越性，因而亦是审美性和艺术化的。

在人际交往所产生的所有情感中，爱情和友情，是略为相近而又稍有区别的两种人际情感。虽然两者都具有艺术化、审美化特点，但是，相较而言，爱情的艺术化、审美化特征更为显著，爱情是一种更为纯粹的艺术化、审美化的人伦关系。墨西哥文学家奥克塔维奥·帕斯对爱情与诗歌的关系做过专门研究，特别注意到诗歌与色欲之间的密切关系，他说：

> 诗歌的证言向我们揭示出此世界里的彼世界，彼世界即此世界。感

[1] 《孟子·告子》。

[2] 王国维：《红楼梦评论·红楼梦之精神》，见俞晓红著《王国维〈红楼梦评论〉笺说》，中华书局2004年版。

觉既不丢失原有的能力，又变成了想象的仆人，让我们听到不可听之物，见到不可见之物。可是这一切难道不是梦幻和性交中所发生的事情吗？当我们做梦和做爱时，我们拥抱幻想。交合的一对人都有一个肉体，一张脸，一个名字，但是他们真正的现实就在拥抱最热烈的那一刻消散在感觉的瀑布中，而瀑布也随之消逝。所有恋人都相互追问一个问题，性爱的奥秘就凝缩在这个问题中：你是谁？一个没有答案的问题。……感官既是在这个世界里的，又不是这个世界里的……色欲与诗歌之间的关系是如此密切，因此可以毫不夸张地说，色欲是肉体之诗，诗是语言之色欲。它们是对立互补的关系。[1]

诗歌给人带来的感受，与我们在性爱中的感觉，大体相似。诗歌与色欲之间是一种“对立互补的关系”。若非对诗歌和色欲皆有特别深切的体验，是难以言说二者之间的亲密关系的。朱光潜在讨论性欲与诗歌之关系时，亦说：

依达尔文说，诗歌的原始功用全在引诱异性。鸟兽的声音都以雄类的为最宏壮和谐，它们的羽毛颜色也以雄类的为最鲜明华丽。诗歌和羽毛都同样地是“性的特征”。在人类也是如此，所以诗歌大部分都是表现性欲的。《国风》中大半是言情之作，已为诗人公认。朱熹说：“吾闻之，凡《诗》之所谓‘风’者，多出于里巷歌谣之作，所谓男女歌咏，各言其情者也。”[2]

据此，人类创作诗歌，犹如雄性鸟兽宏壮的声音和华丽的羽毛，都有“性

[1] ［墨］奥克塔维奥·帕斯：《双重火焰——爱与欲》第2页，蒋显璟、真漫亚译，东方出版社1998年版。

[2] 朱光潜：《性欲“母题”在原始诗歌中的位置》，见《朱光潜全集》第8卷第483页，安徽教育出版社1993年版。

的特征”，皆在于“引诱异性”。诗歌与情爱之关系，于兹可见。又，台湾学者李敖在《上电视谈现代婚姻的悲剧性》一文中，认为美为男女情爱关系最重要的特征，他说：

我以为男女之间，最重要的一种关系，是“美”，是唯美主义下的发展，是美的发展，美的开始，美的结束。……我相信男女之间的一切关系，都是唯美的关系，恋爱应该如此，结婚应该如此，离婚更应该如此。男女之间除了美以外，没有别的，也不该有别的。[1]

这段文字虽然不乏李敖式的夸张，但亦大体切近实情。如瓦西列夫对爱情与艺术审美的关系，做过深入的探讨，他亦说过类似的话：

爱情是作为男女关系上的一种特殊的审美感而发展起来的。爱情创造了美，使人对美的领悟能力敏锐起来，促进了对世界的艺术化认识。[2]

审美化，作为爱情的成分和因素，其职能特别重要。陶醉于理想化中的情侣，彼此把对方看作审美的形象。两人都会在对方身上看出美的特征，它体现在对方的独一无二的个性中，具有一种征服力量。[3]

他认为：艺术和爱情的互相渗透，不是偶然的，而是必然的，“一方面，爱情追求艺术，追求感受的戏剧性。而另一方面，艺术本身自古至今一直反映爱情，凝聚着爱情的生命力和美，艺术地再现和提高男女之

[1] 小琪、春琳编：《怕老婆的哲学——文人笔下的男女与情爱》第114页，群言出版社1993年版。

[2] ［保］瓦西列夫：《情爱论》第42页，赵永穆、范国恩、陈行慧译，生活·读书·新知三联书店1997年版。

[3] ［保］瓦西列夫：《情爱论》第248页，赵永穆、范国恩、陈行慧译，生活·读书·新知三联书店1997年版。

间的性关系”。[1]他还具体探讨了爱情与舞蹈、音乐、雕塑、绘画、诗歌、小说等艺术的相互关系。应该说，他对爱情与艺术审美关系的探讨，是全面而深刻的，亦颇有启发性。但是，他的着眼点在于研究二者之间的影响关系，特别是艺术审美对爱情价值的提升影响，而于爱情何以能够成为艺术化、审美化的情感，则是略而不论，或语焉不详。

2

在爱情与艺术审美之间，不仅存在着十分近似的关系，而且爱情的发生、发展和保持，皆与艺术创作的各个环节有着特别的相似之处。

首先，想象和联想，是艺术创作构思中不可或缺的一个重要环节，亦是男女爱情刚刚萌芽时的一种重要心理活动。想象力是人类固有的一种基本能力，这种能力在艺术创作和恋爱活动中得到最充分的展示。康德说：“想象力是一个创造性的认识功能。”[2]黑格尔亦说：“想象是创造的。”[3]想象的创造性，在于它借助原有的表象和经验而创造一个新的形象。想象力是艺术家进行艺术创作时必须具备的一种能力，因为只有通过想象，艺术家才能创作出源于生活而又高于生活的艺术形象。

恋爱亦是如此。恋爱需要想象力，恋爱中的人往往具有超乎寻常的想象能力。奥克塔维奥·帕斯说：

---

[1] ［保］瓦西列夫：《情爱论》第270页，赵永穆、范国恩、陈行慧译，生活·读书·新知三联书店1997年版。

[2] ［德］康德：《判断力批判》，见中国社会科学院文学研究所编《古典文艺理论译丛》，知识产权出版社2010年版。

[3] ［德］黑格尔：《美学》第1卷第348页，商务印书馆1979年版。

促发性行为和诗歌行为的动因就是想象。想象把性交变成礼仪和仪式，把语言变成节奏和比喻。[1]

相互倾慕的男女双方，在爱情火花即将迸发之时，都有超乎寻常的想象力。在一定程度上，想象力愈发达的人，对恋爱感受的程度亦就愈深。在恋爱中，相互倾慕的男女双方都尽情地发挥想象力，将对方理想化和审美化。随着理想化和审美化的加强，爱情亦就产生了。司汤达把爱情的发生过程，依次分为“赞叹”“多么愉快啊”“期望”“爱情的产生”“第一次结晶”“产生怀疑”和“第二次结晶”七个阶段，其“期望”阶段，就相当于我们所谓发挥想象力的恋爱早期阶段。“期望”如同想象，在恋爱准备阶段至关重要，正如司汤达所说：“些微的期望就足以导致爱情的产生。”[2]这个“期望”阶段有特别的价值，正是因为有了“期望”，才可能导致“爱情的产生”，所以这两个阶段是前后相关联的。康德认为，人类在性吸引力上区别于动物，就在于人的想象力。他说：

性的吸引力在动物的身上仅仅是靠一种转瞬即逝的、大部分是周期性的冲动，但它对于人类却有本领通过想象力而加以延长，甚至于增加；对象离开感官愈远，想象力就确实是以更大的节制，然而同时却又更为持久地和一贯地在发挥它那作用。[3]

想象力可以延长性吸引力的时间长度，增加性吸引力的情感强度。或

[1] ［墨］奥克塔维奥·帕斯：《双重火焰——爱与欲》第 2 页，蒋显璟、真漫亚译，东方出版社 1998 年版。

[2] ［法］司汤达：《爱情论》第 12 页，崔士篪译，辽宁教育出版社 1997 年版。

[3] ［德］康德：《历史理性批判文集》第 64 页，商务印书馆 1990 年版。

者如欧文·辛格所说："正是由于爱的想象力，一个人对另一个人才具有性感吸引力。"[1]瓦西列夫亦说过：

热恋中的男女总是透过相互理想化和精神装饰化的棱镜看待对方。他们看到或者觉得，他们的对方一切都好，都美，甚至可说是神圣的。[2]

事实上，这就是恋爱中的偶像化、理想化和审美化问题。而恋爱中的此种偶像化和理想化，又是通过想象来实现的，即恋爱双方"按价值哲学改造现实，以'弥补其不足'，通过抽象和幻想把现实理想化"，"按照美的规律，借助于幻想改造欲求的对象"。[3]据瓦西列夫说：

一个精神组织细腻、具有丰富的审美、文化和道德修养的人，在情爱体验发生时会产生许多动的、感奋的联想。相互了解在这种情况下变成相互发现。其所以是发现，是因为随着爱情的产生，情侣的个人品质在双方心目中必然获得更高的审美价值和道德价值。[4]

人的联想能力越强，精神文明越丰富多彩，爱情也就越高雅。[5]

想象有"发现"功能，恋爱中的男女正是通过想象的"发现"功能将

---

[1] ［美］欧文·辛格：《爱的本性——从柏拉图到路德》第1卷第21页，高光杰等译，云南人民出版社1992年版。

[2] ［保］瓦西列夫：《情爱论》第263页，赵永穆、范国恩、陈行慧译，生活·读书·新知三联书店1997年版。

[3] ［保］瓦西列夫：《情爱论》第247页，赵永穆、范国恩、陈行慧译，生活·读书·新知三联书店1997年版。

[4] ［保］瓦西列夫：《情爱论》第141页，赵永穆、范国恩、陈行慧译，生活·读书·新知三联书店1997年版。

[5] ［保］瓦西列夫：《情爱论》第167页，赵永穆、范国恩、陈行慧译，生活·读书·新知三联书店1997年版。

对方理想化和偶像化，从而激发出强烈的倾慕之情。

另外，处于创作状态中的艺术家和沉溺于恋爱中的男女一样，皆不免于顾影自怜的“自我恋”，而想象正是实现“自我恋”的重要途径。艺术家因为“自我恋”，因为想象的作用，故其所写的人与物，皆著“我之颜色”，是“自我”的理想化，此即王国维在《人间词话》中所谓的“有我之境”。[1]恋爱中的男女因为“自我恋”，每为其情人铺张扬厉，此即精神分析学家所谓的“性的过誉”。于此，潘光旦对冯小青“影恋”的研究，最有见地，其云：

> 青年人之于其情人，当其未得之也，则拟为种种高远之条件而加以景仰；既得而察之，则竟无一事不合其所理想者；于是移其崇拜理想之心崇拜其情人。然自旁人观之，觉其情人殊无崇拜之价值，于是乃疑其所崇拜者，名则为情人，实则始终为其人自我所创造之理想，亦即其人自我之推广；所不同者，即自得一异性之人物，其理想乃有所附丽；从此理想之魔力，有若鬼附人身而作威福之语，非被附者之自语也。[2]

在传统中国，有一句妇孺皆知的话，即“情人眼里出西施”。一个平庸无奇的女子，在情人眼里会有如西施般的美貌，就是“自我恋”的结果，就是由想象所促成。所以，艺术创作和情爱活动都离不开想象，想象力愈发达，其艺术创作就愈成功，其爱情生活就愈丰富。艺术创作因想象而有美感，情爱活动因想象而富有诗意。

其次，进入创作状态的作家，和沉溺于爱情中的男女一样，皆有一种不可理喻的迷醉感和梦幻感。一个作家，在进入到真正的艺术创

[1] 许文雨：《钟嵘诗品讲疏·人间词话讲疏》第170页，成都古籍书店1983年版。

[2] 潘光旦：《冯小青——一件影恋之研究》，见潘乃谷、潘乃和选编《潘光旦选集》第一册第32页，光明日报出版社1999年版。

作境界时，往往是如痴如醉，产生迷醉感和梦幻感。如司马相如，据说他在作赋时，是“意思萧散，不复与外事相关，忽然而睡，焕然而兴”[1]。魏晋以来关于“文人无行”的指责，亦与作家在创作中呈现出来的迷醉感和梦幻感有关。

恋爱亦是如此。瓦西列夫说：“爱情产生的第一个表现是迷醉。”“一个人如果没有体验到由于迷醉而产生的战栗，他就不会坠入情网。”[2]朱一强把迷醉感作为初恋的五个心理特征中最重要的一个，他认为，迷醉感“是由对方的气质、长相、身材、姿态、语言等品质组成的魅力所激发的一种近乎幻觉性的思念情绪。这种迷醉感具有一种综合性的情感效应，心灵的战栗、慌恐、幻觉、羞涩、急盼等各种情绪重叠在一起，占据了初恋者的身心，使他们陷入一种强烈而又无理智的恍惚之中，被爱者的形象时常在脑际萦绕，并想象他和她的一切，表现出不可抑制的亲近冲动欲求”。[3]

所以，真正的爱情，通常是一种激情。激情之爱才是真正的爱。司汤达所谓“爱情就像发高烧”，就是对恋爱中的迷醉感和梦幻感的精准描述。[4]

3

爱情作为一种艺术化、审美化的人际情感，它与艺术审美最相近似之处，就是它们皆遵循着距离产生美感的审美原则。

“距离”说是一种关于审美态度的学说，自从英国美学家爱德

[1] 《西京杂记》卷二。

[2] ［保］瓦西列夫：《情爱论》第183页，赵永穆、范国恩、陈行慧译，生活·读书·新知三联书店1997年版。

[3] 朱一强：《爱情心理学》第14～15页，黑龙江朝鲜民族出版社1986年版。

[4] 参见本书第一章第三节“爱情就像发高烧”。

华·布洛首次提出并加以阐释后，它在西方美学史上产生了特别重要的影响，至今仍然被许多美学家用来解释审美经验的特征。根据布洛的观点，“距离”是一种“介于我们与对象之间”的心理状态，是一种特殊意识的心理构成，或者说，是一种特殊的心理状态在自我与对象之间的“插入”。在一个主体与他所喜爱的对象之间只要能“插入”这种心理距离，就能够产生出审美经验来。[1] 一个普通物体之所以变得美，就是由于“插入”一段距离而使人的眼光发生了变化，使某一现象或事件得以超出我们个人需求和目的的范围，使我们能够客观而超然地看待它。美的事物通常都有一点“遥远”。近而熟悉的事物往往显得平常、庸俗，甚至丑陋。但将之放在一定距离之外，以超然的态度看待它们，则可能变得奇特、动人，甚至美丽。距离产生美感，艺术必须保持一定的距离，对事物取一定的距离，对艺术创作和欣赏都极为重要。[2] 但是，“距离”亦有一定的限度，即“距离”既不能太远，亦不宜太近。在审美活动中，距离太近，主体与客体过分贴近，引不起审美经验；距离太远，主体与客体完全脱离了关系，亦引不起审美经验。在艺术创作中，“距离过度”是理想主义艺术常犯的毛病，它往往意味着难以理解和缺少兴味；“距离不足”则是自然主义艺术常犯的毛病，它往往使艺术品难于脱离其日常的实际生活。[3]

布洛以航船在海上遇雾为例，说明“心理距离”在审美活动中的重要性，这是有相当深意的。正如朱狄所说：

> 值得注意的是布洛似乎故意地用了一个自然现象而不是艺术作品来作例子，以便使“心理距离”的学说具有更大的适应性，也就是说，

[1] 参见朱狄《当代西方美学》第 297 ~ 298 页，人民出版社 1984 年版。

[2] 参见朱光潜《悲剧心理学》第 23 ~ 27 页，人民文学出版社 1985 年版。

[3] 朱光潜：《悲剧心理学》第 27 页，人民文学出版社 1985 年版。

它不仅适合于艺术作品的审美经验，而且也适合于一切自然物的审美经验。[1]

作者认为：距离说不仅适合于艺术作品和自然物的审美经验，而且亦适合于人伦关系的解释。

人际情感大致可以分为亲情、友情和爱情三类。一般而言，亲情关系是亲密的、熟悉的，在英语中，familiar 一词，作“亲密”“熟习”解，但其语源，出于“家庭”（family）一词。[2] 构成亲情关系的成员之间，因为太亲密、太熟悉，没有距离，或者说距离太近，不易产生陌生感，引不起审美经验。亲情关系是现实的、是善的，亲情是一种缺乏诗意化、审美化的情感。同时，过于琐碎而平凡的家庭生活，亦难以令人产生诗意化、审美化的精神追求。因此，亲情关系虽为人生之必需，但同时亦往往比任何情感更能激起你的愤怒，这亦是独立意识较强的人往往反抗家庭的主要原因。

爱情和友情，虽然亦必须以亲密、熟悉为基础，但它们与亲情那种家庭式的亲密、熟悉不同，它们是有适当距离的亲密和熟悉，有一定的陌生感和神秘性。如果说亲情是现实的、世俗的，是善的，那么，爱情、友情则是理想化的、精神性的；它不是肉体的热情，而是精神上的倾慕；它不仅肯定精神生活的崇高，而且亦能导致精神生活水准的提高。

友情是有距离的，是诗意化的人际情感。“君子之交淡如水”这句话，就说明友情是有距离的，因而亦是有诗意的。关于这个问题，作者在第二章第五节“爱情、友情和亲情异同论”里已经详论，兹不

[1] 朱狄：《当代西方美学》第 295 页，人民出版社 1984 年版。

[2] ［法］莫罗阿：《人生五大问题》，见《恋爱与牺牲》第 40 页，傅雷译，安徽文艺出版社 1998 年版。

赘述。以下，作者拟就爱情中的距离问题，以及由此形成的诗意化、审美化特征，做具体的探讨。

爱情作为一种审美化、艺术化的人际情感，它应当遵循艺术审美的一般规律，即距离产生美感的规律。或者说，相爱的男女双方，只有保持适当的距离，才能保证爱情的神秘化和理想化，才能保证彼此间有长久的吸引力。爱情亦因此而具有诗意化、审美化的特点。歌德《浮士德》云："若使伉俪恩情深，只有彼此两分离。"所谓"彼此两分离"，即指相爱双方保持一定的距离。只有如此，才能伉俪情深。康德在《论万物的终结》一文中亦说：

> 在爱情中，拒绝是一种有魅力的手段，它可以把纯粹的肉欲变成理想的爱好，把动物的需要变成爱情，把简单的快感变成对美的享受。

康德所谓的"拒绝"，即歌德所说的"彼此分离"，亦就是作者所讲的距离。假若相爱的男女双方，一坠入爱河，便如胶似漆，卿卿我我，过早地发生肉体关系，不懂得"拒绝"，不能保持一定的距离，这样的爱情往往是昙花一现。当肉体上的欲望逐渐消减的时候，爱情之花亦就日趋枯萎。故卫泳《悦容编·晤对》讨论男女相处之道说：

> 晤对何如遥对，同堂未若各院，毕竟隔水闲花，碍云阻竹，方为真正对面。一至牵衣连坐，便俗杀不可当矣。[1]

何海鸣亦说：

[1] 《香艳丛书》一集卷二。

天下有情人与其得欢会之交酬，不如有离别之情况。盖人之爱情因愈思而愈真，苟形影相随，不离左右，其欢悦爱恋之情反觉味同嚼蜡也。且好事难长，欢情易去，有聚有散本属常道，与其散于欢聚之后而生悲，何若久处离散之境而相安若素乎？愿持此语以超度天下痴男女。[1]

“爱情因愈思而愈真”，“思”，即相思，因距离而相思，其恋情亦就更加真切热烈。一旦“牵衣连坐”，或者“形影相随”，其热烈之情便逐渐消减。所以，何海鸣告诫天下有情人：“与其得欢会之交酬，不如有离别之情思。”朱一强《爱情心理学》亦说：

情侣在恋爱中如果亲热越限，或者一方殷勤过度，举动过昵，也可能出现厌烦、冷淡等负逆反心理现象，从而减低性爱的吸引魅力，使恋爱温度陡然下降。[2]

朱一强讨论男女情爱，从心理学角度出发，特别重视情感越限、个性相斥和环境阻力所导致的恋爱中的逆反行为。所谓“情感越限”，是指过度的殷勤和过昵的举动导致距离的丧失，其结果是“使恋爱的温度陡然下降”。所谓“个性相斥”，是指相爱双方在性格上的差异，朱一强说：“情侣之间的爱慕的诱发点有时是由彼此之间互相冷淡、轻视、傲慢、嘲讽引起的，即由个性的相斥导致相吸。”“由相斥而产生相吸的基础是好奇驱力。”“好奇是很容易变成好感的。这种相斥引起相爱有时或许来自无意，有时人们也会自觉或不自觉地使用这种‘心理效应’，制造若即若离的悬念来夺取或加深爱情。”[3] 实际上，

[1] 何海鸣：《求幸福斋随笔》第 78 ~ 79 页，上海书店出版社 1997 年版。

[2] 朱一强：《爱情心理学》第 116 页，黑龙江朝鲜民族出版社 1986 年版。

[3] 朱一强：《爱情心理学》第 116 ~ 117 页，黑龙江朝鲜民族出版社 1986 年版。

由个性相斥而产生好奇、吸引和好感，亦就是作者所说的距离产生美感、距离加深爱情的问题。相爱双方在性格上的差异，实际上就是性格上的距离。性格上的适当距离，可使双方保持长久的好奇心和吸引力。所谓“环境阻力”，是指相爱双方受到外在的干预和阻止，如父母兄弟的反对或阻挠等等。如郑光祖《倩女离魂》中倩女之唱词说：

> 可待要隔断巫山窈窕娘，怨女鳏男各自伤，不争你左使着一片黑心肠。你不拘箝，我可倒不想，你把我越阻隔，越思量。

“越阻隔，越思量”，这说明“环境阻力”不但不能瓦解异性间的吸引力，有时反而起到增进爱情的作用。所以，朱一强说：

> 爱情往往是与激动的强度联系在一起的，而激动的强度却依赖若干客观因素为转移，阻碍恋人不能与所爱之人接触，就更增加了爱的情感。国外心理学家的“罗密欧与朱丽叶效应”的研究表明，一开始就受到父亲干涉的爱情关系，无论后来两人是否成婚，彼此相爱之情随着这种干涉程度之增加反而愈加递增，甚至至死不渝。[1]

“环境阻力”增进爱情的逆反现象，亦是距离加深爱情的问题。总之，朱一强指出的恋爱活动中的三种逆反行为，皆关涉距离。“情感越限”导致距离的丧失，从而使爱情降温。“个性相斥”和“环境阻力”造成适当的距离，从而导致爱情的增强。

距离增进爱情，犹如距离产生美感一样，是有心理学依据的。在现实生活中，我们常常亦是不自觉地运用这种规则来解决爱情婚姻中

[1] 朱一强：《爱情心理学》第 120 页，黑龙江朝鲜民族出版社 1986 年版。

出现的问题。比如，人们常说“小别胜新婚”，夫妻之间，朝夕相处，过分的熟悉导致距离的丧失，从而使夫妻之间变得相互厌烦和彼此冷淡。这时，如果有一次“小别”，即在夫妻之间制造一段适当的距离，则又可能产生如新婚那样的恩爱激情。事实上，若想长久地保持夫妻间的恩爱和激情，适时地、周期性地创造“小别”机会，是非常必要的。当一桩婚姻出现危机，夫妻之间已有厌烦和冷淡情绪但不至于反目成仇的时候，适当的分居是必要的，心理学家亦常常提出这样的建议。因为适当的分居，正如“小别”一样，是为了创造距离，化解厌烦和冷淡情绪，重塑夫妻之间的神秘感和好奇心。

希望里的东西永远比现实的东西要丰富和完美。有些事情必须永远蒙着一层面纱，不能尽然揭开。如果尽然揭开，便失去了理想中的神秘色彩和神奇魅力。爱情就是如此。古今中外许多动人的爱情故事，都是按照这个规则演绎的。如但丁与贝雅特丽齐，但丁九岁时认识贝雅特丽齐，产生了爱恋之意，十八岁时再次与贝氏不期而遇，行礼问候后一闪而过。一生中的两次会面，使但丁终生念念不忘。他著有诗集《新生》（三十一首），记述他对贝氏的爱和思念。在《神曲》中，他把贝氏比作天使，视为自己走向天堂的引路人。又如彼特拉克与劳拉，彼特拉克在圣克拉教堂遇上了二十三岁的劳拉，被对方的魅力所征服，开始写情诗献给她。劳拉平静地接受了他的爱，但对他保持一定的距离，对他的热情给予克制性的鼓励。这种若即若离的关系，让彼特拉克如痴如醉。为此，他写了两百多首十四行诗表达对劳拉的爱恋之情。还是拜伦《唐璜》说得好：“假如劳拉做了彼特拉克的妻子，想一想吧！他会终生写十四行诗吗？”[1]这句话不仅适合于彼特拉克，

[1] 参见刘成纪《欲望的倾向——叙事中的女性及其文化》第 64 ~ 67 页，河南人民出版社 1999 年版。

亦适合但丁。亦就是说，如果贝雅特丽齐和劳拉分别做了但丁和彼特拉克的妻子，他们亦许就不会终生为她们写情诗。因为一旦结为夫妻，丧失了距离，爱情之花亦就逐渐枯萎，或者转换成其他形式的情感。但丁和彼特拉克之所以能够终生对一位女性保持着一种信仰式的诗性爱情，就是因为这两位女性始终对他们保持着一段距离。

中国民间社会最经典的爱情故事——牛郎织女，亦是按照距离原则演绎的。牛郎、织女的爱情故事，最早见于《诗经·小雅·大东》，其后经过层层累积，逐渐演绎成如今民间流传的故事梗概。其中最重要的两个情节——河汉阻隔和鹊桥相会，成为历代爱情诗词吟咏的重要题材。如《古诗十九首》说：

> 迢迢牵牛星，皎皎河汉女。
> ……
> 河汉清且浅，相去复几许。
> 盈盈一水间，脉脉不得语。

秦观《鹊桥仙》说：

> 纤云弄巧，飞星传恨，银汉迢迢暗度。金风玉露一相逢，便胜却人间无数。柔情似水，佳期如梦，忍顾鹊桥归路。两情若是久长时，又岂在朝朝暮暮。

牛郎、织女河汉阻隔，每年七月七日鹊桥相会，夫妻恩爱，“柔情似水，佳期如梦”，犹如新婚。作者认为，这正是距离产生的独特效果。假若牛郎、织女朝夕相处，形影不离，便不会有“胜却人间无数”

的神奇魅力。沈际飞《草堂诗余》说："（世人咏）七夕，往往以双星会少离多为恨，而此词（即秦观《鹊桥仙》）独谓情长不在朝暮，化朽腐为神奇。"的确，《鹊桥仙》作为一首歌咏爱情的词作，其成功之处就在于它道出了"两情若是久长时，又岂在朝朝暮暮"的爱情规则。"两情若是久长时，又岂在朝朝暮暮"这句经典名言，可以理解为：若要"两情"长久，就不能"朝朝暮暮"；反过来说，如果"朝朝暮暮"，"两情"就不能长久。即便长久，"两情"亦发生了变化，或为责任意识所渗透，或者转变为友情。

"妻不如妾，妾不如妓，妓不如偷，偷着不如偷不着"，这句流传甚广的谚语，据说早在明初江盈科《雪涛小说》一书中就曾有载录。[1]这句鄙俗的谚语，非常深刻地反映出男性对于女性以稀遇为贵的隐秘心理。一般说来，得不到的或希望中的东西总是最美好的，轻易到手的和必须经过一番曲折才能得到的东西，又大有区别。距离能使对象更具诱惑力。相对而言，与男人的距离，妻最近，并且是法定的性爱对象，因最易得手，故而最易失去吸引力；妾、妓次之，因其距离大于妻，故其吸引力亦大于妻。

"妻不如妾"体现了传统社会男性爱妾厌妻的普遍心理。如《聊斋志异》卷十《恒娘》中，"姿致颇佳"的朱氏失宠于丈夫（其夫当时正宠幸一位名叫宝带的妾），她说："良人之爱妾，为其为妾也，每欲易妻之名呼作妾。"男性"每欲易妻之名呼作妾"，体现了男性爱妾厌妻的隐秘心理。所以，擅长媚术的恒娘为其传授"易妻为妾之法"，其云：

恒娘一日谓朱曰：我术如何矣？朱曰：道则至妙；然弟子能由之，

[1] 陈东原：《中国妇女生活史》第207页，上海书店1984年版。

而终不能知之也。纵之，何也？曰：子不闻乎：人情厌故而喜新，重难而轻易。丈夫之爱妾，非必其美也，甘其所乍获，而幸其所难遘也。纵而饱之，则珍错亦厌，况藜羹乎？毁之而复炫之，何也？曰：置不留目，则似久别；忽睹艳妆，则如新至。譬贫人骤得粱肉，则视脱粟非味矣。而又不易与之，则彼故而我新，彼易而我难，此即子易妻为妾之法也。朱大悦，遂为闺中之密友。

恒娘奉劝朱氏放纵其夫与妾热恋，其目的就是要使朱氏与其夫的关系由故变新、由易变难。使其夫与妾之关系由新变故、由难变易，利用男人“厌故而喜新，重难而轻易”的心理，达到重固恩宠的目的。恒娘规劝朱氏在容饰上先“毁之”而后“炫之”，在行为上“不易与之”，亦是改故为新，变易为难，以迎合男性“厌故而喜新，重难而轻易”的心理。通过上述两种方式，朱氏“易妻为妾”，宝带“易妾为妻”。其结果是：其夫对朱氏“如调新妇，绸缪甚欢”，“相对调笑，跬步不离闺闼，日以为常，竟不能推之使去”；对宝带则是视之“益丑，不终席，遣去之”，并“渐施鞭楚”，致使她落得“拖敝垢履，头类蓬葆，更不复可言人矣”的悲惨下场。这就是恒娘所谓的“易妻为妾之法”。其背后体现出来的就是传统社会的男性普遍具有的妻不如妾、爱妾厌妻的心理。而从根本上讲，这还是情爱生活中普遍存在的一个“距离”问题。

在古代社会，男人与妾、妓发生性爱关系，是合法的，并且容易得手，因其距离不如“偷”，故其引力亦不如“偷”。“偷”是非法的，要颇费周折，或者说有相当距离，因而对男人的引力亦是最大的。试着去“偷”而又“偷”不着，这种引力就更大了。所以，这句鄙俗的谚语，的确生动形象地反映了男女情爱心理中的“距离”问题。

另外，在中国古典诗词中，有一个具有象征意义的“原型”，即“美人幻像”。“美人幻像”作为一个重要的诗词题材，源远流长，经久不衰，如《诗经·秦风·蒹葭》《离骚》、张衡《四愁诗》、曹植《洛神赋》和《杂诗》、傅玄《吴楚歌》、阮籍《咏怀诗》“西方有佳人”、杜甫《寄韩谏议》，等等，皆属此类。这些作品的主题，或各有所指，未可一概视为抒写爱情的作品。[1]但诗歌既然以追求美人为兴象，其写作亦就必须遵循爱情追求的距离原则。因此，这类作品通常皆把美人置于一个可望而不可即的境地，作品描述诗人对美人的追求，亦着重在这个跨越距离的追求过程，而不是美人本身。美人所处，或“道阻且长”（《蒹葭》）或“路远莫致”（《四愁诗》）或处于“飘飖恍惚中”（《西方有佳人》）或“其室则迩兮限层崖”（《吴楚歌》）或“美人娟娟隔秋水”（《寄韩谏议》），等等。总之，皆有一段不可跨越的距离。美人因为距离而更加神奇、完美，诗人亦因为距离而辗转反侧，感伤困惑。其实，大体上说，中国古代的爱情文学，并不在于展示爱情生活的甜美与欢乐，和男女相亲相爱的柔情蜜意。而大多着力于描绘对爱情的艰苦追求，和游子思妇的相思相恋之情。或者说，展示的是跨越爱情距离的过程。张方在《风流人格》一书中，通过对李商隐诗歌的研究，就发现中国古代爱情文学中“隔”这个古老的母题。所谓“隔”，“具体说是有情人相恋相爱而难以相亲相近，以及由此产生的凄凉、衰怨之情”。[2]这个“隔”，亦就是作者所说的“距离”。

西方柏拉图式的精神恋爱，犹如中国古典诗词中的“美人幻像”，亦遵循着“距离”原则。以柏拉图精神不朽的神秘主义哲学为思想基

[1] 参见黄永武《古典诗中的美人幻象》，见《中国诗学·思想篇》第 71 ~ 79 页，巨流图书公司 1983 年版。

[2] 张方：《风流人格》第 128 页，华文出版社 1997 年版。

础的精神恋爱，主张精神与肉体的对立，鄙视对动物性肉欲的追求，是一种不食人间烟火的灵魂之恋。这种恋爱观，与基督教的禁欲主义和神秘主义精神若合符契，因而在西方社会有广泛而深入的影响。问题是，西方社会在经过了“文艺复兴”后，西方人在冲破了禁欲主义，实现人性解放之后，精神恋爱观虽然遭到一定的冲击，却仍然在知识阶层的心灵深处普遍存在着，西方文学中的情爱描写在相当广泛的程度上亦还保留着精神恋爱的影响。应该说，人性解放和现世享受与精神恋爱是有一定距离的，甚至是矛盾对立的。那么，在西方社会，人性解放思潮何以能够与精神恋爱并行不悖呢？作者认为：精神恋爱卑视动物性肉欲，拒绝物质性追求，崇尚纯粹精神或心灵的爱情，固然有其缺陷，因为驱使男女追求爱情的原动力，在很大程度上是性欲冲动和种族繁衍的需要。然而，毋庸置疑的是，作为人，他既有物质性追求，亦有超越性向往。或者说，他既是世俗的，形而下的；亦是超越的，形而上的。诗意的栖居，对超越境界的向往，是人类尤其是知识阶层不可或缺的精神支撑。作为男女交往产生的爱情，它既有物质性、肉欲性，亦有精神性、诗意性。但是，爱情的最高境界是诗意化的境界，爱情的诗意化排斥肉欲，是以适当的距离为前提的。精神恋爱正是一种诗意化的爱情，它的诗意化，正是在排斥肉欲和保持距离的前提条件下形成的。撇开精神恋爱的宗教神秘主义因素不论，单就它在人性解放之后仍有广泛的社会影响而言，说明它的确拥有继续存在的现实依据。这个依据，就是人类固有的诗性向往和超越追求。所以，精神恋爱是西方人意识中的“美人幻像”，“美人幻像”是中国人意识中的精神恋爱。无论是“美人幻像”，还是精神恋爱，皆以距离为前提，显示了人类对诗意化人生境界的追求和向往。

总之，爱情是一种诗意化、审美化的人际情感，爱情的产生、发展和保持，与艺术创作之构思和写作的各个环节，有特别的相似之处，皆遵循着距离产生美感的原则。人类对诗性爱情的追求，与对艺术审美的向往一样，展示了人类天性中不可抑制的对超越的、形而上的人生境界的追慕。爱情之所以能成为艺术的永恒主题，其原因亦在于此。

二、琴心挑之：传统中国社会的调情艺术

1

调情是男女之间吸引或诱惑对方的一种手段，或者说是一种爱情游戏。用法国学者法碧恩·卡斯塔·洛札兹的话说，调情是“将羞耻心的钳制与欲望的表达这无法结合的两者结合起来的行为秘则”。[1]它的最大特点是暧昧，即以“暧昧的语言”和“暧昧的轻触”在男女之间展开的一种具有消遣、娱乐功能的诱惑游戏。

传统中国的道德家对男女之间的调情深怀戒心，如孔子所谓“郑声淫”，就是其显例。在当代中国，调情仍被视为一种情感堕落的低俗游戏。因此，在汉语语境里，“调情”基本上是作为一个贬义词来使用的。传统中国人对“调情”的贬斥，恰如西方道德家对丹麦哲学家索伦·克尔凯戈尔《引诱者日记》中的“引诱”所产生的误解一样，是仅把“调情”或“引诱”理解为“总是在麻木或迷惑人的意识而使人干出在正常情况下不会去干的事”。事实上，“引诱本身在克氏那里不具有违背对方意志而诱导人走下坡路的成分，克氏之所以热衷这个话题，是因为他将其视为一个性爱力量得以展开的美好过程，甚至

[1] ［法］法碧恩·卡斯塔·洛札兹：《调情的历史——纯真与堕落游戏》第32页，林长杰译，百花文艺出版社2003年版。

他将这个过程视为目的本身”。[1]所以，客观地说，调情是一柄双刃剑，它既有促进人类心智健全发展的娱乐功能，为人的压抑情欲提供一个释放的出口，是“一个性爱力量得以展开的美好过程”；当然亦有导致心智低俗堕落的腐化功能，为非分情欲提供一条实现的通道。

调情活动贯穿于人生之始终，既有“郎骑竹马来，绕床弄青梅”式的纯真调情，亦有少男少女之间情窦初开之际的“点醒”式的调情，还有已婚男女之间暧昧猥亵的调情。不过，调情作为一种“爱情密码”，其“点醒”功能是最主要的，它犹如克氏所谓的“引诱”，是“性爱力量得以展开的美好过程”。因此，在一定程度上，它亦是一种健康的情感游戏。

所谓“点醒”功能，是指在情窦初开的少男少女之间，通过“暧昧的语言”或“暧昧的轻触”诱惑对方，激发和唤醒其潜藏在心底的欲望与情愫，最终建立起心心相印的浪漫爱情。从这个功能看，调情是爱情发生的催化剂，是爱情发展的润滑剂，是爱情生活中不可或缺的情感游戏。爱情的发生、发展需要诱导，调情就执行着此项诱导工作，使潜藏于个人心灵深处的爱情需求得以点醒和展开。可以设想，爱情生活中若没有调情这种游戏，那将是何等的枯燥无味。可以说，爱情生活的多姿多彩，或动人心魄，或婉转缠绵，都是建立在调情游戏基础上的；还可以说，爱情生活质量之高低或浓淡程度，与调情水平成正比。方式正确、程度适中的调情，可点醒爱情，增进爱情；方式拙劣、程度过极的调情，其结果适得其反。

调情的方式多种多样，或用“暧昧的语言”，或以“暧昧的轻触”，或是脉脉的眼波，或是有意的微笑，甚至一个神情，或者一个简单的

[1] 王才勇：《译者前言》第 8 页，见索伦·克尔凯戈尔《爱之诱惑》之卷首，上海社会科学院出版社 2002 年版。

肢体动作，都会产生调情的效果。[1]

2

传统中国社会的情爱生活虽然是以畸形的面目呈现，但天性浪漫的中国人对恋爱活动自有一种特别的理想，其调情艺术亦别具一格。约而言之，其调情方式略有如下数种：

其一，以《诗经·关雎》为代表的“琴瑟友之”“钟鼓乐之”的方式。《关雎》一诗在传统中国情爱史上具有典范意义，其中君子淑女之间的调情游戏，对后世才子佳人的谈情说爱有示范作用。诗云：

关关雎鸠，在河之洲。窈窕淑女，君子好逑。
参差荇菜，左右流之。窈窕淑女，寤寐求之。
求之不得，寤寐思服。悠哉悠哉，辗转反侧。
参差荇菜，左右采之。窈窕淑女，琴瑟友之。
参差荇菜，左右芼之。窈窕淑女，钟鼓乐之。

[1] 德国文化人类学家衣莱那乌斯·爱伯尔·爱伯斯菲尔德，于二十世纪六十年代对男女调情的身体语言进行过深入的调查研究，发现女性在诱惑意中人时，开始是对其微笑，睁大眼睛盯着他，暗送秋波，摇动脑袋，然后垂下眼睑，低下头扭到一边，眼睛看着侧面，不停地摇摆着秀发。男人诱惑女性时，最明显的动作就是挺胸。美国人类学家海伦·费什在研究人类的调情行为时，特别提到一本欧洲杂志上的一组漫画，认为颇能说明男性诱惑女性的一般特点：第一幅漫画里，一个男人躺在海滨游泳池边上的躺椅里——他的脑袋萎缩着，肚子挺着，胸部凹下去；在第二幅漫画里，有一位正在海滩上漫步的漂亮女郎经过这个男人身边，这时，他的脑袋挺直，他的腹部收了回去，胸部则鼓了起来；在最后一幅漫画里，女郎不见了，他又回到了原来颓废的萎缩状态。另外，互送眼波可能是人类求偶行为或调情活动中最为突出的一项策略，这种眼睛的对话，实质上就是心的交流。据海伦·费什说：“眼睛——不是心，不是性器官，不是大脑——才是浪漫开始的器官，因为互相盯着看容易使人微笑。”（海伦·费什《人类的浪漫之旅——迷恋、婚姻、婚外情、离婚的本质透析》第 3 ~ 6 页，刘建伟、杨爱红译，海天出版社 1998 年版）

关于此诗之主旨,《诗序》所谓颂扬“后妃之德”,实属附会,不足采信。事实上,当如郑樵《诗辨妄》所说:

> 关关雎鸠,在河之洲。每思淑女之时,或兴见关雎在河之洲,或兴感关雎在河之洲。雎在河中洲上,不可得也,以喻淑女不可致之义;何必以关雎而喻淑女也。

亦如康正果所说:

> 该诗以下各章写荇菜在水中飘荡不定的状态,也是兴欲求不遂之情。淑女的不可径取愈益增加了“君子”的悦慕之情,于是他“寤寐思服”呀!“辗转反侧”呀!希望把她娶过来。[1]

简言之,此诗纯然就是描述君子挑逗淑女,想与之永结同心的情诗。其挑逗或调情之手段是“钟鼓乐之”“琴瑟友之”。论者或以为是君子“寤寐思服”“辗转反侧”,而迷入幻境,梦想求爱成功而与淑女成婚时,以钟鼓、琴瑟庆祝婚礼的欢乐情景。此说或通,但是,作者以为,将之解释为君子于苦苦追求过程中所使用的调情手段,更合诗意。陆侃如在《中国诗史》中说:“《关雎》与《野有死麕》都是写男子求婚的,一以音乐歆动她,一以礼物媚她(胡适之师说南欧常以音乐做求婚的工具,可证《关雎》非结婚诗,我想我国司马相如的故事,也可助证)”[2],就正是这样理解的。

其二,以司马相如和卓文君为原型的“琴心挑之”的方式。据《史记·司马相如列传》载:

[1] 康正果:《风骚与艳情》第 31 页,上海文艺出版社 2001 年版。

[2] 转引自朱自清《古诗歌笺释三种》第 74 页,上海古籍出版社 1980 年版。

临邛中多富人，而卓王孙家僮八百人，程郑亦数百人，二人乃相谓曰："令有贵客，为具召之。"并召令。令既至，卓氏客以百数。至日中，谒司马长卿，长卿谢病不能往，临邛令不敢尝食，自往迎相如。相如不得已，强往，一坐尽倾。酒酣，临邛令前奏琴曰："窃闻长卿好之，愿以自娱。"相如辞谢，为鼓一再行。是时卓王孙有女文君新寡，好音，故相如缪与令相重，而以琴心挑之。相如之临邛，从车骑，雍容闲雅甚都。及饮卓氏，弄琴，文君窃从户窥之，心悦而好之，恐不得当也。既罢，相如乃使人重赐文君侍者通殷勤。文君夜亡奔相如，相如乃与驰归成都。

司马相如爱慕卓文君，"以琴心挑之"，促成文君与之私奔，这是《史记·司马相如列传》中的一个经典情节。如果说司马迁《司马相如列传》是本之相如自传而写成的说法可信，那么这段琴挑私奔之韵事，亦当是司马相如一生中引为自豪的雅事，而且亦是传统中国才子佳人之现实恋爱和理想文学中的一个具有"原型"意义的情节。一个"挑"字，用得恰到好处，犹如"绕床弄青梅"之"弄"字，亦如"云破月来花弄影"之"弄"字，与情窦初开之际那暧昧而含糊的情愫特点甚为吻合，故而极有情趣，极富诗意。而用以"挑之"之"琴心"，极富魅力，与爱情本身的诗意化特点契合若神。"琴心挑之"的方式，与"琴瑟友之""钟鼓乐之"的方式，是一脉相承的。不同的是，与"友之""乐之"相比，"挑之"更有世俗化特点，更具调情、挑逗和诱惑的意味。

其三，以才子佳人的爱情传奇为代表的"情诗以乱之"的方式。唐宋以来才子佳人爱情小说的情爱模式，皆脱胎于《史记·司马相如列传》。其中"以琴心挑之"情节基本上被才子佳人小说传承下来。其稍有不同者，是有的小说改"琴心"为诗词，即以诗词挑之，以诗词传情。如《游仙窟》，男女情爱之表达，基本上依靠占全篇绝大篇幅的诗歌来完成。又如元稹《莺莺传》，张生有意于崔莺莺，而无由近之，红娘为之计曰：

> 崔之贞慎自保，虽所尊，不可以非语犯之。下人之谋，固难入矣。然而善属文，往往沉吟章句，怨慕者久之。君试为喻情诗以乱之。不然，则无由也。

按照红娘之策划，张生先以《春词》二首挑之，崔莺莺则以《明月三五夜》答之。一来一往，情款潜通，情意绵绵，遂有一月西厢之好。“情诗以乱之”，即以情诗搅乱佳人平静的内心世界，点醒其潜在的爱情欲望。一个“乱”字，与“琴心挑之”之“挑”字，有异曲同工之妙。

在才子佳人小说中，通常的叙事模式是：才子有意，先寻机赋诗一首以试探之；佳人有情，则和诗一首以应答之。这样一唱一和，才子佳人之情愫逐渐点醒，逐渐升温，最终喷发为激越之情，直至以身相许，私订终身。在此，诗词作品成为才子佳人调情的触媒，并且是必不可少的触媒。[1] 它不仅对才子佳人之爱情有点醒功能，而且还有润滑作用，甚至还有消遣、娱乐功能。因此，在明末清初盛极一时的才子佳人小说中，才子佳人爱情的发生和发展，皆“以诗为媒”，诗歌在才子和佳人的邂逅相逢中起着穿针引线的作用，如《春柳莺》中的石池斋与梅凌春，《宛如约》中的司空约与赵如子，《定情人》中的双星与蕊珠小姐，等等，皆以诗词传情达意，这种几乎成为类型化的叙事模式，实际上亦是所有才子佳人小说中的“有意味的形式”。[2]

其四，以少数民族青年男女恋爱活动为代表的情歌对唱的方式。

---

[1] 用红娘的话说，便是：“不然，则无由也。”

[2] 参见邱江宁《清初才子佳人小说叙事模式研究》第二章第一节“诗歌在小说叙事模式中的意义”，上海三联书店 2005 年版。

能歌善舞是少数民族的一个重要特点，举凡生活中的所作所为所思所想，皆以歌的形式表达。少数民族青年男女谈情说爱，常以情歌作为传情示爱的工具。如，苗族至今尚存的对歌恋爱方式“串串坡”，每年正月初三至初七，苗族未婚青年到山上对歌，他们于村边山坡上立一棵花树，树上挂一块四米长的红布。对歌时，姑娘先唱，唱完一首，在红布上打一个结。然后小伙子对唱，唱完一首解开一个结，解完全部歌结后，他就可以取走红布和姑娘的衣服，并以此为凭信托人上门求婚。侗族青年男女以“行歌坐妹”的方式交往和恋爱，他们或者在山坡上、大树下对歌传情；或者姑娘结伴在家里引针走线，男青年前来伴奏对唱，倾诉情意。布依族青年男女以“赶表”的形式交往，在“赶表”途中男女未婚青年对唱情歌，表达爱恋之意。壮族青年男女亦在每年的传统节日“三月三”这一天，聚在一起，互以歌声问答，在唱和中挑选自己的意中人，寻觅自己的情侣。[1] 许多少数民族每年皆有定期的赛歌会，实际上就是为青年男女提供一个公开的调情机会。其调情手段，无一例外皆是采用情歌对唱的方式。情歌在恋爱中的作用，在少数民族青年男女的情爱活动中，特别重要。如藏族民歌云：

蜜蜂和野花相爱，春风就是媒人。
小伙和姑娘相爱，山歌就是媒人。

彝族毕摩举奢哲《彝族诗文论》云：

有种诗歌呀！世间的男女，
他们成年后，相亲的时刻，

[1] 参见毛秀月《女性文化闲谈》第111 ~ 113页，团结出版社2000年版。

相爱的时光，又把它当作，

相知的门径，传情的乐章。

土家族情歌云：

男：高山跑马路不平，平地跑马起灰尘。

千里听见歌声响，万里来寻合心人。

女：高山种荞不用肥，小郎说妹不用媒。

不看日子不看期，唱首山歌带妹回。

男：未曾砍柴先扯藤，未曾唱歌先找人。

有柴无藤捆不起，有歌无妹唱不成。

女：你一声来我一声，好比花线与花针。

哥是花针朝前走，妹是花线随后跟。[1]

布依族情歌《木叶好比拨灯棍》：

堂屋点灯屋角明，屋后传来木叶声。

木叶好比拨灯棍，夜夜拨动妹的心。[2]

哈尼族情歌《阿妹再傻也知甜》：

男：金黄谷穗沉甸甸，雀鸟飞来团团转。

阿哥一唱风传情，我要阿妹坐身边。

[1] 《德江土家族文艺资料集》第 5 ~ 6 页，德江县民族事务委员会、贵州民族学院民族研究所 1986 年编。

[2] 《中国少数民族情歌选》第 136 页，四川民族出版社 1985 年版。

女：杨梅一出红满山，画眉再傻也知鲜。

阿哥山歌飞出口，阿妹再傻也知甜。[1]

羌族情歌《唱个山歌试妹心》：

隔河看见妹穿青，心想过河水又深。

丢个石头试深浅，唱支山歌试妹心。[2]

与才子佳人的诗词传情一样，在少数民族青年男女之间，男子有意，便以情歌试探对方；女子有情，亦以情歌暗示男子。在这里，山歌就是“相知的门径，传情的乐章”，是“媒人”，是挑动情弦的“拨灯棍”，是试探“深浅”的工具。男女双方通过对唱山歌，一来一往，情意渐通，双双便可把臂入林，言情说爱了。

3

上述四种调情方式，其具体手段或有不同，或以音乐调情，如相如文君，如《诗经·关雎》；或以诗词调情，如唐宋以来之才子佳人；或以歌声传情，如少数民族青年男女。但其基本精神是一致的，即皆以艺术化的方式进行情感的挑逗和激发。

值得注意的是，以唱歌或弹奏乐器调情，诱惑异性，是一种在世界各民族的情爱生活中普遍存在的社会现象，甚至在动物世界亦是如此。据美国学者海伦·费什说：

在世界各地，唱歌或者弹奏一种乐器是一种非常普遍的吸引异性的

[1] 《中国少数民族情歌选》第244页，四川民族出版社1985年版。

[2] 《中国少数民族文学作品选》第四分册第381页，上海文艺出版社1981年版。

方法。在美国西南部霍安皮印第安人当中，按照传统，男人是要向未来的配偶唱一支复杂的情歌的，有这种社会习惯的还有西太平洋的萨莫安人、美国西南部的奇里卡华人和华盛顿州东部的桑波伊尔人。阿帕卡地方的男人通过吹笛子来吸引树林中的女子，而菲律宾吕宋岛中部的伊夫高族男人和女人都利用爱人的竖琴来表达自己心中的激情。

在海伦·费什看来，闷热的夏夜里，青蛙的鸣叫，蟋蟀的歌唱，猫儿的叫春，昆虫的啼叫，豪猪的吼叫，等等，都是作为求偶信号发出来的，与人类用唱歌或者弹奏乐器的方法吸引异性，性质完全相同。[1]如此看来，以艺术化的方式进行情感的挑逗和激发，是人类社会的一个普遍现象。问题是，世界各民族的青年男女为何皆不约而同地采取此种艺术化的手段进行调情呢？作者认为，此与男女情爱本身的特性有密切关系。

在人际交往所产生的所有情感中，爱情作为一种特殊的人际情感，是人类心灵深处发出的一种深沉而又强烈的情感冲动，具有审美化和艺术化特点。保加利亚学者瓦西列夫对爱情与艺术审美的关系，做过深入的探讨。墨西哥文学家奥克塔维奥·帕斯亦对爱情与诗歌的关系做过专门讨论，特别注意到诗歌与色欲间的密切关系。[2]

色欲与诗歌关系密切，诗歌激发色欲，诗歌提升色欲，使之不至于落入淫侈俗套。《平山冷燕》第七回评语说：

凡男女悦慕，必假眉目勾挑，纵不涉淫，亦难免落套；况眉目勾挑，

[1] ［美］海伦·费什：《人类的浪漫之——迷恋、婚姻、婚外情、高婚的本质透析》第 21 ～ 22 页，刘建伟、杨爱红译，海天出版社 1998 年版。

[2] ［墨］奥克塔维奥·帕斯：《双重火焰——爱与欲》第 2 页，蒋显璟、真漫亚译，东方出版社 1998 年版。

> 纵有情，亦不深不奇。若平如衡与冷绛雪，风中马牛也，海内浮萍也。欲无端撮合，作江皋之遇，相遇又不欲堕前人窠臼，既遇又不欲借眉目为缘，此中蹊径，实难辟置。此则全若不知，但以览古作才女之高情，但以览古题诗作才女之侠致，何尝作道路相逢之想？既题诗感慨，亦不过自负坚贞，又何尝为悦慕相思之地？无心中忽然而见诗，又忽然而相遇，又忽然而悦慕相思，而悦慕相思甚已终身不已；眉目虽亦霎时相对，而眉目勾挑工夫全用不着。[1]

让两位邂逅的青年男女传情达意，“眉目勾挑”虽是常用的手段，但往往“难免落套”，而诗歌是最雅致而不落俗套的手段。或者说，诗歌是最适合传达男女恋情的工具。

丹麦哲学家索伦·克尔凯戈尔在《直接性爱诸阶段或音乐性爱》一文中，通过对莫扎特音乐的感悟，揭示了性爱与音乐感受的一致性，以为性爱的精神感受最适合用音乐来传达。[2] 蔼理士在《性心理学》一书中，亦注意到音乐与情爱的关系，他说：

> 伐希特与伏尔巴（Vurpas）又告诉我们，音乐对于女子即或不引起什么特殊的与狭义的性影响，至少也可以引起一些生理上的反应，而此种反应又是和性的兴奋十分相像而不易辨别的。大多数身心健全而受过教育的女子，听了音乐以后，总感觉到几分性的刺激，所听的音乐虽不限于一定的一类，而其感受刺激则一。对于神经上有变态的女子，这种刺激不免见得格外有力。而对于已成病态的女子，性交合的时候，必须有音乐的伴奏。

[1] 《平山冷燕》，“古本小说集成”本，上海古籍出版社 1996 年版。
[2] ［丹］索伦·克尔凯戈尔：《爱之诱惑》，王才勇译，上海社会科学院出版社 2002 年版。

还有一点值得留意的，就是春机发陈的年龄来到以后，青年人对于音乐及其他艺术总会表示一些特别的爱好。教育阶级的子女，尤其是女的，在这时期里，对于艺术总有一阵冲动，有的只维持几个月，有的维持到一两年。[1]

春情萌动的青年人爱好音乐，音乐能激发人的性的兴奋，音乐感受与性的感受具有一致性，性爱的精神最适合用音乐来表达。此与传统中国人喜欢用音乐来比喻男女性爱类似，如《诗经·女曰鸡鸣》说："琴瑟在御，莫不静好。"《常棣》说："妻子好合，如鼓琴瑟。"[2]实际上，置身于恋爱中的青年男女，往往具有高出一般人的审美能力，其对诗歌、音乐等艺术亦会表现出特别的爱好和兴趣。

爱情的特点既如上述，爱情与诗歌、音乐等艺术的关系既如此紧密，那么，"点醒"爱情和润滑情爱之手段，亦必然与其艺术化、审美化特点相适应，方能行之有效，才有希望达到预期目的。这便决定了调情的手段亦当具有艺术化、审美化的特点。另外，爱情与"淡如水"之友情不同，它是一种激情，并且常常是一见钟情。它虽然来得迅速，但却一点也不会让人觉得粗俗鄙陋，相反，倒是颇具诗情画意。这主要得自于男女双方在交接过程中采取的艺术化、审美化的调情方式，能把内心的本能欲念转化为具有审美意味的浪漫情愫。

传统社会男女之间普遍采用的这种艺术化、审美化的调情方式，一定程度上体现了传统中国人灵魂深处的诗性精神和浪漫情怀。而这种精神情怀正是人类区别于其他动物之根本所在。记得二十世纪八十年代的大学校园里，青年男女之间谈情说爱，互赠情诗，互通情书，

[1] ［英］蔼理士：《性心理学》第 42 ~ 43 页，潘光旦译注，上海三联书店 2006 年版。
[2] 参见（英）蔼理士《性心理学》第 61 页，潘光旦译注，上海三联书店 2006 年版。

犹有古代才子佳人以诗词互通情款之遗风。或者会演奏某一种乐器，如有“爱情冲锋枪”之称的吉他，则尤得女学生之青睐，此亦犹有“钟鼓乐之”“琴瑟友之”之余韵。当今少数民族地区在传统节日举办的赛歌会，表演的情歌对唱，多由中年男女出场，未婚男女青年或者已经不会演唱，或者不屑于参加此种活动，或者根本就不需要用这种方式谈情说爱了。因此，由中年男女从事的这种活动，多有表演性质，即主要以此吸引外地的观光旅游者，已经失落其原初的意义。当代大学校园或城市里的多数青年男女谈情说爱，视赠情诗为可笑，以通情书为迂腐，常常以通电话、发短信、聊微信等方式传递情爱。科技的进步带来信息传播的方便快捷，但却因此失落了一件非常重要的东西，即人类的诗性精神和浪漫情怀，而这恰恰是人类区别于其他动物的一个最基本的特征。所以，科技进步和社会的现代化发展亦是一柄双刃剑，它一方面推动了人类物质生活的巨大进步，另一方面却使人类的精神生活日趋贫乏，精神生活水准逐渐降低。

三、说“风骚”：关于情爱与诗学隐秘关系的探讨

1

在现代汉语里，“风骚”是一个贬义词，指行为上风流轻佻、不拘礼法、放荡不羁，尤其是指女性在两性关系上的放荡和不检点。因此，在现代汉语语境中，说一个女人“风骚”，无疑是对她人品、操行的全盘否定。

考察“风骚”一词之语源，可知它早期是指《诗经》和《楚辞》，是一个中性词，不含贬义。“风”乃指《诗经》中的十五国风，因为它最能代表《诗经》之思想价值和艺术成就，故古代学者常以“风”

概指《诗经》。“骚”乃《楚辞》中的《离骚》，因为它是《楚辞》中最具代表性的篇章，故古代学者常以“骚”概指《楚辞》。如钟嵘《诗品序》说：“夫四言文约意广，取效风骚，便可多得。”沈约《宋书·谢灵运传论》亦说：“是以一世之士，各相慕习，原其飚流所始，莫不同祖风骚。”贾岛《喜李馀自蜀至》诗云：“往来自此过，词体近风骚。”这里的“风骚”，皆是以偏概全，概指《诗经》和《楚辞》。再进一步引申，则以“风骚”一词泛指诗文，如《文选·任昉〈奉答敕示七夕诗启〉》云：“窃惟帝迹多绪，俯同不一，托情风什，希世罕王。”李周翰注云：“风什，谓篇章也。”高适《同崔员外綦毋拾遗九日宴京兆府李士曹》曰：“晚晴催翰墨，秋兴引风骚。”苏舜钦《奉酬公素学士见招之作》云：“留连日日奉杯宴，殊无间隙吟风骚。”另外，魏晋以来，学者亦常以“风人”“骚人”代指诗人或文人，如《文选·曹植〈求通亲亲表〉》说：“是以雍雍穆穆，风人咏之。”吕延济云：“风人，诗人也。”《文心雕龙·明诗》曰：“自王泽殄竭，风人辍采。”萧统《文选序》说：“骚人之文，自兹而作。”

“风骚”一词，由特指“十五国风”和《离骚》，到概指《诗经》和《楚辞》，到泛指诗文，再引申为诗人或文人之通称，其义皆与文学有关，并且不含任何褒贬色彩。宋元以来，“风骚”词义之引申，则逐渐染上感情色彩，有作褒义使用的，指文采、才情，如郑光祖《倩女离魂》第一折云：“他多管是意不平自发扬，心不遂间缀作，十分的卖风骚，显秀丽，夸才调。”或指体态俊俏美好，如《红楼梦》第三回说王熙凤“身量苗条，体格风骚”。无心子《金雀记·定婚》说：“有貌有貌多俊俏，陈平说我最风骚。”“风骚”一词在宋元以后的贬义引申，则指男女性行为上的轻佻放荡，如《醒世恒言·一文钱小隙造奇冤》说：“那老儿虽然风骚，到底老人家，只好虚应故事，怎能勾满其所欲？”梁辰鱼《浣沙记·见王》说：“我为人性格风骚，洞房中最怕寂寥。”李渔《怜香伴·女校》说：“他出这等风致题目，一定是个老风骚，做首肉麻的诗应付他。”在近现代汉语中，“风骚”作为贬义词使用，已是尽人皆知，无须例举。

此外，与“风骚”一词之词义引申同步发生的，是构成“风骚”这个合成词的两个词根的词义，自宋元以来亦分别朝着两性风情、男女性事方面演进。宋元以来的戏曲小说中，与“风”有关，或者以“风”为词根构成的词汇，如“争风吃醋”“风情”“风花雪月”“风尘”“风月”“风月馆”“风流债”“风流韵事”等等，皆与两性情爱之事有关。其中“风月”一词，义近“风骚”，既可用来指称文学作品，亦可用来指称两性情爱之事，如韦庄《多情》诗云：“一生风月供惆怅，到处烟花恨别离。”《金瓶梅词话》第一回回目云：“景阳岗武松打虎，潘金莲嫌夫卖风月。”《二刻拍案惊奇》卷三八说：“四娘为人心情风月，好结识个把风流子弟，私人往来。”此以“风月”指称男女性爱之事。欧阳修《赠王介甫》诗说：“翰林风月三千首，吏部文章二百年。”罗烨《醉翁谈录·小说引子》说：“编成风月三千卷，散与知音论古今。”此以“风月”指称文学作品。又如“骚”字，明清以来多用指两性关系上的不检点行为，如《初刻拍案惊奇》卷二六：“可恨那老和尚又骚又吃醋，极不长进。”《儒林外史》第四三回：“今日还那得工夫去看那骚婊子。”以“骚”为词根构成的词，如“骚托托”，形容女子淫荡，如《初刻拍案惊奇》卷三一：“我看这妇人，日里也骚托托的，做妖撒娇，捉身不住。”如以“骚货”指淫荡的女人，以“骚情”指男女间的风骚艳情。

综上，“风骚”一词，从特指“十五国风”和《离骚》，发展到概指《诗经》和《楚辞》，到泛称诗文，再引申为诗人之通称，其义皆与文学有关，且不含感情色彩。宋元以来，其词义则溢出文学范畴，并且逐渐染上感情色彩，或褒指女性的俊俏体态，或喻指文人的才情风流，而最为普遍的用法，则是专指男女，特别是女性在两性关系上的放荡风流和不检点行为。

2

考察“风骚”词义的引申演进，闻一多的见解最有启发性。据王瑶《念闻一多先生》说：

> 他讲《诗经》中的风诗是爱情诗，就从“風”字的古义讲起，说“風”字从虫，“虫”就是《书经·仲虺之诰》中的“虺”字的原字，即蛇；然后又叙述《论衡》和《新序》中记载的孙叔敖见两头蛇的故事，习俗认为不祥，见之者死，其实就是蛇在交尾，这是“虺”字的原义。《颜氏家训·勉学篇》引《庄子》佚文就说“䰢（虺）二首”，它本来就是指异性相接，所以《左传》上说“风马牛不相及”，意思是说马牛不同类，故不能“风”；后世训“风”为“远”，实误。由此发展下来的词汇，如风流、风韵、风情、风月、风骚等，皆与异性相慕之情有关。[1]

所谓“两头蛇”，实际上是两条蛇在交尾，即民间所谓的“蛇相晤”，见之者不祥，非死即病，今日民间仍有此说。据此，“风”字本有雌雄交配、异性寻欢之意。

证诸文献，此说颇有理据。如《尚书·费誓》说：“马牛其风，臣妾逋逃，毋敢越逐。”孔颖达疏：“僖四年《左传》云：‘唯是风马牛不相及也。’贾逵云：‘风，放也。牝牡相诱谓之风。”《左传·昭公元年》载：“晋侯求医于秦，秦伯使和视之，曰：‘疾不

[1] 转引自闻黎明、侯菊坤编《闻一多年谱长编》第473页，湖北人民出版社1994年版。

可为也，是谓近女，室疾如蛊。非鬼非食，惑以丧志。良臣将死，天命不佑。'……赵孟曰：'何谓蛊？'对曰：'淫溺惑乱之所生也。于文，皿虫为蛊。谷之飞亦为蛊。在《周易》，女惑男、风落山谓之蛊。皆同物也。'"《周易》"蛊"卦的卦象是巽上艮下，巽代表长女，象征风；艮代表少男，象征山木。长女以自己的魅力诱惑比自己年少的男子，使之爱悦于己，神魂颠倒，好像风吹拂开去能把山木摇落一样。在这里，"风是女性媚惑于男子，使男子迷痴的喻象"，"风不是一般女性的象征，而是那种对男子有挑逗、媚惑意味的女性的象征"。[1] 又《庄子·天运》云："夫白鶂之相视，眸子不运而风化。虫雄鸣于上风，雌应于下风而风化。类自为雌雄，故风化。""风化"指动物两性之间的交合受孕过程，"风"就是白鶂雌雄间达成交合与受孕的物质媒介。叶舒宪借用心理分析学家荣格的观点，分析指出：风是携带和运载着神圣生命的气息，在神话和幻觉中出现的"风"常常带有性的意蕴，宇宙间运动着的风云雨露皆可作为天神实施其生化意向的特质媒介，是生命力运行的表现，从运行流转的意义上又可以产生"风流""风骚""风情"等系列词汇。[2]

另外，在云南丽江纳西族的青年男女中间，普遍存在着一种为追求自由爱情而发生的殉情现象，那些殉情而死的女性在东巴教中被称为"风鬼"，东巴教为殉情者举行的祭奠仪式称"奠风"。"风"是纳西族青年男女殉情的契机，是殉情者通往圣域的神秘媒介。在很多殉情故事中，都讲到风传送来殉情鬼的弦歌妙乐，使恋爱中的

[1] 王政：《〈周易〉〈焦氏易林〉中的婚配喻象》，见叶舒宪主编《性别诗学》，社会科学文献出版社 1999 年版。

[2] 叶舒宪：《风、云、雨、露的隐喻通释——兼论汉语中性语汇的文化编码逻辑》，见叶舒宪主编《性别诗学》，社会科学文献出版社 1999 年版。

男女心神恍惚，不能自持地去殉情，去追随她们，因此在风与殉情之间形成一种密切的关系。据说，在纳西语中，“风”这一词汇与男女情爱有着某种特殊的内在联系，“风”在纳西语中兼有“风流”“风骚”“浪荡”“不正经”等贬义，如某人在男女关系上放荡，不正经，或者过于随便，就会被斥为“哈斯”，直译的意思是“挟带着风”，其语源与东巴教中所说的风鬼阿莎咪等挟带着风，领着风兵云将作祟人间的传说有关。这个贬义词仍用于现代纳西口语中，并且多指放荡、风骚的女人。[1]纳西语中的这一语言现象，为作者的上述讨论提供了一个有趣的民俗例证。

关于“骚”，起初亦有不正、过分、淫荡之义，如《方言》卷六说：“吴楚偏蹇曰骚。”《广雅·释诂三》说：“骚，蹇也。”蹇者，跛行，即行不正。清梁同书《直语补证》说：“《方言》：‘吴楚偏蹇曰骚。’本言行不正也，今俗以媚容取悦曰骚。”即从走路不正引申为行为不正，以媚容取悦于人，是品行操守上的不正，故称“骚”。

要之，“风”“骚”二词之本义，或指异性相慕，或指行为放荡风流，合而言之，皆与男女情爱之事相关。后因“风”“骚”分别作为《诗经》《楚辞》之篇名，遂被借用来概指《诗经》《楚辞》，进而以之泛指一切文学作品，或指称诗人，或指称才情。宋元以后，又用以指称男女情爱之事，特别是指女性在两性情爱关系中的主动姿态。宋元以来的这种用法，正是“风骚”一词的本义回归。

3

“风骚”一词与两性情爱相关，特别是指女性在两性关系中的主

[1] 杨福泉：《殉情》第48页，江西教育出版社、海天出版社1999年版。

动姿态；与文学有关，系指以《诗经》《楚辞》为代表的文学作品；与文人有关，用以之为词根构成的“风人”“骚人”指称文人。实际上，通过对“风骚”词义引申过程的考察，我们已经注意到女人、文学、文人三者与“风骚”一词的内在联系，即“风骚”是女人、文人、文学三者的共同特点。这使人联想到林语堂关于“文人似女人”的妙喻，即文人薄命与红颜薄命同；文人好相轻与女人喜欢互相评头品足同；文人可以叫条子，妓女也可以叫条子。[1]需要补充说明的是，文人的风流与女人的风骚相通。女人在两性关系上的主动态度被称作“风骚”，文人的拈花惹草被称作“风流”。风流是才子必具之品性，一个才子，若不风流，便难称才子。所以，风流才子，常被世人所称道，亦为佳人所青睐。

古代中国人的爱情理想有二：一是才子佳人，二是英雄美人。才子之所以恋佳人，佳人之所以慕才子，就在于他们皆具风骚之特性。才子佳人之恋爱，实为才子之“才”与佳人之“色”的互动，是才色之恋。才子重色，佳人尚才，“有情必有才，才若疏，则情不挚”。[2]佳人钟情于才子之“才”，即钟情于才子之深情与义气。才子、佳人皆具风骚之情性，皆是具有诗性精神和艺术特质的人格范型。牟宗三说：

> 从草莽中起而打天下的英雄人物，其背后精神，吾曾名之曰“综合的尽气之精神”。尽才尽情尽气，这是一串。尽心尽性尽伦尽制这一串代表中国文化的理性世界，而尽才尽情尽气，则代表天才世界。诗人、情人、江湖义侠，以至于打天下的草莽英雄，都是天才世界中的人物。……

[1] 林语堂：《人生的盛宴》第 297 ~ 298 页，湖南文艺出版社 1988 年版。

[2] 《青楼梦》第一回潇湘馆侍者评语。

这是一种艺术性的人格表现。与“综合的尽理之精神”下的圣贤人格相反。这两种基本精神笼罩了中国的整个文化生命。[1]

牟氏之论，高屋建瓴，深刻地指出了才、情、气三者的相通之处，以及诗人、情人、义侠和英雄的艺术性人格特征。分而言之，才子代表才，情人代表情，英雄代表气。才、情、气相通，故才子、情人、英雄三者之间具有天然的亲和力。合而言之，才、情、气三者都是具有诗性精神的品格，才子、情人、英雄身上都具有此种综合的诗性精神，因而亦较其他群体更有亲和力。所以，才子佳人，英雄美人，向来被人们视为“天作之合”。

才子以风流著称，虽始于汉代之司马相如，但风流作为才子之普遍特征，并为世人所艳羡，则自唐宋始。这与古代诗人地位之升降有关，与古人对诗歌社会功能之界定有关。唐宋以前，诗歌被界定为“经夫妇，成孝敬，厚人伦，美教化，移风俗”的政教工具，诗人的身份是政治教化的执行者，故而诗人之品性必须端庄稳重。唐宋以后，诗歌的社会功能和诗人的社会身份皆发生显著变化，逐渐朝着世俗化、个人化、抒情化方向发展，诗歌被普遍视为抒写个人情性之载体，诗人以展现个人才性的姿态出现，个性化和自由化成为诗人的主要特点，对自然本性的追求，成为诗人的目标。于是，文人身上的风流情性亦就得到最充分的显现和发挥。

诗歌功能的变迁，诗人地位的变化，文人风流情性之发扬，与魏晋时期“人的自觉”以及随之而来的“文的自觉”密切相关，但它的普泛化，则是在唐宋时期。因此，“文人无行”的话题亦兴起于魏晋，[2]

[1] 牟宗三：《中国文化的特质》，见《道德理想主义的重建》第60页，中国广播电视出版社1993年版。

[2] 汪文学：《汉晋文化思潮变迁研究》第181～191页，贵州人民出版社2003年版。

盛行于唐宋，成为宋元以来的道德家老生常谈的一个话题。魏晋学者谈论“文人无行”，多指文人放任旷达、任性不羁、目中无人等不良品性。唐宋以来的道德家谈论“文人无行”，则于上述内容之外加上风流放荡一目，这正如鲁迅先生所说：“轻薄，浮躁、酗酒、嫖妓而至于闹事，偷香而至于害人，这是古来之所谓‘文人无行’。”[1]应该说，这是“人的自觉”的必然结果。追求“人的自觉”的先驱者——文人，其追求人的自然本性之实现，必将男女情爱置于首要位置，并必然表现出风流情性。所以，“文人无行”是文学艺术的本质要求，文人的风流品性，是由他们所从事的艺术创作这项工作的性质所决定的。从这个层面上讲，文人、女人和文学三者是相通的，即皆具有“风骚”的特点。

“风骚”一词，作为贬义词来使用，专指女性在两性关系中的主动姿态，是宋元以来的引申。同样，文人的放荡风流，作为道德品质上的一个缺陷，成为道德家指责“文人无行”的口实，亦是宋元以来的事情。宋代以前，人们对诗人的放诞风流，总能持一种宽容和庇护的态度。这两种现象的同时出现，与宋元以来儒家礼教的深入影响有密切关系。

[1] 鲁迅:《辩“文人无行”》，见《集外集拾遗》第407页，人民文学出版社1973年版。

第六章　传统中国人的情爱生活

爱情是一种艺术化、审美化的诗性情感，前章“诗为情媒”讨论了传统中国社会情爱的发生机制，阐释了情爱发生与诗学生成的共同原理，分析了传统中国社会男女调情手段的艺术性特征，并以“风骚”词义之引申演变为例探讨了情爱与诗学之间的隐秘关系。在本章，我们讨论诗性精神在传统中国人的情爱生活中的具体呈现，因礼法制度之制约和传统婚姻观念的影响，传统中国文人内心深处皆有深深的青楼情结和春梦情结。无论是青楼情节还是春梦情结，皆体现了士大夫文人的诗性精神 。在传统中国社会的情爱生活中，女性往往处于主动的位置，是一种诱惑者的姿态，女性在诱惑中拒色，在拒色中诱惑，女性的诱惑是审美的诱惑，是诗性的诱惑。传统中国人的情爱生活具有明显的季节性特征和地域性特征，春天 + 东门 + 水滨 + 桑中，即在春天，于东城门外河水之滨的桑树中，演绎着古代青年男女浪漫风流的爱情故事，其诗性精神得到充分的呈现。传统中国人健康的性观念和和谐的性生活，充分体现了中国“诗意的栖居”的生活方式。

一、现实的情爱状态和幻想的爱情生活：传统中国文人的青楼情结和春梦情结

1

在第一章，我们讨论婚姻与爱情的两难困境时，已经指出：爱情产生快乐，恋爱关系具有超越性，是诗意化的人际情感；婚姻产生人生，婚姻关系具有世俗性，是现实性的人际关系。爱情以色欲和情爱为联系纽带，婚姻以信义和意志为缔结动力。爱情的维持以适当的距离为前提，婚姻则是零距离的亲密关系。爱情与婚姻的不兼容，在古今中外的家庭中，是一种普遍现象。在传统中国社会，尤其显著。

首先，在传统中国社会，男女双方订婚联姻，皆遵循“父母之命，媒妁之言”，男女双方当事人的意愿则完全被忽略。至于爱情，不仅被忽略，并且还被视为淫乱之事而遭到禁止。因为在传统社会的封建家庭中，夫妇间的情深意长，往往会对专制的家长意志发生离心作用。因此，大多数青年男女都是在婚前毫无了解，甚至根本不曾谋面的情况下就拜天地、入洞房。传说中掌管人间婚姻大权的月下老人，是用红丝线拴住男女双方的手脚，使他们白头偕老，这象征着传统婚姻是身体的结合，不是心灵的碰撞，或者说，不是以爱情为基础的婚姻。所以，在传统中国的婚姻家庭中，婚姻的缔结不是以爱情为基础，家长意志决定一切的家庭中，基本上没有爱情滋长的土壤。维持婚姻家庭的，亦不是爱情，而是权力、意志和信义等其他因素。

其二，正如辜鸿铭所说，西方的婚姻是“情人婚姻”，传统中国则是“社会婚姻”。所谓“社会婚姻”，是“一种不建立在夫妇之间，而介于妇人同夫家之间的契约”婚姻。在传统中国，“一个合法的公民婚约不是那个女子和男人之间的事，而是那个女子同她丈夫家庭的

事，她不是同他本人结婚，而是进入他的家庭”。[1]在这种婚姻制度下，婚姻的功能被界定为“广家族”和“繁子孙”，甚至夫妻之间的性事亦是为了“敦伦”。爱情在这里找不到生存的空间。

其三，西方的“情人婚姻”，以男女爱情为基础，有情则合，无情则离，家的观念比较淡薄，婚姻的离合相对来说亦比较自由。而对于一个传统中国人来说，家庭必不可少。没有家的男人，或者家庭不稳定的男人，其人生是不成功的。婚姻是家庭的前提和基础，男女结合是谓“成家”，夫妻双方分别以对方为家。由于极强的家庭观念的制约，传统中国男人一般不会轻易离婚。在不至于反目成仇的情况下，即使夫妻之间已无任何感情，形式上的婚姻仍是男女双方必须努力维持的。在这种婚姻家庭中，亦同样找不到爱情生长的土壤和发展的空间。

总之，传统中国人的爱情体验不在夫妇生活中，以家族本位为特点的“社会婚姻”没有爱情生存的空间，以“敦伦”为主要职能的夫妇关系亦缺乏酝酿爱情的氛围。因此，像清人沈复《浮生六记》式的记述夫妇闺房情爱的作品，就非常罕见。描写才子佳人的爱情小说，写到金榜题名、洞房花烛，亦就戛然而止。以爱情为题材的诗词作品，多写婚外恋情，极少以夫妇情感为主题。即使写夫妇恋情，亦多如潘岳、李商隐、苏轼那样的对亡妻的追忆，很少正面写闺房之乐。在传统中国的婚姻家庭中，爱情是稀见之物。传统中国人面临的爱情与婚姻的两难困境，与西方人相比，更为尖锐，亦更为尴尬。

但是，如前所述，超越意识和诗性精神是人类天性中不可抑制的执着追求，作为此种意识或精神之具体体现的爱情，亦是人类必需的一种情感。尤其是对诗性精神特别浓厚的传统中国士大夫文人来说，

[1] 辜鸿铭：《中国人的精神》第92页，黄兴涛、宋小庆译，海南出版社1996年版。

爱情这种诗意化的情感，更是不可或缺的精神寄托。既然在婚姻家庭中找不到爱情生存的土壤和发展的空间，那么，中国古代士大夫文人又向何处去实现他们的爱情梦想呢？

当婚姻家庭阻断了爱情理想和情色欲望的实现通道时，浪漫多情的传统士大夫文人亦从未放弃对爱情的向往和追求。事实上，在任何一位传统士大夫文人的心灵深处，皆有一种深深的青楼情结和春梦情结。青楼是实现士大夫文人爱情理想的广阔天地，春梦是展现士大夫文人情色欲望的自由空间。中国古代的经典爱情多发生在青楼楚馆里，士大夫文人的爱情理想多实现在青楼妓女身上，文人与妓女之间的关系，多是一种诗性的情爱关系。传统中国文献中记载的春梦故事，在世界文学史上，其数量是最多的。传统士大夫文人乐于做春梦，喜欢编撰春梦故事，其中折射出来的是他们那浓郁的情色欲望。当爱情理想和情色欲望在婚姻家庭中受挫，除了诉诸青楼妓女，再就是付诸春梦。如果说青楼是传统士大夫文人浪漫爱情的现实实现场所，那么春梦则是他们的情色欲望的幻想展示空间。无论是青楼情结，还是春梦情结，皆体现了传统士大夫文人的诗性精神。或者说，他们是持着诗性的精神、审美的态度和艺术的方式出入青楼，幻入春梦。

2

先说传统中国士大夫文人的“青楼情结”。

传统中国士大夫文人的爱情梦想，不在婚姻家庭里，不在夫妇关系中，而是在青楼楚馆的妓女身上，“秦楼楚馆是中国式爱情的大尾闾和大市场”。[1] 如果没有青楼楚馆，士大夫文人的爱情就找不到容

---

[1] 李敖：《大中华・小爱情》，见小琪、春琳编《怕老婆的哲学——文人笔下的男女与情爱》第 108 页，群言出版社 1993 年版。

身之地；如果没有妓女群体，士大夫文人的爱情就找不着寄托之处。与此相关，古代中国的爱情文学，主要不是写夫妻恋情，甚至较少涉及两小无猜的少男少女间的浪漫情怀，更多着墨于成年男女之间的婚外恋情，特别是文人才子与青楼妓女间的诗意爱情。在一定程度上可以这样说，传统中国的爱情文学，就是青楼文学。如果没有青楼这个特殊场所和妓女这个特殊群体，传统中国的爱情文学亦将黯然失色。所以，在士大夫文人的感情世界和文学世界里，青楼妓女是不可或缺之物，是情感欲望和文学想象的依托之物。我们把这种依托关系，称为士大夫文人的“青楼情结”。

在古今中外的主流意识语境中，青楼楚馆从来就是受人唾弃的藏污纳垢之所，青楼妓女一般皆是受社会普遍轻视的低贱人群，青楼文化亦常常被视为社会阴暗面的具体体现。这种主流意识话语的正确性不容置疑，因为娼妓业的发展必然给社会稳定和家庭和谐带来极大的破坏，亦给女性的身心健康带来严重摧残。不过，在对主流意识保持基本认同的前提下，作者认为，研究士大夫文人的“青楼情结”，应当对传统中国的青楼文化作具体而客观的分析，对传统中国社会妓女的身份特征、青楼场所的文化内涵及其对中国社会文化所发生的影响，作辩证的评价。关于这个问题，龚斌的意见值得参考，他说：

中国的青楼文化，大致可以区分为两种形态：一种是古典的，一种是近世的，我称之为古典青楼文化与近世青楼文化。古典青楼文化是士大夫文人文化的一部分，鲜明地体现出这些纯粹文化人的生活情趣和审美情趣。近世青楼文化则属新兴的商人和市井平民文化的范畴，反映市民阶层的思想意识与审美情趣。前者更多地表现出典雅的文学艺术氛围，伴生着诗歌、音乐及各种艺术；后者更多地表现为世俗的实用主义特征，与金钱、肉欲联系在一起，其审美取向是市井式的真实，乃至把无聊庸俗当作有趣。[1]

传统青楼文化有古典青楼文化和近世青楼文化两种形态，相应地，青楼和妓女亦有古典和近世两种类型。我们讨论青楼妓女的身份特征及其文化内涵时，应该对这两种类型的妓女作区别分析。为了叙述方便，避免这种时间性质的概念（即“古典”“近世”）引起理解上的分歧，作者在下文称“古典的妓女”为“典雅妓女”，称“近世的妓女”为“世俗妓女”。

大体而言，“世俗妓女”就是我们通常所说的卖淫妇，从事金钱与肉欲的置换工作，这种类型的妓女以近现代的商业社会居多，在宋元以前亦有，但不普遍。“典雅妓女”不同于一般的卖淫妇，虽然她们有时亦操皮肉生涯，但是，独领风骚并为文人雅士所醉心的“典雅妓女”，往往以才情自居，一般皆有较高的艺术才能和清雅的审美趣味，有文人化和名士化的特点。这种妓女在古代较为常见，近现代的商业社会中亦有，但毕竟是凤毛麟角。一般而言，士大夫文人的“青楼情结”所牵系的是“典雅妓女”，不是“世俗妓女”。或者说，士大夫文人所倚重的、引以为知音的，是“典雅妓女”，不是“世俗妓女”。

“典雅妓女”在士大夫文人心目中具有较高的社会地位，他们同情其遭遇，赞赏其才情，称道其名节，或引为情感上的知己，或视为艺术上的知音，或为之集资送葬，或为之写墓志铭，等等。他们把与绝色名妓的交往，视为可以炫耀的社会资本，视为高贵社会地位和名士身份的象征。

---

[1] 龚斌：《情有千千结——青楼文化与中国文学研究》之“绪论”第 14 ~ 15 页，汉语大词典出版社 2001 年版。

一般人常常认为，男人嫖娼宿妓，不外乎就是与妓女发生性交易。明清以来商业社会中的青楼楚馆里，确是如此。但是，在古典的青楼里，在士大夫文人与“典雅妓女”的交往中，性关系不占主要地位，而且不是必须发生的。这正如高罗佩所说：“寻欢作乐的人可以到青楼宴饮，让姑娘们为他们跳舞唱歌，随后在那里过夜。在十九世纪和二十世纪之前，有教养的男人仅为泄欲而涉足妓院是罕见的，即此可见中国人之情趣。”[1] 即有教养的男人不妨出入青楼，但发生性关系是次要的，主要还是为了寻求情感寄托和精神慰藉。所以，士大夫文人与妓女的关系，仅是“三陪”之类，性关系不是必须的。即使要发生性关系，亦不是世俗青楼中的那种金钱与美色的简单交易，而是必须有条件的：一是狎客必须具备引人注目的风度、仪态、才情和学识，金钱和权势往往是次要的。如李师师不愿接待装扮成富商、易名为赵乙的宋徽宗，便属此类。其二，必须有一个漫长的追求、相思和恋爱过程，包括馈赠财物、写诗吹捧等等。明清时期众多的世情小说中，对这种追求过程有比较生动的反映。

对于“典雅妓女”，人们首先看重的是其社会作用，其次才是在性方面的作用。高罗佩说：“肉欲的满足也是艺妓制度持续不衰的原因之一，但我们仍然有充分理由认为这是第二位的因素。”其一，那些能够结交艺妓（相当于作者所说的“典雅妓女”）的文人雅士，家中有妻妾多人，“他们有义务给妻妾以性满足，那就很难期望一个正常的男人竟是因性欲的驱使而与外面的女人发生性交”，所以，“男人常与艺妓往来，多半是为了逃避性爱，但愿能够摆脱家里的沉闷空气和出于义务的性关系”。其二，“男人与艺妓的关系中性交只占次

[1] ［荷］高罗佩：《中国古代房内考》第 90 页，李零、郭晓惠等译，上海人民出版社 1990 年版。

要地位，这一观点还可从高级妓女的经济状况得到证实”，艺妓一生中赚大钱的机会有两次：一是破身之时，二是赎身之时。日常经济收入主要靠在青楼里包办筵席和在筵席上侍客赚来的钱。出卖肉体赚来的钱只是其日常收入的少部分。所以，艺妓与鸨母都不特意鼓励发生性关系。因此，士大夫文人与艺妓的交往，性交的满足是次要的，他们渴望建立一种无拘无束的“朋友般的关系”，他们交往的目的与其说是性欲的发泄，不如说是追求一种“优雅的娱乐”。所以，这种关系常常带有“柏拉图式的味道”。高罗佩认为，只有如此理解士大夫文人与艺妓的关系，才能正确回答以下问题：为什么在描写才子与艺妓的戏曲小说中，才子总是热衷于长期而复杂的求爱过程？为什么在中国古典诗词作品中，作者与艺妓关系的描写，总是充满着伤感的情调？为什么在名妓的传记中，总是对她们的社会成就格外重视，她们的歌舞技艺和善于应对总是被首先提到，而动人姿色总是放在第二位，甚至颇有一些名妓的姿色并不出众？[1]

所以，在传统社会，出入青楼的男性，虽然不乏“皮肤滥淫之蠢物”，但是亦不乏追求异性情谊、情感寄托和精神慰藉的文人雅士。对于大多数文人雅士来说，他们赴青楼，访妓女，与之建立亲密关系，不仅是为了发泄性的欲望，更主要是为了追求诗意化的生活情趣和浪漫温馨的异性情谊，或者说，是为了寻找红颜知己，追寻爱情之梦，是情感和精神上的需求。而名妓之于才子，亦非专为钱财银两，更有寻找异性知己，以做情感和精神上的沟通者。文人雅士与名妓的这种关系，具有比较浓厚的超越性和诗意性，确实有点“柏拉图式的味道”。因此，中国古代那些缠绵动人的爱情故事，多发生在青楼里，多发生在青楼

[1] ［荷］高罗佩：《中国古代房内考》第 236 ~ 240 页，李零、郭晓惠等译，上海人民出版社 1990 年版。

名妓和文人才子之间。比较而言，“妓女是以叫许多中国男子尝尝罗曼斯的恋爱的滋味，而中国妻子则使丈夫享受比较入世的近乎实际生活的爱情”。[1]

正是基于这种关系的超越性和诗意化特点，传统社会对文人才子出入青楼，往往能持一种包容、庇护的态度。文人才子狎妓，通常不会妨碍其声誉，反而常常被传为风流佳话而引来世人的艳羡。如唐代进士及第之后的“曲江之会”，可视为是奉旨狎妓。如牛僧儒出镇扬州，辟杜牧为掌书记，一再包容杜牧的“扬州梦”，甚至还暗中派人保护他的人身安全。更值得注意的是，宋元以来的帝王与名妓的关系，如宋徽宗与李师师，宋理宗与唐安安，等等，这就不是仅仅用肉欲释放所能解释的现象。故余怀《板桥杂记后跋》说：“狭邪之游，君子所戒。然谢安石东山携妓，白香山眷恋温柔，一则称‘江左风流’，一则称‘广大教主’。因偶适其性情，亦何害为君子哉！”[2]

唐宋以来的著名文人，大多都与青楼妓女或宗教艺妓（即女道士）有着或深或浅的情恋关系。在文人与妓女之间，有着发生情爱关系的适宜环境和条件。爱情的培养，需要特殊的环境和气氛。男女之间卿卿我我的诗意情怀，往往孕育于花前月下的诗意环境中，家庭内平凡而琐碎的锅碗盆瓢和油盐酱醋，不适合孕育爱情。余怀《板桥杂记》述南京青楼说：“妓家各分门户，争妍献媚，斗胜夸奇。凌晨则卯饮淫淫，兰汤滟滟，衣香一室。停午乃兰花茉莉，沉水甲煎，馨闻数里。入夜而擫笛搊筝，梨园搬演，声彻九霄。”[3]其他时代和地区的青楼亦大致如此。在如此环境和气氛中，最容易培育出诗意化的爱情。再说，在文人与妓女之间，才和色是爱情的媒介，郎才女貌是建立情爱关系

[1] 林语堂：《人生盛宴》第113页，湖南文艺出版社1988年版。

[2] 《香艳丛书》十三集卷三。

[3] 《香艳丛书》十三集卷三。

的基础。“有情必有才，才若疏，则情不挚。”[1] 妓女之倚重文人者，正是其才情。才、色是爱情的催化剂，文人之醉心于青楼者，亦在妓女之才与色。妓女之色固不待论。而妓女之才，亦远远高出于家庭主妇。这是由传统社会的伦理观念决定的，“因为由男子想来，上等家庭的妇女而玩弄丝竹，为非正当，盖恐有伤她们的德行，亦不宜文学程度太高，太高的文学情绪同样会破坏道德，至于绘画吟诗，虽亦很少鼓励，然他们却不绝寻找女性的文艺伴侣，娼妓因乘机培养了诗画的技能，因为她们不须用‘无才’来作德行的堡垒”。所以，林语堂说：“青楼妓女适应着许多男性的求爱的、罗曼斯的需要，盖许多男子在婚前的青年时代错过了这样风流的机会。我用‘求爱’这个字眼是曾经熟思的。因为青楼妓女不同于一般普通放浪的卖淫妇也。”[2] 因此，历史上著名的女性文学家，绝大部分出自于青楼楚馆。而文人之所以到青楼楚馆寻找女性文艺伴侣，是因为女性文艺伴侣多集中在青楼楚馆。作为艺术知音和诗性精神的寄托，妓女强于妻子。更为重要的是，在古代社会，妓女是唯一自由的女性，较能独立生活，较能自由用情。因此，比之于妻子，妓女更适合作为建立超越的、审美的爱情关系的对象。

中国古代的经典爱情多发生在青楼楚馆，文人才子的爱情梦想多集中在妓女身上，由此导致中国古代的爱情小说呈现出鲜明的民族特色，何满子说：

> 西方小说描写娼妓和妓院生活的，大多在于暴露妓院的黑暗，控诉被侮辱与被损害的妇女的不幸命运和丧失人道的娼妓制度的罪恶，描写

---

[1] 《青楼梦》第一回潇湘馆侍者评语。

[2] 林语堂：《吾国与吾民》第145页，湖南文艺出版社1988年版。

妓女爱情的不多。……中国小说却从唐代白行简开始就出现了写妓女爱情的《李娃传》……宋、元以后，则有敫桂英、玉堂春、杜十娘等数量颇多的妓女爱情小说，乃至清代末叶专写妓女的狭邪小说竟成为一个品类。这现象和中国社会制度和中国人的爱情生活有极大的关系。……中国男女在正式夫妻间获得爱情的不多，即使有爱情的夫妻，在礼法、家规的约束下也不敢大胆肆意地享受爱情，而热烈的爱情、奔放的爱情行为，却常须诉之于摆脱了礼法约束的场合。因此，自由的爱情只有求之于婚外恋，娶妾蓄婢严格说来也是婚外恋的变相。而婚外恋最方便的途径就是嫖妓。妓院的存在具有一定限度内的合法性，男子嫖妓在一定限度内也不受舆论的、道德的谴责。男子带着在家庭中恪守礼法的妻子身上得不到的新鲜而狂放的感情追求的愿望到妓院去，反而有较婚姻中更能满足的身心授予与获得；而妓女这一边为了挣脱苦海，也只有从嫖客中选择可靠的男人从良，她们的择配反而要比未出阁的家庭女性更自由、更自主些，于是便有嫖男与妓女发生爱情的较多可能。[1]

何满子指出的中西娼妓题材小说的区别，极有理据。中国古代文学抒写爱情，或者是叙写夫妻天各一方的思念之情，或者是妻子去世之后的悲苦之情，而更多的是写婚外恋情，尤其是文人与妓女之间的恋情。何满子关于产生中西娼妓题材小说之差异的原因分析，以及对中国古人爱情生活的总结，是正确的，亦是深刻的。正是基于这样的原因，传统中国文人心灵深处多有一种不宜言说但却是普遍存在的“青楼情结”。

3

再说传统中国士大夫文人的“春梦情结”。

[1] 何满子:《中国爱情小说中的两性关系》第77～78页，上海书店出版社1999年版。

在中国传统文化语境中，“春”“梦”二词以及以它们为词根构成的“春梦”一词，往往与男女情爱相关联。在古代中国，“春”常常与男女情色之事相关，传统社会的爱情故事，多发生在春天。[1] 人们称求欢之情为“怀春”，称怀春之女为“春女”，称怀春的心情为“春心”，称男女爱恋之情为“春情”，等等。在传统中国，“梦”涉及的范围相当广泛，但是，自宋玉创作《高唐赋》《神女赋》以来，在其影响下所产生的“高唐神女”系列文学作品中，皆有男性梦遇神女或者与之同欢的情节，故而梦又与男女情色之事发生了联系。在梦中与理想的美人交欢，成为文人才子普遍的白日梦。由这两个皆与情色相关的词根构成的“春梦”一词，其情色意味亦相当明显。准确地说，春梦就是情色之梦，就是性梦。其“春”当有二义：一是指人生的青春期，二是指四季中的春天。情色之梦或性梦之所以频频出现在人生的青春期和四季中的春天，是因为这两个时期是人的情欲冲动最强烈同时亦是最压抑的时期。

在人类的各种欲望中，情欲的愿望是本能的，因而亦是最强烈的。但是，在各种愿望的实现过程中，情欲愿望受到的压抑又是最深沉的。这种最强烈而又最受压抑的欲望，必须找到一个释放的通道，否则便会危及身心健康。释放情欲的正常途径，是恋爱、婚姻。其非正常途径很多，如意淫、手淫、观览色情艺术、讲黄色笑话等等，其中比较常见的当是情色之梦，即春梦或性梦。据弗洛伊德说：

> 我们愈是寻求梦的解答就愈会发现成人大多数的梦都是和性的资料及表达情欲愿望有关。……因为从孩童时期开始，没有一个本能有像性本能和其各种成分遭到那样大的潜抑；因此也就没有其他的本能会留下

---

[1] 参见本章第三节“有女怀春，吉士诱之：传统中国社会情爱生活的季节性特征”。

那末多以及那末强烈的潜在意识愿望，能够在睡眠状态中产生出梦。[1]

日有所思，夜有所梦，梦是人的潜在欲望的自由表达，春梦是情色欲望得以自由实现的理想天地。虽然像弗洛伊德那样认为所有的梦像都蕴含着情色意味的观点，有失偏颇，但是，说情色隐意是人类梦像的重要内容，应当是切合实际的。

在礼教思想的束缚下，士大夫文人的情色欲望所受之压抑是很严重的。因此，当婚姻家庭不能满足其情色欲望，涉足青楼又受到种种限制时，士大夫文人的情色欲望便在春梦场境中无所遮拦地、自由自在地表现出来。如果说“秦楼楚馆是中国式爱情的大尾闾和大市场”（李敖语），那么，春梦则是士大夫文人释放情色欲望的最自由的通道和最宽广的舞台。甚至可以说，传统中国的爱情文学就是以表现春梦为中心题材的文学，传统中国的爱情文学就是春梦文学。因此，作者认为：正像士大夫文人内心深处都存在一种幻想多情女子主动投怀送抱的“奔女情结”，其内心深处亦存在一种“春梦情结”。二者在本质上是一致的，即春梦的欲望对象是奔女。所谓春梦，就是幻想美丽多情的女子主动投怀送抱，“春梦情结”就是“奔女情结”。

在民族心理、文化特征和封建礼教等多重因素的影响下，士大夫文人的春梦在文学作品中的展现，从宋玉《高唐赋》《神女赋》，至曹植《洛神赋》，到汤显祖《牡丹亭》中“游园惊梦”，到曹雪芹《红楼梦》中的贾宝玉梦游太虚幻境，到蒲松龄《聊斋志异》中的系列故事，形成了这样一个大致近似的叙述模式，即白日入梦——遇见佳人——儿女之事——骤然惊醒。[2] 以下分述之，并略论其原因。

[1] ［德］弗洛伊德：《梦的解析》第 291 ~ 292 页，赖其万、符传孝译，作家出版社 1996 年版。

[2] 参见张方《风流人格》第 140 页，华文出版社 1997 年版。

首先，春梦又称“白日梦”。大多数春梦皆是昼眠而入梦，如宋玉《高唐赋》中楚怀王“尝游高唐，怠而昼寝，梦见一妇人”，《牡丹亭》中杜丽娘的“春梦”，《红楼梦》中贾宝玉的梦游太虚幻境，皆是昼寝入梦。

讨论白日梦的发生及其特征，首先应当考察的是古代中国人对昼寝行为的评价。据叶舒宪的研究，昼寝行为在古代中国遭到以儒家礼法为代表的正统意识形态的排斥，如宰予昼寝，孔子极端严厉地斥责说：“朽木不可雕也，粪土之墙不可杇也！于予与何诛？”[1]因为在儒家学者看来，昼寝行为从根本上违背了取法天道阴阳的人类行为准则。但是，道家学者却对昼寝行为持完全不同的态度和认识，如《庄子·知北游》中的神农因昼寝而悟道，《列子·黄帝》中的黄帝在昼寝之梦中神游华胥氏之国，醒来后悟出了治国之道。亦就是说，在儒家学者看来，昼寝入梦是不道德的非礼行为；而在道家学者看来，昼寝入梦是体悟至道妙理的重要途径。[2]传统中国文人编织的白日春梦，当近于道家而远于儒家。道家以昼寝入梦为体悟至道妙理的重要途径，士大夫文人以白日春梦为体验男女情欲的重要方式。事实上，二者是相通的，因为传统中国人深信“君子之道造端乎夫妇”，即男女情欲与至道妙理是一回事，皆可于昼寝之梦境中去体验和感悟。

其次是“遇见佳人”。传统春梦多是以女性为欲望对象的男性春梦，像《牡丹亭》那样以男性为欲望对象的女性春梦比较少见。在形形色色的春梦故事中，通常是男性为“某生”，女性为仙鬼，女性仙鬼主动向男性“某生”投怀送抱。男性是被动的，是被诱惑者；女性是主动的，是诱惑者。“男鬼恋女子的情况很少见，即使有，也只是一种

[1] 《论语·公冶长》。

[2] 叶舒宪：《高唐神女与维纳斯》第368～370页，中国社会科学出版社1997年版。

强奸性的占有，没有爱欲的成分”。[1] 造成这种现象的主要原因在于，古代中国是一个男权社会，男性掌握话语权，众多春梦故事都是男性编撰的。因此，在这种男性视角的春梦故事里，男性是欲望的主体，女性是欲望的客体，故事表现的只是男性的情色欲望。

另外，在春梦故事中，所遇见的佳人常常是很模糊的，无以实指。如杜丽娘梦见的是一个未曾谋面的陌生青年。贾宝玉梦见的佳人，“其鲜艳妩媚，有似乎宝钗；风流袅娜，则又如黛玉”，其姓名又是唤作可卿的，总之，是他后来倾慕的几个女子的综合幻影。更为普遍的是，春梦中所遇见的佳人，往往是神仙、妖精或鬼怪，而不是现实生活中的常人。按照女性仙鬼的特征，春梦故事可以分为这样几种类型：一是神像系列，多写庙宇院观中雕塑画像幻化成人与凡人交接，或者从男性的视角，写男性仰慕某女子神像而产生的性梦幻，或者从女性的角度，写神像幻化成美人诱惑男性。二是厝棺系列，写那些新死或长期停棺未葬的女子现身引诱男性，并与之交欢。三是墓鬼系列，写那些坟茔墓鬼，尤其是历史上久负盛名的风流名妓、嫔妃宫娥死后的精魂，幻化为人间美女，与男性交欢。四是游魂野鬼系列，写那些既无厝棺停柩可依，又无坟茔墓室可靠的怨魂女鬼，幻化成美人，与男性交欢。五是狐魅精灵系列，写动植物精灵变化为美丽的女子，与男性欢爱。因此，传统中国的春梦故事，不妨称作“人鬼之恋”故事。[2]

春梦故事以女性为欲望对象，这是由男性掌握话语权的男权社会特点所决定的。那么，为什么作为欲望对象的女性通常都是神仙、妖精和鬼精，而不是普通女子呢？康正果认为这与性神秘和精灵的特点有关，他解释说：

[1] 吴康：《中国古代梦幻》第 186 页，海南出版社 2002 年版。
[2] 参见吴康《中国古代梦幻》第四章《性梦幻》，海南出版社 2002 年版。

在对性普遍抱着神秘态度的古代，人们把梦中的倩影视为神仙或妖精是很容易理解的，因为他们相信神灵能从外界侵入人的梦境。[1]

潘光旦从狐的特点解释春梦故事中普遍出现的狐仙现象，他说：

这种性梦的对象何以必为狐所幻化的美男或美女，则大概是因为传统的信仰中，一向以狐在动物中为最狡黠的缘故。《说文》说：狐，妖兽也，鬼所乘之。一说狐多疑，故有狐疑之词，疑与惑近，多疑与善惑近。一说狐能含沙射人，使人迷惑。[2]

吴康更从传统社会的性压抑方面做出解释，其云：

在社会的性压抑方面，有史以来恐怕没有超过我们中国的了。唯其如此，我们所生发的性梦幻也更其强烈和更其奇特。我们甚至都无法以正常人的身份、以正常的想象，像印度和欧洲人那样，来展示我们的性梦故事。在梦和幻想里，我们甚至都无法想象我们是梦里的白马王子与美丽的公主，我们远没有这样的怡人美梦。我们的性梦故事是奇特的、别出心裁的、 因而也是异化了的人鬼之恋。作为正常人，我们不仅无法在现实生活中，甚至都无法在梦幻中经历我们的性爱，而只好将它们寄托给非人的鬼神之恋。[3]

以上诸家的解释，各有其理，亦能说明部分问题，但都不能完全惬当人意。作者推测，这可能主要还是与在传统中国文化背景和民族

[1] 康正果：《风骚与艳情》第 92 页，上海文艺出版社 2001 年版。

[2] ［英］蔼理士：《性心理学》第 119 页，潘光旦译注，上海三联书店 2006 年版。

[3] 吴康：《中国古代梦幻》第 186 页，海南出版社 2002 年版。

性格之影响下培育出来的男性性心理有关。这个问题，我们留给性学史专家去解答。

下面，我们讨论春梦叙述模式的最后两个环节，即“儿女之事”和“骤然惊醒”环节。在春梦故事中，“儿女之事”环节是常有的，但不是必需的；“骤然惊醒”环节不仅是常有的，而且是必需的。在大多数情况下，在男女双方情意缠绵，即将云雨欢爱之际，便“骤然惊醒”。如在宋玉《神女赋》中，神女不断挑起襄王的欲望，同时又拒绝他的寻欢要求，并没有自荐枕席以缓解他的情欲，神女的幻影消失后，襄王“情独怀私，谁可告语？惆怅垂涕，求之至曙”，全赋以襄王的失恋告终。这种感伤的结尾，几乎贯穿了从《神女赋》到《洛神赋》的所有此类作品。[1] 在某些情况下，则是云雨欢爱刚刚结束，便受到某种恐怖惊惧而“骤然惊醒”。总之，在即将欢爱或者云散雨收之际，总有一个外在的力量促使其惊醒，并使其处于懊恼、恐惧的阴影中，还常常伴随着虚脱、抑郁的感觉。如《牡丹亭》“惊梦”一场，杜丽娘自述梦境：

> 偶到后花园中，百花开遍，睹景伤情。没兴而回，昼眠香阁。忽见一生，年可弱冠，丰姿俊妍。于园中折得柳丝一枝，笑对奴家说：“姐姐既淹通书史，何不将柳枝题赏一篇？”那时待要应他一声，心中自忖，素昧平生，不知名姓，何得轻与交言。正如此想间，只见那生向前说了几句伤心话儿，将奴搂抱去牡丹亭畔，芍药阑边，共成云雨之欢。两情相合，真个是千般爱惜，万种温存。欢毕之时，又送我睡眠，几声将息。正待自送那生出门，忽值母亲来到，唤醒将来。我一身冷汗，乃是南柯一梦。忙身参礼母亲，又被母亲絮了许多闲话。奴家口虽无言答应，心

[1] 参见康正果《风骚与艳情》第 91 ~ 92 页，上海文艺出版社 2001 年版。

内思想梦中之事，何曾放怀。行坐不宁，自觉如有所失。

又如《红楼梦》第五回贾宝玉梦游太虚幻境：

那宝玉恍恍惚惚，依警幻所嘱之言，未免有儿女之事，难以尽述。至次日，便柔情缱绻，软语温存，与可卿难解难分。因二人携手出去游玩之时，忽至一个所在，但见荆榛遍地，狼虎同群，迎面一道黑溪阻路，并无桥梁可通。正在犹豫之间，忽见警幻后面追来，告道："快休前进，作速回头要紧。"宝玉忙止步问道："此系何处？"警幻道："此即迷津也。深有万丈，遥亘千里，中无舟楫可通，只有一个木筏，乃木居士掌舵，灰侍者撑篙，不受金银之谢，但遇有缘者渡之。尔今偶游至此，设如堕落其中，则深负我从前谆谆警戒之语矣。"话犹未了，只听迷津内水响如雷，竟有许多夜叉海鬼将宝玉拖将下去。吓得宝玉汗下如雨，一面失声喊叫："可卿救我！"吓得袭人辈众丫鬟忙上来搂住，叫："宝玉别怕，我们在这里。"

这两场春梦有两个共同特点：其一，主人公皆有恐惧、虚脱之感，或"一身冷汗"，或"汗下如雨"。其二，皆有如母亲或警幻仙姑这样的"第三者"出现。这样的情节，在传统春梦故事中差不多是普遍存在的。比如，上述神像类人鬼之恋故事中，在铺陈男女艳情、详述女子对男子的诱惑后，接下来的安排就是引入第三者角色，展开驱鬼禳妖的情节。在厝棺女鬼类人鬼之恋故事中，在故事的结尾，引进第三者的视角，揭破这类男女之恋的迷人外衣下的恐怖实质，表达作者对这类恋爱的否定性倾向。在墓鬼系列故事中，亦常有第三者如道士、法师、友人或亲人出来，帮助耽于梦境而不能自拔的男性，使他从被祟的噩梦中醒来。在游魂野鬼的狐魅精灵系列故事中，亦不乏这个第三者。[1]

梦境本是释放情色欲望最自由的空间，可是传统中国人在梦境中亦显得不自由，在春梦中受到第三者的监督，在美妙的春梦境界中夹杂着恐惧情绪。传统春梦故事为何都以如此方式结局呢？张方将春梦的这种特点概括为“性爱及其恐惧”原型，并从人类社会性爱禁忌观念发生的角度，解释这个原型的成因。他认为：在人类早期，两性间的性爱关系自由奔放，充满活力；随着人类的进化，人的各种行为受到越来越多的约束和禁忌，性行为首当其冲，而且特别严重。这样便大大削减了性爱体验的强度和力度，从而导致人们对性本能的宣泄产生恐惧心理。如果按照以往的方式去实施性爱行为，就要受到惩罚。那么，人的性本能必定受到来自外界的压力，回到无意识，进而形成某种情结，不再为意识感知，只有在某些特殊的场合——比如梦境才显露出来，而且时常伴随着对禁忌的恐惧，即极度快感后的极度恐惧。[2]这种解释具有普泛性，其正确性不言而喻。可是，当我们把春梦的这种特点放在传统中国文化背景中考察，从讲故事的作者——传统中国士大夫文人的文化心理和审美趣味的角度来研究，事情就不会这么简单。或者说，春梦故事的这种特点，体现了士大夫文人某种特殊的文化心理和审美趣味。

需要指出的是，我们并不否认道德禁忌和伦理观念的渗透对传统中国人的性心理的影响，以及由此造成的在春梦中极度快感后必然伴随着极度恐惧的特点。我们只是强调讲故事的作者——传统中国士大夫文人的文化心理和审美趣味对春梦模式的渗透。

作者认为：传统中国文献中载录的形形色色的春梦故事，部分作

[1] 参见吴康《中国古代梦幻》第四章《性梦幻》，海南出版社 2002 年版。

[2] 张方：《风流人格》第 137 页，华文出版社 1997 年版。

品或有所本，大部分作品当是才子文人凭空虚构或者模仿敷衍而成，其中必然体现了士大夫文人的文化心理和审美趣味。春梦故事中普遍出现的在极度快感的“儿女之事”即将发生或者刚刚完成之际的恐惧情绪，实际上体现的是故事讲述者对“儿女之事”的否定性倾向，而普遍出现的第三者视角，往往代表的就是讲故事的作者的态度，进一步说，就是士大夫文人的态度。值得追问的是，士大夫文人内心深处皆有一种深深的“春梦情结”，皆把春梦视为情色欲望的自由实现空间，可为什么又要在春梦场境中为情色欲望的自由实现设置种种障碍？虽然这种种障碍（包括第三者视角的监督，梦中的虚脱和恐惧、骤然惊醒）可能是春梦中的自然现象，但成为一种普遍的文化心理，则与春梦故事的讲述者——士大夫文人的反复讲述和过度夸张有关。所以，士大夫文人为什么要反复讲述这样的春梦故事，是值得深究的。作者认为，它一定与士大夫文人的某种文化心理和审美趣味有关系。

比如，《红楼梦》中的贾宝玉梦游太虚幻境，“司人间之风月情债，掌尘世之女怨男痴”的警幻仙姑这个第三者的态度，实际上就是故事讲述者曹雪芹的态度，亦代表士大夫文人的普遍见解。且看警幻仙姑对贾宝玉的一段谈话：

> 忽警幻道：“尘世中多少富贵之家，那些绿窗风月，绣阁烟霞，皆被淫污纨袴与那些流荡女子悉皆玷辱。更可恨者，自古来多少轻薄浪子，皆以‘好色不淫’为饰，又以‘情而不淫’作案，此皆饰非掩丑之语也。好色即淫，知情更淫。是以巫山之会，云雨之欢，皆由既悦其色，复恋其情所致也。吾所爱汝者，乃天下古今第一淫人也。”宝玉听了，唬的忙答道：“仙姑差了，我因懒于读书，家父母尚每垂训饬，岂敢再冒‘淫’字。况且年纪尚小，不知‘淫’字为何物。”警幻道：“非也，淫虽一理，

意则有别。如世之好淫者，不过悦容貌，喜歌舞，调笑无厌，云雨无时，恨不能尽天下之美女供我片时之趣兴，此皆皮肤淫滥之蠢物耳！如尔则天分中生成一段痴情，吾辈推之为‘意淫’。‘意淫’二字，惟心会而不可口传，可神通而不可语达。汝今独得此二字，在闺阁中，固可为良友，然于世道中未免迂阔怪诡，百口嘲谤，万目睚眦……”

“好色”是人之本性，早期儒家著作中普遍存在这种看法，如在《论语·子罕》和《卫灵公》两篇中，两次出现孔子“吾未见好德如好色者也”这句话，但他并没有将“好德”与“好色”对立起来，只是感叹人的“好德”不如“好色”那样出自天性。孔子没有对人的“好色”天性加以否定，当然亦没有提倡和肯定，只是承认这种事实。孟子的意见与此相同，他说：“好色，人之所欲。”[1]他在劝说齐宣王行“王道”时的一段“好色”之论值得注意，其云：

昔者太王好色，爱厥妃。《诗》云：古公亶父，来朝走马，率西水浒，至于岐下，爰及姜女，聿来胥宇。当是时也，内无怨女，外无旷夫。王如好色，与百姓同之，于王何有？[2]

孟子的本意是建议君王“与民同乐”，并非鼓励“好色”。他同孔子一样，承认“好色”是人之本性，但并不鼓励和提倡。事实上，自先秦以来，男人从不敢以“好色”自我标榜，因为“好色”虽然出自本性但从来不是美德，“好色之徒”向来就不是一个体面的称号。所以，像齐宣王那样的好色之徒，在对好色行为持开明态度的孟子面

[1] 《孟子·万章上》。
[2] 《孟子·梁惠王下》。

前，亦仍然很难为情地说："寡人有疾，寡人好色。"[1]把"好色"视为一种疾病，这与宋元以来的道德家视"好色"为恶德，虽略有不同，但其渊源关系则是很显明的。总之，在传统中国的主流意识中，"好色"不仅从未得到提倡，而且是逐渐被限制和否定的。但是，在春梦中，好色的欲望得到自由释放。春梦故事的讲述者是肯定，甚至是提倡和鼓励"好色"的。如警幻仙姑（实际上是曹雪芹的代言人）不反对宝玉的"好色"，甚至推崇宝玉的"好色"，以为"我所爱汝者，乃天下古今第一淫人也"。在这里，甚至在所有的春梦故事中，"好色"得到宽容，甚至还得到肯定，拒色之人反而成为不可理喻的怪物。[2]但是，在警幻仙姑的"好色"理论中，甚至在所有春梦故事的讲述者眼里，"好色"是有限度的，"好色"以"意淫"为最高境界。警幻仙姑把"淫"（即"好色"）分为两类，即"皮肤淫滥"和"意淫"。二者皆是"淫"，皆是"好色"，但其区别亦是显而易见。即"皮肤淫滥"仅仅是悦容貌、喜歌舞、泄情欲；而"意淫"是既淫其色，更淫其情（"好色即淫，知情更淫"），是"既悦其色，复恋其情"。只有"天分中生成一段痴情"者，才能真正的"意淫"。宝玉之"淫"是"意淫"，故被警幻仙姑称为"天下古今第一淫人"，当然亦是春梦故事的讲述者——曹雪芹心目中的最佳情爱境界的代言人。

"意淫"是春梦的最佳境界，亦是士大夫文人理想爱情的最佳境界。如李渔《笠翁偶集摘录·选姿》说：

> 想当然之妙境，较身醉温柔乡者倍觉有情。如其不信，但以往事验之。楚襄王，人主也，六宫窈窕，充塞内庭，握雨携云，何事不有，而千古以下，

[1] 《孟子·梁惠王上》。

[2] 这使人想到袁枚《子不语》卷十一借妓女之口所说的一段话："惜玉怜香而心不动者，圣也；惜玉怜香而心动者，人也；不知玉不知香者，禽兽也。"

不闻传其实事，止有阳台一梦，脍炙人口。阳台今落何处？神女家在何方？朝为行云，暮为行雨，毕竟是何情状？皆有踪迹可考、实事可缕陈乎？皆幻境也。幻境之妙，十倍于真，故千古传之。能以十倍于真之事，谱而为法，未有不入闲情三昧者。[1]

李渔之言颇堪玩味，其所谓“幻境”，即“想当然之妙境”，亦即《红楼梦》所谓之“意淫”。其所谓“真”，即“身醉温柔乡者”，亦即《红楼梦》所谓之“皮肤淫滥”。李渔以为“幻境之妙，十倍于真”，或云“想当然之妙境，较身醉温柔乡者倍觉有情”，亦是《红楼梦》所谓“意淫”胜于“皮肤淫滥”之意。

何谓“意淫”？警幻仙姑以为“惟心会而不可言传，可神通而不可语达”，未予明言。现当代学者提出了几种解释，如潘光旦说：

凡直接由内心的想象所唤起而不由外缘的刺戟激发的性恋现象，译者在这里叫做“意淫”。以前有人说《红楼梦》一书的大患，在导人意淫。清陈其元《庸闲斋笔记》（卷八）说：“淫书以《红楼梦》为最，盖描摹痴男女情性，其字面绝不露一淫字，令人目想神游，而意为之移，所谓大盗不操干矛也。”此段评语有何价值，是别一问题，但用作“意淫”的解释是再贴切没有的。不过读者得辨别，《红楼梦》一书所描摹的种种，终始属于“异性恋”的范围，而不属于“自动恋”的意淫的范围，若因其所描摹的始终为异性恋的积欲的段落，而难得涉及解欲的段落，因而文字比较蕴藉，“绝不露一淫字”，便以为这就叫“意淫”，那就错了。《红楼梦》所描摹的不是意淫，但可以在阅读的人身上间接唤起意淫，或供给不少意淫的资料，那是对的。不过这又是一切性爱的说部所共有的功用，

[1] 《香艳丛书》二十集卷一。

初不限于《红楼梦》一种了。[1]

江晓原说：

“意淫”一词，明、清文人常用之。在大多数情况下，这被用来指停留在思想或意念中而未付诸肉体行动的性爱场景。……与“意淫”相对的是“皮肤滥淫”—可以理解为肉体上的性行为；所以只要未达到这一步，其余各种行动，诸如眉目传情、语言调笑，乃至素手相携、深夜晤谈等等，都可以成为“意淫”—只要行动者自己内心对这些行动赋予性意味即可。[2]

聂鑫森解释贾宝玉的“意淫”，以为其中包括三方面的内容：第一，对娇美女性的高度赞誉和尊重，对男子（包括自身在内）的极端鄙薄和贬低。第二，对娇美女性，因情致痴，情感真挚，没有半点玩弄的意思。第三，用整个身心去感悟女性世界的种种妙旨，由“悦其色”到“悦其情”。[3]

综观以上三家对于“意淫”的解说，江说最全，聂说近似，潘说另有所指。潘光旦以“意淫”译蔼理士《性心理学》中的“自动恋”一词，故处处以“自动恋”的特征解说“意淫”。其实，仅从字面上看，“意淫”与“自动恋”相近，但从明清以来的用例看，特别是从《红楼梦》中警幻仙姑所用的“意淫”一词看，它与蔼理士所说的“自动恋”截然有别。它的准确含义，应当如江晓原所说，是指“停留在思想或意念中而未付诸肉体行动的性爱情景”，或如朱正琳所说，是“一

[1] ［英］蔼理士：《性心理学》第 116 页，潘光旦译注，上海三联书店 2006 年版。
[2] 江晓原：《性张力上的中国人》第 148 ~ 150 页，上海人民出版社 1995 年版。
[3] 聂鑫森：《红楼梦性爱揭秘》第 11 页，漓江出版社 2005 年版。

种极为高级的性活动方式——用思想和语言来进行性活动”。[1] 它的基本特征，应当如聂鑫森所说，是对娇美女性的尊重、认真和痴情，是情色并重。

“红楼梦”是传统中国社会最大的一场春梦，《红楼梦》是中国古典文学中春梦故事的集大成者，《红楼梦》中的春梦结局是“意淫”。或者说，传统中国春梦故事的最佳结局是“意淫”。进一步说，士大夫文人情爱生活的最高境界是“意淫”。传统春梦故事中普遍出现的第三者视角和经历“儿女之事”后普遍出现的懊恼、恐惧、不安情绪，实际上就是对“皮肤淫滥”的戒惧，以“皮肤淫滥”为情爱之“迷津”，希望真正的情爱停驻在“意淫”状态。士大夫文人构建的、自《诗经·蒹葭》至《洛神赋》以来的“美人幻像”，亦不妨视为一种“意淫”，一种以精神愉悦为宗旨而不是以情欲宣泄为目的的“意淫”。

以精神愉悦为宗旨的“意淫”，近似于西方所称的“柏拉图式的精神恋爱”，虽然它并不完全否定身体欲望的满足。作者认为，传统春梦故事宣扬“好色”，对于面对美色而无动于衷的人不怀好感，但它提倡的是以“意淫”为特点的“好色”，反对以“皮肤淫滥”为特点的“好色”。简言之，“意淫”是一种境界，是一种诗意化、审美化的艺术境界。“意淫”是审美化的，那种若隐若现的距离感是营造诗意的津梁，那种在意淫情景中弥漫着的淡淡忧伤和浅浅抑郁，那种欲罢不能、欲求不得的犹豫彷徨，正是其诗意之内涵。士大夫文人以“意淫”为情爱之最高境界，以“意淫”为春梦之最佳境界，正体现了他们的诗意生活方式和对诗性精神的执着追求。

[1] 转引自江晓原《性张力下的中国人》第149页，上海人民出版社1995年版。

二、女子善怀：传统中国女性在情爱生成过程中的主动姿态

《诗经·鄘风·载驰》云："女子善怀，亦各有行。"[1]"女子善怀"，是谓女子多情善感。本节以"女子善怀"为题，讨论传统中国女性在情爱发生过程中的主动姿态，有两个问题需要首先说明：其一，本节所谓的"女子善怀"，是指女性多情善感，在两性情爱关系的发生、发展过程中，往往处于主动地位，是诱惑者。男性常常处于被动地位，是被诱惑者。此仅就大体而言，未可绝对化、片面化。其二，本节讨论两性情爱关系发生、发展过程中的两性姿态，特指两性中的"良民"。至于倚门卖笑的风尘女子、眠花卧柳的风流嫖客和拈花惹草的浪荡公子，则不在本节讨论的范围之内。

1

近现代以来，在激进思想家反传统反封建思潮的影响下，关于传统中国社会女性卑贱屈辱的社会地位，已成为学者的共识和民众的常识。一般认为，在传统社会封建礼教和家长制的层层压迫下，女性始终处于被奴役的地位。在两性情爱关系中，女性往往处于被动服从的地位。在追求自由和爱情的活动中，女性常常要付出极大的代价。事实上，正如我们在第五章检讨传统社会"男尊女卑"观念时所指出的：传统中国社会妇女的社会地位和生活状况，并非如近百年来主流意识所描绘的那样低贱和糟糕。比如，在两性情爱关系发生发展过程中，女性并非常常处于被动地位，并不仅仅是一个被诱惑者。实际情况或

[1] 朱熹《诗集传》解释说："善怀，多忧思也。犹《汉书》云：岸善崩也。"按，朱熹以"多"释"善"，固无疑义；至于以"忧思"释"怀"，则有以偏概全之嫌。"怀"即怀抱、感情之义，所谓"善怀"，即"好动感情"。

许恰恰相反，女性往往处于主动地位，通常是以诱惑者的身份出现。传统社会的文人创作和民间文本，为此提供了大量的证据。

先以文人创作为例。

把女性塑造成诱惑者形象，在中国古代文人创作中，当以所谓的“高唐系列”作品为代表。如宋玉《高唐赋》，神女采取主动姿态，充当诱惑者角色，“愿荐枕席”，与怀王共成云雨之欢。在《神女赋》中，虽然神女不再是自荐枕席的朝云，而是一位光彩照人、华美端庄的宫廷佳人，但她仍然充当着诱惑者的角色，主动亲近襄王，不断引起他的欲望，但同时又对襄王的求欢表示拒绝。或者说，《神女赋》中的神女与《洛神赋》中的洛神一样，扮演的是诱惑者兼拒色者的角色（详后）。宋玉《登徒子好色赋》中的东家女郎，是一个女性诱惑者的典型代表：

> 天下之佳人，莫若楚国；楚国之丽者，莫若臣里；臣里之美者，莫若臣东家之子。增之一分则太长，减之一分则太短，著粉则太白，施朱则太赤，眉如翠羽，肌如白雪，腰如束素，齿如含贝，嫣然一笑，惑阳城，迷下蔡。然此女登墙窥臣三年，至今未许也。[1]

东家之子“登墙窥臣”，显然是一个主动诱惑男性的女子。作者为了证明自己不好色，竭力把女子塑造成一个风骚迷人的诱惑者。在如此巨大的诱惑下，显示自己的定力。与此相近的，是司马相如的《美人赋》。在《美人赋》中，于“上宫闲馆”里，司马相如推开门扉，一股浓香扑鼻而来，在低垂的锦帐中，一位绝色女子横陈于卧榻上。他弹起琴来，女子唱起了歌，四周寂静无声，户外雪花飘落，室内一

[1] 《文选》卷十九。

片温馨。在此时此刻：

> 玉钗挂臣冠，罗袖拂臣衣。茵褥重陈，角枕横施。女乃弛其上服，表其中衣。皓体呈露，弱骨丰肌，时来亲臣，柔滑如脂。

其主动诱惑的态度，远胜于“东家之子”。处于被诱惑位置的作者，以抗拒诱惑来显示自己的定力。

总之，自《高唐赋》《神女赋》《登徒子好色赋》《美人赋》，至王粲、陈琳等人的《神女赋》，曹植《洛神赋》和《静情赋》、张衡《定情赋》、蔡邕《静情赋》、应玚《正情赋》、王粲《闲邪赋》、阮瑀和陈琳《止欲赋》，陶渊明《闲情赋》等等，在这些被统称为“高唐系列”作品中的女性，多是以诱惑者的身份出现。这些作品中的女性形象原型是神女。神女与情色有千丝万缕的关系，并且神女常常充当诱惑者角色，往往是集诱惑与拒色于一身。

其次，在以“聊斋”故事为代表的“狐仙系列”作品中，女性亦是充当诱惑者角色。如在《聊斋志异》中大量的婚恋故事里，女性在情爱关系中常常处于主动地位。例如，在人与女妖的恋情中，蒲松龄为他笔下的男性营造了一个特定的环境：荒山孤庙，凄冷旷野。在这种特殊环境中，倾城倾国的异类女子前来主动向男子求爱，双方在一见钟情的情况下越过互相了解的过程，直接进入性交合阶段。他们通常是在“极尽欢恋”之后才开始互相了解，建立感情。在才子佳人的恋情中，穷困潦倒的书生邂逅一个甚至几个丽绝人寰的异类女子，两相欢好之后，异类女子不仅让书生享受到“红袖添香夜读书”的乐趣，还任劳任怨地帮书生操持家务，生儿育女，帮助书生渡过一道又一道人生难关。以上二者大体上是《聊斋》中最为典型的情爱模式，[1] 而

[1] 参见翁容《〈聊斋志异〉情爱模式的深层意识》，《明清小说研究》1996 年第 3 期。

且通常皆是女性充当诱惑者角色。[1]

再以民间文本为例。

如果说民歌是民间文本的主要形式，那么《诗经》中的风诗亦不妨视作民间文学资料。《诗经·国风》中的很多诗篇，表现了当时男女迫切的求偶愿望，尤其是女性的求偶愿望，女性在两性情爱关系的发生发展过程中，明显居于主动地位。如《郑风》中的民歌，据说就有大量的"女惑男"之词，女子比男子活泼风趣，诗歌多以女子的口吻，从女性的角度表现女子的爱与怨。朱熹《诗集传》卷三说：

> 郑卫之乐，皆为淫声。然以诗考之，卫诗三十有九，而淫奔之诗才四之一；郑诗二十有一，而淫奔之诗已不翅七之五。卫犹为男悦女之辞，而郑皆为女惑男之语；卫人犹多刺讥惩创之意，而郑人几于荡然无复羞愧悔悟之萌，是则郑声之淫，有甚于卫矣。故夫子论为邦，独以郑声为戒，而不及卫，盖举重而言，固自有次第也。诗可以观，岂不信哉！

《诗经·国风》中的郑、卫之音，多为男女相亲相爱之辞。在传统儒家卫道士看来，这是亡国之音、乱世之音。然在此二者间，孔子为何独说"郑声淫"，而不及卫？据朱熹的解释，是因为"卫犹为男悦女之词，而郑皆为女惑男之语"。暂且不论"男悦女"或"女惑男"的孰是孰非，且就《郑风》本身而言，确有不少诗篇表现了女性在情爱发生发展过程的主动姿态。如《褰裳》诗云：

子惠思我，褰裳涉溱。
子不我思，岂无他人？

[1] 值得一提的是，当代作家茹志鹃小说《百合花》，其中的女人公"我"，亦不乏诱惑者的意味。

狂童之狂也且！

这是一首情侣打情骂俏的情歌，是女子对情人的戏谑。意谓：你若不爱我，我就跟别人好了。故朱熹《诗集传》解释说："淫女语其所私者曰：子惠然而思我，则将褰裳而涉溱以从子。子不思我，则岂无他人之可从，而必于子哉！狂童之狂也且，亦谑之之辞。"女子的主动姿态很明显。值得注意的是，《郑风》中的恋歌多谑词，并且基本上都是女子戏谑其情人，如《溱洧》诗云：

溱与洧，方涣涣兮。
士与女，方秉蕑兮。
女曰观乎，士曰既且。
且往观乎，洧之外，洵訏且乐。
维士与女，伊其相谑，赠之以勺药。

此诗为男女之间的相谑之词，女主人公的表现尤为突出，她主动要求意中人陪伴自己去游玩，并以芍药为信物，私定终身。女子的主动姿态亦是相当明显。[1]另外，《郑风》中的《狡童》《山有扶苏》《萚兮》等诗篇，亦是谑词，是女子向男子的挑逗之语。像《将仲子》这首诗，亦体现了女子在情爱中的主动姿态，只不过是一种

[1] 郭沫若《甲骨文研究·释祖妣》说：《溱洧》之歌咏溱洧之间游春女士既殷且盈而两相欢乐。"女曰观乎？士曰既且"，观者，欢也，委言之也；且者祖也，言已与他女欢御也。台湾学者李敖《"既且"——"鸡巴刚刚用过了"》进一步发挥说："郭沫若的另有别解，解得还不脱学究气。说明白点，'且'字的意思根本就是'鸡巴'一名词的当动词用，'既且'就是'鸡巴刚刚用过了'之意。所以，诗中'女曰观乎？'意思是女的挑逗问：'乐一下吧？''士曰既且'，意思是男的说：鸡巴刚刚用过了（跟别的马子用过了）。女的再说：'且往观乎？洧之外，洵訏且乐。意思是说：鸡巴再乐一下吧！洧水河岸那边有块好地方，实实在在让鸡巴再乐一下吧！"

压抑着的主动姿态，诗云：

将仲子兮！无逾我里，无折我树杞。
岂敢爱之？畏我父母。
仲可怀也，父母之言，亦可畏也！

女子对仲子的态度，表面上是以言拒之，实际上是一心想见之，只不过是碍于“父母之言”而不敢见罢了。这正像《卫风·氓》所云：“氓之蚩蚩，抱布贸丝。匪来贸丝，来即我谋。”表面上看，是男子处于主动姿态。事实上，据下文所说，“送子涉淇，至于顿丘。将子无怒，秋以为期”。女子的态度亦是非常主动而积极。另外，《召南·野有死麕》说：“有女怀春，吉士诱之。”《豳风·七月》说：“女心伤悲，殆及公子同归。”是女子先萌动了“怀春”之想，欲嫁之心，而男子从后挑动之。即女子有意于前，男子挑动于后。实际上，还是女子处于主动地位。

表现女子在情爱生活中的主动姿态，不仅存在于《诗经·郑风》中，像《卫风》中的《有狐》《芄兰》，《鄘风》中的《桑中》《摽有梅》，《周南》中的《汝坟》，《齐风》中的《著》，《王风》中的《大车》，《曹风》中的《候人》，《豳风》中的《九罭》，等等，都在不同程度上体现了女性待嫁的迫切心情和在情爱生活中的主动姿态。

此类表现女子在情爱关系中的主动姿态的民间文学作品，在《诗经》以后的历代民间歌谣、俚词中较为常见，特别是在南北朝的乐府民歌，明清之际的俚曲歌谣，以及当代的少数民族情歌中，更是触目即是，不胜枚举。另外，在民间故事里，亦不乏这样的例子。例如，在传统中国大量出现的男人与仙女相恋的仙狐故事中，男性往往处于可怜的、被动的地位，女性以主动的姿态向男人投怀送抱，如《天仙配》，七仙女看到苦役中的董永，主动下凡帮助他，与他结为夫妻。在《梁山伯与祝英台》中，祝英台想方设法向梁山伯表达爱意，而梁山伯始终处于被动接受爱情的地位。这种情节，与《聊斋志异》中的人神之恋有相近之处。

总之，在传统中国，无论是文人创作，还是民间文本，都比较突出地表现了女性在两性情爱关系中的主动姿态，虽然我们亦常常看到男性充当主动调情者的角色，有时候亦看到女性处于被动地位。不过，就大体而言，女性的待嫁心情总是显得比男性迫切，女性对爱情的需求亦比男性强烈。在风月场中，男性往往显得很木讷，笨手笨脚，不解风情，就像茹志鹃《百合花》中的那个通讯员一样。而女性常常是机智灵敏的，风趣的，就像《百合花》中的那个“我”一样。女性是诗性的，是审美的，善于发掘生活中的诗意；男性则是功利的，世俗的。如果说恋爱中的男女有一种迷醉感和梦幻感，爱情是诗意化、艺术化的人际情感，那多半是女性的功劳。女性是调情的专家，是浪漫爱情的制造者。功利的男性在恋爱中往往直奔主题，以情欲的宣泄为目的；女性则是想方设法尽可能延长恋爱长度，增加爱情温度，沉溺于如痴如醉的恋爱氛围中，以审美享受为恋爱目的。所以，作者企图证成传统中国女性在情爱生活中的主动姿态，并无轻贱女性的意思。

2

女性主动追求男性，这在古代叫“奔”，这种女性亦被称作“奔女”。据考察，在早期中国文献中，“奔”并无贬义，“奔女”亦并不完全被轻贱。《礼记·内则》说：“聘则为妻，奔则为妾。”虽有主次尊卑之分，但亦承认由“奔”而成的婚姻的合法性。从宋代开始，宋儒将“奔”归入“淫”之列，谓之“淫奔”。因此，女性的“奔”，遂演变为两条歧路：其一，是朱熹之类的道学家，将此斥为“淫奔”，深恶而痛绝之。其二，是士大夫文人心理上的“奔女情结”，总是幻想美丽多情的女子主动投怀送抱。这两条发展歧路，使得坦然主动追求爱情的女性的健康心态大受损害。[1]

在此，需要提出来讨论的是，女性在情爱关系中的这种主动姿态，即“奔”的姿态，在传统中国社会，到底是真实的生活状态，还是士大夫文人在“奔女情结”之驱使上虚构的“白日梦”？情况或许相当复杂，未可一概而论。或者应该在特定的历史背景下展开讨论，比如，在未受封建礼教影响或者礼教比较松弛的时代，女性的这种主动姿态可能是普遍存在的；而在礼教影响深入人心的时代，女性的主动姿态被压抑着，这个时候文艺作品中呈现的女性主动姿态，则极有可能是士大夫文人编织的“白日梦”。这正如江晓原所说：

> 如果说在坦荡时代这种故事曾是社会生活中某些真实状况的直接或间接反映，那末在进入礼教昌盛时代之后，这种故事在社会生活中真正出现的可能性已经大大下降。然而此时这种故事又转而成为深受礼教拘束的士大夫文人聊以自慰的白日梦（day dream）—当礼教把上层社会中的许多女性改造得日益古板乏味时，文士们在这类故事中呼唤着他们心目中的理想女性。这类故事在他们意识深处积淀成一种“奔女情结”：希望有美丽多情的勇敢女子替他们冲破礼教的罗网，主动送爱传情，投怀送抱。因为礼教已将他们自由恋爱的内在能力和外部环境都摧残殆尽了。[2]

[1] 参见江晓原《性张力下的中国人》第 83、84、144 页，上海人民出版社 1995 年版。
[2] 江晓原：《性张力下的中国人》第 147 页，上海人民出版社 1995 年版。

我们并不否认男性在“奔女情结”的驱使下，有意杜撰女性在情爱关系中的主动姿态，编织美女来奔的“白日梦”。事实上，众多仙狐故事的创作和流传，反映的就是创作者和传播者的这种心理。如《聊斋志异》爱情故事中女性追求男性的模式，体现的就是屡试不第、仕途坎坷、频遭打击的故事讲述者，渴望得到慰藉的同时又保持着自尊的心态，他们潜意识里期待着女性的主动和投怀送抱，以激发自身疲惫的心志。因为佳人主动追求士子，更能慰藉士子苦闷的心灵，可以满足其自尊心理，证明其价值。所以，《聊斋志异》中的“白日梦”，表现的其实就是男性的自尊要求和中下层知识分子在遭受挫折之后的补偿要求；让虚构的人物来满足男性的色欲要求，缓解男性由于性要求得不到响应所感到的苦闷，从而调和社会伦理规范与性感官欲念之间的冲突。[1] 另外，在民间文学中的牛郎织女型故事里，有一个明显的特点，就是将故事的重心偏向于女主人公，她或者高贵，或者富有，一般都很善良，并且主动追求爱情，下嫁给潦倒坎坷、处境艰难的穷汉。而穷汉在故事中往往处于被动接受爱情的位置，是高贵、富有、善良的女性对他的垂怜和施舍。所以，这类故事又被称为“仙女下嫁穷汉型”故事。这种故事的编撰与传播，所显示的意蕴，除了传统社会的女性崇拜意识，更重要的则是体现了故事的创作者和传播者所幻想的“白日梦”。[2]

但是，作者认为，这种幻想的“白日梦”，亦应当有其现实基础。实际上，根据人类学家的调查和研究，女性在情爱关系发生发展过程中的主动姿态，是有事实依据的，是人类社会的一个普遍现象。在两性情爱关系中，谁是领导者？谁是被领导者？谁是猎手？谁是猎物？

---

[1] 参见翁容《〈聊斋志异〉情爱模式的深层意识》，《明清小说研究》1996 年第 3 期。

[2] 参见邱福庆《中国爱情文学的牛郎织女模式》，田富军《牛郎织女故事与仙女下嫁穷汉原型新探》，见陶玮编《名家谈牛郎织女》，文化艺术出版社 2006 年版。

谁是引诱者？谁是被引诱者？西方学者的一些调查和研究很值得我们参考。如性心理学家蔼理士在《性心理学》一书中介绍说：

> 法国人类学家勒多奴（Letourneau）告诉我们，在许多民族里，关于性爱的诗歌的创制，女子往往占领导的地位，有时候对于性爱的表示，不但处领导地位，并有骎骎乎独霸的趋势。[1]

这种情况，在传统中国社会亦普遍存在，据高罗佩说：

> 中国的房中书把妇女描绘成房中术的掌守人和一切性知识的所在。所有论述性关系的书都把女人当作伟大的传授者，而把男人当作无知弟子。[2]

正因为女性在性知识、性爱中居于领导者地位，所以在两性情爱中亦常常居于引诱者地位，往往以猎手的身份控制着两性情爱关系的发展。在承认男女双方都在两性情爱关系中扮演着重要角色的前提下，美国人类学家海伦·费什在广泛调查研究之基础上指出：在美国，求偶过程一般是由女方发起的——从一些非语言的信号开始，例如重心的轻微转换、微笑或者凝视。她认为：女性的大胆坦诚并不是美国特有的现象。她举例说：二十世纪五十年代，两位有名的研究跨文化交际行为的专家克里兰·福特和弗兰克·比齐认为，尽管在两性接近过程中一般认为男性应采取主动，但在实际情况中，世界各地的女性都比较主动地开始两性关系。据海伦·费什引述的二十世纪七十年进行

[1] ［英］蔼理士：《性心理学》第296页，潘光旦译注，上海三联书店2006年版。

[2] ［荷］高罗佩：《中国古代房内考》第9页，李零、郭晓惠等译，上海人民出版社1990年版。

的一次调查显示，在所调查的九十三种社会中，有七十二种社会里的两性接触，都是女性表现出大致相同的主动性。海伦·费什为了证实她的观点，引用了动物界的两性现象作为论据，她指出：

> 人类女性强烈的性驱动在动物王国里也能找到相似的对应情况。所有的雌性哺乳动物都有“发情期”，当发情期来临时，它们会非常活跃地吸引雄性动物与之配对。

据说，雌猩猩在发情时，像众所周知的母狗发情一样，会主动地找到雄猩猩交配。在实验室环境中，猩猩之间的交配百分之八十五是雌性猩猩主动发起的，雄猩猩交配之后一般会睡觉，雌猩猩则会缠着雄猩猩来进行第二次交配，或者和附近的其他雄猩猩继续进行交配。海伦·费什通过动物界的现象坐实了她的观点。她同时又提出了另一个有趣的现象：

> 实际上，奇怪的是西方人一直固执地认为男性是勾引者，而女性只是男性所发起的配对序曲的被动接受者，这种错误的观点可能是来自于我们悠久的农业传统。在过去的农业社会中，女性是可以进行交换的财产，她们的价值取决于她们是否“纯洁”，因此，女孩子们被严格地管束着，她们的性冲动被社会否定了。但是，今天西方的女性重新获得了性自由，她们已经从包办婚姻和性服从的世界中解放出来，女性经常也是主动追求者。[1]

在“女性重新获得了性自由”的当代西方社会，人们还固执地认

[1] ［美］海伦·费什：《人类的浪漫之旅——迷恋、婚姻、婚外情、离婚的本质透析》第16～18页，刘建伟、杨爱红译，海天出版社1998年版。

为男性是勾引者、诱惑者，女性处于被动接受的地位。在中国，这种固执的误会就更是根深蒂固，特别是近现代以来在反封建、反传统、反男权的主流思想的影响下，这种误会便变成了常识或真理。海伦·费什的分析是有理据的，“这种错误的观点可能来自于我们悠久的农业传统”。因为在传统农业社会，礼教设置的男女大防虽然是针对男女双方，但是它对男女双方的要求和控制却是不一样的。一般而言，家庭的管教总是严于女而宽于男，社会舆论亦是薄责于男而苛求于女。现实处境的差异造成了女子有别于男子的恋爱态度，恋爱中的女子有着比男子更多的顾虑和心理负担。因此，即使她倾心于某一男子，亦仍然必须表现出若即若离的姿态，或者是故作强硬的拒绝姿态。所以，从表面上看，女性在情爱生活中是处于被动接受的地位，是猎物，是被诱惑者。从本质上讲，这种被动并不完全是受人摆布的真正的被动，而是欲擒故纵，是在外力作用下的被迫的被动，其内心深处那种不可抑制的欲望和跃跃欲试的主动姿态，以一种更委婉曲折的方式表达出来。而且，这种委婉曲折的表达，是一种更有力量的诱惑（详后）。

西方人类学家的实地考察和旁征博引，使我们坚信女性在两性情爱关系中的确居于主导地位，是猎手和引诱者。那么，女性在情爱关系中的这种主动姿态，有无心理学上的依据呢？关于这个问题，只有求助于心理学家的科学解答。不过，根据常识和经验，有两点值得我们注意：其一，在一般情况下，女性的性成熟比男性早，在同等年龄段，当男性还是懵懂无知时，女性早已经是情窦初开。情窦初开的少女在情欲的支配下，往往有意捉弄懵懂无知的少年，这在古今小说戏曲中是常见的情节。其二，大体而言，女性是情感的动物，是情感专一的单恋动物；而男性则是理智的动物，更倾心于事业与功业，在情感上常有多恋的倾向。此正如《诗经·氓》所说：“士之耽兮，犹可说也；

女之耽兮，不可说也。”因此，在早熟情欲的驱使下，在专一情感的作用下，女性对自己钟情的男性，往往表现出主动出击、积极挑逗的姿态。大量的狐仙故事中的多情女子形象，虽然可能是士大夫文人在“奔女情结”之作用下编织的“白日梦”，但亦应当是有现实根据和心理学依据的。

3

在两性情爱关系中，女性往往处于主动地位，充当诱惑者角色，是猎手；男性亦并非完全处于被动地位，他有时亦主动勾引女性，并且常常是俘获女性猎物的真正猎手。“有女怀春，吉士诱之”，女子动情于前，以隐约的方式向钟情的男子做出暗示，或者不自觉地流露其春心；男性引诱于后，进而促成男女欢爱之情。事实上，在现实处境的压迫下，女性的引诱是有限度的，往往是由最初的主动转化成最后的被动。或者说，女性的引诱是迂回曲折的，引诱之，拒绝之，再引诱，再拒绝，她不以发生性关系为直接目的，甚至常常拒绝性爱关系。所以，女性在情爱关系发生发展的过程中，往往充当诱惑者和拒色者兼而有之的角色。男性的引诱是直截了当的，迫不及待地拥抱、接吻，以发生性关系为直接目的，常常充当诱惑者和好色者的角色。因此，可以说，女性的诱惑，是为了增加情感体验的长度，以便从中获得一种诗意的生活乐趣，是审美的诱惑；男性的诱惑，往往力求缩短情感体验的长度，以肉欲的满足为直接目的，是功利的诱惑。审美的追求最终敌不过功利的欲望。所以，在两性情爱关系中，女性常常是由主动转为被动，男性最终是由被动转为主动。

且就女性的诱惑者与拒色者的双重角色详论之。在“高唐系列”作品中，神女是诱惑者，同时又常常是拒色者。如宋玉《神女赋》云：

时容与以微动兮，志未可乎得原。意似近而既远兮，若将来而复旋。褰余帱而请御兮，愿尽心之惓惓。怀贞亮之洁清兮，卒与我兮相难。陈嘉辞而云对兮，吐芬芳其若兰。精交接以来往兮，心凯康以乐欢。神独亨而未结兮，魂茕茕以无端。含然诺其不分兮，喟扬音而哀叹。頩薄怒以自持兮，曾不可乎犯干。……欢情未接，将辞而去，迁延引身，不可亲附，似逝未行，中若相首，目略微眄，精彩相授，志态横出，不可胜记。意离未绝，神心怖覆，礼不遑讫，辞不及究，愿假须臾，神女称遽，回肠伤气，颠倒失据，闇然而暝，忽不知处。情独私怀，谁者可语。惆怅垂涕，求之至曙。[1]

神女盛装出场，“容与微动”，分明充当着引诱者的角色；但她“似近而既远”，始终保持着与对方的距离，“相难”对方的“请御”，“頩薄怒以自持”，又分明充当着拒色者的角色。而临别之际，又是“似逝未行，中若相首，目略微眄，精彩相授，志态横出”，在拒绝之后又做出这种诱惑之态。神女是诱惑，拒绝，再诱惑，再拒绝，使得顷襄王“回肠伤气，颠倒失据”，“惆怅垂涕，求之至曙”。而神女却在这种诱惑与拒绝中体味到“凯康以乐欢”的精神享受。在这里，我们看到，顷襄王是功利性的，看见美女就心猿意马，迫不及待地“褰帱请御”。而神女是审美性的，既诱惑之，又拒绝之，在诱惑与拒绝之间建立起审美的距离，以获得“凯康以乐欢”的审美感受。又如《登徒子好色赋》中，秦章华大夫称述他于“向春之末，迎夏之阳”的郑卫溱洧之间，所遭遇的“华色含光，体美容冶”的采桑女：

臣观其丽者，因称诗曰：遵大路兮揽子祛，赠以芳华辞甚妙。于是

[1] 《文选》卷十九。

> 处子恍若有望而不来，忽若有来而不见，意密体疏，俯仰异观，含喜微笑，窃视流眄。复称诗曰：寤春风兮发鲜荣，洁斋俟兮惠音声，赠我如此兮，不如无生。因迁延而辞避，盖徒以微辞相感动，精神相依凭，目欲其颜，心顾其义，扬诗守礼，终不过差，故足称也。[1]

采桑女如同《神女赋》中的神女，是以诱惑者兼拒色者的双重身份出场。“意密体疏”最能体现其双重身份，因“意密”，故充当的是诱惑者角色；而“体疏”，则是充当的拒色者角色。在拒色之际，仍然“含喜微笑，窃视流眄”，这是从拒色者的身份又回到了诱惑者的角色。

传统中国文学中的采桑女形象，比较典型地体现了神女这种集诱惑与拒色于一身的特征。或者说，采桑女就是神女的世俗化形象。桑女和织妇是汉乐府诗歌中创造的两种妇女“模范角色”，亦是传统中国文学中的两种理想化的正面妇女形象。与织妇“一天到晚，一年到头在窗根下织作的劳瘁不同，采桑是一种野外的劳作，而且只发生在春天。相比之下，采桑似乎就别有一番牧歌情调”。特定的地点（桑林边人来人往的小路上与家中窗根下的封闭环境）和特定的时间（采桑是在春天，春天是情爱发生的季节。织作是在秋天，秋天的哀婉与春天的欢快不同），使采桑女别有一番情色意味，与织妇构成明显的区别。一般地说，传统中国文学中的采桑母题有两个要点：一是写美丽迷人的采桑女，二是写一个风流男子与她调情。而《陌上桑》就十分和谐地融合了采桑母题的两大主旨：欣赏桑妇的美貌，赞美桑妇的美德。它插入了调情，但并未流于放荡；它强调女子的操守，但又始

---

[1] 《文选》卷十九。

终洋溢着十足的风趣。[1]事实上，正如作者在本书第六章第二节中指出的，采桑女罗敷盛装出场，采桑城南，本身就有调情或诱惑的意味，其诱惑亦产生了实际效果，即“行者见罗敷，下担捋髭须。少年见罗敷，脱帽著帩头。耕者忘其犁，锄者忘其锄。来归相怨怒，但坐观罗敷”，“使君从南来，五马立踟蹰”。使君的欲望，亦是“行者”“耕者”“锄者”的欲望，或者说，使君与“行者”等下层人皆有“共载”的欲望，只不过“行者”等下层人碍于低贱身份而不敢高攀，不便道出自己的欲望。而使君自恃权势，将自己的欲望无所遮拦地道出来了。使君和“行者”等下层人或现或隐的“共载”欲望，是男人的欲望，是肉体的占有，是功利性的欲望。而采桑女罗敷的诱惑，则是一种艺术审美性的诱惑，她勾起你的欲望，使你产生“共载”的期望，而又断然拒绝你的欲望，是诱惑者与拒色者集于一身的双重角色。康正果所谓的“风趣”，正是指此。

总之，以神女和采桑女为代表的女性的诱惑与拒色，是在诱惑后拒色，是在拒色中诱惑，体现在行动上，就是“似近而既远，将来而复旋”，是“有望而不来，有来而不见”，是把自己置于欲来又去、欲去又来的迷离恍惚的男性视界中，使得天性好色的男人“回肠伤气，颠倒失据”。神女的诱惑与拒色，让人联想到《诗经·秦风·蒹葭》中的伊人，她始终不远离诗人的视线，这是诱惑；她又始终与诗人隔着一段距离，这是拒绝。诱惑与拒绝交替进行，才致使诗人“颠倒失据”，欲弃不忍，欲爱不能。因此，在中国古典文学中，文人矢志不渝地对“美人幻像”的创建和追求，实际上就是走进了美人设置的（或者说士大夫文人为自己设置的）诱惑与拒色的回环往复的圈套之中。

“意密体疏”是女性诱惑的基本特点。“意密”是本能，是发自

[1] 康正果：《风骚与艳情》第97～100页，上海文艺出版社2001年版。

内心深处的情欲要求，是情欲驱使下的诱惑姿态。“体疏”是拒色，是来自外在礼仪习俗之要求下呈现出来的拒色姿态，是来自对超越人生境界之追求或者“诗意的栖居”的向往所呈现出来的拒色姿态。换言之，女性的拒色，既有现实的目的，又有诗意的追求。

就现实目的一面言之。在传统社会，家庭的管教和社会的舆论，常常是严于女而宽于男，苛求于女而薄责于男。所以，在情爱生活中，女性有着男性所没有的种种顾虑和心理负担，因而亦产生了有别于男性的恋爱态度。她必须十分审慎地选择恋爱对象，必须使用种种手段检阅男性对她的忠诚，即使对一位她所倾心的男子，亦必须常常故作强硬的拒绝姿态，以审查他对自己的迷恋程度。总之，出于现实的目的，由于礼仪风俗的限制，她必须常常充当诱惑者同时亦是拒色者的双重角色。诱惑，是为了迷恋对方；拒色，是为了保护自己。

就诗意追求一面言之。女人如诗，诗似女人。女性与艺术审美之间的亲密关系，远远大于男性与艺术审美的关系。女人如诗，而且女性亦擅长于诗。女性不仅是最具审美意味的艺术题材，而且还是天生的艺术家，亦是艺术创作灵感的源泉。所以，女性的诱惑，亦就是诗性的诱惑。

这种诗性的诱惑，最具勾魂摄魄的力量，如《长恨歌》中杨贵妃“回眸一笑”之诱惑，就是这种摄人心魄的诗性诱惑，故而能产生“百媚生”的最佳效果。“回眸一笑”之诱惑，更生动的表达，则是“临去秋波一转”。据《西厢记·佛殿奇逢》说：“我明日透骨髓相思病残，我当她临去秋波一转！我便是铁石人，也意惹情牵。”“临去”是拒绝，“秋波那一转”是诱惑，在拒绝中诱惑，在诱惑中拒绝，才是最深刻的诱惑，因而亦是最具艺术审美趣味的诱惑。面对如此诱惑，即便是“铁石人，也意惹情牵”。所以，《西厢记》中“临去秋波一转”句，得到众多文人的激赏和好评，如徐士范刊本《西厢记》题评曰：“‘秋波’一句是一部《西厢》关窍。”后来许多明刊善本《西厢记》都借用这则题评，许多戏曲理论家亦对这句话大加赞赏。[1]“临去秋波一转”的艺术审美式的诱惑，近似于蒙娜丽莎的诱惑。蒙娜丽莎的微笑所呈现的诱惑，迷醉着五百年来的文人学士，凡夫俗子。熊秉明解释蒙娜丽莎的微笑说：

> 女性的诱惑是一切诱惑的集中、公约数、象征。这纯诱惑与追求之间有一形而上学的距离，如果诱惑者和被诱惑者一旦相接触了，就像两个磁极同时毁灭。没有了诱惑，也没有了追求。所以，这微笑的顾盼是一永远达不到的极限，先验地不可能接近的绝对。于是追求永在进行，诱惑也永在进行，无穷尽地趋近。[2]

蒙娜丽莎神秘的眼神和微笑，实际上包括了诱惑和拒绝的用意。唯其诱惑，故使人心迷神醉；唯其拒绝，故使人情牵意恋。

女性的这种艺术审美性的诱惑，近似于克尔凯戈尔式的诱惑。被誉为“存在主义哲学之父”的近代丹麦哲学家克尔凯戈尔，他将人生分为三个阶段，即审美阶段、伦理阶段和宗教阶段。《直接性爱诸阶段或音乐性爱》和《引诱者日记》是他论述人生审美阶段的代表作。他认为：性爱是一种从人内心深处发生的、不可抵挡的、诉诸肉欲的必然性力量，高尚的性爱是感性肉欲力量与精神感受的有机统一。在《直接性爱诸阶段或音乐性爱》一文中，他论证了性爱与音乐的一致性，认为性爱与音乐一样，是一种直接喷薄而出的必然性力量，在即时的

[1] 参见蒋星煜《西海书屋随笔》卷五《妙语心解》之“临去秋波那一转”条，上海书店出版社2000年版。

[2] 转引自肖关鸿《诱惑与冲突》第15页，学林出版社2001年版。

瞬间中展现，但在这展现的即时瞬间，是与精神感受统一在一起的。体现他的这种性爱观点的，是《直接性爱诸阶段或音乐性爱》中提到的唐璜和《引诱者日记》中的约翰尼斯，他们是处于人生审美阶段的典型人物，对肉欲的占有不感兴趣，需求的是对方的精神，唯有在精神上获得对方的相许之后，性爱的使命才告完成。在他们看来，性爱的最高境界是双方的精神会通，肉体的占有无关紧要，甚至是多余的。爱的实现需要诱发，《直接性爱诸阶段或音乐性爱》中提到的唐璜，仅在西班牙就引诱了一千零三名女子，《引诱者日记》中的约翰尼斯，花了两年半时间，使得柯得莉娅毁弃原来的婚约而接受了他的爱，然而，就在他获得了柯得莉娅爱情的同时，他又毅然将她抛弃。他们热衷的引诱是一个诱发或感发的过程，没有任何麻木或欺骗对方的意图，被引诱者沉醉其中，几乎不能自拔，但她们不后悔，没有抱怨，她们的痛苦是因为被引诱发出的性爱欲求未能得到满足，而不是怨恨引诱者。在克尔凯戈尔的理论中，引诱本身不具有违背对方意志而诱导人走下坡路的成分，相反是一个性爱力量得以展开的美好过程，提升精神感受的艺术审美过程。诱惑过程就是诗意呈现的过程，审美呈现的过程，诱惑本身就是目的。[1] 所以，约翰尼斯既是诱惑者，又是拒色者，他集诱惑与拒色于一身，其目的就是为了追求爱情的审美趣味和诗性价值。如果由诱惑进而追求情欲的满足，走进婚姻，必然会带来情欲满足后的空虚，陷入婚姻生活的重复与乏味，导致审美趣味和诗性精神的丧失。

克尔凯戈尔式的诱惑，是诗性的诱惑，是审美的诱惑。传统中国社会集诱惑与拒色为一体的女性诱惑，正是克尔凯戈尔所追求的这种

[1] 参见王才勇《〈爱之诱惑〉译者前言》，见《爱之诱惑》，索伦·克尔凯戈尔著，王才勇译，上海社会科学出版社 2002 年版。余灵灵《〈勾引者日记〉译者的话》，见《勾引者日记》，克尔凯郭尔著，余灵灵译，九洲图书出版社 1998 年版。

诗性的、审美的诱惑。传统中国女性亦正是在这种诗性诱惑中，体验“诗意的栖居”的人生乐趣，实现其诗性人生，成就其诗性人格。

三、有女怀春，吉士诱之：传统中国社会情爱生活的季节性特征

谈情说爱，本是一见钟情，随性而发，初无时间、地点的限制，亦容不得等到特定的时间和固定的地点，才发抒爱情，倾诉欲望。爱情的产生具有突发性和偶然性，陷入情网中的青年男女常常有身不由己、在劫难逃的感觉，所以，时间和地点通常不能成为制约爱情发生发展的因素。但是，纵观传统中国文献中记录的爱情故事，有两个引人注目的特点：其一，爱情的强烈渴望和恋爱活动的开展，多在春天。其二，谈情说爱的场所多在江水之滨。由此便给人一个强烈的印象：传统中国人的情爱生活具有明显的季节性特征和地域性特征。特别是其中的季节性特征，当有历史文化、风俗习惯的影响，亦有情爱心理方面的原因，还有自然环境方面的原因。

1

在中国传统文化语境中，“春”既是一个时间概念，亦是一个极富情感内涵的语词。在表示一年四季的春、夏、秋、冬这四个概念中，就其情感内涵和文化意蕴的丰富性而言，唯有“秋”堪与“春”比肩并论，而其内涵本身又大有区别。一般地说，“春”之一词，在季节时间内涵之外的文化意义，主要有青春年华、朝气生机、欢快喜悦、美好迷人等等，而以“春”为词根构成的词汇，又常常与青年男女的恋爱之情有关系，如称两性爱恋的情意为“春意”或“春情”或“春心”，称男女情歌为“春歌”，称女子的闺房为“春房”，称男女情欲为“春

兴”，称男女性梦为“春梦”，称有关男女恋情的书信或文辞为“春词”，称男女约会之期为“春期”，称男女缠绵之夜为“春宵”，称男女相思之病为“春病”，称男女间的欢爱为“春风一度”或“春事”，称情色图画为“春宫画”，称妓院为“春院”，等等。另外，以“春”为词根构成的词，又往往是具有女性意味的词汇，如称娇艳的女子或女子的娇艳之态为“春娇”，形容女子的眉毛为“春黛”，称女子细嫩的手指为“春竹”或“春葱”，形容少女红润的面色为“春缬”，称女子的美发为“春云”，喻女子娇艳的容颜为“春华”或“春色”，称女子的愁绪、怨情为“春怨”，称女子的小脚为“春尖”，称怀春的女子为“春女”或“春人”，等等。总之，“春”以及以“春”为词根构成的词语，其情色意味相当浓厚。

春季常常是青年男女求偶欲望最强烈的季节，亦是谈情说爱的最佳季节。如《诗经·召南·野有死麕》说：“有女怀春，吉士诱之。”所谓“怀春”，或称“思春”，即因情欲萌动而产生求偶欲嫁之念。“女子善怀”，多情善感，在春天尤其容易动情。如《诗经·豳风·七月》说：“春日迟迟，采蘩祁祁。女心伤悲，殆及公子同归。”郑《笺》说：“春，女感阳气而思男；秋，士感阴气而思女。是其物化，所以悲也，悲则始有与公子同归之志，欲嫁焉。”因春而动情，进而发生求偶欲望，最著名的例子，莫过于汤显祖《牡丹亭》的“惊梦”。在这出戏中，杜丽娘春日游园，见百花开遍，触景生情，遂感叹道：

> 天呵！春色恼人，信有之乎！常观诗词乐府，古之女子，因春感情，遇秋成恨，诚不谬矣。吾今年已二八，未逢折桂之夫；忽慕春情，怎得蟾宫之客？昔日韩夫人得遇于郎，张生偶逢崔氏，曾有《题红记》《崔徽传》二书。此佳人才子，前以密约偷期，后皆得成秦晋。吾生于宦族，

长在名门，年已及笄，不得早成佳配，诚为虚度青春。光阴如过隙耳。可惜妾身颜色如花，岂料命如一叶乎？

杜丽娘目睹大好春光，发生了性觉醒，进而产生强烈的求偶欲望，以至感伤入梦，与柳梦梅“千般爱惜，万种温存”，“共成云雨之欢”。

“花朝月夜动春心，谁忍相思不相见。”[1] 春天是人的性爱欲望最旺盛的季节，亦是人的怀春、思偶欲望最强烈的季节。所以，明清以来的才子佳人小说中，“春恨之于女性的心理描写几乎是不可或缺的”，许多情色事件都发生在春天。如，浦安迪发现《西游记》中第五十三回、第七十三回、第九十三回中，“有色欲含意的事件都放在春天”。吴宓《石头记评赞》认为：《红楼梦》“全书前半多写春夏之事，后半多写秋冬之事”，即前三十回的男女情欲之事，多半置于春夏季节中叙写。[2]

为适应人们在春天发生的强烈的怀春情绪和求偶欲望，在传统社会，上自官方，下至民间，皆为这种情欲的释放和愿望的实现，大开方便之门。据《管子》卷十八《入国》载：

---

[1] 萧绎：《春别应令四首》(其一)，见逯钦立《先秦汉魏晋南北朝诗·梁诗》卷二十五。

[2] 参见王立、刘卫英《红豆：女性情爱文学的文化心理透视》第 29 ~ 31 页，人民文学出版社 2002 年版。另外，魏崇新《比较文学视阈中的中国古典文学》一书亦说：“曹雪芹基本是按着春夏秋冬四季循环的运行规律来叙述这些故事的。如在叙述宝黛爱情的喜剧发展、贾府兴盛时，以对春夏的描写为主；而在叙述宝黛爱情悲剧的发生、贾府的衰败时，则以对秋冬的描写为主。”“从《红楼梦》的神话叙述程式的发展看，从第一回的女娲炼石补天神话到第二十三回贾宝玉、林黛玉读《西厢》的故事，对应着春天的描写，属于神话传奇阶段。前五回主要以介绍神话为主，说明贾宝玉的身世来源及宝黛爱情产生的宿缘。第六回以后转入现实描写，其中的主要情节如宝玉、黛玉共读《西厢》，元春被选为贵妃等都发生在春天。”（第 147、149 页，外语教学与研究出版社 2009 年版）

凡国都皆有掌媒。丈夫无妻曰鳏，妇人无夫曰寡。取鳏寡而合之，予田宅而家室之，三年然而事之，此之谓合独。

所谓“合独”，就是以官方的名义促成孤男寡女的求偶愿望，相当于《周礼》中的“会男女”。据《周礼·地官·媒氏》载：

媒氏掌万民之判……中春之月，令会男女，于是时也，奔者不禁。若无故而不用令者，罚之，司男女之无夫家者而会之。……凡男女之阴讼，听之于胜国之社。

这项政策的实施情况及其效果如何，不得而知。然其制度之周密是显而易见的。其用意或有“令会男女”而鼓励生殖的意义，然其结果确是满足了怀春男女的情欲释放和求偶愿望。据孙作云考察，《诗经》中的情诗多半就是在这种环境下产生的。此项制度相沿成习，在后代便演绎成三月上巳节临水祓禊的风俗，后代的朝会娘娘庙亦能在这里找到渊源。[1] 无论是上巳节的临水祓禊，还是娘娘庙的朝会，都是在春天举行的一个男女游乐欢会的节日。无论是名媛贵妇、大家闺秀，还是小家碧玉、村姑俗女，都不妨参加这个明显具有情色意味的节日活动。另外，西部少数民族地区的传统节日，如三月三、四月八、泼水节等等，皆是在春天举行，这些节日的一个重要功能，就是通过唱歌跳舞，为青年男女提供一个择偶寻欢的机会。而产生于这种背景中的《诗经》

[1] 参见孙作云《诗经恋歌发微》，见孙著《诗经与周代社会研究》，中华书局 1966 年版。周代以后的文献中亦常有关于“中春之会”的记载，如《后汉书·鲜卑传》说：“以春季大会，饶乐水上，饮宴毕，然后配合。”《太平寰宇记·南仪州》说：“每月中旬，年少女儿吹笙，相召明月下，以相调弄号，日夜为娱，二更后匹耦两相携，随母相合，至晓方散。”《汉书·地理志》引《郑风·溱洧》颜师古注曰：“谓仲春之月，二水流盛，而士与女执芳草于其间，以相赠遗，信大乐矣，惟以戏谑也。”

恋歌，据孙作云考察，有一个共同的模式，即恋爱+春天+水滨。亦就是说，《诗经》中讲述的爱情故事，大都是在春天的江水之滨发生的。

春天是恋爱的季节，因而亦是年轻人的季节。于是，伤春或春恨常常成为年轻人的专利。如元代仇远《寒食雨》云："老人岂有伤春事，酒后情怀是感秋。"伤春是年轻人的事，老人伤春就有些不合时宜。如钱锺书小说《围城》中的主人公方鸿渐请求父母解除婚约，写信给父亲说："迩来触绪善感，欢寡愁殷，怀抱别有秋气。"其父回信申斥说："汝托词悲秋，吾知汝实为伤春，难逃老夫洞鉴也。"[1]伤春是年轻人的专利，当是传统社会的通识。

在中国传统文化语境中，"春"以及以"春"为词根构成的词语，其情色意味相当浓厚。同时，在艺术作品中，置身于春天环境中的女性，亦有较为明显的情色意味。桑女和织女在中国古典文学中的形象特点，就很能说明这个问题。在传统社会，采桑和织作是社会给妇女界定的角色功能，桑女和织女亦是周秦以来文学作品中刻画的正面女性人物形象。但是，她们的工作环境和工作时间的不同，致使其形象特点有了显著的区别。桑女采桑是野外劳作，通常是在人来人往的大路边，并且是在具有情色意味的春天。因此，采桑似乎别有一番牧歌情调，采桑女身上常常有情色意味，诗人强调的往往就是她们的风神趣味。织女织布是室内劳作，其工作季节是在萧瑟的秋天。因此，织作通常被渲染为一种枯燥无味的工作，织女身上多有枯寂色彩，诗人强调的是她们的善良勤劳。如《孔雀东南飞》中的刘兰芝，她"十三学织素，十四学裁衣"，"鸡鸣入机织，夜夜不得息。三日断五匹，大人故嫌迟。非为织作迟，君家妇难为"。又如《上山采蘼芜》中的

[1] 参见王立、刘卫英《红豆：女性情爱文学的文化心理透视》第37页，人民文学出版社2002年版。

弃妇，在前夫的眼中，看重的是她的劳作和勤奋。刘兰芝和弃妇皆以悲剧结局，绝无采桑女身上的欢快情调和情色意味。采桑女是欢快的，如《诗经·魏风·十亩之间》铺写采桑女的喜悦之情，她有悲伤，但她的悲伤是伤春，而不是厌烦劳作。《豳风·七月》中的采桑女亦是如此。传统中国文学中的采桑母题，常常含有这样两个要点：一是写美丽多情的采桑女，二是写一个风流男子与她调情。文学家创造的采桑女形象，常常是有意识地突出其情色意味，如《陌上桑》中的采桑女罗敷，就是一个典型，作者在这里"插入了调情，但并未流于放荡；它强调了女子的操守，但又始终洋溢着十足的风趣"。[1] 实际上，传统中国文学中描述的男欢女爱，除了常常发生在春天的江水之滨外，亦往往发生在春天的桑林中，《诗经·鄘风·桑中》说："美孟姜兮，期我乎桑中，要我乎上宫。"桑中常常是男女幽会的场所。[2] 正因如此，诗歌中出现的采桑女形象，一般总带有一定的情色意味，包括《陌上桑》中的罗敷，她虽然拒绝了使君的调情，但她本身亦诱惑着"少年""行者""耕者""锄者"。所以，自魏晋以来模仿《陌上桑》创作的作家，就仅仅抓住《陌上桑》写罗敷美貌及其诱惑的片断，将它成倍放大，敷衍成篇，使汉乐府中不乏情色意味但仍是良家妇女的罗敷，一变而为妖艳多姿的情色妖姬。

---

[1] 参见康正果《风骚与艳情》第 97 ~ 100 页，上海文艺出版社 2001 年版。

[2] 《墨子·明鬼下》说："燕之有祖，当齐之社稷，宋之桑林，楚之云梦也。此男女之所属而观也。"即"桑林"如楚之云梦，是青年男女幽会野合的场所。因桑树叶片纷披，桑椹累累，桑叶形似女阴，故被远古人类视为女性生殖器的象征物。桑林、桑间亦就逐渐成为中国语言中表示淫秽场所的隐语（参见郑晓江、万建中主编《中国生育文化大观》第 54 页，百花洲文艺出版社 1999 年）。因此，置身于采桑环境中的女性，亦就有了情色意味。

2

综上所述，在传统中国社会，“春”是一个具有情色意味的语词，春季是人的情欲最旺盛的季节，因而亦是求偶欲望最强烈的季节，故而亦是青年男女谈情说爱最适宜的季节，甚至置身于春季环境中的青年女性，亦常常具有情色意味。以下，我们要讨论的是，春天与欲望、情色的关系。我们希望通过讨论能够解释这样一些疑问：春天和春天中的女性为何具有情色意味？为什么人的情色欲望和求偶意图在春天最强烈？为什么谈情说爱的浪漫风流之事多发生在春天？

孙作云从先民的作息时间和节日民俗的角度，对《诗经》中的恋爱故事何以多发生在春天的现象，做出了令人信服的解释。他认为：《诗经》时代的先民，其生活被“春耕、夏耘、秋获、冬藏”这种季节性特征所规定。根据《诗经·豳风·七月》的记录，在那时，“农夫们的生活，大致可以分为两大季节：从旧历二月起，他们到野外耕地，一直到九月把禾稼收割完了以后，才结束他们的野外生活。从十月起，到来年一月底止，主要地在家中生活。总计一年十二个月之中，在野外的生活约占八个月，在家里的生活约占四个月。这就是广大农夫生活的主要节奏。许多活动、许多风俗习惯，以至于凝固为一种典礼、一种节日，皆由此而起”。大概人们居家活动的四个月里，很少和外界接触，因此，人与人之间，特别是青年男女之间，相见相爱的机会就减少了。春天一到，万物萌动，人们开始到田野里劳动，许多风俗、礼仪、仪式，亦多在旧历的二月或三月举行，这便增加了青年男女接触的机会。《周礼·地官·媒氏》中载录的“中春之月令会男女”的事情，便在这个时候的这种环境中展开，祭祀高媒神，以及用洗涤方法求子的习俗，皆在此间举行。后代的三月上巳节临水祓禊的风俗和娘娘庙会，皆是这种风俗的延续。无论是祭祀高媒，还是临水祓禊，或者娘娘庙会，大体上都是男女游乐的节日，所以男女恋爱活动亦就在这种节日的气氛中展开。[1]

孙氏的解释是有文献依据的，亦是有现实根据的。即便是在当代的西部少数民族地区，亦仍然在春季举行各种各样的歌舞欢会，青年男女的谈情说爱，就常常在这种欢娱的环境氛围中展开。不过，需要质疑的是，一年四季中先民在室外活动的时间，大体包括春、夏、秋三季，这种“令会男女”的民俗节日为何仅在春天进行，而不是在夏天，或者其他时期？相应地，恋爱为什么常常发生在春天，而不是夏天或者秋天？我们认为：孙氏的解释，无疑是正确的，但他只是说明了《诗经》中恋爱事件发生在春天的外部原因，而不是内部原因。实际上，谈情说爱之事多发生在春天，与人类在春天的情色欲望和求偶意愿特别强烈有关；强烈的情欲冲动和迫切的求偶愿望多发生在春天，与人类的情爱心理有关，是由春天的季候特征决定的。

与其他季节相比，春天最明显的季候特点，就是充满生气和生机。如《吕氏春秋》在讨论十二纪的季候变化特点时指出：在孟春，“是月也，天气下降，地气上腾，天地和同，草木繁动”[2]。在仲春，“是月也，日夜分，雷乃发声，始电，蛰虫咸动苏，开户始出”[3]。在季春，“是月也，生气方盛，阳气发泄，牙者毕出，萌者尽达，不可以内”[4]。从孟春到季春，是生机和生气由弱到强的发展过程，亦是万物复苏、渐长、繁盛的过程，即从“草木繁动”至“蛰虫咸动苏”到“牙者毕出，萌者尽达”的生机渐发的过程。故《季夏纪・音律篇》说：“太簇之月（孟春），阳气始生，草木繁动。”《孝行览・义赏篇》说：“春

[1] 孙作云：《诗经恋歌发微》，见孙著《诗经与周代社会研究》，中华书局1966年版。
[2] 《吕氏春秋・孟春纪》。
[3] 《吕氏春秋・仲春纪》。
[4] 《吕氏春秋・季春纪》。

气至则草木产，秋气至则草木落。”“春气”，或称“阳气”，又叫“生气”“气之动物”，促使万物复苏、生长。生机源于生气，即万物的复苏与生长，得自于春气之感动。春天是生长的季节，春意即生意，故《吕氏春秋》于《孟春纪》著《本生篇》，于《仲春季》著《贵生篇》，以明生生之理。

此种以“生”或“生气”“生机”为春天季候特征的观点，是古人对春天季节特征的认真观察所得，这种观点亦体现在周汉时期的其他文献中，如《管子·形势解》说：“春者，阳气始上，故万物生。”《礼记·乡饮酒》说：“东方者春，为之言蠢也，产万物者，圣也。”《尚书大传》说：“春，出也。言万物所出也。”又说：“东方者，动方也，物之动也。何以谓春？春，出也。物之出，故谓东方春也。”班固《白虎通德论·四时》说：“四时据物为名，春当生，冬当终。”《楚辞·大招》说：“青春受谢，白日昭只。春气奋发，万物遽只。”王逸《章句》解释说：“言岁始春，青帝用事，盛阴已去，少阳受之，则日色黄白，昭然光明，草木之类，皆含气，芽孽而生。以言魂魄亦宜顺阳气而长养也。”又云：“春阳气奋起，上帝发泄，和气温燠，万物蠢然，竟起而生，各欲滋茂。”《汉书·律历志》亦说：“春为阳中，可以得生。”

春天的“生气”，既能“动物”，亦能“感人”，并且常常是通过“动物”以“感人”，此即钟嵘《诗品序》所谓“气之动物，物之感人”是也。如《淮南子·谬称训》说：“春，女思；秋，士悲。而知物化矣。”高诱注：“春，女感阳而思；秋，士见阴而悲。”所谓“感阳”，即为春天的阳气所感发。正如万物因“阳气”感发而复苏、生长；女性亦因春天的“阳气”感发而产生怀春之意，此即所谓“女思”。如《诗经·豳风·七月》“女心伤悲”句，郑玄《笺》解释说：“春，女感阳气而思男；秋，士感阴气而思女。是其物化，所以悲也，悲则始有与公子同归之志，欲嫁焉。”孔颖达《正义》亦云：“春则女悲，秋则士悲，感其万物之化，故所以悲也。”女性在春天感阳气而怀春、思嫁，这应当是一个普遍现象，如阮籍《咏怀诗》（其十一）云：“远望令人悲，春气感我心。”刘履《选诗补注》解释说：“春气感心，言春气发动，鸟兽孳尾之时，人心不能无感。《诗经》言：有女怀春。亦此意也。”刘履以为人在春天见“鸟兽孳尾”，触景生情，萌动春心，虽然切近事理，似乎又迂曲了一些。倒不如冯梦龙所谓：“草木之生意，动而为芽；情亦人之生意，谁能不芽者。”[1]更深刻妥帖。即人之情欲，作为一种生命激情，亦是一种“生意”，与“草木之生意”相通，在受到春季“生气”之感发下，“动而为芽”，产生怀春、思嫁的强烈愿望。女性在春天感阳气而怀春、思嫁，春天的逝去，则使之产生一种失时的恐惧。中国古代文学史上为数众多的“伤春诗”，多出于女性之手，就是在这样的心理背景上产生的。

春天的“生气”促使万物复苏、生长，亦激发女性的怀春、思嫁之情。动人春色与人的性本能之间似乎有天然的联系。性心理学家蔼理士注意到这种情欲萌动的季节性特征，他说：

> 大部分的高等动物有它们的蕃育的季候，一年一度或两度，即在春季、秋季，或春秋两季。有的未开化的民族也有这种季候，世界上有许多分散得很远而很不相干的这种民族，在春季、秋季或春秋二季，都有盛大的欢乐的节气，让青年男女有性交合与结婚的机会。在文明的国家，得胎成孕的频数也有它的时期性，一年中的曲线，大抵春季要高些，有时候秋季也比较的高，看来就是这种节气的一些流风余韵了。[2]

---

[1] 冯梦龙：《情史·情芽类·孙氏》。

[2] ［英］蔼理士：《性心理学》第22～23页，潘光旦译注，上海三联书店2006年版。

蔼理士的态度有些暧昧，或春或秋，初无定论，而且亦没有解释其原因。不像中国古代学者那样，异口同声地说是在春季，并且都很明确地认为是“春气”或“生气”感动所致。或许事情本身很复杂，未能轻易定论。或许在此问题上可能男女有别，未可一概而论。不过，值得注意的是，蔼理士为我们介绍了几个西方学者独特的、有趣的解释，他说：

> 无论如何，这些现象（引者按：即上文所谓“许多分散得很远而很不相干”的民族所共有现象）的原因是一个的，不管这原因究竟是什么。这原因究竟是什么，各家的见解到现在还不一致。有的，例如法国社会学家涂开姆（Durkheim，引者按，今通译为涂尔干）认为这种季候性大半是社会的原因所造成的，好比犯罪与自杀的现象一样；有的，例如盖德根（Gaedeken），以为真正的原因是太阳的化学的光线，这种光线在春天是最有力量的；有的，例如黑克拉夫脱（Haycraft），认为和季候的温度有关；有的一面承认春初的暖气的刺激，一面也承认秋末冬初的萧杀之气也未尝不是一种刺激。看来最后一说比较的最为近情。[1]

这些有趣的说法是否正确，需要科学实验加以论证，作者不能妄加评论。不过，可以补充说明的是，春天的阳光和温度可能的确会激发人的情欲，如《诗经·豳风·七月》说“女心伤悲”，不正是因为“春日迟迟”吗？涂尔干以为是社会原因造成的，这个说法值得怀疑，这正如潘光旦解释周代“中春之月令会男女”的风俗时所说：“这大概不是周官的一种崭新的法令，而是有悠久的习惯做根据的，而这习惯自身则又建筑在性的时期性之上。”[2] 即自然原因应当是最主要的。

[1] ［英］蔼理士：《性心理学》第 22 页，潘光旦译注，上海三联书店 2006 年版。
[2] ［英］蔼理士：《性心理学》第 56 页，潘光旦译注，上海三联书店 2006 年版。

当然，我们亦不完全排斥社会原因。如周代的“仲春之会”，延续到汉代的三月上巳节的临水祓禊，以及后来的娘娘庙会，逐渐积淀成民族集体无意识中的春日原型。后代之人一到春天，面对动人春色，便激活其集体无意识中的春日原型。亦许这就是涂尔干所说的社会原因。上引孙作云的解释，亦当如此理解。

3

最后需要提出来讨论的，是一个我们暂时无法论断的问题。在上引传统中国文献中，细心的读者可能会注意到，在春天容易发生怀春、动情和求偶欲望的，多是女性，而不是男性。这并不是我们有意回避，事实材料本身就是如此。比如，《淮南子·谬称训》说：“春，女思；秋，士悲。”高诱注：“春，女感阳而思；秋，士见阴而悲。”皆是男、女对举，分属秋、春，而且情感上亦有思与悲之别。《诗经·豳风·七月》之郑《笺》和孔颖达《正义》，亦是如此。的确，在古代中国文学史上，大量的“伤春”“怀春”“惜春”类诗文作品，多出自女性作者之手，或者是以“男子作闺音”的面目出现，即便是士大夫文人的“伤春”“惜春”之作，亦多半具有女性化色彩。因此，在传统社会，“伤春”“惜春”似乎是女性的专利，女性在春天特别容易发生感伤情怀，求偶、怀春的欲望特别强烈。男性在春天当然亦是春心荡漾、情欲高涨，但男性似乎在秋天更容易发生伤感之情。从理论上讲，男女情绪的这种季节性特征，似乎是有根据的。比如，在传统中国，思想家习惯以阴阳比附男女，女为阴，男为阳。阴阳结合而生万物，阴阳协调而维持宇宙的平衡，阴阳和谐而维持人体的均衡。作为阴性的女性，在春天感阳气而动，正是女性为达到身体的均衡所做出的反应。阴性的女性需要阳气补充，春天正是阳气萌动、高涨的季节。女性的“怀春”，就是“怀阳”；女性的“伤春”“惜春”，实际上就是未能实现阴阳和谐而发生的感伤、惘惜情绪。作为阳性的男性，在秋天感阴气而动，正是男性为达成身体的和谐所做出的反应，阳性男体需要阴气的补充，秋天正是阴气萧森的季节。因此，男性的“悲秋”，正是男性未能实现阴阳和谐而发生的悲伤情绪。在中国文化语境中，进行如此的男女、阴阳、春秋的比附，是有理论根据的。现实的生活实例，亦可以为此提供一些证据。例如，蔼理士在研究人类性爱之周期性问题时，发现男性的性周期与女性略有不同，多集中在秋季，他说：“所有的证据都指着一年之中，（男性）性冲动自然而然的特别活跃的时期确有两个，一在初春，一在秋季，并且往往秋季比春初还要见得活跃。”[1] 潘光旦在译注这段文字时，亦在中国古代文献中发现一则有价值的史料，他说：

> 《礼记·月令》里有一节文字很值得参考。在“季秋之月”下面写着：“是月也，申严号令，命百官贵贱无不务内，以会天地之藏，无有宣出。”译者疑心“务内”的内字不见得是注疏里所称“收敛”的意思，而是同于《内则》的内容，即所务是“男女居室”的事。这种号令，到仲冬之月，就变换了：“是月也，命奄尹，申宫令，审门闾，谨房室，必重闭，省妇事，毋得淫，虽有贵戚近习，毋有不禁。”[2]

依据潘光旦的解释，在季秋之月“命百官贵贱无不务内”的政令，实际上就是以政府行政命令的形式要求“百官贵贱”行夫妻房事。这套政令，近似于“中春之月令会男女”的那道政令。略有不同的是，“中春之月令会男女”的政令，似乎是针对女性的，因为《诗经》恋歌反映出来的，在恋爱生活中，是女性居于主导地位，是女性戏谑男性，

[1] ［英］蔼理士：《性心理学》第 23 页，潘光旦译注，上海三联书店 2006 年版。
[2] ［英］蔼理士：《性心理学》第 56 页，潘光旦译注，上海三联书店 2006 年版。

女性的欲望远比男性强烈。季秋之月“命百官贵贱无不务内”的政令，好像主要是针对男性的。因为，在秋天，男性的欲望似乎比女性更强烈一些。

春天是女性“怀春”的季节，我们可以找到众多民俗学上的例子加以证明。秋天是男性动情的季节，从理论上讲是说得通的，因而亦是有理论依据的。但是，我们现在缺乏民俗学上的例子进行证实。所以，需要特别声明的是，这虽然是一个有趣的课题，但却是作者目前无法论断的问题。

四、东门·桑中·水滨：古代东方的伊甸园

谈情说爱，随性而发，初无时间的限制，亦无地点的拘泥。但是，在古代中西方民族的神话传说中，在关于爱情的诗意想象中，皆有独具特色的爱情乐园。如西方的伊甸园，古代中国的东门、桑中和水滨等，就是中西方情爱精神史上极富诗意想象的男女情爱乐园。作者在本章第一节指出，传统中国士大夫文人的心灵深处皆有深深的“青楼情结”，青楼是文人士大夫爱情的“大尾闾和大市场”。相对于士大夫文人情爱理想上的“青楼情结”，传统民间社会青年男女的情爱交欢之地，则比较集中在东门、桑中，或者水滨这些地方。东门、桑中和水滨，既是世俗社会青年男女嬉戏玩乐之所，亦是传统中国情爱文学中具有丰富内涵的诗性想象空间。质言之，东门、桑中和水滨，就是古代东方的伊甸园。

1

先说东门。

门是人类文化发展和社会进步的产物，是自然与文化的联结点。

在中国古典诗学中，门是一个有丰富内涵的特殊语汇，具有单纯而原始的语源意义、衍申而复杂的文化意义、诗意而清新的象征意义。[1]在门的众多种类和形态中，东门又具有独特的文化象征意义，通常与青年男女的婚恋情爱有关，如《诗经》中共有五首以“东门”为题的诗，即“陈风”中的《东门之枌》《东门之池》《东门之杨》，“郑风”中的《东门之墠》《出其东门》，皆是以男女恋情为题材的诗歌。如“陈风”《东门之枌》云：

东门之枌，宛丘之栩。子仲之子，婆娑其下。
穀旦于差，南方之原。不绩其麻，市也婆娑。
穀旦于逝，越以鬷迈。视尔如荍，贻我握椒。

此诗写诗人与一位绩麻的女子在歌舞相乐中发生恋爱的经历，故朱熹解释说：“此男女聚会歌舞，而赋其事以相乐也。”[2]《东门之池》首章曰：

东门之池，可以沤麻。
彼美淑姬，可与晤歌。

《诗序》说：“东门之池，刺时也。疾其君子淫昏，而思贤女以配君子也。”“疾其君子淫昏”之说不可信，崔述《读风偶识》已驳之，而所谓“思贤女以配君子”，涉及男女婚恋之义，庶几近之。故朱熹解释说：“此亦男女会遇之辞，盖因其会遇之地，所见之物，以起

[1] 参见傅道彬《晚唐钟声——中国文学的原型批评》第六章“门：一个语词的诗学批评”，北京大学出版社 2007 年版。

[2] 朱熹：《诗集传》卷三。

兴也。”[1] 即此诗是表达男子对女子爱恋之意的情歌。又《东门之杨》首章曰：

东门之杨，其叶牂牂。
昏以为期，明星煌煌。

这是一首男女相期约会的诗歌。朱熹解释说：“东门，相期之地也。……此亦男女期会而有负约不至者，故因其所见以起兴也。”[2] 或以为是“俟黄昏男女相约幽会，直至启明星升起方散。此诗不是男女失约，而是如约”[3]。又“郑风”《东门之墠》曰：

东门之墠，茹芦在阪。
其室则迩，其人甚远。
东门之栗，有践家室。
岂不尔思，子不我即。

《诗序》说：“东门之墠，刺乱也。男女有待礼而相奔者也。”郑《笺》亦云：“此女欲奔男之辞。”朱熹解释说：“东门，城东门也。……门之旁有墠，墠之外有阪，阪之上有草，识其所与淫者之居也。室迩人远者，思之而未得见之之辞也。”[4]“淫奔”之说，实属偏见，但亦确是男女相悦相恋，“有所思而未得见”的情歌。[5]《出其东门》

[1] 朱熹：《诗集传》卷三。
[2] 朱熹：《诗集传》卷三。
[3] 苏东天：《诗经辨义》第 188 页，浙江古籍出版社 1992 年版。
[4] 朱熹：《诗集传》卷三。
[5] 方玉润：《诗经原始》上册第 219 页，中华书局 1986 年版。

首章六句云：

出其东门，有女如云。
虽则如云，匪我思存。
缟衣綦巾，聊乐我员。

这是一首表现情欲与道德相矛盾的诗歌。朱熹说："人见淫奔之女而作此诗。以为此女虽美且众，而非我思之所存。不如己之室家，虽贫且陋，而聊可以自乐也。是时淫风大行，而其间乃有如此之人，亦可谓能自好而不为习俗所移矣。"[1] 除"淫奔"之说稍嫌牵强外，其他大体可信。

上述以"东门"为题的诗篇，或写青年男女的东门歌舞相恋（《东门之枌》），或写男女相期约会于东门（《东门之杨》），或写男子在东门触景生情而引发对女性的向往（《东门之池》《东门之掸》《出其东门》），总之，皆以男女恋情为题材。另外，《诗经·陈风》中有《宛丘》，其"宛丘"，地近东门，[2] 其诗之主旨亦是写青年男女的情爱活动。[3] 而疑似东门的，有"陈风"《衡门》之"衡门"，[4] 此

[1] 朱熹：《诗集传》卷三。

[2] 王先谦《诗三家义集疏》说："宛丘盖地近东门，陈国之城门也。"故《东门之枌》诗曰："东门之枌，宛丘之栩。"

[3] 魏炯若《读风知新记》认为《宛丘》是游荡少年追求巫女的情诗，其云："游荡（废弃正业）于宛丘之上的，乃是一个青年男子，他是为了山下的持其鹭羽的姑娘而来的。这人信有情啊！然而无望。为什么无望呢？因为此女巫无冬无夏地持其鹭羽婆娑乐神。要和她接近都不可能，还能说到更高的希望么？"（第 419 页，陕西人民出版社 1987 年版）

[4] 王引之《经义述闻》说："窃疑衡门、墓门亦是城门之名。"衡门，《韩诗》作"横门"，"东西曰横"，衡门疑即东门。（黄维华《"东方"时空观中的生育主题——兼议〈诗经〉东门情歌》，《文化研究》2005 年第 2 期）

诗写诗人行游于东门之下，见美女如云而浮想连连。总之，《诗经》中以“东门”为题的诗作，或以“东门”为地点展开的诗篇，皆与男女情爱之事有关，“东门”实际上就是《诗经》时代陈、郑二国青年男女欢聚之所。据考察，在《诗经》中描写男女游乐欢爱的作品，凡有具体地名可供考证者，亦以“东门”为最多。《诗经》“东门”恋歌向我们展示的男女恋情，并非个体化、隐秘性的，而是具有某种开放性和群体性特征。[1]

需要追问的是，《诗经》以“东门”为题的诗篇，为何皆是叙写男女恋情的情诗？“东门”何以在《诗经》时代成为男女欢会的重要场所？“东门”意象与男女恋情有何关系？古代学者对此做过一些探讨，如陈启源《稽古编·附录》说：“意此门（东门）当国要冲，为市廛之墟与！故诸门载于《左传》，亦惟东门则数及第一。盖师之屯聚，宾客之往来，无不由是，其为郑之孔道可知。”陈奂说：“传云：东门，城东门也者。郑城西南，溱、洧之所经流，惟东门无水，故城东门皆民人所居。”[2]王先谦亦说：“郑城西南为溱、洧二水所经，故以东门为游人所集。”[3]以“郑之孔道”“游人所集”“民人所居”解释东门的热闹繁华，似可，但不能解释它何以成为男女欢会的主要地点。且“无水”之说亦稍嫌牵强，因为它虽能解释“郑风”中的“东门”意象，却不能解释“陈风”中的“东门”意象。“东门”作为男女欢会的主要地点，当另有原因。

作者认为，“东门”成为《诗经》时代男女欢会的主要地点，与古代以殷商为主体的东夷族的尚东意识有关，与东方方位的生命意识以及在此举行的祭日、祭社、祭媒等宗教活动有关。

---

[1] 参见董雪静《〈诗经〉东门恋歌与周代礼俗》，《淮阴师范学院学报》2005年第5期。

[2] 陈奂：《诗毛氏传疏》第425页，中国书店1984年版。

[3] 王先谦：《诗三家义集疏》第367页，中华书局1987年版。

在上古时代，“东”或“东方”不是一般意义上的方位名词，而是内涵丰富并且具有象征意义的文化意象。

首先，在上古，以殷商为主体的东夷族，有比较普遍的尚东意识。据考察，东夷族的居民皆东向开门，城门皆以东门为正门，城东门是主要的出入通道。由于尚东的意识，城东门具有了特殊的意义，人们出入主要经由城东门，那里是吉祥门，是繁华热闹之地，是人们过世俗生活的地方，亦是国家举行重要典礼的地方。[1]上述《诗经》中以“东门”为题的诗篇，皆出自郑、陈二国，郑、陈二国是东夷族的后裔。郑在今河南中部地区，陈在今河南东南和安徽北部，这些地方皆是上古东夷族的故地。所以，《诗经》中以“东门”为题的诗篇，皆是出自东夷故地的作品，应当与东夷族的尚东意识有关。

其次，在上古，“东方”是一个与春季相搭配的、有生命意识和生殖意义的概念。如《汉书·律历志》说：“东，动也，阳气动物，于时为春。春，蠢也，物蠢生，乃动运。”《吕氏春秋·季春》高诱注说：“天子城门十二，东方三门，王气所在处，尚生育。”说的就是这个意思。所以，在古代，凡是与生殖、生命力有关的人类活动，一般都是于春天在东郊举行。这正如叶舒宪所说：“东方由于同春天相认同，在空间意义之外又有了生命、诞生、发生等多种原型价值。所以，各种与上述原型价值相联系的神话、传说、仪式和风俗都照例要以东方和春季为其时空背景。”[2]既然东方在空间意义之外又具有生命、生殖和诞生等内涵，那么，在此举行以生育为目的的男女嬉戏和恋爱活动，便是有意味的选择，《诗经》“东门”情诗就是在这样的文化背景上产生的。

---

[1] 参见李炳海《部族文化与先秦文学》第366页，高等教育出版社1995年版。

[2] 叶舒宪：《中国神话哲学》第66页，陕西人民出版社2005年版。

第三，在尚东意识之影响下，古代国家的重要典礼亦多在东门举行。古代文献中多有于东门祭祀日神的记载，如《仪礼·觐礼》“拜日于东门之外”，《礼记·玉藻》“玄端而朝日于东门之外”，《礼记·祭义》“祭日于东”，等等。这种祭日活动，是在春季举行，而此时亦正是男女求爱择偶的季节。[1]因此，这种以国家名义举行的规模盛大的祭祀活动，诱发了民众的参与热情，为青年男女提供了嬉游的机会，祭祀场所亦就成了情爱乐土。另外，文献中记载的上古祭祀高媒神和“中春之月令会男女”的习俗，于地点或场所皆语焉未详。据考证和推断，这些活动大体上亦是在东门举行，《诗经》“东门”情诗，极有可能就是以这些活动为背景创作的。[2]又，古代国家典礼中的求雨止雨仪式，多于春季在社坛举行。据考证，古代的社坛多设在城东门之外的水边高地，而且是以“令吏民夫妇偶处”的方式求雨。所以，在东门社坛上传达爱恋之意，表达男女欢情，与求雨仪式亦有密切关系。[3]

总之，在《诗经》时代的文化语境中，东门、春天、祭祀、恋爱大体上是可以互通互释的文化符号。东方对应春季，春季蕴含着情欲，祭祀为情欲释放提供了时间和空间。所以，在春光明媚的日子，人们怀着参与祭祀活动的热情和释放情欲的激情，来到东门外，寻找理想的伴侣。

2

再说桑中。

所谓“桑中”，或称“桑间”，即桑林之中。在传统中国文化语境中，

---

[1] 参见本章上节“有女怀春，吉士诱之：传统中国社会情爱生活的季节性特征”。

[2] 参见黄维华《“东方”时空观中的生育主题——兼议〈诗经〉东门情歌》，《文化研究》2005 年第 2 期。

[3] 参见张强《〈诗〉“东门”辨》，《文教资料》1999 年第 6 期。

桑中不仅是一个劳动场所，而且亦是一个神圣的祭祀空间和世俗的男女狂欢场所。特别是在中国文学史上，以采桑为题材或者以桑林为背景的文学作品，或者以采桑、桑、桑中、采桑女为意象的作品，或多或少，或明或暗，皆与男女情爱有着或深或浅的关系。特别是在汉魏以来的文学作品中，桑中作为劳动场所和祭祀空间的意义逐渐淡化，而作为男女春日狂欢场所的意义，几乎成为文学化桑中的唯一内涵。

在早期的神话传说中，桑中就是男女欢爱的场所。如屈原《天问》说："禹之力献功，降省下土方，焉得彼涂山女，而通之于台桑？"[1]传说禹与涂山氏女曾在"台桑"野合。王嘉《拾遗记》卷一载："商之始也，有神女简狄游于桑野，见黑鸟遗卵于地……狄乃怀卵，一年而有娠，经十四月而生契。"简狄是殷人的始祖，其"游于桑野"而有娠，实乃殷商男女桑林野合风俗之明证。同书亦载少昊氏之母皇娥游于"穷桑之浦"，遇白帝之子，野合而生少昊。另外，还有不少关于空桑生人的神话传说，如《吕氏春秋·本味》说："先侁氏女子采桑，得婴儿于空桑之中。"传说殷商大臣伊尹亦诞生于空桑之中。而最为人熟知的是孔子生于空桑的传说。孔子生于空桑，实际上就是颜氏徵在与叔梁纥于桑中野合所生。其他关于空桑生人的传说，大抵亦是桑中野合的委婉表述。总之，在上古神话传说中，桑中大体上就是一个男女野合的世俗空间。

在《诗经》中，桑中与男女情爱之密切关联，得到更充分的展现。首先，在《诗经》恋歌中，桑中是男女约会的地点，如《鄘风·桑中》说：

爰采唐矣，沬之乡矣。
云谁之思，美孟姜矣。

[1] 朱熹：《楚辞集注》卷三。

期我乎桑中，要我乎上宫，送我乎淇之上矣。

很明显，诗中所说的“桑中”，就是青年男女的幽会之所。《小雅·隰桑》说：

隰桑有阿，其叶有难。
既见君子，其乐如何？
隰桑有阿，其叶有沃。
既见君子，云何不乐？

《魏风·十亩之间》说：

十亩之间兮，桑者闲闲兮。行与子还兮。
十亩之外兮，桑者泄泄兮。行与子逝兮。

所谓“隰桑”“十亩之间”，即指桑中，亦是男女幽会之处。所以，《墨子·明鬼》说：“燕之有祖，当齐之社稷，宋之有桑林，楚之有云梦也，此男女之所属而观也。”[1]《汉书·地理志》说：“卫地有桑间濮上之阻，男女亦亟聚会，声色生焉，故俗称郑卫之音。”颜师古注云：“阻者，言其隐厄，得肆淫僻之情也。”即“桑林”或“桑间”是情投意合之男女前往欢会的地方。因此，“桑中之喜”“桑中之约”便成为男女幽会的代名词，如《左传·成公二年》载：“申叔跪从其父，将适郢，遇之，曰：异哉！夫子有三军之惧，而又有桑中之喜，宜将窃妻以逃者也。”杨伯峻注云：“《诗·鄘风》有《桑中》，为民间男女幽会

[1] 孙诒让《墨子闲诂》引《周礼·州长》郑注云：“属犹合也，聚也。”所谓“观”，即游观、欢会。

恋歌……此借用‘桑中’一词，暗指巫臣与夏姬私约。”[1] 总之，在《诗经》时代，桑中确是一个具有浪漫意味的春季狂欢场所。

在这个具有浪漫意味的春季狂欢场所，女子的采桑行为亦别有浪漫情思。如《魏风·汾沮洳》说：

彼汾一方，言采其桑。
彼其之子，美如英。
美如英，殊异乎公行。

在汾河岸边桑林里采桑的女子，对采桑心不在焉，倒是从桑林边路过的英俊小伙引起了她的注意，并产生了爱慕之情。《豳风·七月》说：

春日载阳，有鸣仓庚。
女执懿筐，遵彼微行，爰求柔桑。
春日迟迟，采蘩祁祁。
女心伤悲，殆及公子同归。

此女子虽然手里在采摘桑叶，可心里却因萌动的春情而“伤悲”。总之，上述二诗之采桑行为成为表达情欲冲动的背景，采桑行为本身亦被涂上浓郁的情欲色彩。汉魏以后，女性采桑行为的情欲色彩得到进一步强化，汉乐府《陌上桑》和模仿它的若干诗作，以及唐诗宋词中以采桑为题材的作品，皆体现了这种特点。可以说，在中国古代文学中，以采桑为题材、以桑为意象或涉及采桑的作品，往往都与爱情有关系。女性“采桑”具有寻求爱情、缔结姻缘的意义。文学中的女性“采桑”，

[1] 杨伯峻：《春秋左传注》（修订本）第二册第 805 页，中华书局 1990 年版。

犹如男性的“采花”。

女性采桑行为具有情欲色彩，置身于桑林中的采桑女亦往往具有浓厚的情色意味。如历史上流传的下述四个采桑故事：

> 陈辨女者，陈国采桑之女也。晋大夫解君甫使于宋，道过陈，遇采桑之女，止而戏之曰：女为我歌，我将舍汝。采桑之女乃为之歌曰：墓门有棘，斧以斩之。夫也不良，国人知之。……大夫乃服而释之。[1]
>
> 齐宿瘤女者，齐东部采桑之女，闵王之后也。……初，齐闵王游东郭，百姓尽观，宿瘤女采桑如故。王怪之……使者以金百镒，往聘迎之。[2]
>
> 鲁秋洁妇者，鲁秋胡之妻也。既纳之五日，去而宦于陈，五年乃归。未至其家，见路旁有美妇人方采桑而悦之。下车谓曰：力田不如逢年，力桑不如见国卿。今吾有金，愿以与夫人。妇曰：……夫子已矣，不愿人之金。秋胡归家，使人呼其妇，乃向之采桑者也。[3]
>
> 秦氏，邯郸人。有女名罗敷，为邑人千乘王仁妻。王仁后为赵王家令。罗敷出采桑于陌上，赵王登台见而悦之。因置酒欲夺焉。罗敷巧弹筝，乃作《陌上桑》之歌以自明，赵王乃止。[4]

为什么这样多的男子对采桑女“见而悦之”“止而戏之”呢？在传统社会，采桑女好像具有特别的吸引力，似乎成为可以公开调戏的对象。暂且搁置道德家赋予采桑女身上的道德因素不论，实际上，我们认为，是因为置身于桑林环境中的女子较其他女子更性感，更有情色意义和挑逗意味，故而引起男子的情欲冲动。同时，在桑林中与女子嬉戏，或者与采桑女发生暧昧关系，似乎可以避免社会的道德谴责，

[1] 《列女传》卷八。

[2] 《列女传》卷六。

[3] 《列女传》卷五。

[4] 崔豹：《古今注》卷中《音乐第三》，四库全书本。

才致使男子一见到采桑女就产生非分之想。

采桑女的情色特征和挑逗意味，在秦汉以来的文学作品中得到更充分的渲染，如宋玉《登徒子好色赋》、枚乘《梁王菟园赋》、司马相如《美人赋》、乐府诗《陌上桑》，以及六朝时期模仿《陌上桑》的数十篇作品和唐诗宋词中以采桑为题材的作品，皆主要彰显采桑女的情色特征和挑逗意味。采桑劳作不是目的，借采桑以展示美色，以实现诱惑，才是文学化采桑女的真正意图。

综上所述，在传统中国文学语境中，桑中不仅仅是一个劳动场所，而且主要是一个具有浪漫色彩的春日男女幽会之所；采桑不是枯燥费力的艰苦劳作，而是充满牧歌情调的情欲寄托；采桑女不是以勤劳善良著称，而是以美丽、性感、风趣、妖艳为特点。

桑中成为古代社会男女幽会狂欢的场所，与上古先民的桑树崇拜意识有关，与周秦以来的社祭活动以及由此派生出来的“会男女”习俗有关。

桑树崇拜意识在中国古代社会广泛流行。桑树崇拜观念之形成，学术界有多种说法，或以为是出自西南古族的图腾崇拜[1]，或认为桑叶是女阴之象征[2]。刘怀荣以为桑树崇拜源于女性崇拜。他认为，探讨古人对桑树的崇拜，最直接的原因当从古人在蚕、桑与女性之间所持的“类比同一”的思维方式求之。在上古先民的观念中，女性与桑树具有同一性，空桑生人的传说便揭示了桑树与女性在生殖方面的同一性。桑（桑林）或蚕在各种层面上被神化，都与古人对女性的崇拜观念分不开，与古人对女性生殖力的信仰分不开。[3] 比较而言，刘说

[1] 李炳海持这种说法，见李著《部族文化与先秦文学》，高等教育出版社 1995 年版。

[2] 赵国华持这种观点，见赵著《生殖崇拜文化论》，中国社会科学出版社 1996 年版。

[3] 刘怀荣：《论桑崇拜文化的发生及相关的文学现象》，《山西师大学报》2007 年第 3 期。

更有说服力，可采信。

桑树是旺盛繁殖的象征，上古初民将生殖神化，将女性与桑树等值，由对女性的生殖崇拜衍伸至对桑树的崇拜，桑树便因此被赋予了神性，桑林亦从一个劳动场所变成神圣空间，即所谓的“桑林之社”。《墨子·明鬼》说：“燕之有祖，当齐之社稷，宋之有桑林，楚之有云梦也，此男女之所属而观也。”所谓“祖”，即“国之大祀”。[1]桑林与云梦、社稷，犹如燕之祖，是国家的祭祀场所。桑林即桑社，如张华《博物志》说：“桑则天下之甲第，故封桑以为社。”皇甫谧《帝王世纪》说：“祷于桑林之社。”[2]罗泌《路史·余论六》说：“桑林者，社也。”社与祖并无明显的区分，郭沫若说：“祖、社，同一物也。祀内者为祖，祀外者为社，在古未有宗庙之时，其祀殊无内外，此云‘燕之有祖，当齐之社稷’，正是祖、社为一之证。”[3]

上古于桑社举行的祭祀活动，主要有两项：一是祭天求雨，二是祭祀高媒神。

先说祭天求雨仪式。据《尚书大传》载：“汤乃剪发断爪，自以为牲而祷于桑林之社，而雨大至。”《吕氏春秋·顺民篇》记载更为详明，其云：

> 昔者汤克夏而正天下，天大旱，五年不收。汤乃以身祷于桑林，曰：余一人有罪，无及万夫。万夫有罪，在余一人。无以一人之不敏，使上帝鬼神伤民之命。于是剪其发，磨其手，以身为牺牲，同祈福于上帝。

---

[1] 孙诒让《墨子闲诂》引《法苑珠林·君臣篇》说：“燕之有祖泽，犹宋之有桑林，国之大祀也。”

[2] 转引自《艺文类聚》卷一二。

[3] 郭沫若：《甲骨文字研究·释祖妣》，见《郭沫若全集》第一卷，科学出版社1982年版。

民乃甚悦，雨乃大至。

高诱注说：“桑林，桑山之林，能兴云作雨也。”是知桑林在殷商时期是祭天求雨的场所。至于求雨仪式之细节，言“剪发断爪”，相当于沐浴净身。至于“自以为牲”之具体细节，便不得而知。董仲舒于《春秋繁露》中多次讲到求雨、止雨仪式，都说是在社中举行，如《求雨篇》说：“春旱求雨，令县邑以水日，祷社稷山川，家人祀户，无伐名木，无斩山林。暴巫聚蛇八日，于邑东门之外为四通之坛。”“坛”，即社坛。《止雨篇》记录止雨祝辞曰：“今淫雨太多，五谷不和。敬进肥牲清酒，以请社灵。幸为止雨，除民所苦。”董仲舒记录的虽是汉代风俗，但他说的求雨止雨仪式，与前述商汤“以身祷于桑林”的习俗是一脉相承的，即皆在桑林之社求雨止雨。因此，从汉代求雨仪式便可推知殷商“自以为牲”的求雨细节。《求雨篇》说：“四时皆以庚子之日，令吏民夫妇皆偶处。凡求雨之大体，丈夫欲藏匿，女子欲和而乐。”罗泌《路史·余论六》引董仲舒《请雨法》说：“令吏民各往视其夫，到起雨而止。”即以男女交合感应天的云雨，商汤“以身祷于桑林”，大概亦是这个意思。所以，“云雨”亦就成为古典诗词中象征男女交合的原始意象。据此可以推知，上古先民于桑中举行的祭天求雨仪式，应该还伴随着男女的性狂欢活动。求雨仪式的性爱狂欢，既有宗教色彩，又有世俗意味。桑林在这里，既是神圣空间，亦是世俗场所。

再说高媒神祀。高媒是管理人间生育的女神，亦称“大母神”。先民祭祀高媒神，是为求子。如前所述，桑树崇拜源于女性崇拜，二者的联结点之一是生殖。所以，同样以生殖企求为目的的高媒神祀，就在桑社举行；以洗涤方法求子的习俗，亦在这里开展。由祭祀高媒神和洗涤求子派生出来的，则是“会男女”的世俗活动。故《墨子·明鬼》在列举祖、社稷、云梦、桑林之后说：“此男女之所属而观也。”另外，《周礼·地官·媒氏》说：

> 中春之月，令会男女，于是时也，奔者不禁。若无故而不用令者，罚之，司男女之无夫家者而会之。……凡男女之阴讼，听之于胜国之社。

“令会男女”的具体程序不得而知，但其言“男女之阴讼，听之于胜国之社”，则暗示了两项内容：一是“令会男女”的地点是在“社”；二是主管“令会男女”之工作者是“社”。据此可以推知，“令会男女”当是于桑中祭高媒神仪式的一个组成部分。所以，闻一多说：

> 宋、卫皆殷之后，所以二国的风俗相同，都在桑林之中立社，而在名称上，一曰桑林，一曰桑中或桑间，相差也实在太有限了，媒氏所主管的“会男女”的事务同听阴讼一般，也在社中举行，则媒氏与社的关系又加深一层。因此我们说社神即媒神。[1]

桑林中的祭祀高媒仪式，如同求雨仪式，既有宗教色彩，亦有世俗特征。当宗教色彩逐渐淡化，桑林的神圣性逐渐消解后，桑中亦渐渐从神圣空间变成世俗场所，成为青年男女谈情说爱、野合寻欢的重要场所。因为桑林的这一层世俗空间意义渐趋彰显，那么女子在桑林中的采桑行为亦就具有了求爱寻欢的意义。因此，桑林成为情色空间，置身于桑林环境中的采桑女亦就具备了情色意味。

---

[1] 闻一多：《高唐神女传说之分析》，见《闻一多全集》第1册第105页，生活·读书·新知三联书店1982年版。

3

除了东门和桑中，水滨亦是古代社会青年男女幽会欢聚的场所。

在中国传统文化语境中，水不仅是人类赖以生存的自然物质，亦是引人遐思的自然景观，还是一个具有丰富内涵的文化意象。早期思想家如孔子、老子、孟子、庄子、墨子、韩非子等，都很重视水的文化意蕴，他们不仅用水作为各种思想观念的譬喻，而且“往往是从水中体察到某种思想观念，水成了他们获取智慧的一个源泉”。[1]

在中国文学史上，水是一个出现频率极高的文学意象，并且在大多数情况下，都与女性、情爱有关，或以水喻女性之气质神韵，[2]或以水喻男女情爱，通常以水滨作为男女幽会欢爱的场所。比如，在《诗经·国风》中，写男女情爱的诗有七十多篇，写到水的有四十多篇，其中水意象参与到情爱中的诗歌约三十篇左右。[3]水意象与男女情爱之关系，由此可见一斑。具体地说，水与情爱的关系，分为以下两种类型：

其一，水滨是引发情思的场所，是男女幽会欢爱的自由空间，是情爱的见证和发生背景。如《周南·关雎》《周南·汝坟》《陈风·泽陂》等诗，主人公伫立水滨，思念或追慕远方的情人，水滨成为主人

---

[1] ［美］艾兰：《早期中国历史、思想与文化》第316页，杨民等译，辽宁教育出版社1999年版。

[2] 参见本书第四章第三节“女人如诗：传统中国文人关于女性气质的设计”。

[3] 此据徐华《〈诗经·国风〉婚恋诗中“水”的隐义》（《华侨大学学报》2000年第2期）的统计。另外，因对诗旨的理解不同，其统计数据或有差异。如王莹《〈诗经·国风〉女性形象与水文化意象关系之探微》（《徐州师范大学学报》2002年第1期）以为《国风》中与水有关的诗歌有42篇，其中涉及女性的有28篇。袁琳《〈诗经〉中的情爱诗与水意象关系探微》（《高等函授学报》2004年第4期）以为《诗经》中有水意象参与情爱诗的篇目达24篇之多。胡秦葆《试论〈诗经〉爱情诗中的水意象》（《文艺理论与研究》2006年第3期）认为《诗经》“国风”中写到水意象的作品共40多篇，有关婚恋的有30多篇。

公引发情思的场所。如《郑风·溱洧》，写一对青年男女于溱、洧之滨相邀同游，嬉戏调笑，互赠礼物。如《邶风·匏有苦叶》，写一位女子于济水之滨流连徘徊，等待情人到来时的迫切心情，水滨成为青年男女幽会的自由空间。如《卫风·氓》，写女主人公与恋人私奔，淇水见证了他们的爱情；写女主人公被抛弃，经淇水而回娘家，淇水见证其婚姻的失败。“淇则有岸，隰则有泮”，似乎当初这对青年男女幽会于淇水之滨时，便有指淇为证的婚约。淇水成为男女恋爱婚姻的见证。另外，《郑风·褰裳》《鄘风·桑中》《鄘风·河广》等诗，皆以水滨为背景叙写青年男女之恋情。《邶风·新台》《卫风·硕人》《齐风·载驱》等写迎娶新娘的诗篇，亦以浩浩荡荡的河水作为新婚迎娶的背景。或以水流寄寓男女情思，如《邶风·柏舟》《鄘风·柏舟》等诗，将爱情比作河水，把恋人比作河上的小船。《召南·江有汜》，用长江比喻夫君，把自己比作长江水道，以长江支流比喻丈夫的新欢。《王风》《郑风》《唐风》中的《扬之水》《陈风·东门之池》等诗，皆用水来比喻男女之间微妙的情感体验。

其二，水成为男女情爱的阻隔和障碍。这类诗歌以《秦风·蒹葭》《周南·汉广》为代表。在《蒹葭》中，诗人与“伊人”若即若离，一道江水横亘其间，使诗人与“伊人”之间总有一段无法跨越的距离。《汉广》诗云：“南有乔木，不可休息。汉有游女，不可求思。汉之广兮，不可泳思。江水永兮，不可方思。”汉水阻隔着一对恋人，全诗充满着惆怅、失落的情绪。男女情爱的阻隔和障碍，实际上就是礼，即礼法制度制约着男女的自由欢会。因此，在这层意义上，水就是礼的象征。研究者指出：“《诗经》中以水为礼的象征，在数量上绝不是孤证，在地域上几乎遍及国风各国，实乃周代人共通的想法。”[1] 而牛郎织女的河汉阻隔，亦应该从这个角度去理解，即河汉阻隔亦有礼法制约的象征意义。

总之，在《诗经》恋歌中，“水”是一个出现频率极高、有明显情爱意蕴的文学意象。从广义上看，“水”是一个代表男女之爱的符号，所以《诗经》中的“水”意象一般都与恋爱、相思、婚嫁、生殖等内容联系在一起。其次，“水”又是一个约束男女之爱的礼的象征符号，《诗经》中常用“水”象征男女之间难以逾越的阻力和困难。[2] 水滨犹如东门、桑中，是《诗经》时代青年男女幽会狂欢的世俗空间。具体地说，郑国的溱、洧之滨，卫国的桑间濮上、淇水之滨，楚国的云梦泽、汉水之滨，是《诗经》时代青年男女的欢爱空间和幽会之所。所以，那时的恋歌，亦大体按照“恋爱＋春天＋水滨”的模式展开叙事。[3]

《诗经》时代的诗人乐于以水起兴男女爱情，把恋爱发生的场景安排在江水之滨，应该是当时男女恋爱现状的真实记录。问题是，当时的情侣为何都乐于选择去水滨幽会？为何诗歌一旦涉及恋爱就常常提到水？或许因为水与情爱关系密切，所以选择去水滨幽会；或许因为常常在水滨幽会，近诸取物，故常以水起兴恋爱。关键在于水与恋爱为何有如此密切的关系。作者认为，这与先民的水崇拜观念有关，与古人的高媒祭祀活动有关。

在上古时期，世界各地区各民族都流传着情节大体相似的水生神话，无论是西方的诺亚方舟，还是中国的伏羲、女娲，都讲到洪水过后人类的第二次生殖繁衍。水生神话与人的起源、生殖和婚恋的密切

[1] 黄永武：《〈诗经〉中的“水”》，见《中国诗学·思想篇》第 107 页，巨流图书公司 1979 年版。

[2] 参见徐华《〈诗经·国风〉婚恋诗中‘水’的隐义》，《华侨大学学报》2000 年第 2 期。

[3] 孙作云：《诗经恋歌发微》，见《诗经与周代社会研究》第 314 页，中华书局 1966 年版。

关联，揭示了女性与水之间在生殖意义上的紧密关系。

女性缔造了生命，是生命的母亲，人类的图腾。在上古神话传说中，普遍认为是女神用泥和水塑造了人类，如《大雅·生民》说：“厥初生民，实维姜嫄。”女性因生育能力而获得神圣、庄严的身份。在上古先民的意识中，水是生命的起源，亦是生命的象征，如《管子·水地》说：“水者，地之血气。……万物莫不以生。”“水者何也？万物之本原也，诸生之宗室也。美恶贤不肖愚俊之所产也。”水与女性，在生命的起源上，在作为生命的赐予者这一神圣功能上，具有同一性。因此，水与女性以及男女情爱、性爱之间，就有了密切关联。故《管子·水地》说：“人，水也。男女精气合，而水流行。”

将这种自水生神话模式沿袭下来的先验，体现在文学创作中，便是以自然生命之源的水比附人类生命之源的女性。将水生神话模式沿袭下来的先验，体现在现实生活中，便是春季祭祀高媒神时的临水禊祓习俗，让女性在水滨展开活动，让男女在水滨求爱寻欢。上古先民于春日祭祀高媒神，是为求子。祭祀高媒神的社坛多建在水边的高地上，青年男女在参与祭祀活动时，亦到水滨用洗涤的方法求子。当祭祀高媒神和临水禊祓的仪式性质淡化之后，水滨便逐渐成为男欢女爱的世俗情爱场域。郑国的恋歌多以溱、洧二水之滨为背景，卫国的恋歌多集中在淇水之滨，卫国的男女临别送行多在淇水边上，因为这里正是当时郑、卫地区男女恋爱的场所。

“水”不仅是一个代表男女之爱的符号，亦是两性之间自我约束的象征，《秦风·蒹葭》和《周南·汉广》反映了青年男女在河水阻隔下不能与情人欢会的忧伤情绪，其中的河水，就是礼的象征。据考察，河水阻隔在男女情爱中的这种礼法意义，起于周代的学宫制度。学宫是古代的贵族学校，又称“辟雍”或“泮宫”，入学者皆贵族青年男子，以礼、乐和射为主要学习内容，实行严格的男女隔绝。学宫的周围有三面或四面都环绕着注满水的深沟，使之与外界隔离。因此，“辟雍”又称“避宫”，即防避与异性接触的男性宿舍。“泮宫”则由于引水隔离而又称为“水泮之宫”。《诗经》恋歌中作为阻隔情人欢会的河水，便是这种学宫制度的文学再现。[1]

水作为生命之源，起于原始水生神话。以水象征男女两性之爱，是水生神话在世俗生活和文学世界中的积淀。以水象征礼而作为两性情爱的阻隔，则是周代以来礼法制度影响下的产物。水滨幽会寻欢求爱，是周汉以来文学世界和世俗生活中的普遍现象。

综上所述，在上古时期，东门、桑中和水滨，既是神圣场域，亦是世俗空间，并且逐渐呈现出弱化神圣意义和强化世俗意义的发展趋势。它们是青年男女幽会欢爱的场所，是古代东方的伊甸园。这些地域空间的情色意味，不仅是由它的地域特殊性决定的，而且主要与古代宗教、祭祀、民俗等社会活动相关，亦与历代文人借题发挥的诗意想象有关。事实上，东门、桑中和水滨并不是三个互不关联的独立空间，它们是有联系的。它们成为世俗的或想象的情色空间，主要是在“令会男女”的“中春之月”。进一步说，它们指向的可能是一个地方，即东城门外河水之滨的桑林之中。准确地说，“中春之月”东城门外河水之滨的桑林中，是古代世俗社会男女幽会的地方，是古代东方的伊甸园，是中国古典文学中最富情色意味的诗意想象空间。

[1] 参见徐华《〈诗经·国风〉婚恋诗中“水”的隐义》，《华侨大学学报》2000年第2期。

五、风月长新：传统中国人健康的性观念和性生活

1

告子说：“食色，性也。”[1]《礼记·礼运》亦说：“饮食男女，人之大欲存焉。”食欲和性欲是人类最基本的两大本能欲望，亦是人类得以延续的两大基本动力。人类因为有性的欲望，才使种族繁衍得以实现；因为有食的欲望，才使生命得以维持。[2] 食欲和性欲，皆可视为人类从动物那里遗传而来的“兽性”，并且是保存至今的“兽性”，亦将是伴随着人类继续发展的“兽性”。恩格斯说：“人来源于动物界这一事实已经决定人不能完全摆脱兽性，所以问题永远只能在于摆脱得多些或少些，在于兽性或人性的程度上的差异。”[3] 虽然性欲和食欲同是从动物那里遗传来的“兽性”，但性欲冲动比食欲冲动要复杂得多。可以说，食欲冲动完全是自然性的，是兽性的，是物质性的。而性欲冲动既是物质性的，又是精神性的；[4] 既是自然性的，亦是社会性的；既是兽性的，亦是人性的，它介于兽性与人性之间。其原因，正如蔼理士所说：

性冲动所受的宗教、道德与习惯的牵掣，要远在食的冲动之上，远

---

[1] 《孟子·告子》。

[2] 朱光潜《变态心理学》说：“凡是研究生物学的人都知道生物的原始需要只有两种：一种是保存个体的生命；一种是保存种族的生命。生物的一切活动都是针对着这两个目的。人类原来也是如此。因为要保存个体，所以发出种种活动去求营养；因为要保存种族，所以发出种种活动去求配偶。求营养和求配偶，于是成为生命的两大工作。”（《朱光潜全集》第 2 卷第 182 页，安徽教育出版社 1987 年版）

[3] 恩格斯：《反杜林论》第 98 页，人民出版社 1970 年版。

[4] 王国维《红楼梦评论·红楼梦之精神》说：“男女之欲，尤强于饮食之欲，何则？前者无尽的，后者有限的也；前者形而上的，后者形而下的也。”（见俞晓红《王国维〈红楼梦评论〉笺注》，中华书局 2004 年版）

得几乎无法相比；性冲动所走的路子，不是这条被宗教堵上，便是那条被道德塞住。……要知道性冲动有一个特点，和食冲动大不相同，就是，它的正常的满足一定要有另一个人帮忙，讲到另一个人，我们就进到社会的领域，进到道德的领域了。[1]

因为性欲冲动的满足“一定要有另一个人帮忙”，所以它是社会性的；因为它是社会性的，所以它的满足要受到宗教和道德的制约。因此，随着人类社会的发展，伴随着宗教、道德、伦理观念的渗透，人类的性欲冲动逐渐进入规范和秩序，由“兽性”步入“人性”，同时亦导致人类性爱体验的强度和力度渐趋衰弱。

性的意义可以概括为以下几个方面：第一，为了繁衍后代；第二，为了表达感情；第三，为了肉体快乐；第四，为了延年益寿；第五，为了维持生计；第六，为了建立或保持某种人际关系。[2] 在不同社会、不同时代和不同文化背景下，便有不同的宗教、伦理和道德观念；在不同的宗教、伦理和道德观念的影响下，便有不同的性规范；在不同的性规范的制约下，便赋予性不同的意义。大体上说，人类关于性的意义的争论，基本上是围绕着生殖与快乐两个维度展开。持性的意义在于生殖观点的人，就会视为了快乐的性活动为越轨行为；持性的意义在于快乐观点的人，则会对性的生殖意义比较地轻视。相应地，因对性的意义有不同的理解，便产生了以性为罪的思想和以性为耻的观念。概括地说，“世界上现存的多种性规范可以被粗略地划分为两大类，一类主张任何形式的性行为都是可以接受的，但性活动要有节制，性能力不能滥用；另一类主张将性行为区分为可接受的和不可接受的

[1] ［英］蔼理士：《性心理学》第 3 页，潘光旦译，上海三联书店 2006 年版。

[2] 李银河：《性的问题·福柯与性》第 9 页，文化艺术出版社 2003 年版。

两种。前者是精神肉体并重的文化，后者是重精神轻肉体的文化。东方文化接近于前者；而西方文化接近于后者”。[1] 进一步说，东方文化赞美性，西方文化仇视性。东方文化以性为耻，西方文化以性为罪。东方文化提倡节欲，西方文化主张禁欲。

在西方历史上，曾经有过“性神圣、性自由的时代”，即古希腊罗马时代。在古希腊时代，人们对性爱倾注了极大的热情，男女皆有相当程度的性自由权利，甚至超凡脱俗的神话英雄亦始终保持着凡人的性本能和旺盛的情欲，同性恋被视为比异性恋更圣洁、更高级的爱情形式，与艺妓或庙奴的婚外性关系是无可指责的。在神庙里卖淫，所得钱财归于神庙的财库，是一种普遍的宗教习俗，并被视为一种为宗教献身的圣洁行为。古罗马人对性保持着一定的克制，贬斥极端的性放纵行为，认为耽于性爱的享受，会使人精力枯竭，丧失人格，放弃责任，败坏名誉，有损于公民对国家的义务。尽管存在着这样一种理念，但是，在古罗马时代，在性关系上仍然是一个放荡不羁的时代，甚至“理直气壮地把通奸看作是一项运动，是对沉闷的现实生活的一种解脱”。[2] 物极必反，在古希腊罗马的性自由、性狂欢之后，迎来的是中世纪的禁欲主义思潮。

西方中世纪基督教道德的一个基本原则，就是反对肉体的快乐。认为追求肉体快乐将使人的灵魂受到肉体的束缚，从而阻碍他听从上帝的召唤。基督教认为：为了人类的繁衍，性行为是一桩不得不为之的罪恶，所有非生殖的性行为都是有意犯罪为恶，都是“不自然的”，或是“违反自然的犯罪”。因此，所有的性行为都是罪恶，不管是与婚内合法配偶的性关系，还是与婚外情人或妓女的性关系；不管是为

[1] 李银河：《性的问题·福柯与性》第 22 ~ 23 页，文化艺术出版社 2003 年版。

[2] 参见余凤高《西方性观念的变迁》第 9 ~ 25 页，湖南文艺出版社 2004 年版。

了快乐而发生的性关系，还是为了生殖而发生的性关系。所以，这个时代被学者称为“性邪恶、性压抑的时代”。

在这个“性邪恶、性压抑的时代”，所有的性行为都被无情地否定了，如使徒圣保罗认为：只有不结婚的男女，才能做到一心侍奉上帝；那些结婚的男女，往往陷入情欲与圣灵的矛盾之中，他们一方面要同丈夫或妻子生活在一起，另一方面又要同上帝生活在一起；一方面要让丈夫或妻子喜悦，另一方面又要让上帝喜悦，这岂不是把上帝同自己的丈夫或妻子等同看待了吗？而事实上，要想将情欲与圣灵兼顾起来，是不可能的。在他看来，只要是性交，无论是婚内的，还是婚外的，都是不道德的。他欣赏的是独身、童贞和处女。教徒圣哲罗姆认为：保持童贞甚至比战胜匈奴人、汪达尔人及哥特人等罗马的军事劲敌都要重要，圣徒的目的就是“用圣洁的大斧砍倒婚姻之树”。他说：“一个男人如果爱妻子过于热烈就是一个通奸者。爱他人之妻是耻辱的，过度地爱自己的妻子也一样。聪明的男人对妻子的爱是慎重的，不是热烈的……男人在他的妻子面前不应当是情人，而应当是丈夫。”甚至班尼迪克在 1584 年宣称：“一个丈夫过度热烈地爱他的妻子，过于热衷于从她身上获得快乐，不是把她当作他的妻子，而是当作他的情人，那他就是一个罪人。”奥古斯丁以为：性活动的一切方式都是有罪的，每一次具体的性交都是罪恶，每一个孩子的出生都是其父母罪恶的产物。他在《上帝之城》一书中说：“丈夫与妻子同房，不应刺激诱发情欲，而应保持心情宁静，这才不伤肉体的完整。”“生殖行为好比往地里播种，必须单纯而不动感情，不存羞怯。”[1]

西方中世纪以来的反性文化以及对性的禁锢，与古希腊的思想传

[1] 以上关于基督教禁欲观点的述论，主要参考了李银河《性的问题·福柯与性》第一部分第一章，余凤高《西方性观念的变迁》第三章。

统有关。据李银河说：

> 西方对性的仇视的主要来源在于希腊的二元论思想。这种思想将世界划分为两大对立的力量，即精神的与物质的，灵魂的与肉体的，高尚的与低下的。简言之，二元论认为，灵魂通过被放进人的身体而受罚，因而人生的目的就是获得拯救，使灵魂可以摆脱肉体的统治。性行为是坏的，因为性活动就是肉体需要超越了精神需要的表现，生育子女就是延续肉体对未来灵魂的束缚。这种概念在希腊语系世界成为一种固定的观念。[1]

如果说古希腊的二元论思想是西方社会禁欲思想和罪感性文化的理论依据，那么，以天人合一为核心的阴阳和谐思想，则是传统中国人健康的性观念和和谐的性生活的理论基础。

2

长期以来，在各种历史观念和现实意识的双重影响下，我们对传统中国人的性观念内容和性生活状态，可能存在着诸多的误读和误解。比如，在近代以来反封建的主流精神之影响下，我们对传统封建礼教观念和宋元以来“存天理、灭人欲”的理学思想，于民众日常生活所产生的影响，可能是大大地夸张了。或者说，我们是把封建思想家的思想观念和道德家的伦理理想，与民众的日常生活状态等同起来了。因此，我们对传统中国人的爱情婚姻状态的描述，对传统中国人的性观念的解读和性生活状态的理解，就与实际情况存在着较大的差距。所以，作者在讨论传统中国社会的“男尊女卑”观念时，特别提出了下面一段需要在这里再次引述的文字：

[1] 李银河：《性的问题 · 福柯与性》第 23 页，文化艺术出版社 2003 年版。

> 理论家大力宣传和提倡的思想，不能完全等同于世俗生活中一般民众实际奉行的观念。正如知识精英所构建的思想史不能完全取代民间思想史一样。[1]有时候，理论家宣扬的思想，可能是从一般民众实际奉行的观念中提炼出来的。但是，在大多数情况下，理论家宣传的思想则可能与民间观念截然对立。或者说，理论家之所以大力宣传某一种思想观念，是因为现实生活的迫切需要，是因为现实生活中出现了某种“异端”观念，理论家则必须提倡一种“正统”的思想，来加以引导和改造。从这个角度看，理论家的思想就与民间奉行的观念呈现出完全不同的面目，理论家构建的思想史就不能完全等同或取代民间思想史。

就像对待“男尊女卑”观念一样，对待传统中国人的性观念和性生活状态，亦需要一番重新的检讨。传统中国人的性观念并不像我们想象的那样畸形变态，“存天理、灭人欲”仅仅是理学家的道德理想。传统中国人的性生活亦不像我们描述的那般枯燥乏味，传统礼教有时对人的本能需要和诗性追求是无能为力的。荷兰汉学家高罗佩对传统中国人的性观念的看法和性生活状态的描述，很值得我们参考。他说：

> 由于中国人认为性行为是自然秩序的一部分，而且性交是每个男人和女人的神圣职责，所以性行为从来和罪恶感及道德败坏不相干。性行为只是家庭内的私事，并且被严格限制在后世儒家的礼教规定之内，这并不是因为它是什么见不得人的丑事，而只是因为它是一种神圣的行为，所以正像其他礼仪，如祭告祖先一样，是并不在外人面前进行和谈论的。
>
> 也许正是这种几乎不存在任何压抑的精神状态，使中国古代性生活从总体上讲是一种健康的性生活，它显然没有像其他许多伟大的古老文

[1] 参见葛兆光《中国思想史》（第一卷）第13～17页，复旦大学出版社1998年版。

化那样有着许多病理和心理的变态。[1]

在他看来，在传统中国文化中，“性行为是自然秩序的一部分”，是男女的“神圣的行为”和“神圣职责”。礼教对于性行为的规定，只是为了突显其神圣性，而非为了禁欲。所以，高罗佩指出：

（礼教关于夫妻关系的种种）规定都并不意味着儒家学者是像中世纪的基督教会那样，认为性行为是“罪恶”，女人是罪恶之源。“憎恶肉欲”的概念与他们完全风马牛不相及。儒家对性放纵的憎恶主要是由于害怕淫乱会破坏神圣的家庭生活和崇尚象征宇宙万物生生不已的人类繁衍。按他们的看法，这种严肃的事情绝不能因为这种内情不节而有所减损。因此，虽然儒家认为女比男低，但正如地比天低，这是天经地义的，这种观念绝不意味着他们像中世纪基督教教士那样憎恶女人。[2]

对性放纵的禁惧，是古今中外文明社会的一个通例。因为性放纵会败坏道德人心，从而破坏家庭秩序，进而影响社会稳定，所以，罗马贵族的性放纵，经常被认为是罗马帝国崩溃的原因之一。古代中国的“红颜祸水论”，亦是对性放纵的禁惧。但是，与西方自古罗马以来因为对性放纵的禁惧而产生的以性为恶的观念并进而实行的禁欲主义策略不同，在古代中国，“红颜祸水论”深入人心，礼教对性生活有诸多的限制，然而传统中国的思想家，包括部分极端的礼教思想家，他们不是以性为恶，而是以性为耻；不是主张禁欲，而是提倡节欲。

[1] ［荷］高罗佩：《中国古代房内考》第 69 页，李零、郭晓惠等译，上海人民出版社 1990 年版。

[2] ［荷］高罗佩：《中国古代房内考》第 83 页，李零、郭晓惠等译，上海人民出版社 1990 年版。

这亦许是古代中西文化在性观念上最显著的区别。在节欲观念的影响下，传统中国人的性生活大体上呈现出健康和谐的状态，这亦是高罗佩再三致意、特别推崇的地方。

高罗佩对古代中国的性倒错和性变态现象，进行过系统的研究。他发现："在中国古代的普通老百姓当中反常和病态的（性）现象极为少见，因此对于一般读者来说，这种话题并不像在许多其他古代文明中那样令人反感。"[1] 其具体情况，主要体现在以下几个方面：

其一，性虐待现象极为罕见。男人中的虐待狂（sadism）并不多见，清代以前的文献只有少数孤证。性交中男子施痛苦于女子的情况，在房中书中丝毫未见，在色情文学中亦很少碰到。女子对女子施行性虐待的情况，虽然经常被提到，但其动机大多是出于嫉妒和对情敌的报复。大多数男子对女子及女子对女子施虐，都只能用当时严酷的法律和习俗而不能用性倒错来解释。从虐待和凌辱特别是从对异性的虐待和凌辱中获得性满足，在清代以前的中国文献中基本上不存在。[2]

其二，同性恋现象虽然存在，但并不普遍。男子同性恋在汉代以前很少见，在汉代、六朝、北宋时期，曾一度兴盛。但是，宋代以后，男子同性恋的发生，并不比其他大多数正常的西方文明更为常见。并且，男子同性恋除在文化程度很高或成分混杂的社会集团中可以见到外，在其他地方是不大明显的。与此相反的是，女子同性恋则相当普遍，并被人们容忍。只要不发生过头的行为，人们认为女子同性恋是闺房

[1] ［荷］高罗佩：《中国古代房内考》第 209 页，李零、郭晓惠等译，上海人民出版社 1990 年版。

[2] ［荷］高罗佩：《中国古代房内考》第 209 ~ 212 页，李零、郭晓惠等译，上海人民出版社 1990 年版。

中必然存在的习俗，有时还会受到人们的赞扬。[1]

其三，自慰淫具虽然在明清情色小说中普遍出现，但房中书却常常劝人不可滥用。并且，中国人乐于相信一种假说，即所有这些辅助性的自慰淫具都是从域外输入的。[2]亦就是说，自慰淫具的出现和使用，是人心不古和道德败坏的表现，传统中国人乐于相信这种域外输入的假说，实际上体现的是他们对这种东西的排斥和拒绝。因为这与健康和谐的性生活格格不入。

其四，与动物自愿发生性关系，这样的兽行在清代以前的中国文献中极为罕见。乱伦被视为“禽兽行”，犯有这种罪行的人，要用一种最残酷的方法处以死刑。其他关于排粪尿狂的材料（scatological material），仅见于明代的一些色情小说中，而且主要与性行为有关，但是，即便是像《金瓶梅》这样的小说，这种描写亦不常见，只是个别现象。[3]

总之，高罗佩通过对古代中国文献中性变态资料的考察和分析，作出了这样一个令人信服的结论：“古代中国人的性生活应当说是正常和健康的。”他通过进一步地对传统中国文艺作品的研究，证实了他的这个观点的可靠性。例如，他研究了《金瓶梅》中性关系的描写后指出：

> 首先，人们会注意到病态现象极少。尽管西门庆被描写成一个淫欲无度的放荡之徒，他最亲昵的配偶潘金莲也与之不相上下，但虐待狂或

---

[1] ［荷］高罗佩：《中国古代房内考》第 214 页，李零、郭晓惠等译，上海人民出版社 1990 年版。

[2] ［荷］高罗佩：《中国古代房内考》第 216 页，李零、郭晓惠等译，上海人民出版社 1990 年版。

[3] ［荷］高罗佩：《中国古代房内考》第 217 页，李零、郭晓惠等译，上海人民出版社 1990 年版。

类似的迹象却反而只是出现在其他人身上。书中有许多戏谑性质的反常举动，许多拉伯雷式的幽默（指粗俗的幽默—译者）和恶作剧，但它们却主要是由于追求新异，而不是由反常的本能引起的。这也适用于西门庆与他的家仆的同性恋关系。由于像西门庆这样一个有钱有势的男人很容易被写成肆无忌惮滥施虐待的色情狂，而不顾小说的真实性，所以书中全无病态描写才显得十分突出。但作者之所以没有想到这类题材，显然是因为在他那个时代和环境中还看不到这些事。况且他还相当敏感，能够暴露他所看到的所有其他弊端和恶劣风气。[1]

的确，暴发户西门庆完全具备被塑造成色情狂的所有条件，放在西方小说家手里，他无疑应该而且必须是一个性关系上的施虐狂，但古代中国的小说家没有这样写，这让西方的读者感到特别意外。其实，让西方读者感到意外的东西，在传统中国却是一个普遍现象。高罗佩进而研究了明末清初的其他色情小说，指出：

他们用街头巷尾粗俗下流的俚语写淫秽透顶的小说，并用艳词丽句的色情诗句点缀他们粗俗的文字。他们着力描写令人反感的性交细节，以致大段大段尽是淫猥描写。除去书中的诗写得很有水平，尚可宽慰的是，这些小说从不求助于性虐待和其他心理变态的过分渲染：尽管这些作者早已厌倦了这些肉欲的享乐，但他们从未打算用鞭笞或其他施虐或受虐的行为来刺激肉欲。[2]

为什么在传统中国的色情小说中没有西方同类小说中的性变态描

[1] ［荷］高罗佩：《中国古代房内考》第 382 ~ 383 页，李零、郭晓惠等译，上海人民出版社 1990 年版。

[2] ［荷］高罗佩：《中国古代房内考》第 411 页，李零、郭晓惠等译，上海人民出版社 1990 年版。

写呢？原因很简单，就是中国古代的色情小说作者在当时的时代和环境中，看不到这些性关系上的变态之事。或者说，在色情小说作者所处的传统中国的社会环境中，性生活一直是以健康和谐的方式存在着，不存在变态行为。传统中国人的这种正常、健康、和谐的性生活方式，在明末清初流行的春宫画里，亦有生动的再现。高罗佩对他寓目的十二部江南春宫画册里约三百幅套版画，进行了精心的研究，认为这是当时人“健康性习惯的良好记录”：

> 江南地区的这些材料再次强调了决定中国古代性观念的基本概念，即对人类繁衍的各个方面，从肉体结合的生理细节直到以这种肉体结合为证的最高尚的精神之爱，无不可以欣然接受。由于把人类看作天地造化的仿制品，所以性交受到人们的敬仰，从不与道德上的罪恶感拉扯在一起。天地本身就尊崇肉欲，从不视之为恶。例如，人们认为雨水撒入田地和精子在子宫着床，富饶而潮湿的土地便于播种和女人湿润的阴道便于性交，二者本没有什么区别。[1]

可以这样说，在高罗佩之前，中西方学者对传统中国人性生活状态的真实情况，完全不了解，甚至基本上是误解，是高罗佩第一次给予了传统中国人的性生活状态以真实的揭示和客观的批评。高罗佩的观点得到国内性学家的积极回应和高度评价，如江晓原就认为高罗佩提出的“古代中国人性行为非常健康”的说法，是他的《秘戏图考》和《中国古代房内考》两书中最有价值的观点之一。虽然由于他阅读中国古代典籍有限，导致他对性变态现象的估计略有不足，但其结论

[1] ［荷］高罗佩：《中国古代房内考》第 437 ~ 438 页，李零、郭晓惠等译，上海人民出版社 1990 年版。

"就总体而言是正确的"。[1]

3

与西方中世纪的教徒如圣保罗、圣哲罗姆、班尼迪克、奥古斯丁等人对性的深恶痛绝不同，传统中国的思想家对性皆能保持相当的理解和尊重态度。如孔子曾两次感叹说："吾未见好德如好色者也。"[2]但他并没有将"好德"与"好色"对立起来，而是感叹"好德"不如"好色"那样出自于人的天性，实际上是承认"好色"乃人之天性。孟子与孔子一样，承认"好色"是人之天性，虽然他们并不鼓励"好色"，但亦没有否定"好色"天性存在的合理性。

值得注意的是，在儒家经典中，还对性生活的合理安排做出了明确规定。如《礼记·内则》说："妾虽老，年未满五十，必与五日之御。"《白虎通德论·嫁娶》说："妾虽老，未满五十，必预五日之御。满五十不御。"郑玄《礼记·内则》注云："五日一御，诸侯制也。诸侯取九女，侄、娣两两相御，则三日也；次两媵，则四日也；次夫人专夜，则五日也。"对性生活做如此周密细致的安排，可见儒家学者对性生活的关心和重视。所以，在传统中国社会，"好色之徒"虽然从来就不是一个体面的称号，但是绝对的拒色和禁欲，亦并不完全受人尊崇，甚至往往被视为有心理疾病和功能障碍，是人群中的异类，成为被同情和怜悯的对象。准确地说，传统中国社会反对纵欲，但不主张禁欲，而是提倡节欲。即任何人都有情欲释放的正当权利，但情欲释放必须

[1] 江晓原认为：高罗佩的《秘戏图考》和《中国古代房内考》两书，不乏高明的见解和有价值的论述，其中特别值得重视的有如下几点：房中书为中国多妻家庭所必须；"后夫人进御之法"精义；古代中国人性行为非常健康；士大夫狎妓的动机；关于清人假正经的观点；道教与密宗"双修术"之关系。（见《性张力下的中国人》第 307 ~ 312 页，上海人民出版社 1996 年版）

[2] 《论语·子罕》《论语·卫灵公》。

是有节制的，而不是放纵的；必须是符合礼仪的，而不是超越礼仪的。

为了进行正当、健康、和谐的性生活，房中书就成为必需之物。过去，我们对传统中国的房中书有着过多的误解，认为它宣扬的是淫欲之道。其实，据张衡《七辩》一文，“这种带插图的房中书是放在床边供做爱时查阅，并且常常被用来帮助害羞的行房者提高勇气”。据张衡《同声歌》，房中书可能是新娘嫁妆的一部分，新婚夫妇可以按照其中的插图，使性交得以圆满完成。据说，在十九世纪的日本，还保留着这种风俗，即父母在新婚之夜把一套带有插图的房中书送给他们的女儿，好让她对尽夫妇之道有所准备。所以，房中书“不仅教男女如何在性关系中始终做到相互满足，而且也教男人如何通过性交抑制达到强身健体，益寿延年”[1]。同时，房中书“十分强调男子要理解女子的性需求和性行为”，“如果双方没有达到情绪上的完全一致，男子切毋强迫自己或对方进行性行为”，特别强调“在每次性交中使女子达到性高潮的重要性”。所以，高罗佩特别指出：

> 房中书基本上都属于指导正常夫妻性关系的书。我说“正常”，当然是指相对于中国古代社会结构来说的正常。这些材料中谈到的夫妻性关系必须以一夫多妻的家庭制度为背景来加以考虑。……例如，书中反复建议男子应在同一夜里与若干不同女子交媾，这在一夫一妻制的社会里是鼓励人们下流放荡，但在中国古代却完全属于婚内性关系的范围。房中书如此大力提倡不断更换性伴侣的必要性，并不仅仅是从健康考虑。在一夫多妻制的家庭中，性关系的平衡极为重要，因为得宠与失宠会在闺阁中引起激烈争吵，导致家庭和谐的完全破裂。古代房中书满足了这一实际需要。它们对这个对男人及其妻妾的幸福健康至关重要的问题提

[1] ［荷］高罗佩：《中国古代房内考》第 108 ~ 111 页，李零、郭晓惠等译，上海人民出版社 1990 年版。

出了总的来说是很明智的劝告。[1]

亦就是说，房中书不仅能促成和谐圆满的性生活，有益于人的身心健康，而且还有利于夫妻和睦、妻妾友爱和家庭稳定，这亦就是儒家学者赞成房中书观点的重要原因之一。

古代中国健康性观念的又一重要表现，就是性生活的公开化。关于传统中国社会性活动的公开化问题，自高罗佩首先提出后，在江晓原的《性张力下的中国人》一书中，得到比较全面的阐述。他发现：性交之类的活动在传统中国社会完全可以在一定范围内和相当程度上公开化。他用两个方面的史实证实了这一观点：其一，古代中国夫妇共居的寝室，其私密性很差。寝室与作其他用途的房间相比，其私密性没有什么差别。寝室的正面通常是一长排落地长窗，这些窗的下半部由木板封住，上半部则是镂空的花棱，用纸糊住，可以不透风，并有采光作用。室外的人可以听见室内的各种响动，可以很容易地窥看室内的情景。这样，寝室里的男女性交之事，几乎是公开化了，若想偷窥或者偷听，几乎可以不费任何力气。所以，江晓原指出：

古代中国人寝室的种种特征，远不是房屋构造或家具布置的技术问题，而是与古代中国有关的传统观念深刻联系在一起的。因为中国人自古就认为“男女居室”是“人之大伦”，而男女之间的“大欲”就和食

[1] ［荷］高罗佩：《中国古代房内考》第202页，李零、郭晓惠等译，上海人民出版社1990年版。高罗佩对古代中国房中书的高度评价，得到性学专家江晓原先生的赞同。他认为此论是高氏《中国古代房内考》一书中最有价值的六大论述之一，他说：“高氏从多妻家庭的实际需要出发来说明房中术的原则及其在古代中国之长期流行，自然较之将房中术说成‘古代统治阶级腐朽糜烂的生活所需’‘满足兽欲’或者‘中国古代重视房中保健’等等，要更深刻而合理得多。”（《性张力下的中国人》第309页，上海人民出版社1996年版）

欲一样是完全无可非议的。所以性交这件事，从哲学上说是值得讴歌赞美的，从伦理上说则没有任何羞惭可耻之处（至少合法的性交是如此）。这与西方人长期将性交视为羞耻，必严加私密而后已，有很大的不同。[1]

其二，见之于情色文艺作品中的材料，反映了性活动的公开化情况。如在春宫画中，男女性交时，有姬妾或丫环之类陪侍在侧，她们的任务是在旁边端水送帕，或为男女主人助兴，或帮助男女主人完成一些特殊的性交体位姿势。[2]作者认为，性活动的公开化与健康的性观念密切相关，性活动的公开化是健康和谐性观念的具体呈现。或者说，健康的性观念决定性活动得以以公开化的形式实现。

总之，在传统中国，性观念是健康和谐的，性活动是公开化的，房中书是指导健康和谐的夫妻性生活的有益之物。因此，它与西方社会的禁欲主义思想完全不同，亦与西方社会以性为恶的观念迥异。它虽然不一定是以性为美，以性为善，但完全可以肯定的是，它是把性视为日常生活中一件极为普通、平常的事情。它反对禁欲和纵欲，提倡节欲。认为有节制的性交才是和谐的、有益于身心健康的。如《汉书·艺文志·方技略》说：

> 房中者，情性之极，至道之际，是以圣王制外乐以禁内情，而为之节文。《传》曰：先王之作乐，所以节百事也。乐而有节，则和平寿考。及迷者弗顾，以生疾而陨性命。

在传统中国，美人之所以被人们视为尤物或者祸水，有亡国败家之威力，就是因为她有勾魂摄魄的诱惑力，导致男人的纵欲。所以，“美

[1] 江晓原：《性张力下的中国人》第41页，上海人民出版社1996年版。
[2] 江晓原：《性张力下的中国人》第189～191页，上海人民出版社1996年版。

人祸水论”的流行，实际上反映的是传统中国人对因纵欲而导致亡国败家的戒惧。节欲是中国古代房中术的基本理念，所有古代房中书皆有一个最基本的主题，即男子在性交过程中应努力保持不射精，力求多交不泄，固精自保。但要尽量使女方达到性高潮。因为在房中术理论中，男性的“阳精”是极其珍贵的生命之液，是有限的，每一次射精就意味着精液总量的减少。因此，在性交时，应“握固不泄”，或者“还精补脑”，并且力求多交，甚至“一夜御十女”，目的是为了“采阴补阳”。女性的“阴精”是无穷尽的，可以再生。所以，多交不泄并尽量使女性不断达到性高潮，对女性的身体是无损的，对男性的身体是有益的。这正如《玉房秘诀》所说：

> 采女问曰：交接以泻精为乐，今闭而不泻，将何以为乐乎？彭祖答曰：夫精出则身体怠倦，耳苦嘈嘈，目苦欲眠，喉咽干枯，骨节解堕，虽复暂快，终于不乐也。若乃动而不泻，气力有余，身体能便，耳目聪明，虽自抑静，意爱更重，恒若不足，何以不乐耶？[1]

撇开“一夜御十女”的道德伦理问题不论，单就古人在阴精和阳精之特点的认识上建立起来的这种房中术理论而言，应该说是通达的，是有益的养身之道。明清以来，有的房中书，如明代《纯阳演正孚佑帝君既济真经》，全用战争术语写成，将“御女”视为“御敌”，将性交视为两性战争和危险游戏。如色情小说《绣榻野史》《株林野史》《昭阳趣史》等，反映的性榨取观念。应该说是对古代房中术理论的歪曲和误解，

[1] 见叶德辉编《双梅影阇丛书》（影印部分），海南国际新闻出版中心 1995 年版。

当然亦与性观念的日趋变态和性生活的渐趋病态现象有关。[1]

4

最后需要提出来讨论的是，传统中国社会健康的性观念与和谐的性生活产生的思想背景。和谐的性生活，源于传统中国人健康的性观念。而健康的性观念的形成，又根植于传统中国社会健全的哲学理念。如果说西方中世纪以性为恶的反性文化，与古希腊的二元论哲学思想有关，那么，传统中国社会的尊性文化，则与古代中国社会以天人合一为核心的阴阳和谐思想密切相关。

在古代中国的房中书中，有一个突出的现象，就是房中书的作者普遍乐于以男女交欢之道比附天人阴阳交合之理，如《素女经》引彭祖之言说：

> 男女相成，犹天地相生也。天地得交会之道，故无终竟之限；人失交绝（接）之道，故有夭折之渐。能避渐伤之事，而得阴阳之术，则不死之道也。[2]

以“男女相成”比附“天地相生”，以男女交欢比附“天地交会”，是古代房中书的一个通例。如《洞玄子》说：

---

[1] 高罗佩认为：中国人在明代以前的性生活充满欢乐气氛，是健康的，和谐的；明代末期，“随着明帝国的崩溃，这些情男欲女的寻欢作乐便销声匿迹，欢乐的气氛也烟消云散，性已日益成为一种负担，而不是快乐”。（《中国古代房内考》第 438 页，李零、郭晓惠等译，上海人民出版社 1990 年版）潘光旦说：“中国的性道德观念，以至于一般的道德观念，至少在佛教上场以前，是不作诛心之论的。”（《性心理学》第 416 页译注，上海三联书店 2006 年版）江晓原认为：中国古代的性观念以宋代为界线，宋代以前是开朗坦荡，宋代以后变为虚伪阴暗。（《性张力下的中国人》第 11 页，上海人民出版社 1996 年版）

[2] 见叶德辉编《双梅影闇丛书》（影印部分），海南国际新闻出版中心 1995 年版。

洞玄子曰：夫天生万物，唯人最贵。人之所上，莫过房欲。法天象地，规阴矩阳。悟其理者，则养性延龄；慢其真者，则伤神夭寿。至于玄女之法，传之万古，都具陈其梗概，仍未尽其机微。余每览其条，思补其阙，综习旧仪，纂此新经，虽不穷其纯粹，抑得其糟粕。其坐卧舒卷之形，偃伏开张之势，侧背前却之法，出入深浅之规，并会二仪之理，俱合五行之数。其导者，则得保寿命；其违者，则陷于危亡。既有利于凡人，岂无传于万叶！

洞玄子云：夫天左旋而地右回，春夏谢而秋冬袭，男唱而女和，上为而下从，此物事之常理也。若男摇而女不应，女动而男不从，非直损于男子，亦乃害于女人。此由阴阳行佷，上下了戾矣，以此合会，彼此不利。故必须男左转而女右回，男下冲女上接，以此合会，乃谓天平地成矣。[1]

男女交欢，"法天象地，规阴矩阳"；甚至男女性交之动作或姿势，亦要"会二仪之理，合五行之数"。此种以男女比附天地、以男女交欢比附阴阳交接的观点，与《周易·系辞下》"天地絪缊，万物化醇。男女构精，万物化生"的说法，是一脉相承的。这正如高罗佩所说："在房中书中，正如在整个古代中医学的领域中一样，到处都贯穿着天道观的因素。"[2]

按照传统中国以天人感应、阴阳和谐为核心内容的天人合一理论，阴阳和谐而万物化生，天平地成；阴阳和谐而风调雨顺，国泰民安。所以，在古代，如果久旱不雨，人们便认为是天地阴阳已经失调，于是便以"夫妇偶处"的仪式求雨，即以男女的交欢感应天地阴阳，使

[1] 见叶德辉编《双梅影闇丛书》（影印部分），海南国际新闻出版中心 1995 年版。

[2] ［荷］高罗佩：《中国古代房内考》第 204 页，李零、郭晓惠等译，上海人民出版社 1990 年版。

之和谐化生而降下甘露。又如，在古代，人间怨女旷夫过多，男女交欢之道失时，亦会影响天地阴阳之道的和谐，导致水旱频仍，天灾丛生。所以，统治者提倡“及时婚姻”，怜悯旷男怨女，为青年男女的及时婚姻提供条件。或者“简放宫女”，使“人各遂其性”。总之，以“内无怨女，外无旷夫”作为太平盛世的一个重要标准。

实际上，古代中国的宇宙生成论就产生于对两性关系和性行为的观察研究中，或者说，古代中国人是在对两性关系和性行为的观察研究中获得启发，从而建立起以阴阳相生、天人合一为核心内容的宇宙生成论；同时，这种宇宙生成论又为两性关系和性行为的合理性提供理论支持。正是在这样的文化背景上，性行为的公开化和性观念的健康化，获得了形而上的学理依据。因此，与西方社会性行为的私密性相比，传统中国社会的性行为具有公开化特征；与西方社会关于性的丑恶、低俗的观点相比，古代中国人认为性是美好的、健康的。这亦是古代中国人提出的“君子之道造端乎夫妇”理论的精义所在。

第七章　才子佳人：传统中国人的爱情理想之一

由于封建礼法制度的制约和传统婚姻观念之影响，传统中国人的情爱活动从婚姻家庭被挤向青楼楚馆，其爱情生活是畸形的、变态的。[1]但是，作为极富诗性精神的传统中国人，尤其是文人士大夫，其对爱情的理解和感悟，至为深邃而又极富诗意，流传至今难以数计的以爱情为题材的诗词文赋和戏曲小说，就充分体现了传统中国文人士大夫独具特色的爱情感悟和情爱理想。概括地说，传统中国人理想的情爱模式有两种：一是才子佳子式，二是英雄美人式。或者说，才子配佳人，美人配英雄，是传统中国人的爱情理想。

先说才子佳人式。刘慧英在《走出男权社会的樊篱》一书中，将古今中外爱情文学的故事程式，分为才子佳人程式、诱奸故事程式和社会解放程式三种，后两种故事程式分别体现在十九世纪的西方文学和当代的中国文学中，前一种程式则主要见于古代中国的戏曲小说中。[2]以才子佳人程式概括中国古代戏曲小说中的爱情故事的特点，

[1] 我们指出传统中国人的情爱生活是畸形的，是变态的。与前章揭示的传统中国人的性观念是健康的，性生活是和谐的。二者并不矛盾。

[2] 刘慧英：《走出男权社会的樊篱——文学中男权意识的批判》第二章，生活·读书·新知三联书店1996年版。

是符合实际的。甚至可以这样说，中国古代的爱情小说，就是才子佳人小说。才子佳人小说这个文学载体，所呈现的是中国古人的爱情理想——才子配佳人。

一、相如文君：才子佳人情爱模式之原型及其影响

1

古代中国自周秦以来就有崇尚诗歌的传统，风雅情趣和诗骚精神，浸润中国人的心灵和涵育中国文化达两千余年。推本溯源，这种精神传统的形成，与儒家的“诗教论”密切相关。因此，古代中国又被称为“诗教中国”

“诗教中国”培育出来的“才子风流”，往往受到道德家的指责，甚至上升到道德人品的高度，斥之为“文人无行”。“文人无行”是文学艺术的本质要求，道德家指斥的“文人无行”，恰恰是文人自恃的“才子风流”。在传统中国社会，“才子风流”虽然常常受到道德家的指责，但却往往能够得到一般大众的认同和默许，甚至常常受到推崇和艳羡，特别容易得到佳人美女的青睐。才子恋佳人，佳人配才子，才子佳人是传统中国人理想中的婚配模式。何海鸣说：

> 世苟无才子名士风雅绝响，美人名妓亦终无扬眉之日也。然世有才子名士而无美人名妓点缀其间，才子名士无以炫耀于世，必亦渐为世所厌薄矣。……才子以佳人贵，佳人以才子贵，二者颇有互相标榜之性质，故均能见重于世。不然，世岂有真能爱才、真能好色者哉？[1]

[1] 何海鸣：《求幸福斋随笔》第74页，上海书店出版社1997年版。

才子用手中的诗笔为佳人扬名，佳人以情色点缀才子的诗意人生，“才子以佳人贵，佳人以才子贵”，二者虽有互相标榜、相互利用的性质，但这仅仅是才子佳人相互契合的表层原因，并且只能解释才子名士与青楼名妓间的关系。其实，才子佳人之间的惺惺相惜，情投意合，还有更深层次的精神和心理方面的原因。这正如何海鸣所说：

> 自古才子必悦佳人，佳人亦必悦才子。不悦佳人者固决非才子，然则不悦才子者亦决非佳人。盖佳人所悦者始为才子，才子所悦者始为佳人。世无佳人焉知才子？世无才子又谁悦佳人者？[1]

何氏之言有四层意思：其一，才子佳人相悦相恋，是必然的，不是偶然的。其二，成为佳人的前提是“悦才子”，成为才子的前提是“悦佳人”。其三，被佳人所悦者才是才子，被才子所恋者才是佳人。其四，知才子者唯佳人，赏佳人者唯才子。如此看来，才子佳人是互为前提，互为条件，相互依存，缺一不可的。才子没有佳人配，则将荣光顿减；佳人没有才子恋，亦将黯然失色。

概而言之，才子佳人之相契相合，主要表现在以下几个方面：

其一，才子佳人皆人间英秀，同钟天地之灵气，物以类聚，故而容易发生惺惺相惜之感。人为万物之灵，而人群中的才子又是天地灵气之结晶，自六朝以来这种看法已成为学者之共识。宋元以来，随着名士圈子中女性崇拜意识的高涨，佳人亦被视为“山川日月之精秀”，此正如《红楼梦》中贾宝玉所言：“原来天生人为万物之灵，凡山川日月之精秀，只钟于女儿，须眉男子不过是渣滓而已。”[2] 人以群分，

[1] 何海鸣：《求幸福斋随笔》第 8 ~ 9 页，上海书店书出版社 1997 年版。

[2] 《红楼梦》第二十回。

同钟天地灵气之才子佳人，必有一种灵犀相通之感。

其二，红颜薄命与文人坎坷近似，故而容易发生同病相怜之慨。红颜薄命，自古而然；文人坎坷，虽有无病呻吟之嫌，但大体上亦颇切实情。故才子佳人因其相似的命运而容易发生相惜相依之念。如白居易面对琵琶女，即有“同是天涯沦落人，相逢何必曾相识”的感慨。而清人严廷中《沈媚娘秋窗情话》亦谓：“美人名士，一例飘流，古今同恨也。”故佳人眼见才子的坎坷曲折，必然会联想到自身的人生际遇；而才子目睹佳人的香消魂散，亦会产生英雄末路之同感。如阮籍哭吊有才色的兵家女，[1]即是从兵家女的夭折联想到自己的人生际遇，联想到美好事物的短暂易逝，故而产生同病相怜之感。

其三，才子佳人皆重情重义，多愁善感，属于感情特别细腻、敏锐和脆弱的人群。性格上的近似，亦极易发生亲近感。多愁善感、敏锐细腻、脆弱缠绵，是人所共知的女性性别特征。且不说传统中国文人的诗学理想和审美趣味具有女性化特点，[2]就其性情而言，亦与女性类似，有多情善感、敏锐脆弱、细腻缠绵的特点。一般而言，冷静、客观的人，其诗必然“平典似道德论”，不能动人。麻木古板、大大咧咧的人，不能深入事物内部以体验其精微玄妙的变化，其诗亦不能动人。作为一位优秀的诗人，必须具备女性化的性格特征，才可能写出优秀的诗篇。所以，学者便有诗人如女人的说法，如鲁迅先生曾经说过：“文人墨客是感性太敏锐了之故罢，向来就很娇气，什么也给他说不得，见不得，听不得，想不得。”[3]林语堂亦有文人如妓女的比喻。总之，才子佳人在性格上颇为近似，同声相求，同气相感，因此有特

[1] 《晋书·阮籍传》载：“兵家女有才色，未嫁而死。籍不识其父兄，径往哭之，尽哀而还。”

[2] 详见本书第四章第三节“女人如诗：传统中国文人关于女性气质的设计”。

[3] 鲁迅：《从胡须说到牙齿》，见《坟》，人民文学出版社 1973 年版。

别强的亲合力。

其四，亦是最重要的一点，即才子佳人皆有特别浓厚的诗性精神，追求“诗意的栖居”是才子佳人共同的理想生活方式。诗性精神是才子佳人相契相合之原点。

人与人之间的相契相合，必然是因为两者间在精神上有某种相通相感之处。作者认为，才子与佳人的相契相合，主要是因为两者间在诗性精神上的相通相感。作者在本书的第一章中说过：诗性精神是人类特有的一种精神状态，亦是人类与生俱来的一种精神品质，并非只有诗人才具备这种精神，常人皆有诗性，人人皆有成为诗人的先天条件。只不过诗人是将这种先天条件充分地利用，将这种潜在的基质充分地发挥，所以成为了诗人，成为了最富诗性精神的人群。物以类聚，人以群分。最能与诗人相通相感、相恋相悦的人，必然是诗性精神特别发达的人。在人类群体中，最富诗性精神的人，当然首先是诗人，其次就是佳人和英雄。或者说，诗人是诗性精神的直接体现者，佳人和英雄虽然不一定会写诗，但他们的气质品味和精神情韵，与诗性精神是相通的，是诗性精神的间接体现者。

关于佳人的诗性精神，作者在本书第四章第三节讨论“传统中国文人关于女性气质的设计”问题时，已经指出：在传统中国，女人如诗，诗似女人，传统文人“爱诗如爱色”“选诗如选色”，美人“以诗词为心”，女性就是诗性，女心就是诗心，传统文人按照诗歌的美学理想设计女性的气质神韵，传统中国女性的气质神韵影响着诗歌美学特点的形成，传统中国文人像经营诗歌那样设计美人，按照美人的理念经营诗歌。所以，传统中国女性最能体现文人的审美趣味和诗学理想，传统中国文人的诗学理想最能说明女性的气质特征。卫咏《悦容编·借资》说：

> 美人有文韵，有诗意，有禅机，非独捧砚拂笺，足以助致。即一颦一笑，皆可以开畅玄想。彼临去秋波那一转，正今时举业之宗门。能参透者，文无头巾气，诗无学究气，禅亦无香火气。[1]

这段话对才子佳人的相契相合、相通相感，讲得相当深刻，其中包含两层意思。一是“美人有文韵，有诗意”，即“美人如诗”。所以，才子亲近美人，犹如亲近一首动人的诗篇，非仅“足以助致”，而且“可以开畅玄想”。二是美人可以助长才子之才情，即才子亲近美人，可使其“文无头巾气，诗无学究气”，产生“微闻香泽，倚马万言”的神奇效果。总之，才子因为“文韵”“诗意”而亲近佳人。虽然《悦容编》没有讲到，但事实上可以反过来这样说：拥有“文韵”“诗意”之佳人依恋才子，是为了寻求“知音”。“文韵”“诗意”，或者说，诗性精神，是才子佳人的黏合剂。

2

追踪才子佳人爱情模式的形成，当溯源于司马相如与卓文君。追溯才子佳人小说程式之远源，则是司马迁的《史记·司马相如列传》。较为集中地按照这种程式演绎爱情，是唐代传奇小说。尔后于明清之际，方才蔚为大宗，俨然成为其间中国爱情小说的主流。而关于相如文君情爱故事之本身，亦成为明清戏曲的一个重要题材。[2]

---

[1] 《香艳丛书》一集卷二。

[2] 以相如文君爱情故事为题材的戏曲，在明代杂剧中，有无名氏（或作朱有燉）《汉相如献赋题桥》、朱权《卓文君私奔相如》、许潮《汉相如昼锦归西蜀》；明代传奇中，有孙柚《琴心记》、杨柔胜《绿缘记》、徐复祚《题桥记》、韩上桂《凌云记》、陈玉蟾《凤求凰》；清代传奇中，有袁于令《鹔鹴裘》、朱瑞图《封禅书》、椿轩居士《凤凰琴》、黄燮清《茂陵弦》、许树棠《鹔鹴裘》、朱凤森《才人福》。现代京剧、评剧、越剧中有《文君当垆》、川剧中有《鹔鹴裘》。（据李修生主编《古本戏曲剧目提要》，文化艺术出版社 1997 年版）

才子佳人的爱情模式，以及以此为题材演绎而成的爱情小说，皆与司马相如和卓文君有关。可以说，司马相如与卓文君的传奇爱情，以及司马迁据此撰著的《司马相如列传》，在中国古代情爱史和爱情小说史上，皆具有典范意义。自汉代以来，中国文人在内心深处或轻或重地都有一种“相如情结”。这种“相如情结”，除了指仰慕司马相如之华彩辞章以及凭辞章动天子的传奇经历外，更主要的则是艳羡司马相如以才情动文君而得美妻，以及由此展现的浪漫飘逸的风流人格。所以，传统中国文人的“相如情结”，显现的实际上就是中国文人的爱情理想——才子配佳人。由司马相如和卓文君的传奇爱情所典范的才子佳人的爱情理想，主要有以下特点：

其一，一见钟情，才色互动。才子佳人的爱情往往是一见钟情式的，如《霍小玉传》中的李益与霍小玉，《莺莺传》中的张生与崔莺莺，《柳氏传》中的韩翊与柳氏，《李娃传》中的郑生与李娃，等等，皆是一见钟情。才子佳人一见钟情，是古代爱情故事中最动人的情节，亦是古代文人爱情理想中最富诗意的部分。因为青年男女在一见之际，在心灵相互碰撞的瞬间，能产生一种类似高峰体验的迷醉情绪，这是恋爱中最富诗意的一种情绪。所以小说家乐于构筑这个情节来加强作品的诗意性和戏剧性，才子亦幻想能遇到一见钟情的佳人，以便充分体验爱情的神秘与迷醉。

才子佳人一见钟情，触动此情缘之媒介是才与色，是才子之“才”与佳人之“色”的互动，引发了爱恋之情的发生。所以才子佳人的匹配，实际上就是郎才与女貌的结合。如司马相如与卓文君的相恋，就是大才与绝色的相恋。据《西京杂记》卷二载：

文君姣好，眉色如望远山，脸际常若芙蓉，肌肤柔滑如脂，十七而寡，为人放诞风流，故悦长卿之才而越礼焉。长卿素有消渴疾，及还成都，悦文君之色，遂以发痼疾。

文君“悦长卿之才”，相如“悦文君之色”，文君与相如之结合，正是才与色的绝妙组合。后世的爱情小说，大致都不出才色相配的类型程式。如《霍小玉传》中李益对霍小玉说：“小娘子爱才，鄙夫重色。两好相映，才貌相兼。”《柳氏传》中的李生，在撮合柳氏与韩翊之才色相恋时，说：“柳夫人容色非常，韩秀才文章特异。欲以柳枕荐于韩君，可乎？”值得注意的是，柳氏原为李生的幸姬，李生忍痛割爱，撮合自己的幸姬柳氏与韩翊的才色之恋。从李生的态度，足以反映出古人对才色之恋，有着何等突出的艳羡心理和成全态度，这正如杨义所说，李生“似乎超脱了人间伦理俗态，以诗人的静观，去鉴赏两美的聚头”[1]。

其二，重情义轻势利。才子佳人的才色之恋，具有重情义轻势利的特点，如卓文君之恋司马相如，非恋相如之势与利，“家徒四壁立”和托病离职的司马相如，亦无任何势利可言。文君所恋者，乃相如之才情风流。又如崔莺莺之恋张生，虽然最终必得以金榜题名为条件，促成皆大欢喜的大团圆结局，但崔莺莺本人却是以为“但得一个并头莲，煞强如状元及第”，“重功名而薄恩爱者，诚有浅见贪饕之罪”。莺莺之所恋者，亦是张生的才情风流。所以，才子佳人的爱情模式，较之以金钱和门第为条件的势利婚姻，的确要高雅脱俗得多。

论者以为，才子佳人爱情模式中，才子之“才”等同于钱财和权势，而且还有钱财和权势买不到的“魅力”和“价值”，即才子才气的充

[1] 杨义：《中国古典小说史论》第150页，中国社会科学出版社1995年版。

分施展和大功告成。[1]作者认为：佳人所重才子之“才”，虽然能带来权势富贵，但更主要的则是指才子的才情风流。这种才情风流有两层意义：首先，才子的才情风流，有提升爱情，使爱情超越化、审美化的功效。追求超越化、审美化的情感，是人类（包括佳人）天性中不可抑制的本能要求。其次，“有情必有才，才若疏，则情不挚”，[2]有大才者必尚义气重感情，故有“才气”“才情”之说。佳人钟情于才子之“才”，即钟情于才子之深情义气。所以，才子佳人的爱情模式，实际上就是对传统主流社会门当户对婚姻的抗拒与叛逆，体现了中国古人平等自由、重情尚义的爱情理想。

当然，在世俗生活中，才子亦不乏始乱终弃、薄情寡恩者，才子佳人在由恋爱发展到婚姻时，亦不乏追求门当户对者。但是，作为一种爱情理想，才子佳人的心灵深处自有一种超越的浪漫情怀在。才子佳人相契相合的基础是诗性精神。

其三，艺术化、审美化的交接方式。才子佳人的爱情多半是一见钟情，它虽然来得迅捷，但却一点也不让人觉得粗俗和鄙陋，相反，倒是颇有诗情画意。这主要得自于男女双方在交接过程中，采用的一种具有审美意味的挑逗方式。这种具有审美意味的挑逗方式，首先在司马相如与卓文君的交接中表现出来，用《史记·司马相如列传》的话说，就是“以琴心挑之”。这种挑逗方式，是把内心的欲念而且是突如其来的欲念，化为一种具有审美意味的表达方式，它在中国情爱史上具有原型和典范意义，是后代才子佳人恋爱活动中将性欲升华为情爱和美感的必要手段。

青年男女一见钟情，将幻想中的情意变成两心相依的爱情，必有

[1] 刘慧英：《走出男权社会的樊篱——文学中男权意识的批判》第21页，生活·读书·新知三联书店1996年版。

[2] 《青楼梦》第一回潇湘馆侍者评语。

某种挑逗手段以促成之。不同身份、阶层和个性的人，将会采用不同的手段，其间又有高下、雅俗和美丑之分。司马相如率先采用并为历代才子所仿效的“以琴心挑之”的手段，无疑是符合文人身份的一种高雅、脱俗的手段。作为一种原型，“以琴心挑之”的手段得到不断的丰富和发展，逐渐演绎成以弹琴、作诗、填词等为主要内容的综合性手段。这种具有艺术审美意味的挑逗手段，不仅符合文人的身份特征，而且还与爱情本身的艺术审美特点相吻合。如前所述，爱情是“肉体和精神的结合”，是建立在肉体和精神的基础上，以精神契合为最终目的的一种人际情感，具有明显的艺术审美特点。在所有人际情感中，除友情外，爱情与艺术审美的亲合关系最密切。因此，处理爱情的最佳手段莫过于艺术的方式。“以琴心挑之”正是这样一种艺术化的手段，它不仅与爱情本身的艺术审美特点相吻合，而且还有推动爱情审美化、艺术化的独特功效。[1]

3

才子佳人的爱情理想，建立在传统文人独具特色的诗性精神之基础上。在诗性精神和重文传统特别厚重的传统中国文化背景上，人们对才子佳人的浪漫爱情，总能持一种宽容和庇护态度，甚至是艳羡态度。

比如，司马相如对自己这段“琴挑私奔”的风流韵事，就颇有自夸自炫之意。据考察，《史记》《汉书》的《司马相如列传》，大体皆沿袭司马相如的《自序》。即“琴挑文君”的浪漫传奇爱情，乃出于司马相如的生平自叙。司马相如在自叙传里，津津乐道这段风流韵

[1] 以上两段论述，部分参考了张方《风流人格》第三章“琴心人心”，华文出版社 1997 年版。

事，实有自夸自炫之意。而唐代刘知几撰《史通》，却讥之为丑行，其云：

> 然自叙之为义也，苟能隐己之短，称其所长，斯言不谬，即为实录。而相如《自序》，乃记其客游临邛，窃妻卓氏，以《春秋》所讳，持为美谈。虽事或非虚，而理无可取，载之于传，不其愧乎！[1]

相如“持为美谈”的风流韵事，在刘知几这里被贬斥为“窃妻卓氏”之丑行。钱锺书又将相如《自序》比作西方的《忏悔录》，其云：

> 虽然，相如于己之“窃妻”，纵未津津描画，而肯夫子自道，不讳不怍，则不特创域中自传之例，抑足为天下《忏悔录》之开山焉。人生百为，有行之坦然悍然，而言之则色赧赧然而口呐呐然者。既有名位，则于未达时之无藉无赖，更隐饰多端；中冓之事，古代尤以为不可言之丑。相如却奋笔大书，“礼法岂为我辈设”“为文身大不及胆”，当二语而无愧。[2]

相如撰《自序》，是否真有忏悔之意，是值得怀疑的。其实，我倒是认为相如的自炫之想多于忏悔之意。“琴挑文君”，在相如本人看来是值得自炫之事，在后人看来却是丑行；在相如本人是风流韵事，在后人看来却是伤风败俗。这正如陈平原所说：

> 同是“琴挑卓文君”，唐人刘知几认为不道德，是伤风败俗的举动；汉人司马相如则觉得这是风流雅事，不只没必要隐瞒，还可以炫耀。所以，是否属于“忏悔录”，取决于立说时的心理状态。傲世越礼的司马相如，

[1] 刘知几：《史通·序传第三十二》。

[2] 钱锺书：《管锥编》第一册第358～359页，中华书局1986年版。

对自己的特立独行，很是得意，在自传里讲述当年如何“琴挑卓文君”，根本就没有忏悔或自我反省的意思。只不过斗换星移，到了唐代，道德标准变了，刘知几觉得此举惊世骇俗。又过了一千年，钱锺书以唐人的评价来解读汉人的心态，于是出现了“过度阐释”。[1]

刘知几指责司马相如“窃妻卓氏”“理无可取”，这只是他个人的观点，并不能代表唐人的普遍看法。事实上，在唐代，社会各阶层人都普遍热爱诗歌，推崇诗人，成全才子佳人，对才子佳人的风流韵事持着欣赏和艳羡的态度。据孟棨《本事诗·情感》载：

开元中，颁赐边军纩衣，制于宫中。有兵士于短袍中得诗曰：沙场征戍客,寒苦若为眠。战袍经手作,知落阿谁边？蓄意多添线,含情更著绵。今生已过也,重结后身缘。兵士以诗白于帅,帅进之。玄宗命以诗遍示六宫,曰：有作者毋隐，吾不罪汝。有一宫人自言万死。玄宗深悯之，遂以嫁得诗人。仍谓之曰：我与汝结今身缘。边人皆感泣。

这个故事本身的真实性很难断定，宫女与兵士亦非才子佳人。不过，值得注意的是，成全兵士与宫女“今身缘”的，不是其他，而是诗。与其说唐玄宗是同情宫女、兵士的怨旷，不如说是欣赏宫女的诗才，因赞赏宫女的诗才而成全宫女与兵士的“今身缘”。诗歌成为这段姻缘的触媒，热爱诗歌的唐玄宗成全了这段姻缘。与这个故事相类似的，在宋代有关于宋祁的一段风流佳话。据《本事词》卷上载：

宋子京尝过繁台街，遇内家车子数两，适不及避。忽有褰帘者曰：

[1] 陈平原：《从文人之文到学者之文——明清散文研究》第99页，生活·读书·新知三联书店2004年版。

> 小宋也。子京惊讶不已，归赋《鹧鸪天》云：画毂雕鞍狭路逢，一声肠断绣帘中。身无彩凤双飞翼，心有灵犀一点通。金作屋，玉为栊，车如流水马如龙。刘郎已恨蓬山远，更隔蓬山一万重。词传，达于禁中，仁宗知之，因问第几车子何人呼“小宋”。有内人自陈云：顷因内宴，见宣翰林学士，左右内臣皆曰“小宋”，时在车中偶见之，呼一声尔。上召子京，从容语及，子京惶悚无地。上笑曰：蓬山不远。即以内人赐之。

这个故事有明显模仿前述唐代“宫妇兵士”故事的痕迹，因此，其真实性亦很值得怀疑。不过，文人热衷于编撰这类故事，亦颇能说明他们的一种普遍心理：诗词是爱情的触媒，才子获得佳人青睐的法宝是手中的诗笔，皇帝面对诗人手中的诗笔，亦得忍痛割爱，妥协退让。这当然是文人的白日梦，但亦是文人的一种普遍心理，同时亦从一个侧面反映了唐宋时期社会上层对诗词的热爱和对诗人的推崇。又据《全唐诗》卷八〇〇载：

> 晁采，小字试莺，大历时人。少与邻生文茂约为伉俪，及长，茂时寄诗书，通情采。以莲子达意，坠一于盆，逾旬开花并蒂。茂以反采，乘间欢合。母得其情，叹曰：才子佳人，自应有此。遂以采归茂。

一乡间老母对才子佳人的浪漫爱情，尚且有如此宽容的态度，社会上一般人的态度亦就可想而知。晁母成全女儿与文茂的姻缘，乃因文茂是才子，是诗人。是文茂的诗人身份获得了晁母的欣赏和谅解，成全了他与女儿的姻缘。唐代社会下层对诗歌的热衷和对诗人的推崇，于此可见一斑。

此类因诗歌获得佳人青睐并进而成就美满姻缘的风流佳话，在唐宋时期广为流传。据《本事诗》载：李司空罢官居京，慕刘禹锡之诗名，邀至府中，盛情款待，在酒宴上，司空命家妓唱歌侑酒，刘禹锡席上赋诗云："鬟髯梳头宫样妆，春风一曲杜韦娘。司空见惯浑闲事，断尽江南刺史肠。"李司空激赏其诗，遂将家妓慷慨相赠。又如韩晋公镇浙西，诗人戎昱为浙西某郡刺史，深爱一绝色酒妓。而浙西乐将甚重酒妓妙才，请示晋公后，召置乐籍中。戎昱饯酒妓于湖上，以诗相赠，嘱其于乐籍中唱之。酒妓至乐籍，于晋公前唱戎昱诗。晋公知其隐情，命人鞭打乐将，赠酒妓细绢百匹，即刻送还戎昱。像这类故事，在唐宋以来的笔记小说中，俯拾即是。它的广泛流传，反映了传统中国人普遍崇尚诗歌和推崇诗人的文化心态。

总之，传统中国是一个诗的国度，是一个热爱诗歌和推尊诗人的社会，是一个欣赏、艳羡和成全才子佳人的社会。黄家遵通过对才子佳人风流韵事的考察，指出传统社会对才子佳人的两点态度：

> 第一，调戏人家妇女，在唐宋时自然是一种妨害风化而应受处罚的事，可是如果他是一个书生，他是一个能诗者，他们就可以任意胡为，不受责罚，甚至反要加赏。第二，才子佳人好像是天生的配偶，所以统治者遇到才子佳人私奔或单恋的案件，却反要替他们撮合，好像这是"替天行道"。这种现象是当时社会制度上的矛盾，这种矛盾显示着礼教对于性的禁压的无用。[1]

所以，作者认为，才子佳人的浪漫爱情，不仅仅是才子佳人，而且亦是整个中国古人的爱情理想。

---

[1] 黄家遵著、卞恩才整理《中国古代婚姻史研究》第 339 ~ 340 页，广东人民出版社 1995 年版。

4

最后需要讨论的，是官商势力在传统中国情爱生活中的角色特征。通过官吏、商人和才子在情爱生活中的角色特点的对比，可以进一步彰明才子佳人爱情理想形成的文化根源。

才子佳人的契合点是诗性精神。传统中国人常言“才子佳人”“郎才女貌”，之所以没有“商贾佳人”“官吏佳人”或“郎财女貌”“郎官女貌”之类的说法，或者说，官吏、商人之所以不能成为佳人用情的最佳人选，就是因为官吏、商人身上缺乏才子所具备、佳人所追求的诗性精神。一般地说，官吏代表的是权势，商人代表的是金钱。官商代表的权势富贵，与才子佳人所追求的诗性精神，风马牛不相及。所以，在传统中国社会，本着对诗性精神的执着追求，人们理想中的情爱模式是才子佳人。只有才色之恋，没有财色之恋和官色之恋，即使有，亦不是人们所理想的。

钱财为生活所必需，富贵为人人所向往，势位可以带来钱财，造就富贵，这正如战国纵横家苏秦所说：“人生世上，势位富贵，盍可忽哉！”[1]传统中国文人当然不能免俗，为追求势位富贵而像潘岳那样“望尘而拜”，亦不在少数。但是，在一般情况下，传统中国文人在追求势位富贵时，总不能像一般凡夫俗子那样心地坦然，他们必须顾及社会舆论，以及社会对他们的角色期待。“不汲汲于富贵，不戚戚于贫贱”，超然物外，安贫乐道，以精神生活的充实和人格境界的高尚为人生之最高追求。这是社会对文人才子的角色期待。所以，文人才子虽然和常人一样，有对势位富贵的追求和向往，但他们行动起来总是遮遮掩掩的，不如官吏、商人那么坦荡。当然，在传统中国社会，大多数文人才子对势位富贵还是持着一份比较超然的态度，《世说新

[1] 《战国策·秦策一》。

语》中有几则材料颇能说明这个问题。

王夷甫雅尚玄远，常嫉其妇贪浊，口未尝言“钱”字。妇欲试之，令婢以钱绕床，不得行。夷甫晨起，见钱阂行，呼婢曰：举却阿堵物。[1]

管宁、华歆共园中锄菜，见地有片金，管挥锄与瓦石不异，华捉而掷去之。又尝同席读书，有乘轩冕过门者，宁读如故，歆废书出看。宁割席分坐曰：子非吾友也。[2]

人有问殷中军：何以将得位而梦棺器，将得财而梦矢秽？殷曰：“官本是臭腐，所以将得而梦棺尸；财本是粪土，所以将得而梦秽污。[3]

王夷甫虽然清高，但其行为未免矫情。管宁视“片金”与“瓦石”无异，是心中无金；华歆“捉而掷去之”，是心中有金。故与管宁相比，是略逊一筹。对“乘轩冕过门者”的表现，亦显示出二人对势位的不同态度。

其实，官是臭腐，财如粪土，这并非仅是魏晋名士的放达之言，清流才子和绝世佳人亦多有如此超然之态度。因此，在传统社会的文人士大夫之间，值得炫耀的不是权势和金钱，而是诗才，甚至是作为红颜知己的女人，或者是“绝艺上色”之家妓。这正如江晓原所说：

财富的功能之一是供人向外界炫耀，以便自高身价而获得心理满足。炫示之物，下焉者不过金银珠宝，稍高则为古玩、名马、豪宅之类，最高者却是女人，主要是达官贵人的家妓。家妓是主人身份地位和财富的重要表征，如果她们年轻美丽、工歌善舞，就会给主人带来极大荣耀。……

[1] 《世说新语 · 规箴》。

[2] 《世说新语 · 德行》。

[3] 《世说新语 · 文学》。

为什么被认为真正善写富贵的诗句不是“老觉腰金重，慵便枕玉凉”而是“笙歌归院落，灯火下楼台”，道理也是一样。腰金枕玉与“不惜珊瑚持与人”都只是夸耀物质财富而已，而更高层次的富贵要靠“绝艺上色”的歌妓们来显示，因为她们是真正的“文化财”。[1]

这种社会风气，的确显示了传统中国文人士大夫对势位富贵的超然态度和浪漫精神。

正因为清流才子和绝世佳人对势位富贵常常持着一种超然的态度，在诗性精神的追求上表现出共同的价值取向，所以，传统社会的经典爱情多发生在才子佳人或英雄美人之间，官吏和商贾从来不曾成为超越爱情的主角。即使出现在爱情故事中，一般都是反面角色，因为他们往往把势利带入情场，以势利交换爱情，是破坏诗意爱情的祸首。如《陌上桑》中的使君，《杜十娘怒沉百宝箱》中的孙富，就是两个典型的例子。

如果青楼妓女亦可以称为佳人，那么，看看她们对嫖客的态度，便可明白官吏、商人和才子在她们心目中的不同地位。

先说商人。

传统中国自秦汉以来就推行着“重农抑商”的政策，压制商业的发展，视经商为末技，称商人为“贱民”或“奸商”。因此，在传统社会，商人一直处于受人歧视的卑贱地位；在爱情故事中，亦常常成为被才子佳人奚落、调侃的反面角色。比如，在白居易《琵琶行》中，琵琶女“老大嫁作商人妇”，斥责“商人重利轻离别”，商人在这里

[1] 江晓原：《性感——一种文化解释》第 30 ~ 31 页，海南出版社 2003 年版。

已是美满爱情的反面角色。[1]又如，据《李师师外传》记载：宋徽宗以“大买赵乙”的身份拜会名妓李师师，师师“意似不屑，貌殊倨，不为礼”，李姥埋怨道：“赵人礼意不薄，汝何落落乃尔？”师师说：“彼买奴耳，我何为者？”[2]李师师不屑于“买奴”，商贾在佳人心目中的地位，于此可见一斑。又据俞樾《右台仙馆笔记》载：汉皋妓李玉桂钟情于旅食京华的清贫才子李孝廉，“有富商某，艳其色，强委千金于其假母，劫之去”，李玉桂仰药而死。佳人重才情，假母重钱财。故于嫖客，佳人重才子，假母爱富商。而青楼妓女往往提出折中的两全之策：“价由母定，客则听女自择之。”青楼中的此类财、情冲突，于“三言”“二拍”的才子佳人故事中，时有可见，应该说这是有一定现实基础的。

“重农抑商”政策并不能完全抑制商业活动的开展，社会商品流通的实际需要和商业活动本身巨大的经济利益，刺激着商业的发展。因此，宋元以来，随着商品经济的发展，商人阶层逐渐发展壮大，他们凭着手中的金钱堂而皇之地出入青楼楚馆，与只认钱财的鸨母勾结起来，成为破坏才子与妓女爱情的罪魁祸首。研究者指出：“元代士子娼妓爱情剧的结构模式通常呈‘三角之势’，即士子和妓女恋爱，中间来个商人制造麻烦，而鸨母站在商人一边。这种结构模式，反映出元代商人势力的崛起、士商关系的变化以及这二者对古典青楼文化的冲击和影响。”在这类爱情故事中，商人以钱财挤兑才子，才子以风雅自居，嘲弄商人庸俗乏味、铜臭熏天。作家亦往往站在才子一边，“带着一分怨气、二分怒气、三分傲气，尽情嘲弄商人的庸俗无聊”，

[1] 何海鸣《求幸福斋随笔》说：“白傅有诗曰：老大嫁作商人妇。妓在当时以嫁商人为可悲，盖商人不知风雅也。今日则商人占妓寮中第一把交椅，而所谓政界官宦者又大都为浪子流氓，质言之，均所谓不知风雅为何物也。”（第 64 页，上海书店出版社 1997 年版）

[2] 《香艳丛书》二集卷四。

把商人塑造成委琐邪恶、庸俗乏味的小人。[1] 作家的这种态度，体现的是传统中国文人的才子佳人式的爱情理想。

再说官吏。

官吏在爱情故事中的角色形象，亦不甚光彩。虽然古代中国是一个官本位社会，但才子佳人以官为臭腐的观念却普遍存在。因为官吏混迹官场，不免溜须拍马，逢迎阿谀，尔虞我诈，勾心斗角，养成狡诈贪婪、背信弃义的不良品性。因此，在风月场中，官吏往往被预想为道貌岸然、仗势凌人、骄横跋扈的角色形象，佳人对之总是持着一种惧怕和厌恶心理。如汉乐府民歌《陌上桑》中，美丽动人的罗敷展现在世人面前，村野匹夫和使君的态度迥然有别。村野匹夫见到美貌的罗敷：

> 行者见罗敷，下担捋髭须。少年见罗敷，脱帽著帩头。耕者忘其犁，锄者忘其锄。来归相怨怒，但坐观罗敷。

使君见到罗敷：

> 使君从南来，五马立踟蹰。使君遣吏往，问是谁家姝。秦氏有好女，自名为罗敷。罗敷年几何？二十尚不足，十五颇有余。使君谢罗敷，宁可共载不？

村野匹夫和使君都被罗敷的绝世美貌所吸引，但其表现出来的态度则是不同的。村野匹夫是欣赏，仅仅是对美貌的欣赏，作者“袒露

[1] 龚斌：《情有千千结——青楼文化与中国文学研究》第 260、262 页，汉语大词典出版社 2001 年版。

了村野鄙夫的天真，也让我们看到了他们的可笑。他在夸张美色的惑人之力的同时，也不怀恶意地揶揄了那些被匆匆走过的漂亮女子迷住了的男人。但他仅仅以开玩笑的态度写了这一切，因为他们的向往起于一念之间，他们并没有把痴迷变成行动”。[1] 而使君被罗敷的美貌吸引，则是“五马立踟蹰”，真是欲罢不能。他的问题是把“痴迷变成行动”，不仅仅是对美貌的欣赏，而是意欲占有，并且是满怀信心地以权势地位作法码，其庸俗邪恶的形态跃然纸上。官吏在美人面前的可恶嘴脸，于此可见一斑。

又如，据金人刘祁《归潜志》卷六载：

> 御史大夫合住因事过宿，牙虎带馆之酒肉，使妓歌于前。及夜，因使其妓侍寝。迟明将发，令妓征钱，合住愕然。牙虎带强发其箧，取缯帛悉以付妓，曰：“岂有官使人而不与钱者乎？合住无以对而去。

御史大夫合住在风月场中的此种无赖表现，恐怕在古今官场中是相当普遍的。在这里，他们连商贾都不如，商贾嫖妓付钱，至少算是有偿服务。而官吏仗势欺人，纯属无耻。

总之，才子配佳人，佳人重才子，才子佳人是传统中国人的爱情理想。佳人重才子而轻商厌官，体现了传统中国人重情义而轻势利的爱情理想，反映了传统中国人对诗性精神的执着追求。[2]

---

[1] 康正果：《风骚与艳情》第 101 页，上海文艺出版社 2001 年版。

[2] 三国魏人张楚，不学无术，却养了许多歌妓，经常带上歌妓遨游，但在中国文化史上却未被作为佳话流传。东晋名士谢安携妓作东山之游，却被作为风流佳话，广为传播，引来后世诗人如李白等人的艳羡和推崇。张楚和谢安携妓遨游，其行为方式并无二致，但其影响却大相径庭。原因就在于，一为不学无术之徒（张楚），一为东晋风流名士领袖（谢安）。名士携妓遨游，是雅事；不学无术之徒携妓遨游，则是俗事。这个方式相同而影响迥异的例子，足以说明传统中国人的诗性精神和情爱心理。

二、传统中国文人的“相如情结”

在世界文化史上，每一个民族都有自己的文化偶像，偶像崇拜意识深入人心，逐渐积淀和凝练，便演绎成一种情结，成为影响日常生活的潜在意识。此种偶像意识或情结，由个别发展到一般，进而成为社会中某一群体甚或全社会的自觉意识或情结。比如，在传统中国，有全社会共同的“皇帝情结”，有道德家群体的“孔圣情结”，有文学家群体的“诗圣情结”。本节就文学家群体的“相如情结”作专题讨论，探讨其产生的文化背景和内涵，讨论其对传统中国文人之思想、行为所发生的影响。

1

司马相如，蜀郡成都人，西汉武帝时代著名的辞赋家，著有《子虚上林赋》等作品。其一生中有两件大事，最为后人所称道或艳羡，亦为其本人所夸耀和自豪。其一，是以一篇《子虚上林赋》惊动天子，致使武帝有“朕独不得与此人同时”之感叹，进而召至京城，授职封官；其二，是以超奇手段获得美艳文君和巨额嫁妆的风流韵事。汉魏以来的文人学士，由惊讶司马相如的独特经历，到艳羡司马相如的文采风流，到模仿崇拜司马相如，而最终积淀成一种在大部分传统文人学士心灵深处普遍存在的“相如情结”，并对其日常生活产生了比较重要的影响。

关于对司马相如的评价，犹如对他所代表的赋体文学一样，在中国文学史上常常引起争议。推崇者和指责者意见分歧甚大，而最为奇特的是，推崇者常常又是指责者，两者往往兼于一身，仅仅有表达意见的时间或场所的不同而已。

就其所代表的赋体文学而言。赋体，尤其是司马相如代表的大赋，在中国文学史上的地位及其所获致的评价，是相当特殊。一方面，大赋铺张扬厉，纵横驰骋，是歌功颂德、呈祥示瑞的最佳文体，故而统治者出于润色鸿业之需要，提倡它，鼓励文人的创作；而文人学士为了“帮忙”或“帮闲”以获取统治者的好感，亦穷心尽力地创作。所以，大赋虽盛行于汉代而衰败于魏晋以后，但其衰而不亡，自唐以来直至今日，其创作仍然不绝于缕，其原因部分即是因此。其次，大赋创作之艰难，古代文体无有出其右者，天才如司马相如写作《子虚上林赋》，都要“几百日而后成”；左思创作《三都赋》，亦费尽十余年的功夫；扬雄作赋，竟致体病，“梦五脏坠地”；而桓谭诸人便干脆放弃创作。大赋创作如此艰难，可它对文人又有相当的吸引力。因为它是古代诸种文体中最能展示渊博学识和艺术才华的体裁之一。一般而言，赋诗吟词于杯酒之间，固能展示文采风流，但因其篇幅较小，制作甚易，不足以充分展示作者之学识才情。愈是困难的就愈有吸引力，因为它能展示真功夫，炫耀真才学。因此，翻检魏晋以来文人之诗文别集，你将发现：知名的和不知名的、入流者与不入流的、擅长的与不擅长的，其别集之卷首或多或少都有几篇赋作。这似乎是一种态度，标志着你对文学的虔诚；亦好像是一张门票，表明你已经踏入了文学的圣殿。总之，魏晋以来的文人创作大赋，或为润色鸿业的目的，或为显示才情学识，故其创作虽衰败但不衰亡，仍在文人学士之心目中占有相当重要的地位。另一方面，对于大赋的指斥，自汉代以来就从未停止过。比如在汉代，大赋便被指斥为“虚辞滥说”“劝百讽一”，而唐宋以来的道德家和理学家，对其批评指责更是不遗余力，甚至几乎是全盘否定。所以，在传统中国，文体有六（诗、文、赋、词、曲、小说）而正统有三（诗、文、赋），赋之一体虽与诗、文并居正统，但它在传统中国文人心目中的地位，则是居于正统与非正统之间。所以我们说它的地位是特殊的，甚至是奇特的。

再说司马相如其人。人如其文，司马相如在中国文学史上的地位及其所获致的评价，犹如他代表的赋体文学一样，亦是相当特殊的，甚至是奇特的。相如之性情及其一生经历，就犹如一篇大赋。其出使西南夷，为汉王朝的疆域扩张与统一，立下了汗马功劳。此间撰写的《喻巴蜀檄》《难蜀父老》，表明他对大汉帝国的热爱，对“非常之人”汉武帝的钦仰与崇敬，是发自内心的，是真诚的。临终之际抱病草撰《封禅书》，亦体现了他对王朝的真诚和对政治的热情，是至死不渝、保持终生的。在如此背景下理解《子虚上林赋》，其以铺张扬厉之手段所进行的歌功颂德，是可以获得同情之理解的，因为他是真诚的。真诚的颂赞与虚伪的奉承，不可等量齐观。同时，犹如汉赋之铺张扬厉和虚辞滥说，司马相如其人又是放纵的、夸诞的。他在道德家眼里常常是一个异端分子，其出使受金，琴挑私奔，临邛当垆近乎巧取，贪恋美色发疾终身，都表现出其夸诞与放纵的一面。然而，他的才情风流，他以一篇《子虚上林赋》而获得天子的赏识，他以独具的才情获得文君之青睐，并以超常的方式获得美满爱情。此种极具魅力的传奇经历，获得了后世文人学士的艳羡和崇拜。

总之，文如其人，人亦如其文。司马相如及其代表的大赋，在中国文学史上的地位及其所获致的评价，是指责与推崇并存，鄙薄与艳羡同在。因此，相如其人其赋便成为一个富于个性的矛盾体，所谓的传统中国文人的“相如情结”，便在这个矛盾体中产生。

2

对于传统中国文人来说，“洞房花烛夜，金榜题名时”，是一生中最重要的两个时刻。或者说，传统中国文人一生中最重要的两件大事：一是洞房花烛，二是金榜题名。前者是指婚姻，后者是指为官。二者构成了传统中国文人“成家立业”的人生理想。它虽然不如“治国平天下”的豪情和“家事国事天下事事事关心”的壮志，亦缺乏隐居南山、濯足清流之清高和睥睨世俗、仗剑远游之潇洒，但它是真实的，是实实在在的个人生活，没有虚张声势，没有虚情作秀；它虽然是世俗的，但更符合人之自然本性，是“治国平天下”的豪情壮志之基础和前提。

在传统中国文人的这两件人生大事上，司马相如皆为之提供了一个奇特而浪漫的经典范例。其一，是他与卓文君演绎的由琴挑而私奔的爱情传奇，为后世才子佳人树立了一个虽然不是人人皆能实现但确是人人皆在梦想的情爱典范；其二，是他以华彩辞章惊动天子而获得君王赏识并赐官职的传奇经历，亦为后世才子提示了一条富有传奇色彩的，虽然未必是人人都能走得通但确是人人皆向往的入仕途径。

先说“洞房花烛”。

婚姻为人生之必需。传统中国人讲结婚为“完婚”，意谓一个人只有通过婚姻才能达致人生之完整境界；儒家学者讲“治国平天下”，必以“修身齐家”为前提，亦重“齐家”之婚姻于人格健全的意义；或如辜鸿铭所谓，没有婚姻家庭的爱国者只能被称作“强盗爱国者”。因此，经历洞房花烛的美妙时刻，是实现健全人格和完整人生的必要条件。但是，在传统社会，男女婚姻不是“情人婚姻”，而是“社会婚姻”，婚姻中渗透着非常浓厚的功利色彩，联姻方式是父母之命与媒妁之言，联姻目的是广家族与繁子孙。即男女双方皆本着社会使命和家族责任，经历洞房花烛，走进婚姻生活。

相如与文君的婚姻一反传统模式，它抛弃了社会使命和家族责任，是基于爱情的结合，是才色之恋，极富浪漫精神和传奇色彩。其“奇”

主要体现在以下几个方面：其一，是一见钟情。真正的爱情必须是一见钟情，在一见之际发生的那种类似高峰体验的迷醉情绪才是爱情。男女之间通过熟悉了解、长期磨合逐渐培养起来的感情是友情，不是爱情。相如文君是典型的一见钟情，准确地说，是“一闻”而非“一见”，此为一奇。其二，是“以琴心挑之”的传情方式。传统婚姻是以父母之命、媒妁之言促成，以红娘或月老往来其间传递情意、沟通信息。而司马相如与卓文君则是以文人特有的艺术化、审美化的手段传情达意。一个“挑”字，当然足见司马迁用词之精妙，但亦颇能准确传神地展现司马相如的浪漫风流。其三，是才色之恋。传统婚姻讲门当户对。“家徒四壁立”的司马相如吸引卓文君的不是门户，而是才情；豪商出身的卓文君吸引司马相如的不是财物，而是美色。故《西京杂记》卷二载：

> 文君姣好，眉色如望远山，脸际常若芙蓉，肌肤柔滑如脂，十七而寡，为人放诞风流，故悦长卿之才而越礼焉。长卿素有消渴疾，及还成都，悦文君之色，遂以发痼疾。

相如“悦文君之色”，文君“悦长卿之才”，相如文君是典型的才色之恋，是大才与绝色的聚首。其四，是私奔。传统婚姻讲明媒正娶，以仪式形式确定婚姻双方的名分，见证婚姻的合法性质。而相如文君不求名分，不论是否合法，抛弃仪式，任情私奔，一任激情之自然流露，极具浪漫精神。其五，是临邛当垆，以近乎巧取的方式获得巨额嫁妆，此虽为道德家所不耻，却奠定了相如文君浪漫爱情生活的物质基础。

相如文君的婚姻爱情有此五奇，故其浪漫精神和传奇色彩特别显著，在中国文化史、文学史上皆有比较重要的影响。它作为传统中国人的两大爱情理想模式（才子佳人和英雄美人）之一——才子佳人——的原型，不仅为后来才子佳人的谈情说爱树立了一个典范，而且传载此事的《史记·司马相如列传》亦成为唐宋以来才子佳人爱情小说所仿效的一个范本。因此，它不仅在中国古代情爱生活史上具有原型意义，而且在古代中国爱情小说史上亦具有典范价值。

现实生活中并没有那么多才子佳人的风流韵事，可是我们的古代小说家却编撰了如此丰富的才子佳人的爱情小说，以致一提及爱情小说，就自然联想到才子佳人；古代读者如此热衷阅读才子佳人的爱情小说，以至于它在明末清初形成一项文化产业，众多书商邀请写手编撰此类小说，以满足读者的需要和自身的赚钱目的。作者的热心创作和读者的热情阅读，其所呈现出来的社会心理，是文人对现实婚姻的不满足和对理想爱情的向往。从向往才子佳人的风流韵事到追捧才子佳人的爱情小说，归根结底，就是对相如文君的追慕与向往，就是每一位作者和读者的心灵深处，皆有一种深深的“相如情结”。

3

再说“金榜题名”。

传统中国文人皆有较强的功业意识，把“治国平天下”作为人生的重要追求，把“大济苍生”“兼济天下”作为人生的理想目标。实现此种理想追求之动机，或有尽国民一己之义务而报效国家和获取功名富贵以光宗耀祖之不同，但其最终目的皆是为展示个人在社会上的价值和意义。因此，“十年寒窗”的苦心求学，是为“货与帝王家”和光宗耀祖做前期准备。

“学而优则仕”，传统中国文人经过“十年寒窗”的苦心经营后，欲步入仕途，实现“兼济天下”和光宗耀祖之宏愿，首要的路径就是参加科举考试。自隋唐以来推行的开科考试，的确给社会中下层文人提供了一条步入仕途、挤进上层和实现人生理想的方便途径，让社会中下层文人与上层贵族子弟同台竞技，一定程度上体现了社会发展的公平化趋势；而宋代以来糊名制的实施，又使此项制度更加的公平和公正；宋元以来推行的以四书为依据、以八股为模式的考试方式，又使考试有了规范化、程式化的特点。历代文人在科举道路上经历的坎坷曲折和体验的辛酸苦辣，在吴敬梓《儒林外史》一书中有最充分、最深刻的表现。客观地说，科举制度在封建国家的人才选拔中的确发挥过重要作用，更为社会的公平公正的发展起了重要的推动作用。但是，另一方面，它那种日趋规范化和程式化的考试模式，如以四书为依据的八股取士，又反过来束缚了文人的创造性，限制了天才的自由发挥，桎梏了社会文化的发展。当然，这是任何一项制度走向规范化、程式化后必然可能出现的现象，非仅科举制度如此。因此，科举考试虽然有种种优点，千余年来若干文人学士为之努力拼搏，头悬梁，锥刺股，备尝艰辛苦难，但是，在其内心深处则有一种反感与叛逆，特别是个性精神和主体意识比较强烈的文人，只不过他们别无选择，只能如此。要不然，像李白这样的天纵奇才，则会干脆拒绝参加考试。

在抗拒程式化的科举考试的进程中，另一条入仕路径被开辟出来，即所谓的“终南捷径”。“终南捷径”之所以可能走通，主要是基于传统中国文化对隐士的美化和赞赏，以为隐士必有高风亮节和渊博学识。统治者招选隐士，亦并非完全是因其人格与学识，主要还是为展示一种包容万象的文化姿态，以点缀其政治之开放与胸襟之宽博。“终南捷径”虽然较科举考试自由洒脱，不拘一格，但它更加具有不确定性，或者说是可遇而不可求的，是特例而非惯例，且有虚伪作态如《北山移文》所讽刺者，故对仕进心较为强烈的文人学士，并不具备很大的吸引力。

科举考试是文人入仕的主要途径，“终南捷径”则只是入仕通道上的一个可遇而不可求的小小补充。对文人学士有着较强吸引力的入仕方式，还有司马相如开辟的以华彩辞章动天子而获得君臣契合的路径。据《史记·司马相如传》载：相如以赀为郎，会景帝不好辞赋，便客游梁国，作《子虚赋》，武帝读之，有“朕独不得与此人同时”之感叹，杨得意荐相如于武帝，作《上林赋》，武帝大悦，以为郎。司马相如开辟的此种入仕方式，对文人学士具有相当的吸引力。首先，文人之特长是诗赋创作，文人用以入世之资本是华彩辞章。以华彩辞章奉献君王而获器重，或君王读其华彩辞章而召引之赏识之，此最符合文人之身份特征，或者是文人分内应有之荣幸。其次，文人浪漫风流，率真自然，参加科举考试则受程式化考试制度之拘束，而倍感压抑。即使走通“终南捷径”亦会招来虚伪作态之讥讽。不以传统规矩，而是出奇制胜，以华彩辞章惊动天子而获器重，则与文人率真自然之本性特征正相吻合，亦更能获致声名，更能产生轰动效应。其三，以华彩辞章惊动天子而获招引，此乃文人与君王之间因共同的文学爱好而达成的契合，是一种精神上的默契，近乎文友关系，部分实现了自孟子以来之文人学士企望与天子建立师友关系之梦想，因而对文人亦有相当的吸引力。在中国文学史上，文人与君王之间达成此种契合关系的，可能仅有相如与汉武帝、李白与唐玄宗。

总之，在中国文学史上，司马相如是第一个单靠华彩辞章惊动天子而获得招引器重的文士，正如他以非常规的情挑私奔的方式获取美满婚姻，他亦以超奇的途径获得至尊天子的青睐赏识。司马相如的华彩辞章，自汉代以来便在文学史上凝练成一个标志性的符号，如西汉长安人庆虬之作《清思赋》，人不甚重，后托以为相如所作，遂大见重于世。[1]扬雄作《成都城四隅铭》，“蜀人有杨庄者为郎，诵之于成帝，以为似相如，雄遂以此得见”[2]。至于有很深“相如情结”的李白拒绝以科举入仕，最终以诗歌得到玄宗召见，亦近乎相如经历之重演。杜甫于开元中春节期间向唐玄宗献《三大礼赋》，而获得待诏翰林之赏誉。总之，这是一条最符合文人身份、最能展示文人才情风流、最契合文人之个性特征的入仕道路，因而对文人学士最具诱惑力。此为传统中国文人的“相如情结”的另一项重要内容。

4

综上所述，传统中国文人的“相如情结”，其内涵有二：一是艳羡司马相如以琴挑私奔的超常手段获取美满爱情之风流韵事；二是向往司马相如以华彩辞章惊动天子而获招引赏识之奇特经历。此二事之共同特点就是超常出奇，因而亦极富浪漫精神，与文人的精神境界正相契合；此二事乃文人一生中最重要的两件大事，与文人的现实生活关联紧密，因而亦很有现实意义。所以，所谓“相如情结”，就是传统文人的世俗生活和精神追求相结合激荡而产生的一种情愫、一种理想。当然，并不是每一位文人都有司马相如这种与文君的风流艳遇和与武帝的神情契合，但是，作为一种理想追求，作为一种愿望情结，每一位文人都幻想这种可能性发生在自己的身上。这亦是传统文人热衷编撰和阅读才子佳人爱情小说的一个深层的心理因素。

根据弗洛伊德的精神分析学观点，人的深层心理结构分为潜意识、前意识和意识三层次，或本我、自我和超我三层次。所谓潜意识是指被排斥在意识之外的、潜伏于内心深处的最原始的本能，它不仅不易

[1] 《西京杂记》卷三。

[2] 李善注《文选》引扬雄《答刘歆书》。

为外人所知晓，有时自己亦未必能自觉到它的存在，即使自觉到它的存在亦未必有勇气公之于众，用中国人的话说，是摆不上桌面的，但它在人的生活中起着支配性作用。所谓意识，就是显现于外的，主体可以明确认识到的，它在整个人的心灵中起着检察官的作用，控御着人的愿望和动机，是可以公之于众而毫无愧色的，用中国人的话说，是摆得上桌面的。根据弗洛伊德的观点，潜意识和意识都是客观存在的，相较而言，潜意识更真实，更具内驱力，因为它是一种本能的冲动。弗洛伊德在潜意识之基础上提出了"情结"这个概念，以为所谓的"情结"是在个体的潜意识领域所形成的创伤性记忆。本节所使用的"情结"一词是泛指，即概指某种文化意识对人类发生深入影响后所积淀而成的一种共同的心理或情愫，而非特指在潜意识领域所形成的创伤性记忆。我们认为："情结"作为一种意识，亦有显、潜之分，亦有摆得上桌面的"情结"和摆不上桌面的"潜情结"之区别。若就本节开篇所谓之"孔圣情结""诗圣情结"和"相如情结"而言，前者是文人学士的"显情结"，后是则是"潜情结"。

先说前者。传统中国的教育是一种正本清源的德性教育，以"四书五经"为教材，以德行操守为教学内容，意在培育国民以德行操守为根基的家国意识，使之进可成为治国平天下的国家栋梁，退可成为风化一乡的道德君子，此即儒家所谓的"达则兼济天下，穷则独善其身"。在此种教育背景上成长起来的传统文人，自然有极强的家国意识和功业意识，并且往往高自标持，以澄清天下为己任，以治国平天下为职责，以"先天下之忧而忧，后天下之乐而乐"为人生信条。因此，在道德境界上，推崇孔孟，形成"孔圣情结"，在文学艺术与人生境界上，仰慕杜甫"致君尧舜上，再使风俗淳"的执着精神，积淀成"诗圣情结"。对这种因德性教育而激发出来的崇高理想，以及由此积淀而成的“圣人情结”，后人理当报以深挚的敬意。因为中华民族两千多年的辉煌历史，正是在传统文人此种崇高理想和圣人情结之激励下创造而成，历史上亦的确出现了若干被这种精神所感召和被这种情结所驱动的圣人、准圣人、圣人后。但是，正如民众仰仗清流，社会上便出现若干假清流；舆论推崇隐士，社会上便出现若干伪隐士；国家社会期待治国平天下的君子，社会上必然便有诸多的伪君子。因此，仰慕孔孟、推崇“诗圣”，以经邦治国、关注民生为内涵的“圣人情结”，常常成为一般文人学士高自标持的政治表态，其内心的真实想法未必完全如此。

如果说“圣人情结”是高雅的，那么“相如情结”则是世俗的；如果说前者是显现的，后者则是潜藏着的；前者相当于弗洛伊德所说的“意识”，后者则是“潜意识”；前者是王牌，后者则是底牌。前者往往由雅而伪，变成一种政治表态；后者则是因俗而真，实为一种人生的本能需求。我们不必因“圣人情结”之雅正而特致颂辞，亦不可因“相如情结”之凡俗而心怀贬义。因为它们虽有雅俗之别，但并无高下之分，倒是常有真伪之别。正如我们不太相信李塨所谓夫妇行房事是为“敦伦”的表态，宁可相信孔融所谓“父之于子，当有何亲，实为情欲发耳”之说辞，因为后者更切近实情。

“圣人情结”和“相如情结”并存于你心中，你自可标持你安邦治国的雄心壮志，你亦不妨常将孔孟、屈原、杜甫挂在嘴边，作为你人生之楷模，但你万万不可否认潜藏于你心中的“相如情结”，否则便有虚伪作态之嫌疑。就像李塨不妨视夫妇性事为“敦伦”，但你绝对不能否认潜藏在心底的情欲，否则你的“敦伦”亦无法进行。所以，平心而论，任何一位心智健全的传统文人，其心灵深处皆有一种不容否定的“相如情结”，你尽可批评文君的“放诞风流”，指责相如的琴挑私奔，但作为一位有性情的文人，如果不是过分的麻木不仁，或者心如死灰，你对司马相如必有一种不可言说的艳羡心理。不可言说亦罢，但不承认就是虚伪作态。

所以，传统中国文学家心中必有两位圣人：一位是杜甫，一位是司马相如。

第八章　英雄美人：传统中国人的爱情理想之二

传统中国人的爱情理想，除了“才子佳人”外，还有“英雄美人”。“英雄美人”式的爱情，虽不及“才子佳人”那样常见，以“英雄美人”为题材的小说，亦远不如“才子佳人”式的爱情小说多。但是，作为一种爱情理想，它仍然深深植根于中国古人的心灵中，并且在精神上与“才子佳人”是相近的。“美人”与“佳人”无甚区别。“英雄”与“才子”虽有一武一文的显著区别，但其本质精神是相似的。

一、至性与真情：项羽的英雄本色

1

作为一种人格类型，英雄以“文武茂异”为特点，兼备英才与雄气两个方面。与才子相比，他虽以雄气为优，但在英才方面亦不亚于才子。其实，才亦好，气亦罢，皆与情相通。“有情必有才，才若疏，则情不挚”；[1] 雄于气者必深于情，气雄则情挚，气疏则情伪。情以真挚为贵，无论是才子，还是英雄，都是性情中人，都崇尚真情，贬

[1]　《青楼梦》第一回潇湘馆侍者评语，三秦出版社 1988 年版。

斥虚伪。文人才子的性格特点，在道德家看来的“文人无行”，实际上是文人真情的自然流露。但是，文人尚真情，有时亦不免虚伪作态，无病呻吟。而英雄尚真情，则更进一层，更显自然和真实。

英雄尚真情，清代小说家文康在《儿女英雄传》中，假天尊之口，对英雄的至性真情发表了一段很好的议论，其云：

> 这“儿女英雄”四个字，如今世上人，大半把他看成两种人，两桩事，误把些使用气力好勇斗狠的认作英雄，又把些调脂弄粉断袖余桃的，认作儿女。所以一开口便道是某某英雄志短，儿女情长；某某儿女情薄，英雄气壮。殊不知有了英雄至性，才成就得儿女心肠；有了儿女真情，才作得出英雄事业。譬如世上的人，立志要作个忠君，这就是个英雄心；忠臣断无不爱君的，爱君这便是儿女心。立志要作个孝子，这就是个英雄心，孝子断无不爱亲的，爱亲这便是个儿女心。至于“节义”两个字，从君亲推到兄弟、夫妇、朋友的相处，同此一心，理无二致。必是先有了这个心，才有古往今来的无数忠臣烈士的文死谏，武死战；才有大舜的完廪浚井；泰伯、仲雍的逃至荆蛮；才有郊祁弟兄的问答；才有冀缺夫妻的相敬；才有汉光武、严子陵的忘形。这纯是一团天理人情，没有一毫矫揉造作。浅言之，不过英雄儿女常谈；细按去，便是大圣大贤身分。但是要作到这个地步，却也颇不容易。[1]

文康断言：英雄的特性，不是“使用气力好勇斗狠”，而是“至性”和“真情”，即“儿女心肠”。这种“儿女心肠”，“纯是一团天理人情，没有一毫矫揉造作”。“英雄心”即“儿女心”，故曰“有了英雄至性，才成就得儿女心肠”。英雄之所以超越凡夫俗子，能成就英雄事业，能做真正的忠臣和孝子，全赖于此，故曰“有了儿女真情，才作得出

[1] 文康：《儿女英雄传》第 5 页，春风文艺出版社 1994 年版。

英雄事业”。何海鸣亦有大致相同的看法，其云：

> 拿破仑曰：“凡属英雄，每日必作小儿之举动二次以上。”伟哉言乎！是即所谓不失其赤子之心者也。中国人好自大，年来伟人之称转含讥刺，是亦无真英雄故耳。[1]
>
> 醇酒妇人，人道是英雄末路所作之事，其实亦不尽然，此四字固可作消磨潦倒观，然亦可作风流跌宕观。且徒然不近酒色亦算不得即是英雄，而英雄之为物又非泥雕木塑来者，徒于不近酒色上作工夫，天下亦无此种酸臭之英雄也。……越想矫作英雄越不是英雄，越不想矫作英雄却自然而然的是英雄，兴之所至，情之所适，天真露焉，本色在焉。偶然思饮则入醉乡，偶然好色则入情海，聊以消遣，岂有成心？虽属游戏，又见性灵。[2]

正如文人需有“童心”，英雄亦当“不失其赤子之心”。英雄是真实自然之人，而非“泥雕木塑”。所以，酒色之徒不是英雄，刻意远离酒色者亦不是英雄。英雄呈显天真，注重本色，其生活方式是“兴之所至，情之所适”。至性与真情是英雄的质性特点。所谓的“英雄本色”，即当作如此理解。

2

至性与真情乃英雄本色。中国历史上的英雄人物，最具英雄之本色者，当首推项羽。毛泽东评点《史记·项羽本纪》，有一句极精审的评语说：“项羽非政治家，汉王则为一高明的政治家。”汉王刘邦虽亦可称为英雄，刘劭《人物志》即有此论。但是，在至性与真情的英雄本色上，作为政治家的刘邦，与“非政治家”的项羽相比，则格

[1] 何海鸣：《求幸福斋随笔》第13页，上海书店出版社1997年版。

[2] 何海鸣：《求幸福斋随笔》第69页，上海书店出版社1997年版。

格不入。正如作者在讨论才子佳人爱情模式时所指出的：传统中国文人对待政治家，就像对待商人一样，向来是不怀好感的。亦许，政治家角逐于权力场域，不免勾心斗角，往往阴险狡诈，常常矫揉造作，缺乏以至性和真情为特点的英雄本色。因此，传统中国文人常常不以成败论英雄，对具有至性和真情的英雄项羽，往往倍加推崇和赞赏，在文学作品中塑造成正面人物。而对刘邦则常常是口诛笔伐，塑造成反面人物，如睢景臣的《哨遍·高祖还乡》就是一个显著例子。

项羽至性与真情的英雄本色，主要表现在以下几个方面：

其一，在鸿门宴上，刘、项兵力之悬殊，如同霄壤，项羽若欲置刘邦于死地，则易如反掌，但项羽却有意放弃了这个机会。论者以为项羽放走刘邦，是出于“妇人之仁”。其实，这正显示了项羽作为一个英雄的至性风采。据何海鸣说：

> 人谓关羽天人也，予曰项羽亦天人也。许猎欲杀，华容则饶，人谓关羽把阿瞒作小儿，然而鸿门宴中项羽又何曾正眼觑刘亭长来？况大丈夫作事，不凌弱，不乘人之危，窃知千军万马中枪对枪、刀对刀，项羽与关羽均能把刘邦、曹操杀却，鸿门、华容，刘、曹已成俎上之肉，杀之无丈夫气，论交谊犹其次也。[1]

作者认为，就英雄本色而论，关羽仍次于项羽，项羽才是文人心目中理想的英雄（详后）。在鸿门宴上，项羽不杀刘邦，的确体现的是项羽“不凌弱，不乘人之危”的英雄本色，因为“杀之无丈夫气”。设若项羽乘人之危，在鸿门宴上杀了刘邦，则其英雄本色定当锐减。项羽杀卿子冠军宋义与此不同，因为那是以弱凌强，决断于危急之际，

[1] 何海鸣：《求幸福斋随笔》第 1 页，上海书店出版社 1997 年版。

杀之更显其英雄本色。项羽在鸿门宴上表现出来的是英雄本色，刘邦表现出来的则是政治家忍辱负重的风采。假使让刘邦和项羽在鸿门宴上交换角色，刘邦必杀项羽，政治家的谋略必然如此。项羽亦绝对不会像刘邦那样偷偷逃跑，宁死也不会苟且偷生，就像在垓下拒绝乌江亭长的好意一样，英雄本色定当如此。所以，在诗人笔下，项羽在鸿门宴上的表现令人崇敬，刘邦的表现则让人鄙弃。

其二，项羽俘获刘邦之父太公，并以此要挟刘邦。在对待俘虏太公的问题上，亦显示了项羽的英雄本色，体现了刘邦的政治家气度。文康《儿女英雄传》论刘邦不配称英雄，就以此事为证，其云：

> 讲英雄，第一个大略雄才的，莫如汉高祖。……究竟称不起英雄，何也？……（项羽）把汉王的太公俘了去，举火待烹，却特特的着人知会他作个挟制。替汉王设想，此时正该重视太公，轻视天下，学那窃父而逃，遵海滨而处，终身欣然，乐而忘天下的故事。岂不是从儿女中作出来的一个英雄？即不然，也该低首下心，先保全了太公，然后布告天下，问罪兴师，和项王大战一场，成败在所不计，也还不失为能屈能伸的大丈夫本色。怎生公然曰："我翁即而翁，而欲烹而翁，请分我一杯羹！"幸而项王无谋，被他这几句话牢笼住了，不曾作出来。倘然万有一失，他果然谨遵台命，把太公烹了，分杯羹来，事将奈何？要说汉王料定项王有勇无谋，断然不敢下手，兵不厌诈，即以君之矛，还置君之盾。那项王是个杀人不眨眼的魔君，汉王岂不深知？岂有以父子天亲，这等赌气斗智的。所以，祸不旋踵，天假吕后，变起家庭，赵王如意死在鸩毒，戚夫人惨极人彘，以致孝惠不禄。这都因汉高祖没有儿女真情，枉作了英雄事业，才遗笑千古英雄。[1]

[1] 文康：《儿女英雄传》第 6 ~ 7 页，春风文艺出版社 1994 年版。

在文康看来，刘邦不配称英雄，实在是因为他缺乏真情与至性，为了江山事业，竟置父子血缘亲情而不顾。江山事业重于父子之情，这是政治家的胸怀。非仅对父亲太公如此，刘邦亦把江山事业看得比儿女之生命还重要。据说，刘邦有一次带着一对儿女，在樊哙的护卫下，逃避项羽的追杀，追兵将至，刘邦为了轻车逃跑，几次将儿女推下车去。幸得夏侯婴数次下车相救，方才幸免于难。江山事业在刘邦心目中的重要性，于此可见。项羽以太公性命要挟刘邦，其实是以自己的英雄本色视刘邦，哪知刘邦是政治家，缺乏的就是这种英雄至性和真情，所以，这个要挟最终亦就落空了。不过，在这件事情上倒显示了项羽的英雄本色，因为他并不是真想杀太公，仅仅是要挟而已。这正如何海鸣所说：

> 烹其父所以胁其子之降也，子无不爱父，以己推人，人当以此降我，此项羽之近人情处也，不得谓曰残忍。“幸分我一杯羹”，此为亘古最不近人情一句话，亏刘邦道得出口，然如此愈足以见项羽之可爱。嗟夫！国人读史专崇拜一种奸巧阴鸷之小人为英雄，予欲大哭。[1]

项羽“近人情”，因此“可爱”，所以是英雄；刘邦“不近人情”，因此可恶，所以是“奸巧阴鸷之小人”。由此之故，项羽虽为一失败之英雄，但仍然受到人们的尊重和同情；刘邦虽为一成功的政治家，但往往受到文人的鄙薄和厌恶。此所谓“不以成败论英雄”是也。

其三，项羽“军壁垓下”，四面楚歌，腹背受敌，饮别虞姬于帐中，英雄末路之际，仍显人间真情与至性，此最为后人所感慨者。如张燧《千百年眼》卷四“虞美人、戚姬”条云：

---

[1] 何海鸣：《求幸福斋随笔》第1页，上海书店出版社1997年版。

宋郑叔友论刘、项曰："项王有吞岳意气，咸阳三月火，骸骨乱如麻，哭声惨怛，天日眉容不敛，是必铁作心肝者。然当垓下决别之际，宝区血庙，了不经意，唯眷眷一妇人，悲歌怅饮，情不自禁。高帝非天人欤？能决意于太公、吕后，而不能决意于戚夫人；杯羹可分，则笑谩自若，羽翼已成，则唏嘘不止。乃知尤物移人，虽大智大勇者而不能免，况其下者乎？"夏君宪曰："如此情景，正是大智大勇做的。道学先生又着几般嘴脸谩过去矣；不然，则所谓'最下不及情'也。"[1]

议者论"尤物移人"，往往以刘、项并提。[2] 但刘邦之与戚氏，却不能和项羽之与虞姬相提并论。项羽与虞姬的爱情，能够成为后世爱情故事的经典题材和英雄美人爱情之原型；刘邦与戚氏的故事，却不能如此。这就很能说明这两个故事在文化意蕴的差别，在文人心目中的不同地位。江山美人，孰重孰轻，对刘邦、项羽来说，是不言自明的。项羽至性深情，故于垓下危急之际，"宝区血庙，了不经意，唯眷眷一妇人"，这是真正的英雄本色，是"大智大勇做的"。对于刘邦来说，江山重于美人，甚至重于亲情。故当江山与亲情冲突时，刘邦选择江山，推而广之，当江山与美人冲突时，刘邦定会选江山而弃美人，此乃政治家的本色。故如论者所说："项羽在军帐里为虞姬悲歌的那一幕会让刘邦那所有值得夸耀的人生体验都黯然失色。"[3]

其四，项羽自刎乌江，尤显英雄本色。何海鸣说：

七十二战战无不利，一旦丧却八千子弟，何以为情？项羽之死不得

[1] 张燧：《千百年眼》第 68 页，贺天新校点，河北人民出版社 1987 年版。

[2] 如《金瓶梅》开篇词曰："丈夫只手把吴钩，欲斩万人头。如何铁石打成心性，却为花柔。请看项籍与刘季，一似使人愁。只因撞着虞姬戚氏，豪杰都休。"

[3] 张方：《风流人格》第 103 页，华文出版社 1997 版。

已也。胜得败不得自有一种可取处，何必劝项羽学句践乎？[1]

后人往往惋惜项羽不肯过江以图东山再起，如李清照说："至今思项羽，不肯过江东。"或曰："江东弟子多才俊，卷土重来未可知。"其实这些皆是未能体贴项羽的肤廓之论。"项羽之死不得已也"，实乃英雄气使然。自刎乌江，成就了项羽的英雄美名。项羽必须自刎乌江，设若项羽学句践卧薪尝胆，学刘邦忍辱负重，委曲求全，则反而无甚特趣，亦不能引发后人的唏嘘感叹。项羽临终之际的那几句话，颇堪注意：

天之亡我，我何渡为？且籍与江东子弟八千人渡江而西，今无一人还。纵江东父兄怜而王我，我何面目见之？纵彼不言，籍独不愧于心乎？[2]

英雄本色，至性深情，可以意气用事，但不愿委曲求全，不能苟且偷生。项羽之言，乃英雄之语，深情之言。因无颜见江东父老，以愧对江东父老而饮剑自刎，虽然缺乏政治家忍辱负重的精神，但却充分昭显了项羽至性深情的英雄本色。总之，项羽必须自刎乌江，这是项羽的宿命，亦是传统中国文人的期待。

英雄不仅是至性的，深情的，而且还常常是敏感的，甚至有点神经过敏，这与诗人的性格颇为接近。据《史记·项羽本纪》记载，项羽在垓下经过奋力拼搏，于走投无路之际：

于是项王乃欲东渡乌江，乌江亭长舣船待。谓项王曰："江东虽小，地方千里，众数十万人，亦足王也，愿大王急渡！今独臣有船，汉军至，

[1] 何海鸣：《求幸福斋随笔》第1页，上海书店出版社1997年版。

[2] 《史记·项羽本纪》。

无以渡。”项王笑曰：“天之亡我，我何渡为？……”

请允许我们首先作一个假设：如果是刘邦遭遇这种处境，碰上“乌江亭长舣船待”，那可谓是求之不得，正中其怀，他一定会毫不犹豫地渡江；即便没有“乌江亭长舣船待”，他亦会想方设法渡江，这是政治家的本色。其实，项羽亦“欲东渡乌江”，可是当他碰上“乌江亭长舣船待”，却毅然放弃了渡江打算，决定自刎乌江。项羽何以如此变化多端？我认为：这是由项羽的英雄气质——敏感、短气或神经过敏决定的。乌江亭长的一番好意，却产生了相反的效果。它刺伤了项羽的自尊心，使项羽意识到自己处于被人同情、受人施舍的处境。英雄不需要同情，亦不能接受施舍。心高气傲的项羽不愿接受这种同情，宁肯自刎也不能接受这种施舍。强烈的自尊，极度的神经过敏，使他的决策发生了重大变化。我们常说“英雄气短”，大概指的就是这种情况。实际上，敏感和短气，正是英雄本色。英雄之可爱，亦在于此。

二、霸王虞姬：英雄美人情爱模式之原型及其影响

1

才子佳人相契相合之根本，在于诗性精神。英雄美人相通相感的基础，亦在于诗性精神。

以至性和真情为特征的英雄本色，实际上就是诗性精神。虽然英雄不一定擅长写诗，但传统中国人崇拜的英雄，以“文武茂异”为特点，对文才尤其注重，纯粹以武力擅长者，如张飞、李逵，并非中国人理想中的英雄。我们说英雄本色就是诗性精神，并不说英雄就是诗人，

而是说英雄的气质特点近似于诗人。传统中国人崇拜的英雄，其性格特点有至性、深情、敏感、短气和意气用事等等方面，都与诗人的气质个性非常接近。所以，英雄与才子，虽有一文一武之别，但其性格特点是相近的。美人如诗，女性即诗性，女心即诗心。[1] 英雄、才子与美人，虽有男女之别，或尊卑之分，但其气质个性是相通的，皆是追求“诗意的栖居”的人物群体。牟宗三说：

> 从草莽中起而打天下的英雄人物，其背后精神，吾曾名之曰“综合的尽气之精神”。尽才尽情尽气，这是一串。尽心尽性尽伦尽制这一串代表中国文化的理性世界，而尽才尽情尽气，则代表天才世界。诗人、情人、江湖义侠，以至于打天下的草莽英雄，都是天才世界中的人物。……这是一种艺术性的人格表现。与“综合的尽理之精神”下的圣贤人格相反。这两种基本精神笼罩了中国的整个文化生命。[2]

牟氏之论，高屋建瓴，很深刻地指出了才、情、气三者的相通之处，以及诗人、情人和英雄的艺术性人格特征。分而言之，才子代表才，情人代表情，英雄代表气。才、情、气相通，故才子、情人、英雄三者之间具有天然的亲和力。合而言之，才、情、气三者都是具有诗性精神的品格，才子、情人、英雄身上都具有此种综合的诗性精神，因而亦较其他群体更有亲和力。“英雄美人”的爱情理想，与“才子佳人”一样，充分展现了古代中国人的诗性精神。

诗性精神是人类天性中的一种终极关怀，富于诗性精神的美人亦就成了男性精神皈依之家园。男性群体中最富诗性精神的才子和英雄，

[1] 参见本书第四章第三节“女人如诗：传统中国文人关于女性气质的设计”。

[2] 牟宗三：《中国文化的特质》，见牟著《道德理想主义的重建》第60页，中国广播电视出版社1993年版。

总能得到佳人美女的青睐。而他们对佳人美女，亦自有一种挥之不去的眷恋情结。才子配佳人，中国古代文学中层出不穷的“美人幻”，就体现了才子对佳人所代表的诗性精神的不懈追求。就是屈原《离骚》中的“求女”，亦未可随意坐实为求贤君、贤臣，或者理解为诗人自喻，[1]或者解释为“成家之私事”，[2]或依据弗洛伊德的观点诠释为对“母性情怀”的追求[3]。而是与《诗经·蒹葭》以来的“美人幻”一样，表现了人类对诗性精神的向往和追求。

在传统文化精神的感召下，才子、英雄的人生定位是治国平天下。但在治国平天下的过程中，亦时时不忘对美人的眷顾与思念。当治国平天下的雄心受挫时，美人亦就往往成为他们精神皈依之家园。故屈原在“美政”理想受挫时，出国求女的愿望就非常强烈。辛弃疾亦是在保家卫国的抗金愿望受挫时，才“唤红巾翠袖，揾英雄泪”。龚自珍亦说：“试问英雄末路里，温柔不住住何乡。”

才子佳人相辅相成，正如何海鸣所说：“不悦佳人者固决非才子，然则不悦才子者亦决非佳人。盖佳人所悦者始为才子，才子所悦者始为佳人。”[4]不为佳人所悦者，就不是才子；不为才子所恋者，就不是佳人。这段话实际上亦可借用来评说英雄美人。即英雄美人相辅相成，只有英雄才配得上美人，只有美人才配得上英雄；不悦美人者就不是英雄，不恋英雄者就不是美人；为美人所恋者始为英雄，为英雄

[1] 王逸《楚辞章句》云：“美人，谓怀王也。人君服饰美好，故言美人也。”洪兴祖《楚辞补注》谓：“屈原有以美人喻君者，‘恐美人之迟暮’是也；有喻善人者，‘满堂兮美人’是也；有自喻者，‘送美人兮南浦’是也。”这些解释皆不免拘泥。

[2] 邓国公：《香草·美人·琼佩——〈离骚〉理美义蕴述论》，《文学遗产》2003年第4期。

[3] 刘中黎、梅桐生：《论〈离骚〉“求女”情节的深层文化心理》，《贵州文史丛刊》2003年第2期。

[4] 何海鸣：《求幸福斋随笔》第8～9页，上海书店出版社1997年版。

所悦者始为美人。

证之于历史事实，此确为有据之论。比如项羽和关羽。关羽虽无愧于英雄之名，然不近女色的关羽，让人油然而生的是敬畏之感，而不是可爱之意。或者说，关羽是让人不可亲近的偶像，而项羽则是活生生的人，有血有肉、有情有义的人。作为一个文学形象，项羽比关羽更鲜活，更人性化，更有诗意。其中原因，就在于项羽的人生中有虞姬的点缀，这正如何海鸣《佳话》一诗所说："没个虞姬垓下在，项王佳话岂能传。"[1] 的确，在项羽一生中，如果没有虞姬相伴；在垓下之围中，如果没有饮别虞姬之细节，项羽作为一个文学中的英雄形象将黯然失色。再说周瑜，其儒雅风流之形象，相当程度上就是因为他的人生中有了小乔的点缀，故苏轼《念奴娇·赤壁怀古》，描绘儒雅风流的周瑜，于"雄姿英发，羽扇纶巾，谈笑间，强虏灰飞烟灭"外，特别强调"小乔初嫁"。"谈笑间，强虏灰飞烟灭"是其事功，"羽扇纶巾"表其儒雅，于事功和儒雅之外，加上"小乔初嫁"的点缀，其"雄姿英发"的英雄形象就显得更加鲜活灵动。

英雄自有美人伴，因为真正的英雄可以获得美人的青睐；英雄必有美人伴，因为有美人陪伴的英雄，才是真正的英雄。不识人间烟火，视美人如祸水，任何时候都方寸不乱的豪杰如关羽，固然令人肃然起敬，然而从人性的角度看，这样的豪杰却存在着严重的人格缺憾，"具体说是人的个性发展中的失衡，即某一方面的过分和另一方面的不足。中国古代的人性论及心理学也讲求刚柔相济、阴阳互补。由此看来，'纯'英雄的心理定式和人格理想也失诸偏颇。这样，英雄若有美女相伴便能够造就或趋近一种较为平衡也更合乎人性的理想人格。在这个意义上，关公式的人格较之二郎（引者按：即周瑜和孙策）要单调、

[1] 何海鸣：《求幸福斋随笔》第 1 页，上海书店出版社 1997 年版。

失色得多。虽然都是乱世英雄，也都堪称‘千古风流人物’。但关公是偶像，二郎却是活生生的人”。[1]

2

才子佳人的爱情理想模式，示范于相如文君，前章已论，兹不赘述。英雄美人的爱情理想模式，则示范于项羽虞姬。据《史记·项羽本纪》载：

> 项王军壁垓下，兵少食尽。汉军及诸侯兵围之数重。夜闻汉军四面皆楚歌，项王乃大惊，曰："汉皆已得楚乎？是何楚人之多也！"项王则夜起，饮帐中。有美人名虞，常幸从；骏马名骓，常骑之。于是项王乃悲歌慷慨，自为诗曰："力拔山兮气盖世，时不利骓不逝。骓不逝兮可奈何？虞兮虞兮奈若何？"歌数阕，美人和之。项王泣数行下，左右皆泣，莫能仰视。

虽然历史文献中少有关于项羽与虞姬之浪漫爱情的记载，但项羽"当垓下决别之际，宝区血庙，了不经意，唯眷眷一妇人，悲歌帐饮，情不自禁"[2]，一曲《垓下歌》中"虞兮虞兮奈若何"的荡气回肠的悲叹，以及后世文人演绎的"霸王别姬"的悲烈局面，足以让我们感受到英雄美人之间的情深意长。

项羽、虞姬演绎的英雄美人式的爱情传奇，在中国文化史上产生的重要影响，主要体现在以下三个方面。

首先，它作为一个文学创作题材，自唐宋以来，受到文学家的特别关注，创作了大量以此为题材的诗、词、戏曲、小说作品，成为中

[1] 张方：《风流人格》第 96 ~ 97 页，华文出版社 1997 年版。

[2] 张燧：《千百年眼》卷四《虞美人、戚姬》。

国文学史上一个引人注目的现象。以霸王别姬为题材的戏曲，据庄一拂《古典戏曲存目汇考》，宋官本杂剧有《霸王中和乐》《霸王剑器》《诸宫调霸王》三本。金院本有七本。《录鬼簿》载录的元杂剧有《霸王垓下别虞姬》。《今乐考证》著录的清杂剧有唐英《虞兮梦》。现代京剧和川剧中有《霸王别姬》。

其次，虞姬之另名"虞美人"，既是词牌名，亦是曲牌名，据说源于唐代的教坊曲。以"虞美人"为词牌和曲牌，其所咏之内容虽然未必与项羽、虞姬有关，但其得名确是源自于虞姬。此亦可证虞姬在中国文化史上的影响。

其三，在传统中国影响深远的以"香草美人"为核心的文学比兴系统中，由虞姬形象积淀、附会而成的"虞美人草"，成为中国古典文学中的一个重要文学意象。据王灼《碧鸡漫志》载：

> 按《益州草木记》：雅州名山县出虞美人草，如鸡冠，花叶两相对，为唱《虞美人曲》，应拍而舞，他曲则否。《贾氏谈录》：褒斜山谷中有虞美人草，状如鸡冠大，叶相对，歌唱《虞美人》，则两叶如人拊掌之状，颇中节。[1]

虞美人草究系何种植物，迄今尚难定论，但它是"借人以名物"的一种草本植物，则无疑义。这种草因附会上虞姬之名而颇受关注，成为唐宋以来文人笔下的一个重要文学意象。唐宋以后，产生了不少

---

[1] 宋祁《益部方物略记》记载有"娱美人草"，其状"翠茎纤柔，稚叶相当，逼而歌之，或合或张"。自注云："蜀中传虞美人草，予以虞作娱，意其草柔纤，为歌气所动，故其叶至小者或动摇，美人以为娱乐耳。"宋氏据臆测而径改，不足取。故《四库全书总目提要》批评说："至虞美人草，自属借人以名物，如菊号西施之类，必改为娱美人草，曲生训释，是则支离无所取耳。"

直接以“虞美人草”为题的诗篇，如宋人宋祁《虞美人草赞》，姜夔《赋虞美人草》，僧北涧和陈师道有同题的《咏虞美人草》；明人孙齐之《题虞美人草》，魏夫之《虞美人草行》，徐茂吴《咏虞美人草》等等。至于题名不出现“虞美人草”字样，而内容涉及的，就更是不胜枚举。此亦同样可证虞姬在中国文化史上的影响。

3

英雄自有美人伴，只有美人才配得上英雄，只有英雄才配得上美人。古今侠义小说中的英雄，其身边差不多都有美人陪伴。英雄美人之聚首，最为人称道者，除项羽虞姬外，还有三国的周瑜与小乔、隋朝的李靖与红拂妓。

周瑜与小乔的爱情，是中国历史上仅次于项羽与虞姬的英雄美人式爱情的风流佳话之一。“小乔初嫁”为周瑜“雄姿英发”的英雄形象增添了不少光彩，前已述及。历史文献和文学作品中，关于小乔，就像虞姬一样，基本上看不到关于她的才情色艺的具体描述。她们的芳名不断出现在唐宋以来的各种文艺作品中，而她们的形象特征，犹如《诗经·秦风·蒹葭》中的“伊人”，是模糊不清的。传统中国文人之所以长期关注着这两位特征模糊的美人，“原因就在于她们映衬出了一种英雄美人美满结合的人生理想。人们对于二乔的关注和遐想，实际上也就是对这种人生理想的倾慕与渴望”。[1]“冲冠一怒为红颜”[2]，项羽于人生穷途末路之际，“唯眷眷一妇人，悲歌怅饮，情不自禁”[3]，英雄本色得到淋漓尽致的彰显。据说，诸葛亮为抵御曹操，意欲与东吴结盟，共同对付曹操，佯装不明二乔来历，谎称曹

[1] 张方：《风流人格》第 99 页，华文出版社 1997 年版。

[2] 吴伟业：《圆圆曲》。

[3] 张燧：《千百年眼》卷四《虞美人、戚姬》。

操南下是欲揽二乔北上置于铜雀台，致使周瑜大怒，立即与诸葛亮订下联合抗曹大计。周瑜决计与蜀汉联合抵御曹操，亦表现出周瑜对小乔的深情，可谓尽显英雄本色。此虽为小说家言，未可尽信，但小说家乐于编撰这样的故事，读者乐于阅读或者信以为真，亦颇能反映传统社会一般文人和读者对英雄美人爱情的艳羡心理。

不过，为红颜冲冠而怒，必须是在不妨碍事功的前提下，才算得是真英雄，否则便会成为道德家"红颜祸水论"的口实，吴三桂之与陈圆圆，就是一个典型例子。而项羽与虞姬的爱情悲剧，仅限于二人之间，项羽之败亡与虞姬无直接关系，至少司马迁是这样告诉我们的。周瑜因小乔而与蜀汉订下联合抗曹大计，假如这场赤壁大战以吴蜀联军的失败而告终，小乔亦就必然成为"祸水"，周瑜之英雄形象亦将黯然失色，落得与吴三桂同样的下场。所以，忘于情者非英雄，溺于情者亦非英雄。

关于李靖与红拂妓的爱情故事，此事或有所本，而经传奇小说家的渲染，著为《虬须客传》，遂使李靖与红拂的英雄美人之恋，成为千古美谈。据小说称：

> 当公（即李靖）之骋辩也，一妓有殊色，执红拂，立于前，独目公。公既去，而执拂者临轩指吏曰："问去者处士第几？住何处？"公具以对，妓诵而去。公归逆旅。其夜五更初，忽闻叩门而声低者，公起问焉。乃紫衣戴帽人，杖揭一囊。公问："谁？"曰："妾杨家之红拂妓也。"公遽延入，脱去衣帽，乃十八九佳丽人也。素面画衣而拜。公惊答拜。曰："妾侍杨司空久，阅天下之人多矣，无如公者。丝萝非独生，愿托乔木，故来奔耳。"公曰："杨司空权重京师，如何？"曰："彼尸居余气，不足畏也。诸妓知其无成，去者众矣。彼亦不甚逐也。计之详矣，幸无

疑焉。”问其姓，曰：“张。”问其伯仲之次，曰：“最长。”观其肌肤、仪状、言词、气性，真天人也。

红拂本是隋朝重臣杨素之家妓，她慧眼独具，以为“奢贵自奉，礼异人臣”的杨素，不过“尸居余气，不足畏也”，而与气宇轩昂、神采飞扬的英雄李靖一见钟情，便于当夜私奔，以终身相托。此正如虬须客所说：“非一妹（即红拂）不能识李郎，非李郎不能荣一妹。”虬须客以巨额财产赠予李靖和红拂，助其与李世民重造天下。[1] 虬须客正像《柳氏传》中撮合柳氏与诗人韩翊才色之恋的李生，是“以诗人之静观，去鉴赏两美之聚头”。此和周瑜因小乔而与蜀汉订下联合抗曹大计的故事一样，虽为小说家言，但亦同样反映了传统社会一般文人和读者对英雄美人爱情的艳羡心理。

[1] 李时人：《全唐五代小说》卷六十四，陕西人民出版社 1998 年版。“须”，通行本作“髯”，此据李时人校改。

第九章 典雅爱情、殉情风尚与打背牌习俗：中西情爱现象比较

本书在对爱情的一般性特点之揭示和展现的基础上，于传统中国社会情爱生活的现实状态和理想境界进行了述论，于传统中国文化语境中的情爱精神进行了探讨，基本彰显了传统中国社会情爱生活、情爱理想和情爱精神的诗性化特点。为进一步呈现人类社会情爱生活的普遍性特征，彰显传统中国社会情爱生活的诗性精神，本章采取比较的视角，选择人类历史上几种既有较大影响，又有独特个性的情爱习俗，以与传统中国的情爱生活进行比较。在这里，我们选取欧洲中世纪的典雅爱情观念、丽江纳西族的殉情风尚和高坡苗族的打背牌习俗。通过中西比较，通过主流社会与边缘空间的比较，进一步彰显人类社会情爱生活和情爱精神的一般特征和特殊品格。

一、欧洲中世纪的典雅爱情

1

所谓"典雅爱情"[1]，作为欧洲中世纪爱情生活中的一个专门概念，是指流行于欧洲十一世纪末至十三世纪的一种新型两性情爱关系。它特指贵妇与其情夫（行吟诗人或骑士）之间的爱情，这种爱情，既不像丈夫与妻子的婚姻关系那样，受义务或责任的束缚；亦不像贵族之间的联姻那样，出于家族、社会或宗教方面的动机。它是一种崇高的、尊严的、理想化的爱情，是由当时社会的情感、宗教、哲学等各种因素综合造成的一种复杂的精神现象。"典雅爱情"最初是以生活游戏和文学奇想的形式出现，后来发展成为主宰多情男女的精神力量，进而成为一种对西方社会道德风尚产生深刻影响的社会观念，最终变成西方中产阶级的生活理想。它开创了现代人充满浪漫色彩的爱情生活，整个西方社会的男女至今仍然接受并遵循它的一些基本原则。

"典雅爱情"产生于十一世纪末期法国南部和西部的普罗旺斯、图鲁兹和阿基坦等地区，当时在这里活动着一批抒情诗人，他们用奥克语写作，用竖琴或六弦琴伴唱，以抒情的诗句、细腻的描绘、浪漫的情调，抒发个人情感，特别是内心的爱情，他们便是"典雅爱情"的主角——行吟诗人。阿基坦公爵威廉九世是其中的开创者和代表性诗人。威廉九世是一位强有力的统治者，在十字军第一次东征时，他在艰苦的考验和激烈的战斗中，显示出非凡的毅力和勇气，在诗歌创作方面亦颇有才华，是他首创了讴歌爱情的抒情诗体，以及与此相适

[1] 本节关于"典雅爱情"的述论，主要参考莫尔顿·亨特《情爱自然史》（赵跃、李建光译，作家出版社 1988 年版）、约阿希姆·布姆克《宫廷文化——中世纪盛期的文学与社会》（何珊、刘华新译，生活·读书·新知三联书店 2006 年版）和余凤高《西方性观念的变迁》（湖南文艺出版社 2004 年版）等著作。

应的行为方式。正是在这个基础上，一种新的风尚诞生了，即用优雅的诗歌来赞美自己的情人。这种风尚得到当地数千名骑士的响应，并迅速传遍法国南部的城堡和宫廷，进而又征服了整个欧洲。

将“典雅爱情”从普罗旺斯引入法兰西和英格兰的王宫，进而征服欧洲的决定性人物，是威廉九世的孙女埃莱亚诺。亦是她把它从生活游戏和文学奇想变成一种实实在在的生活方式。值得一提的是，当“典雅爱情”从法国南部的普罗旺斯传至法国北部乃至德国时，人们把它和骑士风度联系起来，使骑士亦仿照行吟诗人，按照自己恋人的吩咐鞍前马后地效忠，妇女们亦开始自觉进入角色。“典雅爱情”从此加上了恋爱双方感情上的共鸣和相互奉献的新内容。这大概是“典雅爱情”从那时起对人们产生极强吸引力的主要原因。

“典雅爱情”的主角是行吟诗人、骑士和贵妇。在大多数情况下，行吟诗人和骑士的身份是合二为一的，即爱情的男主角既是诗人，亦是骑士。他们以骑士的荣誉、超群的诗才、优美动听的歌声、优雅高贵的气质和温良谦恭的风度，获得贵妇的爱情。他们亦在对贵妇的追求和冥想中体验和感受爱情的乐趣。

埃莱亚诺和她的女儿玛丽一生都抱着极大的热情传播“典雅爱情”。她们向人们灌输“典雅爱情”的方法之一，是建立“爱情法庭”。在法庭上，由埃莱诺亚这样显赫的贵妇做法官，由其他贵妇组成陪审团，在模拟的法律程序中，就一些有关爱情行为的争论进行控告、申诉和判决，并借此探讨爱情的真谛，讨论男女爱情关系的重要性、伦理意义和美学价值。亲历爱情法庭的安德烈亚斯牧师，在玛丽的鼓励下，撰写了一部名为《论爱情及其诊治》的书，书中一共列举了二十一个爱情法庭判决的案例，通过这些案例，展现了“典雅爱情”中人们应当遵循的礼仪和规范，归纳总结出“典雅爱情”的三十一条基本准则。所以，这是一部告诉人们怎样实践以及人们已经以某种方式实践过的“典雅爱情”的教科书，是一部“典雅爱情”的行动指南。同时，在“爱情法庭”上，它亦具有法律效力。

威廉九世播下了“典雅爱情”的种子，他的孙女埃莱亚诺把它带到北方，使之生根发芽，再经他的曾孙女玛丽的热诚推广，众多行吟诗人和骑士的推波助澜，使“典雅爱情”由诗人的文学想象发展成实实在在的生活方式；由少数骑士的奇想发展成一种十分普遍的社会现象和极有影响的社会风气。虽然这种生活方式最终于文艺复兴前夕退出了历史舞台，但它对西方人的爱情观的影响非常深刻，其影响力至今仍未消歇。

2

在欧洲历史上持续影响了两个多世纪的“典雅爱情”，其主要特点，大体有以下几个方面：

第一，效忠女人是“典雅爱情”的主要特点。“典雅爱情观”认为：男人真正的光荣和幸福，只能通过为一位高贵而美丽的妇人效忠而获得。因此，男人应该把自己的忠诚、才华和荣誉献给自己所爱的女人，必须在自己理想的女人面前表现得谦恭、顺从、唯唯诺诺。沉溺于“典雅爱情”中的骑士多是有妇之夫，女子亦常常是有夫之妇，但这并无妨碍。当妻子得知自己的丈夫追求“典雅爱情”，正在效忠某位贵妇人时，她会感到自豪，因为效忠女人会使她的丈夫变得更加高尚，更加勇敢。当丈夫得知自己的妻子已经沉溺于“典雅爱情”中，而被某位骑士追求效忠时，他亦会感到高兴，因为骑士诗人的效忠追求会使他的妻子变得更加高贵和典雅。在“典雅爱情”中，女性是至高无上的，是圣母，她的言辞对于骑士来说，就是圣旨。她经常故意出难题刁难或折磨骑士。骑士是卑贱低微的，他对贵妇言听计从，甚至把贵妇的刁难或折磨视作是对自己的施舍和考验，他愿意接受这种折磨，并以此为乐。因为骑士坚信：为贵妇服务，为贵妇效力，是他们一生中最大的荣誉。文盲骑士尤里克口授创作的名为《效忠女人》的作品，恰如书名所示，就是他沉溺于“典雅爱情”的大半生时间里效忠女人的真实生活记录。

第二，“典雅爱情”重在骑士诗人艰苦卓绝、锲而不舍的追求过程，过程往往成为“典雅爱情”的目的。“典雅爱情观”认为：真正纯洁的爱情应该是苦中作乐，好事多磨，必须经历若干艰苦卓绝的考验，甚至是危及生命的考验，锲而不舍是“典雅爱情”的核心价值。

爱情的快乐就产生于锲而不舍的追求过程中，甚至是危及生命的考验中。口授创作《效忠女人》的尤里克就是一个典型，他选择了一位已婚的公主作为自己的爱情偶像，他设法进入宫中成为她身边的一名僮仆，努力培育自己对她的爱情，直到真正地爱上她。只要她出现在他的面前，他就会全身颤抖，甚至激动得昏厥过去。他经常偷偷地把她餐前洗手的盆子端进自己的房间，然后恭恭敬敬地把盆子里的脏水喝掉。为了获得公主的爱情，他漫游乡村，四处比武，把胜利的桂冠献给公主。为了以漂亮的外表吸引公主，他强忍着巨大的痛苦请外科医生把他的豁嘴缝合。为了证明自己对公主的真诚，他砍掉自己的手指，装在一个盒子里作为纪念品送给公主。为了效忠公主，获得爱情，他冒充维纳斯，从威尼斯至波希米亚，一路上会战群雄，历时五个星期，平均每天打败八个武士，总共战胜了三百零七个敌人。公主的考验亦别出心裁：她让他装扮成麻风病人，置身于一些前来向她乞讨的病人中；她让他纵身跳进湖里来证明他的忠心；故意让他落入污臭的护城河里以检验他的诚意。值得注意的是，尤里克呕心沥血十五年的艰苦追求，换来的仅仅是接吻、拥抱和爱抚，仅仅是“牧歌式的快乐”，并未有肉体的交欢。事实上，肉体的交欢并不是“典雅爱情”的目的，亦不是尤里克所需要的。尤里克对自己喝洗手水、缝豁嘴、砍手指、装麻风病人、跳护城河、四处征战等经历，是以一种自我欣赏的口气描述的，因为他正是从中获得了爱情带来的快乐，因为他是把这些经历视作升华精神、提升品格、锻炼意志、培植忠诚、养育风度的手段。

第三，纯洁高雅、拒绝交欢是“典雅爱情”的重要特点。骑士诗人历经磨难而“效忠女人”，获得爱情，但永远不会和她结婚，甚至常常不会有肉体的交欢。骑士是有妇之夫，贵妇是有夫之妇，性欲的发泄和婚姻的缔结从来不是“典雅爱情”的目的，它根本不涉及婚姻，亦常常拒绝性爱。他们虽然是情人关系，但大多停留在接吻和拥抱这个层面，他们很可能长期沉湎于性抚爱的快乐之中，在床上赤身裸体地嬉戏，但从不发生真正的性行为。这对于成熟健康并大都有过性经验的骑士贵妇来说，是一件很难受的事情和很严峻的考验，但信念的执着使他们能经受住这种考验。因为“典雅爱情观”认为：纯粹的亲吻、拥抱和爱抚是“真正的爱情”；因爱而性是“虚伪的爱情”。所以，尤里克十五年的艰苦追求，并非希望与公主一夜狂欢。事实上，沉湎于“典雅爱情”中的骑士诗人，他们一方面在妻子和妓女身上寻求性欲的发泄，另一方面却在他们的心上人毫无觉察的情况下默默地爱着她们。他们对心上人常常是一无所求，甚至得不到她们的一个亲吻。他们只是相信：这样做会使他们变得更加高尚。所以，尤里克在冒充维纳斯从威尼斯至波希米亚的庄严征战中，毫无羞愧地耽搁三天去看望他的妻子和女儿。尤里克的行为，实际上与传统中国文人士大夫一样，将爱情与婚姻区别对待。

3

以今日之眼光看，“典雅爱情”像一出滑稽的闹剧，文艺复兴时期的讽刺剧亦正是把它当作滑稽行为进行讽刺。可是，这场滑稽的闹剧居然在欧洲中世纪风行了两百余年，这确是耐人寻味的问题。

“典雅爱情”产生的背景，众说纷纭，莫衷一是。归纳起来，大体包括以下几个方面的原因：

第一，经济因素是“典雅爱情”产生的物质基础。中世纪的封建制度为贵族提供了足够的闲暇和财富，贵族阶层日益增长的闲暇和财富，使他们有时间把爱情当成一种娱乐，有财力去实践这种爱情游戏。

第二，对圣母玛丽亚的崇拜，改变了男人对女人的看法，是“典雅爱情”产生的精神基础之一。在十字军东征以前，欧洲妇女的地位是很低的，男人常常把妇女当作私有财产，甚至还仇视妇女。在十字军东征时，好斗的骑士怀着宗教的狂热长驱圣城耶路撒冷，妇女留在城堡中独立处理家务，参与各种社会活动，在这种生活实践中，妇女的能力被认可，地位得到提高。十字军东征，骑士去到圣城耶路撒冷，目睹圣母玛丽亚受到信徒至诚的崇拜，受其感染，带回了这种女性崇拜的观念。借理想的偶像玛丽亚，反对渎神的夏娃，这是中世纪男人改变对女人看法的重要契机，女性的社会地位亦因此得到提高。在圣母崇拜观念的影响下，行吟诗人笔下的“典雅爱情”故事中的贵妇，皆有圣母的特点，她们的美德高于美貌和地位，通过对美德的强调来净化其肉欲。所以，“典雅爱情”之本质在于把恋爱对象视为十分高贵的理想化偶像。骑士对贵妇的追求，不妨视作神圣的圣母崇拜观念的世俗化表现。

第三，“典雅爱情”是在对基督教教义的反抗和传承的曲折历程和复杂背景上发展起来的。正如莫尔顿·亨特所说：基督教对爱情和婚姻的影响产生了两个无法调和的对立面——它主张净化人们的心灵，却混淆了爱的概念；它力图重组家庭，却使人们对家庭敬而远之；它赞美某一个女子，却谴责所有的女性。这种自相矛盾，实际上体现的是人性的普遍特征。男男女女都渴望性生活，而又都十分痛恨这种渴望；他们尽情地享受性的快乐，可内心又为这种享乐负疚不安。正是在这种自相矛盾的困境中，人们经历着内心的冲突和性压抑的痛苦。因圣母崇拜的契机，在对基督教教义的反拨与传承中，人们开始推崇一种新的爱情观——典雅爱情。

效忠女人的观念是对基督教教义的反拨，歌颂女人的美德甚于赞赏她的地位和美貌，这与基督教教义是相通的。通过实践“典雅爱情”提升骑士的品格，升华其精神，培育其风度，这种自我修炼的功夫，与基督教净化心灵的教义又是一脉相承的。“典雅爱情”拒绝肉欲的观念，与基督教教义以性为不洁、区分爱情与性行为、崇尚纯洁爱情的观点，又是完全吻合的。“典雅爱情”不仅在异教徒中传播，而且在整个欧洲的正教徒中亦迅速流行开来，就是因为这种观念并没有对他们的宗教信仰构成威胁。

“西方人为什么情愿经历这种自身本能极力加以排斥的感情折磨和精神烦恼”？这确是一个饶有趣味而又颇费思索的问题。大体而言，“典雅爱情”是建立在当时日益高涨的圣母崇拜观念之背景上，以当时贵族阶层足够的闲暇和充足的财富为基础，迎合当时社会期待男人行为规范和风度优雅的需要，在借鉴、吸收人类以往情爱形式和基督教部分教义的基础上发展起来的。

“典雅爱情”是西方历史上男女关系的一大创举，是欧洲上流社会两性情感方式的一场巨大而深刻的变革，在一定程度上改变了整个欧洲人的气质和教养。它培养了男性的风度，使他们变得高尚、优雅、文明、勇敢。它改变了女性的地位，使之由奴仆变成圣母。它强调恋爱中男女相互忠诚、彼此尊重的重要性，使男女关系中出现了脉脉温情和优雅举止，使爱情的价值得到升华和净化，体现出浓郁的诗性精神。

二、丽江纳西族的殉情风尚

1

在中国滇西北玉龙雪山下的丽江“纳西古王国”，在过去漫长的岁月里，曾经盛行着一种惊世骇俗的殉情风尚。[1] 所谓“殉情风尚”，是指纳西族彼此相爱的青年男女，因种种原因不能结合，便相约在某个时间去到某个地方，经过数日的狂欢后，采取或投江，或上吊，或跳崖，或服毒的方式，双双殉情。纳西族青年男女的殉情，不是个别行为，亦不是偶然事件，而是具有群体性和普遍性的时代风尚，这种风尚，在世界民族史上亦是极其罕见的现象。其殉情人数众多的乡村，被人们称为“游武施堆”，意为“情死之乡”；经常被情侣选为殉情地点的山，被称为“游舞丹”，意为“殉情之山”；经常被情侣选为上吊的树，被称为“游无孜”，意为“殉情树”。纳西族的聚居地——丽江，有“世界殉情之都”“亚洲殉情王国”之称。纳西族亦被学者称为“悲剧的民族”或“悲剧的人民”。

纳西族青年男女的殉情行为，不是个别行为和偶然事件，而是一种相沿成习的民族习俗。从地域上看，在今丽江纳西族自治县的绝大部分地区和四川、云南等省的其他纳西族聚居地，尤其是丽江坝区和坝区附近的农村，绝大部分村寨都发生过或多或少的殉情事件。而其

[1] 本节关于丽江纳西族殉情风尚的述论，主要依据和参考杨福泉的《殉情》（江西教育出版社、海天出版社 1999 年版）。

发生的频率和比例，又以丽江坝区为中心向四周地区渐次减少或减小。即以坝区的农村居多，离坝区近的高寒山区次之，距离坝区较远的如香格里拉市三坝白地、丽江鸣音、宝山、四川木里县俄亚等地，殉情事件就很少发生或者基本没有。

殉情风尚的形成时间无从详考。最早记载这种殉情习俗的，是光绪年间编成的《续云南通志》一书，其云：

> 滚岩之俗多出丽江府属的夷民，原因：未婚男女，野合有素，情隆胶漆，伉俪无缘，分袂难已，即私盟合葬，各新冠服，登悬崖之巅，尽日酬唱，饱餐酒已，则雍容就死，携手结襟，同滚岩下，至粉身碎骨，肝脑涂地，固所愿也。

另外，（同治）《盐源县志》、（民国）《中甸县志》、民国刘曼卿《康藏轺征》、中华人民共和国成立初期刘超《纳西族的歌》等文献，对这种殉情风尚皆有或详或略的记载。中华人民共和国成立前留居丽江或赴丽江考察的外国学者所著的书，如俄裔学者顾彼德的《被遗忘的王国》、英国学者杰克逊的《纳西宗教》等，亦记录了这种习俗。纳西族的民间文学作品如《鲁般鲁饶》《游悲》以及其他一些民间传说故事，都生动地描述和再现了这种殉情习俗。根据相关文献资料，杨福泉断定，殉情大多由于包办婚姻，在清代以前很少发生殉情事件，因清代“改土归流”，采取“以夏变夷”之策略治理少数民族地区，由此封建礼教渗透到纳西族地区，纳西族青年男女的爱情婚姻由自由变得不自由，殉情才逐渐蔚然成风。清代中期至民国时期，是殉情作为一种风尚在纳西族地区最为流行的时期。中华人民共和国成立后，纳西族地区的社会文化发生了重要变迁，导致殉情悲剧的最重要的因素——包办婚姻——在一定程度上被革除，殉情风尚亦就逐渐消歇，殉情人数锐减，乃至比较罕见。但是，正如包办婚姻未能在短时间内完全解除，殉情作为一种风尚亦仍未在短时间内完全绝迹。二十世纪五十年代初发生了丽江县第一任县长李刚与情人一起在雪山上殉情的事件。在五六十年代，白沙乡、拉市乡、大东乡等地都发生过一对或数对情侣殉情的事件。甚至在七八十年代，丽江各地还零星发生过一些殉情事件。

殉情者有很多是贫困人家的子女，但亦有不少富户或村寨头人的子女。在东巴经中有不少"司沛"（首领）的子女殉情的记载。在近代，拉市、黄山、大东、白沙等地都发生过富户和村寨头人的子女殉情的事件。一些比较古老的殉情传说，多与纳西族王室有关。甚至中华人民共和国成立后还发生过丽江第一任县长殉情的事件。所以，殉情并非纳西族部分下层愚夫愚妇的轻率之举，而是整个纳西族的一种民族风尚。

纳西族青年情侣的殉情，主要有上吊、投江、跳崖、服毒等形式。如二十世纪四十年代，拉市乡的几座山上有几棵被称为"游无孜"的树，每年都有数十对青年情侣自缢其上。有"东方情峡"之称的虎跳峡，殉情者常结伴来这里投江自沉，这里成为殉情者最愿意选择告别人世的地方之一。因此，在入峡口的江水回旋处，过去常常有人在那里发现殉情者的尸体。上吊、投江是最常见的方式，偶尔亦有跳崖、服毒的殉情事件。

纳西族青年情侣的殉情，是一种群体性的集体行为。如纳西族第一部殉情文学作品《鲁般鲁饶》，就描述了在高山上放牧的九十个牧羊小伙子与七十个牧羊姑娘集体殉情的事件。文学作品中的叙事不一定等同于生活真实，在现实生活中，虽然殉情者大多是一对，但三四对乃至七八对情侣一起殉情的事件亦经常发生，甚至发生过几个姐妹与几个兄弟和情侣一起殉情的事情。如二十世纪四十年代，龙山乡一次就有九对青年情侣一起殉情，塔城乡伯堆村一次有六对青年情侣一起殉情，又一次有四对青年情侣一起殉情。1961 年在拉市乡一个村寨的晒谷场上发生了三对青年情侣一起自缢的殉情事件。在漫长的岁月里，丽江纳西族的殉情人数是惊人的，可以说是成千上万，难以数计。

2

纳西族青年情侣把殉情视为一件隆重的人生盛事，殉情者对殉情仪式特别珍视。

首先，如果青年情侣的爱情遭到阻碍，并决定殉情，通常是男女双方同时殉情。殉情的规矩是两个人必须一起去死，如果其中一个不死，便要招致祸事。殉情者一方死而另一方不一同去死，就会引起“必吐”，即“打冤家”的纠纷，甚至未死者的亲属都认为他（她）应该与殉情伴侣一同去死。一方已死，另一方因遭受阻碍而未能殉情成功，必然遭到人们的谴责，有的只能逃到其他地方躲藏起来。一般来说，女子殉情的比男子多，殉情的决心亦比男子坚定。据一些目击者说，在殉情时，通常是男子先死，女子确定男子已死后再死。因为女子担心男子临时动摇而产生放弃殉情的念头。如白沙乡开文村的一对殉情情侣，当人们发现他们的尸体时，见到男子高吊在树上，女子则靠在树上，面带微笑。男子脸上有火燎起的泡，明显是男子先死，女子用烟火试探他是否已死，确认后才从容自杀。为什么殉情者都希望两个人同时去死呢？据说是他们希望在死后有情人陪伴，不至于孤苦伶仃。纳西族人把那种情侣双双殉情的事称作“丽丽华华”，即“欢乐地相约相携去殉情”；而独自殉情则被称为“墨丽丽华华”，即无人相伴，痛苦地死去。

其次，一对青年情侣做出殉情的决定后，要认真细致地进行殉情前的准备工作。先是择日子，殉情者十分郑重地选择殉情的日子，通常是去白沙乡最古老的庙宇北岳庙烧香占卜，庙里供奉着纳西族民族保护神三多。殉情者在三多庙里烧香占卜，请求三多赐予良辰。日子择定后，殉情者要倾其所有购买自己喜欢的东西，甚至要远到昆明或大理去买，把最好的东西送给对方作信物。殉情文学作品《游悲》详细讲述了情侣殉情前到各地购买自己喜欢的衣物用具的细节。日子择定后，有的殉情者会把自己殉情的决定告诉好朋友，向他们诀别。而朋友则要恪守规矩，为密友守口如瓶，决不外泄。有的还会把殉情的决定告诉母亲，如纳西族民间著名的口弦调《母女夜话》，表现的就是女儿殉情前向母亲诀别的情景。殉情的地点亦需要认真选择。纳西语称殉情地为“游舞丹”，纳西族人对殉情地点的选择有很多讲究，一般都是在风景秀丽、树木苍苍、有花有草的幽静之地。大多数殉情者选择高山上险峻难达、草木茂盛的地方，在这里，可以俯视群山、河流和坝子，可以看到玉龙雪山的山岭。置身其中，听着山风的鸣叫，小鸟的歌唱，看着山鹿、野兔、岩羊的自由嬉戏。在这种情境中，恋爱受挫的青年情侣，容易萌生忧伤惆怅的情绪，产生情死的念头。因为这种环境与他们想象的理想圣地“雾路游翠郭”（玉龙第三国）的情调氛围十分贴近，又与现实生活中的种种艰辛曲折形成巨大反差。这就是殉情者选择山高林深地方殉情的重要原因。

最后，到了约定的殉情日子，殉情者去到择定的殉情地。一般都要戴着各种首饰，未婚者穿上最好的衣服，已婚者穿上结婚时的衣服，在殉情地点搭建“游吉”，即殉情之房，经过数日的缠绵和狂欢，然后从容就死。值得注意的是，青年情侣一旦选择殉情，一般皆能雍容自尽，笑对死神。他们选择殉情，是为了到“雾路游翠郭”去寻找可以与“果美”（倾心相爱的人）一起生活的地方。因此，与其他自杀者的抑郁寡欢不同，纳西族的殉情者一般情绪都很稳定，他们十分平静甚至是快乐地进行各项准备工作；死前浓妆盛服，长歌曼舞，坦然镇定，以十分浪漫的方式度过生命的最后时刻，然后从容含笑赴死。这亦是纳西族殉情风尚最为人感慨和赞叹的地方。

3

在纳西族青年情侣的殉情风尚中，“风”是一个重要的契机。在东巴教和纳西族的民间传说中，有一类被称作“哈此”的精灵，意为“风流鬼”，共有七个，都是女性。“风流鬼”的传说产生较晚，明显是某地、某位殉情的青年女子的化身。在为殉情者举行的“祭风”仪式上，要祭奠这七位女性“风流鬼”。“风流鬼”传说的产生，是纳西族古代的风崇拜意识和鬼神观念相结合的产物。“风流鬼”传说的流传，使人们认为风与殉情有密切的关系。因此，在许多殉情故事中，皆讲到风吹来殉情鬼的歌声、口弦声。风传送来这些弦歌妙乐使年轻人陶陶欲醉或心意恍惚，不能自持地追随他们去殉情。风成为殉情的一个契机，成为殉情者去往“雾路游翠郭”圣域的一个神秘媒介。风的诱惑，实际上就是“风流鬼”的诱惑。在为殉情者举行的“祭风”仪式上所唱的东巴经中，记载有许多被殉情鬼的游魂所引诱而随他们去殉情的少男少女。所以，纳西族人认为，殉情者是受了“风流鬼”的诱惑，而且这种诱惑往往发生在山高林深的地方。因此，时至今日，人们还认为，青年男女不要随意去到那些经常发生殉情事件的高山密林里，即便到了那里亦不要唱“骨泣”调，不能弹口弦，不能唱《游悲》，否则会招引“风流鬼”的诱惑。

“骨泣”调和口弦亦是诱惑殉情的重要契机，是极富神秘色彩的殉情音乐媒介。“骨泣”是纳西语，“骨”意为痛苦、忧伤，“泣”意为歌吟，“骨泣”即吟唱心中的忧伤和痛苦，其旋律郁怨、声调凄婉，颤音和装饰音特别多，节奏比较自由，是专门用以诉说哀怨之情的纳西族民间曲调。据说，“骨泣”调是在清代发展起来的，它的产生与纳西族殉情事件大量发生有密切关系，很可能就是殉情事件的产物。如著名的殉情文学作品《游悲》就是用“骨泣”调吟唱的。“骨泣”调为殉情者沟通心灵、深化感情搭起一座桥梁，成为殉情者之间的一种音乐媒介。有不少青年情侣就是因为吟唱“骨泣”调而相识相知，最后相约去殉情。殉情者在死前都要唱“骨泣”调。所以，在高山草场上放牧，不能唱“骨泣”调。纳西族人相信，在山上唱“骨泣”调会“误事”，会“出意外”。据说，外族人听这种调子，亦会产生“身子、心和灵魂都在疼痛颤慄”的感觉。因此，在过去，父母对子女去听“骨泣”调特别忌讳。“骨泣”调亦因此而被视为有伤风化的曲调。想唱“骨泣”调的青年人亦往往避开家人，到山野郊外去唱。

口弦是殉情悲剧的另一个重要音乐媒介。它最初是情侣间的一种定情信物，当接受了对方赠送的口弦，亦就意味着接受了对方的爱情。纳西族人称口弦为“阔阔”，它长约十三厘米，宽约五毫米，用竹制成。它的产生早于“骨泣”调，最初与殉情并未有特别的关系，它与殉情发生联系是后来的事。在纳西族著名的爱情长诗《鲁般鲁饶》中，讲述了口弦与殉情的关系。当殉情成为风尚后，口弦便成为殉情者携带的必不可少的物件，殉情的情侣们在即将结束生命的最后时刻，都要尽情地弹口弦。据说，以口弦弹奏忧伤的殉情调和苦情调，听者往往泪流满面，弹者常常泣不成声。据目击者说，在殉情者的遗体旁边，往往都能找到口弦，甚至有嘴里含着口弦死去的情侣。在反映殉情的文学作品中，亦常常看到许多青年情侣受“风流鬼”的口弦声的诱惑而去殉情。所以，与“骨泣”调一样，父母听见子女弹口弦，亦特别忌讳，非常紧张。与“骨泣”调近似，口弦亦被禁止在家里弹，只能到山野郊外去弹。

《东巴经》中的殉情文学杰作《鲁般鲁饶》，是诱发殉情悲剧的又一个重要文学媒介。在为殉情者举行的“祭风”仪式上，祭司东巴要吟唱《鲁般鲁饶》。该诗凄婉美绝，讲述青年牧羊人的殉情故事，一些情侣常常是在听了这部作品的吟唱后才做出殉情的决定。因此，它亦被视为导致殉情事件发生的重要媒介。民国初年，丽江地方政府鉴于当时居高不下的情死率，明令禁止东巴祭司在“祭风”仪式上演唱《鲁般鲁饶》。据说，东巴祭司迫于政府和社会的压力，往往在“祭风”仪式上把演唱《鲁般鲁饶》安排在深夜，但仍然吸引了众多的青年人；为了使听众听不清楚，东巴故意把皮鼓和板铃敲得山响，而有的年轻人强烈要求东巴把鼓钹声弄小，甚至按住东巴击鼓摇铃的手，静听东巴吟唱《鲁般鲁饶》。

纳西族人的殉情事件是在歌与诗中完成的，歌与诗是促成殉情事件的重要契机。但殉情成为纳西族历史上的一种民族风尚，还有更重要的制度文化和精神文化方面的原因。一般认为，殉情事件是包办婚姻的产物。问题是，包办婚姻亦存在于其他众多民族中，对死后“伊甸园”式的生命乐园的向往亦见于其他民族中，为什么独有纳西族在历史上酿成了如此普遍的群体性的殉情事件呢？

研究者认为，导致纳西族殉情风尚之形成，除了制度文化（包办婚姻）和宗教文化（东巴教）因素外，还与纳西族人的民族个性和青春情结有关系。纳西族人最显著的民族个性就是重情轻生，忠直诚实，勇武刚强，不贪生，不畏死，宁可选择愤然自戕也不愿意委曲求全。

因此，当其爱情理想遭遇现实挫折和制度束缚时，便愤然自戕，以极其坦然而从容的态度含笑赴死，到“雾路游翠郭”去再续前缘，共享人生。纳西族是一个颇富悲情的民族，亦是一个热爱青春的浪漫民族。他们深信山中有一个美妙绝伦的灵域净土——雾路游翠郭，它不是寿终正寝者的乐土，而是一个与青春生命相关联的山中灵界，是一个只属于殉情男女的世界。在那里，有永恒的欢乐，永恒的青春。因此，它对纳西族青年情侣有很强的诱惑力。殉情是青年男女的事情，殉情基本上是在十七岁至二十二岁之间的青年男女中发生。在人生最自由最快乐的时期，在生命之花开放得最灿烂的时刻殉情，实际上就是企求永葆青春，希望美丽快乐的青春在“雾路游翠郭”这个生命常青之地得到永生。正是这种独特的民族个性和青春情结，使处在包办婚姻之束缚下的纳西人，放弃委曲求全，选择轻生殉情。

三、高坡苗族的打背牌习俗

在距离贵州省省会城市贵阳约五十公里的高坡山地，聚居着一支被称为“背牌苗”或“高坡苗”的苗族。背牌是高坡苗族的“身份证”，是高坡苗族文化的标志性象征物。打背牌是高坡苗族青年男女的人生情感仪式。本节主要依据吴秋林《美神的眼睛——高坡苗族背牌文化诠释》一书所提供的田野资料和研究成果，[1] 略述背牌文化之内涵和打背牌仪式的象征意义，展现高坡苗族青年男女情爱文化之独特价值与神奇魅力。

1

高坡位于贵阳西南约五十公里的高原山地，隶属于贵阳市花溪区，

[1] 吴秋林：《美神的眼睛——高坡苗族背牌文化诠释》，贵州人民出版社 2001 年版。

这里居住着三万余苗族人。一般地说，高坡是苗族的高坡。高坡苗族与苗族大家庭的历史脉络，已经很难理清楚。但是，从语言、风俗上看，它属于苗族三大方言之一的西部方言之惠高土语区，在语言、文化和风俗上，与黔东南的苗族有很大的差别。据有关资料显示，高坡苗族原住在今贵阳市区，随着明朝在贵州设置布政司，加强对边疆地区的管理，大量的汉族移民入黔，发生了汉族与苗族争夺生存空间的战争，最后被俘的苗族和臣服的苗族被迫离开今贵阳市区，被安置在高坡山地，编户垦耕。这就是高坡苗族的由来。

背牌是高坡苗族的“身份证”，是高坡苗族文化的象征物，是高坡苗族青年男女情感之标志物。何谓“背牌”？据吴秋林描述说：

> 在高坡，我们在几岁的蒙童（女童）和垂暮之年的妇女身上，都可以看到背牌这一饰物，高坡苗族女性服装上的其他饰件，如头饰等都可以随意处理或省略，但背牌都必须有。这种情形可比喻为：光身叫没有穿衣服，而没有戴背牌有如光身。
>
> 高坡背牌的形制为一大一小的前后两块，用宽约6厘米~8厘米的布带对称连接，套头贯入，前块较小，约为8厘米~12厘米的方形绣片；后块有两种表现，如果是盛装背牌，则为30厘米以上的方形绣片，如果为生活背牌，则为宽约12厘米~15厘米，长约15厘米~20厘米的长方形绣片。后块是背牌的主块，在女性后背上部位置，非常引人注目，且所有的背牌都是女性一针一线精心挑绣的，可以说它是高坡苗族服饰表现的和审美的最高凝结点。这种绣片工艺上属西部苗族的挑花。古老的背牌绣线用丝线，或为棉线，现大量使用开司米线，不管哪种材质，其基本的图案、形制和色彩都不变。[1]

[1] 吴秋林：《高坡苗族背牌研究》，《贵州大学学报》（艺术版）2000年第4期。

在高坡苗族妇女的服饰饰件中，背牌是一个处于所有饰件之中心位置的饰件。它的大小、图案、色彩可变，但位置不能变。其他饰件可多可少，但背牌不能少。其他饰件可精可粗，但背牌一定是妇女身上最精致的饰件。

对于一位高坡苗族妇女来说，没有一块背牌背在背上，是根本不可想象的事情。一位高坡苗族妇女一生中必须拥有至少一块以上的背牌。她们去世时，一定是要背一块背牌走的。如果没有背牌，她们到阴间就没有办法与祖先相认。所以，没有一块背牌，是高坡妇女一生中最不可能出现的事情。因此，每个高坡妇女都精心地绣制身上的背牌。一位妇女一生中最能表现她们心灵、情感的作为，就是绣背牌。故高坡的每一位妇女都会绣背牌，每一位母亲的一项重要任务，就是教会她们的女儿绣背牌。

背牌有黄背牌和白背牌之分。黄背牌是仪式化的，白背牌则是生活化的。黄背牌尺寸较大，制作要求高，穿戴较复杂，还有一定的仪式相随，在比较庄重正规的场合穿戴，所以又叫盛装背牌。白背牌的尺寸较小，制作可精可粗，穿戴亦较简单。因为在日常生活中穿戴，所以又叫简装背牌。高坡苗族妇女拥有几块背牌，是天经地义的事情。如果拥有一至二块黄背牌，则是一件很有地位、极有荣誉的事情。如果这块黄背牌参与过打背牌仪式，是打过的背牌，那它就有至高无上的地位，其荣誉感可与敲牛祭祖相提并论。

在高坡乡镇集市上，各种商品琳琅满目，一应俱全，但就是没有背牌出售。高坡苗族妇女的日常生活用品大多从集市上购买，但没有一个女人的背牌是从集市上买来的。凝聚着情感、心血、技艺的背牌，必须是女人怀着虔诚的心情亲手精心制作。一张精美的背牌，就是高坡苗族妇女的一张脸。

2

在高坡苗族的精神生活中，能与敲牛祭祖相提并论且享有同等荣誉的，可能只有打背牌。所谓“打背牌”，或称“射背牌”，是为一对已经相亲相爱但又永生不能聚首的青年情侣举行的一场青春情感奠祭仪式。吴秋林将打背牌称为“人生情感仪式”，他认为：这种活动，在仪式性上，比一般民俗活动要高一个层次，比祭祀仪式又要低一个层次，很难在仪式学上进行归类。它既不是宗教祭仪，亦不是出生礼仪，不是成人礼，不是婚礼，当然亦不是葬礼，与社交礼仪亦不沾边。就年龄而论，大体与人生中的成人礼仪差不多，而内容则是风马牛不相及。它是一种为人的情感（主要是爱情）而举行的特殊的人生情感仪式。

据统计，在高坡苗族中，曾经打过背牌，至今仍活在人世的男女成员不足一百人。据吴秋林提供的田野资料，打背牌仪式的过程大体如下：

其一，决定打背牌。打背牌是为两位青年情侣的爱情举行的情感仪式，但它不仅仅是两位年轻人的事情，而是两个家庭的事情，甚至是两个家族、两个村寨的公共事务。因此，打背牌是两个年轻人的心愿，但决定权则是在两个家庭，特别是男方家庭。一般而言，决定打背牌有三个前提条件：一是男女双方彼此相爱，但最终不能结婚。打背牌就是为了祭奠这不能走向婚姻的爱情。二是双方父母都喜欢这对年轻人，愿意出钱出力为他们打背牌。三是双方家庭都有较好的经济条件，特别是男方家庭，因为打背牌所花的钱物，往往比办一场婚礼要多得多。所以，打背牌是不能轻易决定的，亦非率意而为。在高坡苗族村寨中亦不是经常举行，通常几年甚至十几年才能遇上一次。

另外，打背牌可以是一对青年情侣打，但通常情况下，是关系比较好的多对青年情侣一起打背牌，这可以称为群体性的爱情祭奠仪式，当然亦与节约成本有关系。值得注意的是，还有一位男青年与二至三位女青年打背牌的案例，因为在高坡的有些苗族村寨中，一位男青年可以同时与二至三位女青年交朋友。

其二，确定打背牌的时间和地点。打背牌的时间，一般是在“三月三”或“四月八”这两个苗族传统节日，其中又以“四月八”居多。根据传说，这个日子的确定可能与高坡苗族为争夺贵阳黑洋大箐的战争有关。关于打背牌的地点，或称背牌坡，或称马郎坡，一般是在与村寨有一定距离的山坡上，这里平时就是青年男女约会玩乐的地方。通常一个村寨有一个背牌坡，亦有几个村寨共用一个背牌坡，但每个村寨有固定的地方，不能随便逾越。

其三，暗示即将打背牌的背柴仪式。大部分田野个案材料显示，在打背牌之前，都有一个背柴仪式。大约在打背牌前的一个月左右，男方先上山砍好一捆柴草（亦有待女方去后现砍的），然后约请女方去背柴。女方（通常叫上自己的同伴）去男方家，先唱歌、喝酒、玩耍，等到傍晚时分，男方（或男方请人）把柴背送到女方的村寨口，女方（或女方请人）把柴背回家。女方去男方家把柴背了回来，男、女双方的亲朋邻里，就知道他们即将要打背牌。

其四，打背牌前的准备工作。打背牌前，男方家要准备大量的肉食、米饭和米酒，至少要杀一头猪，有的还杀牛，或者宰羊，准备仪式用品如鞭炮、红绸之类。女方家要扎背牌，女方或做或借背牌，总之越多越体面，把做成的背牌或借来的背牌扎在用竹子做成的背牌架上。另外，还要准备至少一斗米的糯米饭。

其五，打背牌仪式。到了约定的“三月三”或“四月八”这天，女方请人把扎好的背牌架背到半路，男方请人去半路接背牌，然后直接送到背牌坡。打背牌的仪式场面非常热闹，附近几个村寨的乡亲们亦会赶来观看，有时甚至有上千人聚集在这里。仪式一般由寨老主持，在寨老的安排下，众人先支起背牌架，女方在地上摆好背牌，男方用弩箭射。箭只能射在背牌的边缘上，不能打背牌中心的印章，印章像人的眼睛，打中了男方要瞎眼睛。如果打不穿背牌，是很不吉利的，男方会短命，或绝后，或贫穷。打完背牌后，女方便送给男方一块绣花帕作信物，然后就收拾东西回寨子。有的在村寨口还要打一次，除了打背牌外，男方还要在女方的裙子上用箭射一个洞以作凭证，女方亦要在男方的长衫衣角上用箭射个洞作凭信。接下来就是吃宴席，有的村寨是在男方家中设宴招待男女两方宾客，有的则是男方家把做好的酒食饭菜抬到高坡牛打场招待客人。吃完宴席后，女方亲朋就留宿在男方家，通宵达旦地唱歌、喝酒、玩耍。第二天吃完中午饭后，男方请人送女方上路，并把女方的背牌送回去。这时，女方家则要准备至少一斗米的糯米饭送给男方家，男方家再用这些糯米饭招待亲朋，吃尽散去，打背牌的全过程就此结束。

打完背牌后，男女交往如常人，不再有感情纠葛，各自谈婚论嫁，除个别情况，基本皆遵守只打背牌不结婚的原则。凡是打过背牌的男女，都坚守或坚信这样三点：第一，将来去世时，女方把那块打过的背牌用做枕头装进棺材带到阴间，男方把那块女方送的绣花帕或拴在腰上，或盖在脸上，或当作枕头带到阴间。第二，先去世者的灵魂在背牌坡等待对方，待对方死后，凭信物会合，一起去阴间见阎王，然后再一起投胎到阳间。第三，到阴间后，打过背牌的男女不会结成夫妻。

3

其实，其他各支系的苗族亦有背牌，亦有相似的绣片和印章，亦有相近的背牌起源传说。但是，只有高坡苗族有打背牌的习俗。高坡苗族的背牌因有打背牌的习俗而具有特殊的意义。高坡苗族背牌的特殊性，就在于它的打背牌仪式及其象征意义。

高坡苗族打背牌，是为青年情侣举行的特殊的人生情感仪式。这种仪式的举行，与高坡苗族的婚姻制度密切相关。在高坡苗族地区，过去盛行娃娃亲，在一般情况下，一方父母只要往另一方父母家里连续送三年的两斗米的大粑粑，而对方亦不拒绝，这桩婚事就算敲定，而这时男女双方当事人可能只有三五岁。高坡苗族通常都很自觉地遵守这种婚约，一般不会悔婚。悔婚退亲被高坡苗族视为最严重的伤风败俗的道德事件，被对方悔约退亲被视为最伤心痛苦的事情，是几代人都要牢记的耻辱。因此，悔约一方要受到严重的经济处罚和人生诅咒。被悔婚一方为了雪耻泄恨，就请鬼师来做"驳壳"，诅咒对方，被"驳壳"的人家一两个月后就会"出事"。所以，高坡青年男女一般不会退亲，亦不敢悔婚。但是，与其他支系苗族的"游方"活动一样，高坡苗族青年男女在婚前的恋爱是自由的，并且往往不是与原配的娃娃亲谈恋爱。这样，在"恋爱自由结婚不自由"的现实状况下，凸显了爱情与婚姻的矛盾对立。高坡苗族的打背牌仪式，实际上就是采用仪式手段来调节爱情与婚姻的矛盾对立关系。

在打背牌仪式上，以及打背牌以后，男女当事人及其父母，以及娃娃亲一方的态度，是值得我们关注的问题。

男女双方父母郑重其事，往往花较少的钱为子女办婚事，却花数倍于办婚事的钱为子女打背牌，其意义是双重的，即认可年轻人的激情与浪漫，默认他们之间的爱情，同时亦通过仪式宣告年轻人的浪漫爱情的终结，迫使年轻人回到娃娃亲的正常婚姻轨道上来。

男女青年作为当事人坦然进行打背牌仪式，实际上是怀着无可奈何的心情祭奠爱情。这种爱情是真诚的、纯洁的、柏拉图式的。首先，在打背牌时双方互赠礼物，死后双方带上礼物入棺，相约一起去阴间，共同投胎到阳间，说明这爱情是生死不渝的。其次，事隔五六十年以后，男女双方当事人回顾当初的恋爱经历和打背牌仪式，或者潸然泪下，或者神采飞扬，几十年后仍然记忆犹新，说明这爱情是刻骨铭心的。第三，青年男女打完背牌后，各自与娃娃亲谈婚论嫁，完全遵守规约——不再与对方有感情纠葛，说明这爱情是纯洁的。第四，打过背牌的男女，虽然死后相约共赴阴间，一起投生，但都否定在阴间结为夫妻的说法，说明这爱情是柏拉图式的。所以，论者称这种爱情为“以苦难为神圣的爱情”。

再看娃娃亲一方的态度。所有的田野资料都显示，娃娃亲一方不但不反对，而且还是赞成甚至是以欢悦的态度，对待自己未来的结婚对象与他人打背牌。因为自己未来的结婚对象与他人打背牌，虽然意味着他（她）的爱情另有所属，但打完背牌后，亦同时意味着其相好无论如何都不会要他（做丈夫）或娶她（做老婆），他（她）就永远是属于自己的爱人。所以，对于娃娃亲一方来说，自己未来的爱人如有相好，不打背牌倒是个大问题，打了背牌就可以完全放心。

总之，打背牌这种祭奠爱情的仪式，既释放了青春激越的力量，又守住了并不完全符合人性的传统规约。它在一定程度上化约了爱情与婚姻的矛盾，缓解了情感对婚姻的压力。既肯定了爱情的神圣与伟大，又保证了传统婚姻制度的实施，在一定程度上起着和谐社群关系、稳定社会结构的重要作用，亦起着神圣爱情、美化心灵的作用。所以，打背牌实可视为高坡苗族在精神文化和制度文化上的一大发明。

四、诗性精神与制度规约的矛盾对立

世界各地的婚恋习俗千差万别，形态各异。我们选取欧洲中世纪的“典雅爱情”、丽江纳西族的殉情风尚和高坡苗族的打背牌习俗进行介绍和讨论，意在通过中西比较，通过主流社会与边缘空间的比较，彰显情爱精神的一般特征，探讨人类面对诗性精神与制度规约之矛盾冲突时的应对策略。

1

恋爱是一种游戏，一种以快乐为原则的、富有诗性意味的精神游戏，一种富有理想化特征的、以生命为代价的青春游戏，一种人类生命中不可或缺的、可以提升生命价值的精神游戏。中外恋爱习俗皆充分体现了爱情的这种游戏性、理想化和诗意性特点。

恋爱产生快乐，婚姻产生人生。真正的恋爱是超越性的，是以快乐为原则的、具有浪漫特征的精神游戏。真正的恋爱，在于恋爱的过程，过程即是目的。恋爱产生的那种渗透身心的精神愉悦往往存在于求爱的过程中。欧洲中世纪的“典雅爱情”，堪称此种浪漫恋爱的典范。

“典雅爱情”是一种崇高的、尊严的、理想化的爱情。恋爱中的骑士是有妇之夫，恋爱中的女性是有夫之妇，“典雅爱情”拒绝性爱，亦从不以婚姻为目的。它重在艰苦卓绝、锲而不舍的追求过程，过程就是“典雅爱情”的目的。骑士诗人以生命为代价的求爱过程，其所需要的就是在过程中的精神愉悦，是苦中作乐，不是为了肉体的交欢和婚姻的缔结。所以，“典雅爱情”是一种典型的精神游戏。以今日之功利眼光看，“典雅爱情”像一出滑稽的闹剧；理性的批评家亦常常把它视为滑稽的行为进行讽刺。其实，与功利、理性相对立的是浪漫和激情。浪漫和激情是恋爱的基本特征，亦是“典雅爱情”的主要特点。功利眼光和理性批评对“典雅爱情”的讽刺，实质上就是对浪漫情爱精神的漠视。因为爱情既不是功利的，亦不是理性的。明乎此，才能理解这种看似滑稽的精神游戏，却能在欧洲中世纪持续风行两百年之久，居然能够成为主宰多情男女的精神力量，成为中产阶级的生活理想，至今依然影响着西方社会男女的情爱生活。

“典雅爱情”是一种纯粹的精神游戏，是浪漫爱情的典范形式。传统中国士大夫文人与青楼才女之间的情感游戏，与“典雅爱情”相比，是同中有异。它们皆是游离于婚姻之外、不以缔结婚约为目的精神游戏或情感游戏。在游戏过程中，士大夫文人在内心深处虽不乏以女性为玩物的心态，但在追求过程中对女性才情和美貌的推崇和追捧，与骑士诗人“效忠女人”的行为颇为近似。在游戏的结局上，士大夫文人与青楼才女之间虽不乏交欢或纳妾的事例，但绝大多数还是仅仅保持在诗酒唱和的情感或友谊之层面上，这与不以交欢或婚姻为目的的“典雅爱情”，亦略为相似。当然，在游戏的纯粹性上，在浪漫的激情色彩上，士大夫文人的情爱游戏，不及“典雅爱情”。因为它主要是一种闲情，而不是激情。[1]

同样具有纯粹精神游戏性质的恋爱，是苗族青年的“游方”或“摇马郎”活动。在明清“改土归流”后实行的“以夏制夷”政策的影响下，中土礼法制度渗透到苗族青年的婚恋活动中，形成了交表婚和娃娃亲的婚姻形态，呈现出“恋爱自由结婚不自由”的局面，即在已经有了婚约或者已经结婚但未生子的情况下，青年男女亦不妨与其他异性青年开展“游方”或“摇马郎”这种“制度性的谈情”活动。苗族青年男女“游方”或“摇马郎”，经由情歌以表达思慕之情，通过情话进行浪漫情感的相互倾诉，通过相互依偎的身体接触以制造亲密，以解除个人日常郁闷的情绪。这种亲密常常是即兴的，这种倾诉和思慕往

[1] 参见本书第一章第三节“爱情就像发高烧”。

往亦不是以婚姻为目的。[1] 所以，“游方”或“摇马郎”亦是一种以快乐为原则、不以结婚为目的精神游戏。这种“谈情”获得“制度性”的认可和社会的默许，与“典雅爱情”亦很近似。高坡苗族青年婚前的爱情，通过打背牌这个神圣仪式获得社会的认可，甚至还获得娃娃亲一方的默许，这亦近似于“典雅爱情”中骑士之妻和贵妇之夫的态度。而打背牌的青年男女坚信他们死后在阴间不会结为夫妻，这说明他们在打背牌前的恋爱自始就不是以婚姻为目的。这同样表明他们的爱情亦具有纯粹精神游戏的特点。

真正的恋爱作为一种精神游戏，理想化是其重要特征，西方的柏拉图式的恋爱和传统中国文人的美人幻，是其典型代表。具体地说，无论是欧洲中世纪的“典雅爱情”，还是传统中国的才子佳人式的爱情，抑或是纳西族的殉情风尚和苗族的打背牌习俗，皆有明显的理想化特征。

比如，关于“典雅爱情”，近现代以来的学者关于欧洲中世纪“典雅爱情”的认识和了解，主要依据的是中世纪欧洲的骑士文学。问题是，文学这种虚构的文本所提供的材料与当时社会的真实情况之间到底有没有距离？有多大的距离？是否可以由文学这类虚构的记述推断出文学作品之外的社会真实？质言之，“典雅爱情”到底是欧洲中世纪真实存在的爱情形态，还是当时人们崇尚和期望的情感形态？晚近的西方学者在考察了中世纪的爱情和婚姻状态之后，倾向于强调“典雅爱情”的爱情理想与现实男女关系之间的差距，甚至否认“典雅爱情”的真实性，认为“典雅爱情”是对贵族男女关系理想化的处理，或者说是爱情的乌托邦，是当时上流社会试图建立的一种新的行为规范的

[1] 参见简美玲《清水江边与小村寨的非常对话》之《游方与婚姻》一文，台湾国立交通大学出版社 2009 年版。

一个组成部分。[1] 所以，与其说“典雅爱情”是中世纪男女关系的现实状态，不如说是当时贵族阶层的理想爱情形态。

纳西族的殉情风尚亦有理想化的特点。选择殉情的纳西族青年男女，深信玉龙雪山中有一个美妙绝伦的灵域净土——雾路游翠郭，那里有永恒的快乐，永恒的青春，是与青春生命相吻合的山中灵界。他们笑对死神，雍容自尽，就是为了到“雾路游翠郭”与“果美”（倾心相爱的人）一起生活。爱情观念上的这种理想化特点，使他们能够十分坦然镇静地结束生命，走向灵域净土。爱情的理想化特点在高坡苗族的打背牌习俗中亦有体现。打背牌的青年情侣虽然坚信他们在阴间不会结为夫妻，即他们的爱情不以婚姻为目的，但是都信守死后一定要在当年恋爱的背牌坡或马郎坡会合的誓言，相约一起去阴间见阎王，一起投胎人世。亦就是说，在高坡打背牌的苗族青年情侣的观念中，恋爱虽然在现实生活中受挫，但仍可以通过理想化的方式延续，而婚姻则不一定是必须的。

传统中国社会的“才子佳人”和“英雄美人”式的爱情，亦不乏这种理想化的特点。作者在前文已经说过，传统中国人理想的爱情模式有两种：一是才子佳人式，二是英雄美人式。或者说，才子配佳人，美人配英雄，是传统中国人的爱情理想。在传统社会，现实的情爱状态是颇感压抑的，世俗生活中亦没有那么多浪漫的风花雪月。所以，在中国文学史上，大量的“才子佳人”和“英雄美人”的爱情故事，与其说是生活真实，不如说是文学想象，是传统中国文人基于爱情理想、“春梦情结”或“奔女情结”虚构出来的，它表达的实际上是人们期望的一种情感状态，是爱情的乌托邦。这与欧洲中世纪骑士文学

[1] 参见彭小瑜《〈宫廷文化〉中译本导言——文学史和社会史的艰辛对话》。见约阿希姆·布姆克《宫廷文化——中世纪盛期的文学与社会》书首，何珊、刘华新译，生活·读书·新知三联书店 2006 年版。

中创造的“典雅爱情”，有异曲同工之妙。“典雅爱情”的乌托邦理想影响了整个欧洲人的情爱观念，“才子佳人”式的爱情乌托邦理想亦影响了宋元以来大部分文人的行为方式。因此，“书中自有黄金屋”“书中自有颜如玉”长期以来成为文人的读书动力。直至近代，何海鸣还说：“予亦有宏愿，愿当今小说家将我的名字嵌入一言情小说内，得与一纸上之佳人成为眷属，虽其间备受挫折亦无悔，予且藉大文豪笔下超生之力得饱受艳福。阿弥陀佛，予愿折十年阳寿焉。”[1]此言虽不免夸张，但这种幻想实际上就是传统中国文人的情爱理想。

2

恋爱是一种理想化的精神游戏，更是一种以诗性精神为内核的、可以提高生命价值的精神游戏。相较而言，恋爱是超越性的，精神性的；婚姻则是世俗性的，物质性的。恋爱的超越性和精神性，决定它是以诗性精神为内核的；婚姻的世俗性和物质性，决定它是以实用理性为特征的。婚姻生活的世俗性和物质性，导致人的“精神生活水准的降低和堕落”，使“我们无法超临自己”；而具有超越性和精神性的恋爱，它不仅肯定人对崇高精神和理想境界的追求，而且还能提升人的精神生活水准，提高人的生命价值。因此亦就成为人类精神生活领域中不可或缺的重要组成部分。

传统中国社会情爱生活的诗性精神，作为本书之主旨，已在全书各章得到比较详明的展现和阐释，兹不赘论。欧洲中世纪的“典雅爱情”，与“才子佳人”和“英雄美人”式的爱情，在诗性精神上有很大的相似之处。欧洲中世纪的骑士，近似于中国古代的才子和英雄。欧洲中世纪诗人创作的以骑士贵妇之爱情为题材的恋歌，如同中国古

[1] 何海鸣：《求幸福斋随笔》第 13 页，上海书店出版社 1997 年版。

代描述才子佳人和英雄美人之婚恋的爱情小说，反映了理想爱情的诗意化特性。黄家遵曾对此作过有趣的比较，他说：

> 我国唐宋以后佳人才子的婚姻，实和欧洲武士与贵妇的恋爱“不相径庭”。不过，欧洲是“骑士式”的，我国却是“书生式”的而已。欧洲的武士是用刀、剑、拳、脚来达到“吊膀”的目的，而我国的书生则用诗、词、歌、赋来博得女人的欢心。手段与方法虽然不同，而目的和用心则是完全无异。欧洲的故事和戏剧描述着许多武士与贵妇的风流案，我国的故事与戏剧流传下不少书生与小姐的浪漫史。这确是值得加以比较研究的史实。[1]

需要补充说明的有两点：其一，骑士贵妇的爱情，不仅与“才子佳人”相似，而且亦与“英雄美人”近似。其二，骑士博取女人的欢心，靠的不仅仅是刀、剑、拳、脚，而是与才子、英雄一样，主要靠的还是才气风流。他们具备强健的体魄、周全的礼仪、任侠的性格、冒险征战的传奇经历和优雅的诗才，他们既是武士亦是诗人，他们以武功和情诗获得贵妇的青睐。总之，他们之所以成为西方中世纪获得贵妇青睐的情爱对象，是因为他们与中国古代的才子、英雄一样，是具有诗性品格的人物群体。同时，正像中国古代的“才子佳人”和“英雄美人”的爱情，总能得到人们的宽容和庇护一样，西方中世纪骑士与贵妇的爱情，亦能得到社会的宽容，甚至是纵容。这个近似的历史事实，一定程度上说明了古代中西方人在对理想爱情之追求上的某些相通之处，具体地说，它体现了古代中西方共同的诗性生存精神。

纳西族青年男女的殉情事件，亦是在浓郁的诗意氛围中展开的。

---

[1] 黄家遵著、卞恩才整理：《中国古代婚姻史研究》第 338 页，广东人民出版社 1995 年版。

在纳西族青年情侣的殉情风尚中，“骨泣”调和口弦是重要的音乐媒介，《鲁般鲁饶》是重要的文学媒介，诗歌和音乐成为殉情事件的重要契机，成为青年情侣为情殉身的催化剂和助动力，纳西族青年情侣的殉情就是在歌与诗中完成的人生超越。另外，纳西族青年情侣能以坦然而从容的态度笑对死神，是因为他们坚信他们将走向一片充满着欢乐气氛和青春气息的灵域净土——雾路游翠郭。在纳西族人的观念中，雾路游翠郭是一个诗性的生存空间，青年情侣以生命为代价追寻雾路游翠郭，实际上就是一种以极其悲情的方式展开的对诗性人生境界的追求。

高坡苗族青年情侣的打背牌仪式，始终贯穿着热情洋溢的情歌对唱和婀娜多姿的芦笙舞蹈。打背牌就是在歌与舞的浓郁氛围中举行的一场青春情感奠祭仪式。其次，青年情侣双方的父母特别是男方的父母愿意花数倍于结婚的钱财为子女打背牌，虽然存有以仪式的郑重宣告浪漫爱情终结的目的，但同时亦是对年轻人的浪漫爱情之见证和认可。这种认可，实际上是对人类心灵深处不可抑制的诗性爱情欲望的默认。因此，这种认可，亦是一种诗意的认可，是对人类追求诗性精神的正当性的认可。娃娃亲一方默认或赞成，甚至是以欢悦的态度对待自己未来的婚姻对象与他人打背牌，虽然在情感上存在着无可奈何的苦衷，但在一定程度上亦与男女双方的父母一样，是对青年男女诗性追求的默许。其三，既然打背牌的青年男女都否认到阴间结为夫妻的说法，那么，他们为什么还如此珍重对方赠送的礼物，并且都强调死后要带入棺材？为什么还相约死后于背牌坡或马郎坡聚集，然后一起去阴间，一同投胎到阳间？实际上，这里体现的仍然是苗族青年男女不以婚姻为目的的爱情观念，展现的仍然是他们对诗性精神的潜在向往。其四，已另有娃娃亲的青年男女打背牌，实际上是把自己与非婚对象的爱情公之于众，对此，男女当事人不仅毫无愧色，而且还引以为自豪，将其作为人生之幸事终生铭刻于心；亲朋和寨人不但不以为忤，而且还兴高采烈地参与和满心欢喜地祝贺；家族以此为殊荣，将之与敲牛祭祖这样的具有无上荣光之仪式相提并论。可见，对诗性情爱的推崇和认可，不仅是青年情侣之私意，而且是高坡苗族的民族精神。

总之，无论是欧洲中世纪的“典雅爱情”，还是传统中国社会的“才子佳人”和“英雄美人”式的爱情，抑或是边缘空间的殉情风尚和打背牌习俗，都是在浓郁的艺术氛围中展开的，皆具有浓厚的诗性特征，都体现了人类对诗性精神的执着追求和永恒向往。

以精神游戏为特征、以诗性精神为内核的恋爱活动，虽然未必能够给人们带来实实在在的物质享受，但是它确能提升人的精神生活水准，提高人的生命价值。

在传统中国社会的情爱生活中，才子、英雄因为爱情的鼓励和激发而更加意气风发、才气发扬、勇武神力，女性因为爱情的补给和滋润而更加容光焕发、光彩夺目。爱情于传统中国人精神生活水准的提升和生命价值的提高，本书各章已有详明的阐释，兹不赘论。中世纪“典雅爱情”对欧洲人的精神生活水准的提升和生命价值的提高，更是显而易见。如前所述，“典雅爱情”中的骑士多是有妇之夫，女性常是有夫之妇，但这并无妨碍，当妻子得知丈夫正在追求“典雅爱情”而效忠某位贵妇人时，她会感到自豪，因为“效忠女人”会使她的丈夫变得更加高尚和勇敢；当丈夫得知妻子正沉溺于“典雅爱情”而被骑士诗人追求和效忠时，他亦会感到高兴，因为骑士诗人的追求效忠会使他的妻子更加高贵和典雅。实际上，骑士诗人常常是把追求“典雅爱情”“效忠女人”视作升华精神、提高品格、锻炼意志、培植忠诚、养育风度的手段。所以，有学者认为，“典雅爱情”在一定程度上改变了整个欧洲人的气质和教养，它培育了男性的风度，使之变得高尚勇敢、文明、优雅；它改变了女性的地位，使之由奴仆变成了圣母，它大大地提升了欧洲人的精神水准和生命价值。

纳西族青年情侣的殉情，毁灭的是肉体，成就的却是爱情，或者说，它是以肉体毁灭的代价实现爱情的超越价值。肉体是生命的载体，灵魂才是生命价值的核心，纳西族青年情侣的殉情，是以肉体的毁灭来成就灵魂的提升，实现生命的价值。所以，殉情虽然是一种极端的方式，但是，纳西族青年情侣怀着神圣而坦然的心情面对肉体的毁灭，怀着从容而喜悦的心情走向通往“雾路游翠郭”的青春之路，就是希望生命的价值在这片美妙绝伦的灵域净土上得到长存和永生。因此，对于爱情受挫的纳西族青年情侣来说，殉情不是绝情，而是为了永葆青春，为了提升生命的价值。

与纳西族青年情侣殉情的极端方式相比，高坡苗族的打背牌习俗，显然要温柔敦厚得多，但它同样具有美化心灵、神圣爱情和提升生命价值的作用。高坡苗族通过打背牌的方式展现爱情，这种爱情不以婚姻为目的，即使到了阴间，亦坚信不会成为夫妻，因此它是圣洁的，纯粹的。打背牌仪式本身就证明了它是圣洁的、纯粹的、光明正大的，并且亦通过仪式使这种圣洁纯粹、光明正大的爱情得到世人的认同。所以，打背牌仪式是“制度中的人性萌发出一种让这种爱情从一种欲望和现实转向精神和神圣的方式，使高坡苗族青年男女的爱情升华到一种新的崇高境界”，是“用不得已的方式把人性向美和爱的方式上转化”。[1] 因此，这种“以苦难为神圣的爱情”亦有净化心灵、神圣爱情和提升生命价值的意义。

[1] 吴秋林：《美神的眼睛——高坡苗族背牌文化诠释》第117页，贵州人民出版社2001年版。

3

爱情作为一种理想化的、具有浓厚诗性精神的精神游戏，与其他人际情感相比，其显著特征之一，就是它的超越特点和自由取向。爱情的自由取向必然与制度规约的束缚限制产生矛盾，爱情的超越特点必然与婚姻的世俗功利发生对立。因此，在古今中外的情爱生活中，爱情与婚姻家庭、制度规约的矛盾对立，是必然的，不是偶然的。

爱情与婚姻的对立矛盾，大体在两个层面上展开。其一，爱情与婚姻在本质上是对立的，作者在本书第一章第五节“婚姻与爱情的两难困境”中指出：恋爱关系具有超越性，爱情产生快乐，是诗意化的人际情感；婚姻产生人生，婚姻关系具有世俗性，是现实性的人际关系。爱情的维持以适当的距离为前提，婚姻则是零距离的亲密关系。爱情以色欲和情爱为联结纽带，婚姻则是以信义和意志为缔结动力。爱情提升人的精神生活水准，肯定人对崇高精神的追求；婚姻则导致人的“精神生活水准的降低和堕落”。因此，在现实生活中，大多数婚姻家庭并不都是以爱情为基础的，大多数的爱情亦并没有必然发展成婚姻，没有爱情的婚姻和不以婚姻为目的爱情，远较由爱情而婚姻的情况，要普遍得多。所以，“婚姻是爱情的坟墓”这个说法，是有一定道理的，它表述的就是爱情与婚姻在本质上的对立关系。中外历史上不以婚姻为目的恋爱现象，如欧洲中世纪的“典雅爱情”，传统中国士大夫文人与青楼才女的恋情，苗族青年男女的“游方”或“摇马郎”，实际上就是基于爱情与婚姻之本质对立而做出的对矛盾的规避。

其二，爱情与婚姻的对立，还表现在恋爱的自由取向和婚姻制度规约上的对立。男女关系既是自然性的，亦是社会性的。就社会性一面说，人与人之间一旦发生联系，就必然涉及物质和精神两个层面上的利益得失，就必然产生相应的制度规约来调节双方的关系，维护彼此的利益。从本质上讲，婚姻制度就是人类关系从自然到社会之过程中产生的用以调节和维护男女社会关系的规约。大体而言，恋爱主要是自然性的，婚姻则主要是社会性的。恋爱以自由为特征，婚姻则要受制度规约的束缚。所以，当男女关系由恋爱走向婚姻，从自然进入社会，就必然引发自由取向与制度规约之间的矛盾对立，其具体表现就是“恋爱自由结婚不自由”。事实上，中外传统社会对自由恋爱大体皆能持一种宽容或默许甚至是支持的态度，如苗族社会即使在有娃娃亲或交表婚的情况下，亦仍然默许甚至是支持青年男女与非婚对象进行“游方”或“摇马郎”这种“制度性的谈情”活动。传统中国主流社会对文人士大夫在婚姻之外与青楼才女的恋爱活动，亦保持着相当的宽容和同情，这实际上亦是对自由恋爱的默许。欧洲中世纪的骑士贵妇在婚姻之外追求“典雅爱情”，居然能够得到其丈夫或妻子的理解和默许，这仍然是对自由恋爱的认同。可是，当自由恋爱步入婚姻之缔结时，维持婚姻关系之制度规约便要出面干预，恋爱与婚姻的对立矛盾亦就由此产生。无论是纳西族的殉情风尚、苗族的打背牌习俗，还是欧洲中世纪的“典雅爱情”，抑或是传统中国士大夫文人与青楼才女的畸形恋爱，皆是自由恋爱与婚姻制度对立矛盾的产物。

传统中国社会的婚姻遵循“父母之命，媒妁之言”，媒妁传言于前，父母决定于后，一桩婚事亦就由此决定，而男女双方当事人的意见则基本被忽略。因此，在这种以伦常义务为特点的“社会婚姻”或“仪式婚姻”中，基本没有爱情生长发育的空间。或者说，在这种婚姻模式中，所谓爱情，不仅被忽略，而且还因被视为淫乱之事而遭到禁止。当爱情理想在婚姻家庭中受挫，青楼楚馆就成为传统中国男人理想爱情的“大尾闾和大市场”，传统士大夫文人与青楼才女之间的畸形恋爱，就是恋爱理想与婚姻制度对立矛盾的产物。

随着明清政府在边地少数民族地区实施“改土归流”，推行“以夏制夷”的统治策略，中土主流社会的婚姻制度和婚姻观念亦渗透到少数民族地区，成为影响少数民族青年男女恋爱婚姻的重要因素。所谓“恋爱自由结婚不自由”现象，就是在这种历史背景上发生的。纳西族青年情侣的殉情悲剧和高坡苗族青年的打背牌习俗，就是这种婚姻制度的产物。只不过纳西族青年情侣的殉情是以极端的方式抗拒这种婚姻制度，高坡苗族青年情侣的打背牌是以委婉的方式屈从这种婚姻制度，而传统中国主流社会的士大夫文人则是以曲折的方式回避这种婚姻制度。

参考文献

一、古籍类

《周易正义》，王弼等注、孔颖达等正义，中国书店影印本 1987 年。

《论语译注》，杨伯峻编著，中华书局 1958 年。

《孟子译注》，杨伯峻译注，中华书局 1988 年。

《老子校释》，朱谦之撰，中华书局 1987 年。

《庄子集解》，王先谦编著，成都古籍书店 1988 年。

《荀子集解》，王先谦著，上海书店 1986 年。

《礼记集说》，陈澔注，中国书店影印本 1985 年。

《春秋左传集解》，杜预著，上海人民出版社 1977 年。

《国语集解》，徐元诰撰，中华书局 2002 年。

《吕氏春秋集释》，许维遹著，中国书店影印本 1985 年。

《诗经集传》，朱熹注，中国书店影印本 1985 年。

《楚辞集注》，朱熹集注，上海古籍出版社 1979 年。

《史记》，司马迁著，中华书局 1987 年。

《汉书补注》，王先谦撰，中华书局 1983 年。

《后汉书集解》，王先谦撰，中华书局 1984 年。

《三国志集解》，卢弼著，中华书局 1982 年。

《春秋繁露》，董仲舒著，上海古籍出版社 1991 年。

《淮南子集释》，何宁撰，中华书局 1998 年。

《法言》，扬雄著，上海古籍出版社 1991 年。

《桓谭新论》，孙冯翼辑，四部备要本。

《女诫》，班昭著，严可均《全文》本，中华书局 1985 年。

《论衡校释》，黄晖撰，中华书局 1990 年。

《白虎通德论》，班固著，上海，古籍出版社 1991 年。

《潜夫论笺》，汪继培笺、彭铎校正，中华书局 1979 年。

《人物志》，刘劭著，涵芬楼影印明正德刊本。

《建安七子集》，俞绍初辑校，中华书局 1989 年。

《抱朴子外编校笺》，杨明照撰，中华书局 1991 年。

《文选》，萧统编，上海书店影印胡克家刻本 1988 年。

《颜氏家训集解》，王利器集解，上海古籍出版社 1982 年。

《世说新语笺疏》（修订本），余嘉锡笺疏，上海古籍出版社 1996 年。

《玉台新咏》，吴兆宜注，成都古籍书店影印本。

《史通通释》，浦起龙著，江苏广陵古籍刻印社 1991 年。

《益部方物略记》，宋祁著，四库全书本。

《全唐五代小说》，李时人编校，陕西人民出版社 1998 年。

《苕溪渔隐丛话前集》，胡仔著，人民文学出版社 1981 年。

《双梅影闇丛书》（影印部分），叶德辉编，海南国际新闻出版中心 1995 年。

《千百年眼》，张燧著、贺天新校点，河北人民出版社 1987 年。

《中国香艳全书》，虫天子编、董乃斌等校点，团结出版社 2005 年。

《红楼梦》，曹雪芹著，岳麓书社 1993 年。

《聊斋志异》(全本新注)，蒲松龄著，人民文学出版社 1989 年。

《儿女英雄传》，文康著，春风文艺出版社 1994 年。

《醒世姻缘传》，西周生著，人民中国出版社 1993 年。

《采菲录》，姚灵犀著，上海书店出版社 1998 年。

《求幸福斋随笔》，何海鸣著，上海书店 1997 年。

二、现当代中文著作

《刘师培学术论著》，刘师培著、劳舒编，浙江人民出版社 1998 年。

《中国婚姻史》，陈顾远著，上海书店 1992 年。

《中国妇女生活史》，陈东原著，上海书店 1984 年。

《花边文学》，鲁迅著，人民文学出版社 1973 年。

《集外集拾遗》，鲁迅著，人民文学出版社 1973 年。

《读风知新记》，魏炯若著，陕西人民出版社 1987 年。

《人生的盛宴》，林语堂著，湖南文艺出版社 1988 年。

《吾国与吾民》，林语堂著，陕西师范大学出版社 2002 年。

《中国人的精神》，辜鸿铭著，黄兴涛、宋小庆译，海南出版社 1996 年。

《中国文学论丛》，钱穆著，生活·读书·新知三联书店 2002 年。

《西方美学史》（上卷），朱光潜著，人民文学出版社 1979 年。

《悲剧心理学》，朱光潜著，人民文学出版社 1985 年。

《管锥编》，钱锺书著，中华书局 1986 年。

《谈艺录》，钱锺书著，中华书局 1984 年。

《诗经今译》，高亨著，上海古籍出版社 1980 年。

《中古文学史论集》，王瑶著，古典文学出版社 1957 年。

《古诗歌笺释三种》，朱自清著，上海古籍出版社 1980 年。

《冯小青——一件影恋之研究》，潘光旦著，潘乃谷、潘乃和选编《潘光旦选集》第 1 册，光明日报出版社 1999 年。

《家庭、私有制与国家的起源》，潘光旦译，潘乃谷、潘乃和选编《潘光旦选集》第 3 册，光明日报出版社 1999 年。

《魏晋南北朝史论丛》，唐长孺著，生活·读书·新知三联书店 1995 年。

《傅雷家书》（增补本），傅雷著，生活·读书·新知三联书店 1984 年。

《中国女性文学史话》，谭正璧著，百花文艺出版社 1984 年。

《中国古代婚姻史研究》，黄家遵著，广东人民出版社 1995 年。

《中西诗歌比较》，丰华瞻著，生活·读书·新知三联书店 1987 年。

《汉魏六朝诗讲录》，叶嘉莹著，河北教育出版社 1997 年。

《诗经与周代社会研究》，孙作云著，中华书局 1966 年。

《龙虫并雕斋琐语》，王力著，商务印书馆，2003 年。

《魏晋清谈思想初论》，贺昌群著，辽宁教育出版社 1998 年。

《道德理想主义的重建》，牟宗三著，中国广播电视出版社 1993 年。

《文化的轨迹》，陈其南著，春风文艺出版社 1987 年。

《西海屋随笔》，蒋星煜著，上海书店出版社 2000 年。

《当代西方美学》，朱狄著，人民出版社 1984 年。

《中国古代思想史论》，李泽厚著，人民出版社 1986 年。

《中国美学史》（魏晋南北朝卷），李泽厚、刘纲纪著，安徽文艺出版社 1999 年。

《魏晋南北朝文学论丛》，周勋初著，江苏古籍出版社 1999 年。

《高唐神女与维纳斯》，叶舒宪著，中国社会科学出版社 1997 年。

《性别诗学》，叶舒宪主编，社会科学文献出版社 1999 年。

《从文人之文到学者之文——明清散文研究》，陈平原著，生活·读书·新知三联书店 2004 年。

《同学非少年——陈平原夏晓虹随笔》，陈平原、夏晓虹著，太白文艺出版社 2005 年。

《中国思想史》（第一卷），葛兆光著，复旦大学出版社 1998 年。

《思想史研究课堂讲录》，葛兆光著，生活·读书·新知三联书店 2005 年。

《中国古典小说史论》，杨义著，中国社会科学出版社 1995 年。

《中国爱情小说中的两性关系》，何满子著，上海书店出版社 1999 年。

《寄庐杂笔》，刘衍文著，上海书店出版社 2000 年。

《身体和情欲》，康正果著，上海文艺出版社 2001 年。

《风骚与艳情》，康正果著，上海文艺出版社 2001 年。

《性张力下的中国人》，江晓原著，上海人民出版社 1995 年。

《性感——一种文化解释》，江晓原著，海南出版社 2003 年。

《中国传统价值观诠释学》，刘翔著，上海三联书店 1996 年。

《色情文化批判》，杨国安著，群众出版社 2007 年。

《诱惑与冲突——关于艺术与女性的札记》，肖关鸿著，学林出版社 2001 年。

《欲望的倾向——叙事中的女性及其文化》，刘成纪著，河南人民出版社 1999 年。

《中国传统美学的当代阐释》，樊美筠著，北京大学出版社 2006 年。

《中国中古诗歌史》，王钟陵著，人民文学出版社 2005 年。

《两汉家庭内部关系及相关问题研究》，赵浴沛著，湖北人民出版社 2006 年。

《晚唐钟声——中国文学的原型批评》，傅道彬著，中华书局 2007 年。

《当代中国人际关系研究》，乐国安主编，南开大学出版社 2002 年。

《三纲六纪与社会整合》，季乃礼著，中国人民大学出版社 2004 年。

《中国古代人生礼仪习俗》，郭振华著，陕西人民教育出版社 1998 年。

《情有千千结——青楼文化与中国文学研究》，龚斌著，汉语大词典出版社 2001 年。

《秋雨散文》，余秋雨著，浙江文艺出版社 1994 年。

《闻一多年谱长编》，闻黎明、侯菊坤编，湖北人民出版社 1994 年。

《文学、艺术与性别》，李小江等著，江苏人民出版社 2002 年。

《性的问题·福柯与性》，李银河著，文化艺术出版社 2003 年。

《红豆：女性情爱文学的文化心理透视》，王立、刘卫英著，人民文学出版社2002年。

《众妙之门——中国美感的深层结构》，潘知常著，黄河文艺出版社1989年。

《西方性观念的变迁》，余凤高著，湖南文艺出版社2004年。

《选举社会及其终结——秦汉至晚清历史的一种社会学阐释》,何怀宏著，生活·读书·新知三联书店1998年。

《审美之维——美学二十八说》，卢忠仁著，海天出版社2007年。

《中国古代梦幻》，吴康著，海南出版社2002年。

《爱情心理学》，朱一强著，黑龙江朝鲜民族出版社1986年。

《殉情》，杨福泉著，江西教育出版社、海天出版社1999年。

《美神的眼睛——高坡苗族背牌文化诠释》，吴秋林著，贵州人民出版社2001年。

《风流人格》，张方著，华文出版社1997年。

《走出男权社会的樊篱——文学中男权意识的批判》,刘慧英著,生活·读书·新知三联书店1996年。

《中国诗性文化》，刘士林著，江苏人民出版社1999年。

《中国婚姻漫话》，庄华峰著，黄山书社1996年。

《女性文化闲谈》，毛秀月著，团结出版社2000年。

《红楼梦性爱揭秘》，聂鑫森著，漓江出版社2005年。

《阳刚与阴柔的变奏——两性关系和社会模式》中国伙伴关系研究小组著，闵家胤主编，中国社会科学出版社1995年。

《中国文化新论·宗教礼俗篇·敬天与亲人》，刘岱主编，生活·读书·新知三联书店1992年。

《中国沐浴文化》，殷伟、任玫著，云南人民出版社2004年。

《中国民间长诗选》（第二集），上海文艺出版社1980年。

《中国少数民族情歌选》，四川民族出版社1985年。

《中国少数民族文学作品选》（第四分册），上海文艺出版社 1981 年。

《名家谈牛郎织女》，陶玮选编，文化艺术出版社 2006 年。

《说朋道友》，叶作盛编，江苏文艺出版社 1996 年。

《中外名人论性爱、婚姻与家庭》，经济日报出版社 1999 年。

《怕老婆的哲学——文人笔下的男女与情爱》，小琪、春琳编，群言出版社 1993 年。

《德江县土家族文艺资料集》，德江县民族事务委员会、贵州民族学院民族研究所编，1986 年。

三、西方学者著作

《马克思恩格斯选集》（第四卷上），人民出版社 1997 年。

《情爱论》，［保］瓦西列夫著，赵永穆、范国恩、陈行慧译，生活·读书·新知三联书店 1997 年。

《爱情论》，［法］司汤达著，崔士篪译，辽宁教育出版社 1997 年。

《性心理学》，［英］蔼理士著，潘光旦译注，上海三联书店 2006 年。

《中国古代房内考》，［荷］高罗佩著，李零、郭晓惠等译，上海人民出版社 1990 年。

《恋爱与牺牲》，［法］莫罗阿著，傅雷译，安徽文艺出版社 1998 年。

《爱的艺术》，［德］弗洛姆著，刘福堂译，安徽文艺出版社 1986 年。

《情爱自然史》，［美］莫尔顿·亨特著，赵跃、李建光译，作家出版社 1988 年。

《尴尬的气味——人类排气的文化史》，［美］吉姆·道森著，沈跃明译，上海人民出版社 2004 年。

《古代中国人的美意识》，［日］笠原仲二著，魏常海译，北京大学出版社 1987 年。

《论人的天性》，［美］E. 0. 威尔逊著，林和生等译，贵州人民出版社 1987 年。

《闺塾师——明末清初江南的才女文化》，［美］高彦颐著，李志生译，江苏人民出版社 2005 年。

《日本文化中的性角色》，［荷］伊恩·布鲁玛著，张晓凌、季南译，光明日报出版社 1989 年。

《哭泣——眼泪的自然史与文化史》，［美］TomLutz 著，庄安祺译，上海社会科学院出版社 2003 年。

《人体的 100 个故事》，［德］鲁道夫·申达著，陈敏等译，海南出版社、三环出版社 2004 年。

《人类的浪漫之旅——迷恋、婚姻、婚外情、离婚的本质透析》，［美］海伦·费什著，刘建伟、杨爱红译，海天出版社 1998 年。

《毛发的故事》，［奥］达尼埃拉·迈耶、克劳斯·迈耶著，綦甲福、罗娜译，上海人民出版社 2006 年。

《勾引者手记》，［丹］索伦·克尔凯戈尔著，余灵灵等译，九洲图书出版社 1998 年。

《爱之诱惑》，［丹］索伦·克尔凯戈尔著，王才勇译，上海社会科学院出版社 2002 年。

《失落与寻回——为什么没有伟大的女艺术家》，［美］琳达·诺克林等著，李建群等译，中国人民大学出版社 2004 年。

《双重火焰——爱与欲》，［墨］奥克塔维奥·帕斯著，蒋显璟、真漫亚译，东方出版社 1998 年。

《爱的本性——从柏拉图到路德》，［美］欧文·辛格著，高光杰等译，云南人民出版社 1992 年。

《调情的历史——纯真与堕落游戏》，［法］法碧恩·卡斯塔·洛札兹著，林长杰译，百花文艺出版社 2003 年。

《艺术原理》，［英］科林伍德著，王至元、陈华中译，中国社会科学出版社1985年。

《中国民间故事类型索引》，［美］丁乃通著，中国民间文艺出版社1986年。

《中西叙事文学比较研究》，［美］丁乃通著，华中师范大学出版社1994年。

四、研究论文

《从佛教到儒教——唐宋思潮的变迁》，任继愈著，《中国文化》1990年秋季号。

《论古代礼教与妇女地位——对妇女史一些问题的辨论》，罗锦锦著，《中国典籍与文化论丛》（二），中华书局1995年。

《谁决定了时代美女——关于百年中国女性形象的变迁》，李子云、陈惠芬著，《中国文化研究》2001年秋之卷。

《诗经女性的色彩描写》，李炳海著，《江西社会科学》1994年第6期。

《古代都城地理格局之发展及其相关问题研究》，汪文学著，《江海学刊》2000年第1期。

《由〈诗经〉中的女性描写看周民族的文化特征》，柏俊才著，《山西师大学报》（社会科学版）2006年第2期。

《〈聊斋志异〉情爱模式的深层意识》，翁容著，《明清小说研究》1996年第3期。

后记

脑想男女事

十多年前，在《读书》杂志上读到一篇好玩的文章，标题叫“脑想男女事”，当时觉得特别有趣，所以印象特别深刻。如今那篇文章讲的什么内容，早已记不得了，可那标题却一直记在心里。在琢磨着为本书写“后记”的那几天，这句话总是不自觉地泛上心头，仔细想想，无论是“老想男女事”，还是“脑想男女事”，都很符合我这几年的心境，就暂且借用它来做本书“后记”的标题吧！

道上的朋友见面寒暄，总免不了会问：最近忙啥？在读点什么或写点什么？遇到这样的问题，老实说，我还真有点难为情，往往是顾左右而言他。但这样的问题总是免不了的，就像人们见面闲聊天气如何如何似的。问急了，当我脱口而出“想男女事”这几个字眼的时候，往往会引来一片惊诧。的确，这些年我一直在认真地琢磨着男女之间的那点事，所以说是“老想男女事”；同时，我又是以学者的眼光认真地思考着男女之间的那些事，所以说是“脑想男女事”。

追溯自己对男女情事的理性思考，算起来已有七八年的时间，而在最近的三四年时间里，我可谓是心无旁骛，一门心思地投入到对这个问题的思考和研究上。大约在2002年至2004年这几年中，我尝试着从社会心理学的角度研究传统中国社会的人伦关系，著成《传统人伦关系的现代诠释》一书，对传统社会的君臣、父子、夫妇、兄弟、朋友以及由此衍生而成的师徒、祖孙、母子、父女、婆媳、姐妹等人伦关系，进行了饶有兴趣的现代诠释。虽然夫妇关系在全书中占有较大的篇幅，但是，我仍感意犹未尽。因为在我看来，两性关系包括夫妇关系和情人关系两项内容。此书限于篇幅和体例，于夫妇关系有较详尽的讨论，而于情人关系则是语焉不详，或是略而不论。因此，从那时起，我便萌生出写一部专门讨论两性情爱关系的专著的想法。所以，本书亦就是顺着《传统人伦关系的现代诠释》一书的学术理路延伸出来的。

本书讨论传统中国社会的男女两性关系，主要侧重于对男女两性情爱关系的研究。意在通过传统中国人的情爱生活的视角，研究华夏族人的文化精神和民族心理，展现华夏族人的诗性精神。应该说这是一个独特的视角，亦是一项有重要价值的学术课题，更是一个有大众趣味的话题。我有意避开两性婚姻和性爱关系，而选择处于二者之间的情爱关系，以此为视角研究传统中国社会的两性关系，并在此基础上研讨华夏族人的文化心理和诗性精神，主要是基于以下几点考虑：其一，学术界关于传统中国社会两性婚姻关系的研究已经比较深入，再想做出点新意来，比较困难。所以，在本书中，两性婚姻状况的概述，只是作为讨论两性情爱关系的一个背景。其二，关于传统中国性学或两性性爱关系的研究，需要生理学和心理学方面的专业知识。我的专业背景是中国古代文学，心理学方面的知识比较欠缺，生理学方面的知识更是一无所知，所以不敢轻举妄动。再加上关于中国古代性学的研究，在目前存在着相当严重的媚俗化现象，因此亦不敢轻易去趟这方浑水。其三，近现代以来的学术界，对于传统中国社会两性关系的研究，呈现出两重一轻的特点，即重婚姻关系和性爱关系的研究，而轻情爱关系的研究。关于传统中国社会两性婚姻关系和性爱关系（或性学）方面的研究著作，虽然不能说是汗牛充栋，但是其数量亦是相当可观，而于两性情爱关系的研究，到目前为止，基本上没有严肃认真的研究著作，即使有，亦只是戏说性质的通俗读物，算不上专业的学术研究。因此，这是一个值得用心去开拓的学术领域。其四，正如我在本书的“绪论”中所说：恋爱活动最能展现一个人或一个民族的真实面目和文化心理，所以，研究一个人甚至一个民族的真实面目和文化心理，一个最重要的途径，就是观察他们谈情说爱的方式。本书属于传统中国思想文化领域的专题研究，旨在揭示传统中国人的文化心理和人生态度，呈现华夏族人的诗性精神，两性情爱关系自然便成为我优先选择的研究视角。

把近四年的时间泡在一项课题里，已经不算太短，因为在一位学者的学术生命中，数不出几个四年。实际上，此书的研究和写作已经大大超出了我最初的设想，我最初的设计就是二十余万字的篇幅，真的没想到，一不小心就写出了约四十万字，并且还意犹未尽，许多话题还萦绕在头脑里，欲罢不能，欲弃不忍。比如，中国文学中关于邻家女孩的诗意想象、文学家构建美人幻的真实意图、文学作品中男性的拒色心理、爱情小说中相思病的病理特征、明清才女的身体疾病与文学创作、霸王虞姬故事的传播史等问题，都出现在最初的研究计划中，而在本书的写作过程中，没有来得及认真地讨论。有的问题已经初步涉及，但是尚欠深入，或者未能做出令人信服的解释，如水与两性情爱的关系、女性头发与爱情的关系、春秋二季的季候特征与两性的情色欲望等问题。由思考男女情爱关系延展出来的问题，如中国古代才女诗学研究、中国少数民族婚恋习俗研究、中国少数民族情歌研究、中国古代爱情史研究、中国传统社会哭嫁歌研究等课题，都常常不自觉地涌上心头。说实在的，我常常是在努力地克制着这些“胡思乱想”。虽然我亦认真地把这些“胡思乱想”记录在笔记本上，但我近期的确是想暂时放下这些问题，去做点别的事情。一来是因为各种所谓的“课题”研究压力大，据说这才是“正业”。课题压力让我不得不放弃这些“胡思乱想”，这亦正是人们常说的“人在江湖，身不由己”。再说，将自己的心思长期放置在这些不能登大雅之堂的问题上，还真的有点底气不足。

因为在正统学者看来，这是“不务正业”；在道德君子看来，这是“胡思乱想”。当然，最重要的原因，还是出于专业上的考虑。

我的专业背景是中国古代文学，研究方向是汉魏晋南北朝文学。但是，这些年来，我一直在做着所学专业以外的事情。比如，在1994年至1998年这将近五年的时间里，我把主要精力放在了对“正统论”的研究上，著成《正统论——发现东方政治智慧》一书，据说这本书研究的问题应该属于政治学的范畴。1999年至2001年这几年时间，我则专心考察汉晋时期文化思潮和社会风尚之变迁，著成《汉晋文化思潮变迁研究》一书。据说这本书又属于思想史研究范畴，虽然它与我的专业方向——汉魏晋南北朝文学——相关，书中亦有相当的篇幅讨论当时文风的变迁问题，但毕竟不是纯粹的文学研究。2002年至2004年这三年，我对传统中国社会的人伦关系产生兴趣，著成《传统人伦关系的现代诠释》一书，按照学科分类，这应当属于伦理学的范畴。2005年至2007年这几年，我利用在图书馆工作的便利，著成《贵州古近代文学理论辑释》一书，这显然是属于文献学的范畴。现在著成的这本书，我真的无法断定它的学科归属。其实，对我来说，学科疆界划分的观念比较淡薄，当我对某个问题产生兴趣，认为它值得研究，并且手边又有一些材料可以利用，以为通过自己的努力又能够做得出来的时候，我便毫不犹豫地去做了，根本不曾想到它到底属于哪个学科门类，所以是一不小心就迈入别人的地盘了。这样的做法，说得好听一点，是知识渊博，兴趣广泛。说得不好听一点，是没有专业方向，是杂家，因此亦就不成其为家。我不知道是“好听”的对，还是“不好听”的对。说真的，当我听到这种“不好听”的话的时候，我的确是战战兢兢的，内心会产生一种恐惧情绪。我是不是应该尽快收心，回到自己的专业领域里去做分内的事呢？我常常这样追问自己。

从内心里我很尊敬和佩服那些一辈子只研究一本书或一个人的学者，就像我的老师何宁先生，一辈子就做《淮南子》研究，做成《淮南子集释》这样的名山事业；像我的老师王发国先生，一辈子就以钟嵘《诗品》为中心开展中国古代文学理论研究，做成《诗品考索》这样的不朽著作；或者像我的老师祁和晖先生那样，执着于杜甫诗歌的研究。但我总是抑制不住自己的好奇心，常常见异思迁，胡思乱想。有时亦扪心自问：耗上几年的时间去经营一些不断涌现出来的一个又一个“胡思乱想”，是不是代价太大了？带着这样的疑惑，我曾专程去拜访一位我向来尊重的前辈学者，他的一番点拨让我茅塞顿开，豁然开朗。他说：学问之道当由博返约、由广入专。

我曾经说过：经营一部书稿，就像养育一个小孩，其间充满着艰辛，亦洋溢着快乐。我在进行中国古代政治权力合法性理论研究的过程中，等待着我女儿汪叙辰的降生。我差不多是在与她相依为命的情况下，完成了我的第二部书稿《汉晋文化思潮变迁研究》的写作，因为那一年我爱人陈慧平女士到外地进修学习。在她牙牙学语的那些日子，我沉浸在做父亲的快乐中展开对传统人伦关系的现代诠释工作。之后又是在共用一张书桌的情境下完成我的第四部书稿《贵州古近代文学理论辑释》的写作。如今在写作和校对本书时，还不时要向她请教某些拿不准的常用字的写法，或者请她帮忙查字典，本书的校对就是在她的帮助下完成的。看来，做父亲的亦得在这里向她表示感谢了。当然，亦得借此向那些为本书的研究、写作和出版提供过帮助的老师、同事和朋友们表示我的敬意和谢意。

汪文学

二〇二〇年十月二十九日于贵阳花溪

图书在版编目（CIP）数据

诗性风月 / 汪文学著 . -- 贵阳 : 贵州人民出版社，2020.11
ISBN 978-7-221-16340-0

Ⅰ . ①诗… Ⅱ . ①汪… Ⅲ . ①爱情－研究－中国 Ⅳ . ① C913.1

中国版本图书馆 CIP 数据核字 (2020) 第 208657 号

诗性风月

汪文学 / 著

出版人：王　旭
责任编辑：刘泽海
封面设计：刘　霄
版式设计：温力民
出版发行：贵州出版集团　贵州人民出版社
地　　址：贵阳市观山湖区会展东路 SOHO 办公区 A 座
印　　刷：北京温林源印刷有限公司
开　　本：880 毫米 × 1230 毫米　1/32
字　　数：360 千字
印　　张：15
版　　次：2020 年 11 月第 1 版
印　　次：2020 年 11 月第 1 次印刷
书　　号：ISBN 978-7-221-16340-0
定　　价：85.00 元